高职高专经管类专业"十三五"规划教材　总主编　闫杰生

经济法概论与实务

JINGJIFA GAILUN YU SHIWU

主　编　孙冬梅　刘　军
副主编　程乐勇　徐　冰

河南大学出版社
HENAN UNIVERSITY PRESS
·郑州·

图书在版编目(CIP)数据

经济法概论与实务/孙冬梅,刘军主编. —郑州:河南大学出版社,2017.8
(2020.8重印)
ISBN 978-7-5649-3005-9

Ⅰ.①经… Ⅱ.①孙… ②刘… Ⅲ.①经济法－中国－高等学校－教材
Ⅳ.①D922.29

中国版本图书馆 CIP 数据核字(2017)第 224955 号

责任编辑　李亚涛　孟艺萌
责任校对　朱春华
封面设计　陈盛杰

出　版	河南大学出版社
	地址:郑州市郑东新区商务外环中华大厦 2401 号
	邮编:450046　　　　　电话:0371-86059701(营销部)
	网址:hupress.henu.edu.cn
排　版	郑州市今日文教印制有限公司
印　刷	郑州市运通印刷有限公司
版　次	2017 年 9 月第 1 版　　　印　次　2020 年 8 月第 3 次印刷
开　本	787mm×1092mm　1/16　　印　张　20.75
字　数	492 千字　　　　　　　　定　价　48.00 元

(本书如有印装质量问题,请与河南大学出版社营销部联系调换)

前　言

经济法是我国法律体系的重要组成部分。我国经济体制改革的目标是建立社会主义市场经济体制。因为市场经济是法治经济,所以市场的运行及正常秩序的建立都需要相应的法律制度作保障。经济法是高职高专院校经管类专业学生的必修课,故经济法教学也应该和我国高职高专课程改革及教学培养目标相衔接。为了给社会主义市场经济培养大量的既懂经济又懂法律的经营管理人才,同时为了满足经管类专业及相关专业教学的需要,也为了实现经济法理论与实践的相互结合,在总结以往教学经验的基础上我们精心编写了这本教材。

本教材在编写过程中,从内容和编写体例上作了必要的尝试,力图体现以下特点。

1. 突出全面和实用性。本教材在章节内容的选择上,注重对现实中常用且重要的法律条款进行筛选;每一章节都选用了大量的涉及相关法律条款的案例,力图用这些案例帮助学生理解理论知识,以这些实践案例帮助学生学以致用。本教材还辅以大量的综合实训练习题,以锻炼和培养学生解决实际问题的能力,为学生毕业后进入社会打下良好的基础。

2. 注重理论联系实际。本教材在编写过程中,本着实用的原则,对经济法的内容和理论框架以及当前的发展趋势,进行了深入浅出的介绍,实现了理论与实践、法律与案例的有机结合。

3. 体例编排形式多样。每章开始以案例导入新课,以案说法;在具体的教学过程中,将重要的知识点辅以教学案例以帮助学生理解,尽量避免单纯给学生灌输理论;每章中设置有相关法律知识的拓展板块,紧密结合实际,以达到实训的目的;每章内容结束处设置有综合实训练习题,以强化学生的实际操作能力。

4. 突出教材内容的最新性。本书在编写过程中以最新修改的经济法律为依据,如修改后的《公司法》、《消费者权益保护法》以及《税法》中"营改增"、"消费税"、"资源税"的最新规定,以使学生通过学习,更准确地理解和把握法律修改的本意和含义。

商丘职业技术学院经贸系孙冬梅副教授、刘军任本书主编,负责编写本书大纲、设计结构体例、统稿和定稿。本书编写具体分工如下:孙冬梅编写第一章、第八章、第九章、第十二章,刘军编写第十一章、第十三章、第十四章,徐冰编写第三章、第七章、第十章,程乐勇编写第二章、第六章,乔传福编写第五章,侯迎新编写第四章。

本书在编写过程中参阅了目前已出版的国内经济法方面的优秀教材、专著及相关资料,在此向相关作者致以诚挚的谢意。

由于编者水平有限,本教材不足之处在所难免,恳请读者批评指正,以利下次修改和补充。

编　者

目 录

第一章 绪论 /1

　　第一节 经济法概述 /1

　　第二节 经济法律关系 /5

　　第三节 经济纠纷的解决途径 /9

　　综合实训 /17

第二章 企业法律制度 /20

　　第一节 企业法概述 /20

　　第二节 个人独资企业法 /22

　　第三节 合伙企业法 /26

　　第四节 外商投资企业法 /38

　　综合实训 /45

第三章 公司法律制度 /48

　　第一节 公司及公司法概述 /48

　　第二节 有限责任公司 /58

　　第三节 股份有限公司 /68

　　综合实训 /77

第四章 物权法律制度 /79

　　第一节 物与物权 /79

　　第二节 所有权制度 /88

　　第三节 用益物权制度 /94

第四节 担保物权制度 /97

综合实训 /104

第五章 合同法律制度 /110

第一节 合同法概述 /110

第二节 合同的订立 /114

第三节 合同的效力 /120

第四节 合同的履行 /127

第五节 合同的担保 /132

第六节 合同的变更、转让和终止 /138

第七节 违约责任 /143

综合实训 /150

第六章 知识产权法律制度 /156

第一节 知识产权法概述 /156

第二节 著作权法 /158

第三节 专利权法 /166

第四节 商标权 /172

第七章 反垄断法律制度 /178

第一节 反垄断法概述 /178

第二节 垄断行为 /182

综合实训 /190

第八章 反不正当竞争法律制度 /193

第一节 反不正当竞争法概述 /193

第二节 不正当竞争行为的种类 /196

综合实训 /210

第九章 消费者权益保护法律制度 /213

第一节 消费者权益保护法概述 /213

第二节 消费者权利和经营者的义务 /216

第三节 消费者合法权益的保护 /220

第四节 违反消费者权益保护法的法律责任 /225

综合实训 /228

第十章 产品质量法律制度 /231

第一节 产品质量法概述 /231

第二节 产品质量的监督 /233

第三节 生产者、销售者的产品质量义务 /234

第四节 产品质量责任制度 /236

综合实训 /238

第十一章 票据法律制度 /241

第一节 票据法概述 /241

第二节 票据行为 /243

第三节 票据权利与抗辩 /245

第四节 汇票、本票和支票 /247

综合实训 /255

第十二章 税收法律制度 /257

第一节 税法概述 /257

第二节 流转税法 /263

第三节 所得税法 /270

第四节 其他税法 /274

第五节 税收征收管理法 /276

综合实训 /278

第十三章 保险法律制度 /283

第一节 保险法概述 /283

第二节 保险合同总论 /286

第三节 保险合同分论 /296

第四节 保险业法律制度 /298

综合实训 /299

第十四章 劳动法律制度 /301

第一节 劳动法概述 /301

第二节 劳动合同法 /303

第三节 劳动基准法 /315

第四节 劳动争议处理法律制度 /319

综合实训 /321

第一章　绪　论

【引例导学】

　　美国新闻记者阿普顿·辛克莱的小说《丛林》于1905年出版，震惊了美国社会。在这部小说中，作者用了15页的篇幅对当时美国的肉食品加工过程进行了深入细致的描写，揭露了美国食品加工企业真实存在的混乱情况。1906年，美国参众两院一致通过了两部法案——《肉品检查法案》和《食物及药物洁净法案》。此后，随着美国食品药品监督管理局的成立和相关法规的颁布实施，经过百年的努力，美国成为世界上食品安全的国家之一。

　　请谈谈美国政府对食品安全的监管给我们的启示。

【点评】

　　市场经济条件下应尊重市场对资源配置的作用。由于垄断、公共产品缺失和信息的不完全性等原因，市场失灵往往成为阻碍市场健康发展、社会和谐稳定的重要因素。为克服市场失灵，政府必须致力于打造能够有效发挥市场机制作用的经济环境。在此过程中，科学制定并严格实施各种法律尤其是经济法律、法规，以严格市场准入，强化市场监管，规范市场秩序，健全市场交易规则，完善宏观调控。

第一节　经济法概述

一、经济法的概念和特征

　　"经济法"这一概念起源于法国。1755年，著名的空想社会主义者摩莱里在《自然法典》一书中首先使用了"经济法"的概念，但其作为部门法开始被研究则始于德国。现代意义上的"经济法"一词，一般认为是1906年德国学者莱特在《世界经济年鉴》中首先使用的。从经济法产生的社会背景来看，西方国家的经济法是在自由资本主义向垄断资本主义过渡的过程中，国家为应对经济发展中所出现的垄断、市场失灵和经济危机等问题而越来越多地采取国家干预措施的背景下产生和发展起来的。在我国，经济法是在改革开放和加强经济法制建设的背景下逐步兴起的。目前,除有些具体内涵和表述上的差别外,关于经济法的理论认识基本趋同,经济法正随着社会主义市场经济体制的不断完善而丰富和发展起来。

经济法是调整国家在经济管理与协调经济运行过程中所产生的经济关系的法律规范的总称。作为一个独立的法律部门,经济法具有以下特征:

1. 经济性

这是经济法最本质的特征。因为经济法是调节社会经济之法,其发挥作用的领域是社会的经济生活领域,所以经济法通常把经济制度和经济活动的内容和要求直接规定为法律,这就使得经济法必然要反映基本经济规律,揭示基本经济问题。

2. 社会综合性

经济法的社会性主要体现在经济法以社会为本位的特征。经济法是顺应国家干预社会经济生活的要求而产生和发展起来的,为国家干预社会经济生活提供了法律依据和保障,其根本目标在于维护社会整体利益,促进社会经济的协调发展。

3. 政策性

经济法是国家调节经济活动、参与经济关系的产物。在此过程中,国家的经济体制和经济政策对经济法的发展和变化产生了重要的影响,经济法也必须反映和回应社会经济生活和政治形势的变化,呈现出政策性的特性。这主要体现在经济法随时根据国家意志的需要赋予政策以法的效力,并根据经济体制和经济政策的变化而变化。

二、经济法的调整对象与范围

法的调整对象是一法区别于他法并作为独立法律部门而存在的根据。任何法律部门都有自身的调整对象,即该法所调整的独特的社会关系。基于前述对于经济法概念的认识,我们认为,经济法的调整对象是国家在经济管理和协调经济活动中所形成的各种经济关系。

如图1-1所示,经济法的调整范围包括以下几个方面。

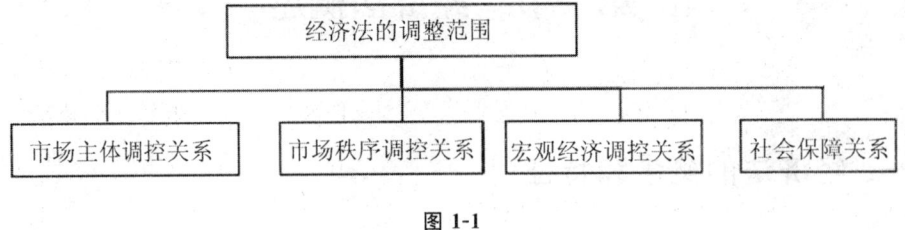

图 1-1

1. 市场主体调控关系

市场主体调控关系是指国家对市场主体的活动进行管理以及市场主体在自身运行过程中所发生的社会关系。建立社会主义市场经济必须构建各种各样的活跃的市场主体,没有主体的市场是不可想象的。国家为了协调经济的运行,用法律的手段调整各种市场主体的设立、变更、终止过程中发生的管理关系和企业内部管理过程中的经济关系。调整这一关系的主要是企业法,相关内容有个人独资企业法、合伙企业法、公司法、外商投资企业法、企业破产法等。

2. 市场秩序调控关系

市场秩序调控关系是指国家为了建立社会主义市场秩序,维护国家利益和社会公共利益,保护生产经营者和消费者的合法权益,而对市场主体的行为进行必要的协调或干预所发生的社会关系。

社会主义市场经济体制要求市场发育优良和市场体系完善,因而力求建立健全统一的、开放的、竞争的和法制化的市场体系。竞争是市场经济的必然要求,无竞争则无市场。然而,竞争中优胜劣汰的过程也会拉大市场主体之间实力的差距,这一差距达到一定程度之后,垄断与限制竞争就随之产生。除了垄断,竞争的发展必定伴随着不正当竞争。不管是垄断还是不正当竞争,都会使市场机制失灵,严重的会导致国家经济整体发展受到影响。对此市场本身无法解决,因此建立健全市场体系就需要依赖国家的干预和调控。国家调控市场在立法方面的具体措施包括制定反垄断法、反不正当竞争法、消费者权益保护法、产品质量法等,其意义在于对市场公平竞争障碍进行排除,以维护经济发展的优良秩序。

3. 宏观经济调控关系

宏观经济调控关系是指国家为了实现经济总量的基本平衡,促进经济结构的优化,推动社会经济的协调发展,对国民经济总体活动和有关国计民生的重大因素实行全局性协调所产生的社会关系。

现代市场经济的运行是一个极其复杂的过程。当经济运行到一定复杂与发达的程度时,市场机制中自我调节的缺陷就会暴露。市场个体唯利是图的短视行为,必然导致经济陷入资源配置无序化与严重浪费的泥沼,"市场之手"的缺陷就会暴露出来。社会迫切需要另一种超然于市场之上的力量对此进行规范与引导。这个"力量"就是国家的宏观调控。同时,经济全球化所带来的竞争全球化也不允许我们听任经济的自然发展与演变。这些因素都要求国家必须建立起宏观调控体系。通过国家之手的全面干预以弥补市场缺陷,优化资源配置,防止总量失调和结构失衡,最终引导国民经济持续、快速、健康地发展。调整这类经济关系的法律可被称为宏观调控法,包括财政税收法、金融调控法等。

4. 社会保障关系

社会保障是国家赋予社会成员的一项基本权利。社会保障关系是指国家为了达到可持续发展的目标,在对环境、劳动力等特殊资源实施保护的过程中发生的社会关系。这一保障体系的范围包括养老、失业、医疗、生育、工伤等内容。市场经济强调效率,兼顾公平,既要克服平均主义,又要保障全体社会成员的基本生活。但是,市场本身解决不了这个问题,需要国家出面进行干预,建立互助互济、社会化管理的社会保障制度。一方面促使经济组织对社会和公众应该承担的责任明确化;另一方面又使劳动者的利益得到稳定和可靠的保障,从而充分开发和利用劳动力资源,维护社会稳定。经济法对社会经济保障关系的调整表现在两个方面:一是通过制定和实施劳动就业、社会保险、社会救济、社会互助等社会劳动保障制度;二是通过制定和实施环境和资源法,并对资源进行合理分配,以维持生态平衡,促进人与自然的和谐共处。

三、经济法的渊源

法律渊源,又称作法律的形式,是指法律的存在或表现形式。经济法的渊源是指经济法律规范借以存在和表现的形式。它主要表现在各国家机关根据其权限范围所制定的各种规范性文件之中。经济法的法律渊源主要有以下几种,如图1-2所示。

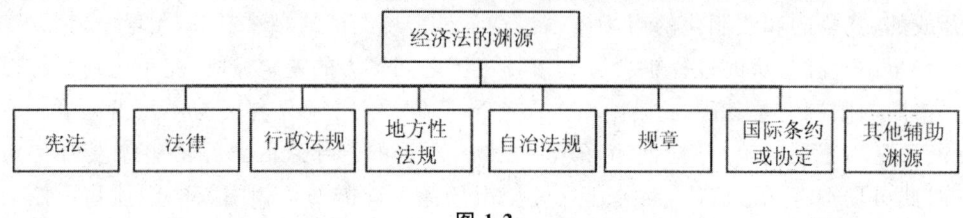

图 1-2

1. 宪法

宪法是国家的根本大法,由全国人民代表大会制定和修改,具有最高法律效力。宪法是经济法的基本渊源,是经济立法的基础。经济法以宪法为渊源,主要是从中汲取有关国家经济法律制度的精神。

2. 法律

法律是由全国人民代表大会及其常务委员会制定的规范性法律文件,其地位和效力仅次于宪法,是经济法的主要渊源,中华人民共和国规定的多是基本经济关系,如《中华人民共和国反垄断法》《中华人民共和国反不正当竞争法》《中华人民共和国消费者权益保护法》《中华人民共和国公司法》《中华人民共和国企业所得税法》《中华人民共和国证券法》《中华人民共和国税收征收管理法》《中华人民共和国企业破产法》等。

3. 法规

法规包括行政法规和地方性法规,其效力次于宪法和法律。行政法规是指作为国家最高行政机关的国务院根据宪法和法律或者最高权力机关的授权而制定的规范性文件。此外,国务院发布的规范性的决定和命令与行政法规具有同等的法律效力,也属于经济法的渊源。

地方性法规是省、自治区、直辖市以及设区的市人民代表大会及其常务委员会根据本行政区域的具体情况和实际需要,在不同宪法、法律、行政法规相抵触的前提下制定的规范性文件。

我国制定的经济行政法规较多,例如《公司登记条例》《企业财务会计报告条例》《外汇管理条例》等。

4. 规章

规章包括国务院部门规章和地方政府规章。部门规章是指国务院各部门、委员会、中国人民银行、审计署和具有行政管理职能的直属机构在本部门的权限范围内所制定的规范性文件。其内容主要限于执行法律或国务院的行政法规、决定、命令的事项。地方政府规章是指省、自治区、直辖市和设区市人民政府根据法律、行政法规和本省、自治区、直辖市的地方性法规制定的规章。虽然规章不属立法的范畴,但其在行政法规和地区性法规的基础上制定施行,因而也属于经济法的渊源。

5. 自治法规

民族自治地方的自治条例和单行条例是指民族自治地方的人民代表大会依照当地民族的政治、经济和文化特点,依法制定的自治条例和单行条例。民族自治地方的自治条例和单行条例可以根据当地民族的特点,对法律和行政法规的某些规定作出变通规定,但不得违背法律和行政法规的基本原则,如《内蒙古自治区鄂伦春自治旗自治条例》、《广西壮族自治区三江侗族自治县自治条例》等。自治条例和单行条例可作为民族自治地方的司法依据。

6. 国际条约或协定

国际条约或协定是指我国作为国际法主体同外国或地区缔结的双边、多边协议和其他具有条约、协定性质的文件。上述文件生效以后,对缔约国的国家机关、团体和公民就具有法律上的约束力。因而,国际条约或协定便成为经济法渊源的重要形式之一,如我国加入WTO与相关国家签订的协议、我国与有关国家签订的双边投资保护协定等。

7. 其他辅助渊源

一般认为,经济法的辅助渊源主要包括政策与惯例、司法解释、行业自治规则、判例和学说等。

政策是国家或政党为完成一定时期的任务而制定的活动准则。《中华人民共和国民法通则》第六条规定,民事活动必须遵守法律,法律没有规定的,应当遵守国家政策。由此,国家政策可以称为经济法的渊源。习惯是指人们在长期的生产、生活中所形成的一种行为规范。《中华人民共和国民法通则》第一百四十二条规定,中华人民共和国法律和中华人民共和国缔结或者参加的国际条约没有规定的,可以适用国际惯例。可见,在我国经国家认可的习惯具有法的渊源的意义,可以作为经济法的渊源。

行业自治规则是指市场主体就其组织、运作和内部关系而自主制定的规则,如公司章程、行业规约、标准合同或条款等。司法解释是指最高人民法院在总结审判实践经验的基础上发布的指导性文件和法律解释。如最高人民法院颁布的《关于适用〈中华人民共和国合同法〉若干问题的解释》、《关于审理票据纠纷案件若干问题的规定》等。

第二节 经济法律关系

【背景知识】

法律关系是根据法律规范产生的,以主体间的权利、义务关系为内容的社会关系。法律规范是产生法律关系的前提和依据,法律事实是推动法律关系变化的重要原因。法律关系由法律关系的主体、内容和客体三个要素构成。法律关系的主体是指参加法律关系、依法享有权利和承担义务的当事人,自然人、法人、国家、外国人和外国社会组织都可以成为法律关系的主体。法律关系的内容是指法律关系的主体所享有的权利和承担的义务。法律关系的客体是指法律关系主体的权利和义务所共同指向的对象,如物、精神产品、行为等。

【课堂讨论】

梁某(男)与陈某(女)通过网络认识并成为朋友。网上联系一段时间后,梁某约陈某于2015年2月14号在玫瑰咖啡厅见面。陈某接受了梁某的邀请,并专门去美容院美容而且置办价值不菲新装一套。陈某按约定时间到达咖啡厅,可是从中午到晚上也未等到梁某现身。陈某怒而按地址找到梁某,质问此事。双方发生争执,陈某诉至法院要求梁某赔偿其精神损失费2万元。请问:梁某和陈某是何种关系?陈某向法院提出的赔偿其精神损失费是否合理?

【点评】

两人之间不具有法律关系,所以陈某提出的精神损害赔偿请求是不能成立的。

法律调整人的行为和社会关系。法律关系是社会关系被法律规范确认和调整之后所形成的权利和义务关系。经济法律关系是指社会经济关系被经济法律规范确认和调整之后所形成的由国家强制力保障实施的经济法主体之间所形成的权利和义务关系。

经济法律关系与经济关系有所区别。第一,经济法律关系是经济法调整特定的经济关系后所形成的权利和义务关系,属于上层建筑的范畴;经济关系是客观存在的物质利益关系,属于经济基础的范畴。第二,前者依靠法律来保障,后者由客观经济规律支配。第三,经济法律关系的存在是以经济法的存在为前提,而经济关系是客观的存在。

一、经济法律关系的构成要素

经济法律关系的构成要素是指构成经济法律关系的必要条件,由主体、内容、客体三个要素构成,三者缺一不可。

(一) 经济法律关系的主体

经济法律关系的主体是指参与经济法律关系、依法独立享有经济权利和承担经济义务的当事人。享有经济权利的当事人叫经济权利主体,承担经济义务的当事人叫经济义务主体。经济法律关系的主体资格,是指当事人参加经济法律关系,享有经济权利和承担经济义务的资格和能力。经济法主体资格的取得方式主要有三种:第一,法定取得。它是基于宪法或法律法规的明确规定而获得经济法主体资格。第二,授权取得。它是指特定的组织经享有国家干预经济职权的组织依法授权而取得经济法主体资格。第三,因参与经济法调整的经济关系而取得。例如,订立消费型买卖合同而成为消费者权益保护法中的经营者和消费者。

现阶段,具备经济法律关系主体资格的组织和个人主要有以下几种。

1. 国家机关

国家机关是经济法律关系中的重要主体。国家机关包括国家权力机关、国家行政机关、国家司法机关等。国家权力机关主要通过制定经济法律、法规并监督其贯彻实施来实现国家组织与管理经济的职能。国家行政机关,特别是具有经济管理职能的行政机关,主要是作为经济管理主体出现在经济法律关系中,其通过制定方针、政策、规章、制度等管理与协调各项经济活动。某些情况下,国家机关或国家也作为整体成为经济实施主体参加经济法律关系,例如,国家对外签订政府贷款或担保合同,政府出让土地使用权,作为股东投资设立企业等。

2. 企业

企业是指依法设立的,以营利为目的从事生产、流通和服务等经营活动的经济组织,包括各类法人企业和非法人企业。企业是经济法律关系最重要的主体。企业在经济法律关系中主要作为实施主体出现,但个别依法具有经济管理职能的特殊企业或公司,也是经济管理主体。企业内部组织,如分公司、分厂、车间等分支机构或生产单位,虽无独立法律人格,但在一定条件下也是经济法律关系的主体。如它们根据经济法律规定与企业订立承包或租赁合同时,分公司或分店作为纳税人时,便具有经济法律关系主体的地位。

3. 事业单位

事业单位是指由国家财政拨款或其他资金来源设立的,不以营利为目的从事文化、教育、科研、卫生等事业的单位。事业单位主要以经济实施主体的身份参加经济法律关系,但在根据法律授权或行政机关委托实施经济管理职责时是以经济管理主体的身份参加经济法律关系。

4. 社会团体

社会团体是指由公民或组织依法自愿组成的社会组织,包括党团组织、工会、妇联、行业协会、学术团体等。

5. 经济组织的内部机构

经济组织内部机构是指隶属于企业的担负企业一定生产经营管理职能任务的职能科室、分支机构和基层生产或经营单位。

6. 个体工商户、农村承包经营户及公民个人

个体工商户是指公民个人在法律允许的范围内,依法经核准登记,以营利为目的的从事工商业经营的个体经济。农村承包经营户是指农村集体经济组织的成员,在法律允许的范围内,按照承包合同从事商品经营的形式。公民可以依法从事各种生产经营活动和服务工作,同社会各方面发生经济关系,成为经济法律关系的主体。

(二) 经济法律关系的内容

经济法律关系的内容是指经济法律关系主体依法享有的经济权利和承担的经济义务。它是经济法律关系的核心,直接体现了经济法律关系主体的利益和要求。

1. 经济权利

经济权利是经济法律关系主体依法能够作为或不作为一定行为,以及要求他人作为或不作为一定行为的资格。我国赋予经济法律关系主体的经济权利极其广泛,主要有:

(1) 经济职权。经济职权是指国家机关及其工作人员在执行经济管理职能时依法享有的权利。经济职权具有隶属性质,国家机关及其工作人员依法行使经济职权时,其他经济法主体均应服从。经济职权对国家机关及其工作人员既是权利又是义务,不得随意转让或放弃。

(2) 财产所有权和他物权。财产所有权是指财产所有人依法对自己所有的财产享有的占有、使用、收益和处分的权利。财产所有权的占有、使用、收益和处分四项权利可以在

一定条件下与财产所有人分离,即形成他物权。

(3) 法人财产权。法人财产权是指企业法人对企业所有者投资所设企业的全部财产在经营中所享有的占有、使用、收益和处分的权利。

(4) 债权。债权是指根据合同约定或法律规定,在当事人之间产生的特定的权利。债权是一种请求权,其义务主体是特定的。

(5) 知识产权。知识产权是指智力成果的创造人依法享有的权利的总称,包括专利权、商标权、著作权等。

2. 经济义务

经济义务是经济法律关系主体根据法律规定必须履行的某种经济责任,表现为经济法律关系主体必须作出一定的行为或被禁止作出一定的行为。经济义务具有以下含义:

(1) 义务主体必须作出或不作出一定行为,以满足权利主体的利益需求;

(2) 义务主体只承担法定范围内的义务,超过法定范围,义务主体不受限制;

(3) 义务主体如果不依法履行经济义务,则应承担相应的法律义务。

在经济法律关系中,经济义务是相对经济权利而存在的。经济法主体享有一定的权利,必须以其他经济法主体承担一定的义务为前提,没有对应义务主体,权利主体的权利便缺乏保障。同时,经济权利和经济义务具有对等性,没有无权利的义务,也没有无义务的权利。权利和义务是统一的,不允许只享有权利不承担义务,也不能只承担义务不享有权利。

(三) 经济法律关系的客体

经济法律关系的客体,是指经济法律关系的主体享有的经济权利和承担的经济义务所共同指向的目标或对象。经济法律关系的客体多种多样,概括起来可以分为三大类:物、经济行为和非物质财富。

1. 物

物是指能够为人们控制和支配、具有一定经济价值并以物质形态表现出来的物品。物包括自然存在的物品和人类劳动生产的产品,以及固定地充当一般等价物的货币和有价证券等。从法律的角度物可以划分为特定物和种类物、主物和从物、动产和不动产、有形物和无形物等。

2. 经济行为

经济行为是指经济法主体为达到一定经济目的所进行的经济活动。它包括经济管理行为、完成一定工作的行为和提供一定劳务的行为。

(1) 经济管理行为是指经济法律关系主体行使管理权和经营管理权所从事的行为,例如经济决策行为、经济命令行为、审查批准行为、监督检查行为等。

(2) 完成一定工作的行为是指作为经济法律关系主体的一方利用自己的资金和技术设备为对方完成一定的工作任务,而对方根据完成工作的数量和质量支付一定报酬的行为。

(3) 提供一定劳务行为是指作为经济法律关系主体的一方当事人利用自己的劳动和设施为另一方当事人提供一定服务的行为,例如货物运输、仓储保管等。

3. 非物质财富

非物质财富也称为精神财富或精神产品,包括智力成果、道德产品和经济信息等。

(1) 智力成果是指经济法主体从事智力劳动所取得的成果,如技术成果、学术论著、科学发明、艺术创作成果等。智力成果本身不直接表现为物质财富,但可以转化为物质财富。智力成果作为经济法律关系的客体,其法律表现形式主要有商标权、专利权、专有技术、著作权,智力成果的类型主要有商标、发明、实用新型、外观设计、专有技术、文学艺术和科学作品等。

(2) 道德产品是指人们在各种社会活动中取得的非物质化的道德价值,如荣誉称号、嘉奖表彰等,它们是公民、法人荣誉权的客体。

(3) 经济信息是指反映社会经济活动的发生、变化等情况的各种信息、数据、情报和资料等。

二、经济法律关系的发生、变更和终止

经济法律关系的发生、变更和终止要具备三个条件:一是法律规范,即经济法律关系发生、变更和终止的法律依据。二是经济法律关系的主体,即权利和义务的实际承担者。三是有法律事实出现。法律事实是指由法律规范所确定的,能够直接引起法律关系发生、变更或终止的情况。法律规范和法律主体只是法律关系产生的前提,法律事实则是法律关系产生的具体条件,只有当法律规范规定的法律事实发生时,才会引起法律关系的发生、变更或终止。法律事实是法律关系发生、变更和终止的直接原因。

根据是否以人们的意志为转移的标准,法律事实可以分为两大类:法律事件和法律行为。

(一) 法律事件

法律事件是指不以法律关系主体的主观意志为转移的能够引起法律关系发生、变更和终止的现象,包括自然现象和社会现象。

(二) 法律行为

法律行为是指以法律关系主体意志为转移,能够引起法律关系发生、变更和终止的人们有意识的活动。法律行为是最普遍的法律事实,按行为的性质可分为合法行为和违法行为。

第三节 经济纠纷的解决途径

一、经济纠纷的概念与解决途径

经济纠纷是指市场经济主体之间因经济权利和经济义务的矛盾而引起的权益争议。

为了保护当事人的合法权益,维护经济秩序,必须利用有效的手段及时处理这些争议。在我国,解决这些争议的方式有:当事人互相协商、行政调解、仲裁和民事诉讼。

在解决当事人发生的经济纠纷的过程中,如果当事人通过协商或调解不能解决争议的,可通过仲裁和诉讼的方式解决争议,仲裁和诉讼是两种不同的争议解决方式。当事人发生争议只能在仲裁或者诉讼两种方式中选择一种解决方式。有效的仲裁协议可排除法院的管辖权,只有在没有仲裁协议或者仲裁协议无效,或者当事人放弃仲裁协议的情况下,法院才可以行使管辖权。以下分别予以说明。

二、仲裁

1994年8月31日第八届全国人民代表大会常务委员会第九次会议通过的,1995年9月1日起施行的《中华人民共和国仲裁法》(以下简称《仲裁法》)是仲裁活动进行的基本法律依据。

(一)仲裁的概念和特征

1. 仲裁的概念

仲裁是指经济法的各方当事人依照事先约定或事后达成的书面仲裁协议,共同选定仲裁机构并由其对争议依法作出具有约束力裁决的一种活动。

2. 仲裁的特征

从仲裁的概念来看,仲裁具有三个特征:

(1)仲裁以双方当事人自愿协商为基础。

(2)仲裁由双方当事人自愿选择的中立第三者(仲裁机构)进行裁判。仲裁机构是民间性的组织,不是国家的行政机关或司法机关,对经济纠纷案件没有强制管辖权。

(3)仲裁裁决对双方当事人都具有约束力。

(二)仲裁的适用范围

1. 平等主体的公民、法人和其他组织之间发生的合同纠纷和其他财产权益纠纷,可以仲裁。

2. 下列纠纷不能提请仲裁:

(1)关于婚姻、收养、监护、抚养、继承纠纷;

(2)依法应当由行政机关处理的行政争议。

3. 下列仲裁不适用《仲裁法》,不属于《仲裁法》所规定的仲裁范围,而应由别的法律予以调整:

(1)劳动争议的仲裁;

(2)农业集体经济组织内部的农业承包合同纠纷的仲裁。

【例1-1】下列纠纷中,可以适用《仲裁法》解决的是(   )。

A. 甲、乙之间的农村土地承包合同纠纷

B. 甲、乙之间的遗产继承纠纷

C. 甲、乙之间的劳动争议纠纷

D. 甲、乙之间的货物运输合同纠纷

【点评】

答案为 D。根据《仲裁法》的规定，仲裁的适用范围是平等主体的公民、法人和其他组织之间发生的合同纠纷或其他财产纠纷。

（三）仲裁的基本原则

1. 自愿原则。当事人采用仲裁方式解决纠纷，应当双方自愿，达成仲裁协议。没有仲裁协议，一方申请仲裁的，仲裁委员会不予受理。

2. 独立仲裁原则。仲裁机关不依附于任何机关而独立存在，仲裁机构依法独立存在，仲裁依法进行，不受任何行政机关、社会团体和个人的干涉。仲裁委员会独立于行政机关之外，与行政机关没有隶属关系。

3. 平等原则。《仲裁法》第 2 条规定："平等主体的公民、法人和其他组织之间发生的合同纠纷和其他财产权益纠纷，可以仲裁。"条文规定了任何当事人在仲裁活动中的地位是完全平等的，仲裁机关在进行仲裁活动时给予双方的权利、义务也应该完全相同，不能搞双重标准。

4. 一裁终局原则。仲裁实行一裁终局的制度，即仲裁庭作出的仲裁裁决为终局裁决。裁决作出后当事人就同一纠纷再申请仲裁或者向人民法院起诉的，仲裁委员会或者人民法院不予受理。

【例 1-2】甲、乙两公司因货物运输合同纠纷向丙市仲裁委员会申请仲裁。丙市仲裁庭作出裁决后，甲公司不服裁决，拟再次申请仲裁或向法院起诉。请分析甲公司做法是否可行？

【点评】

仲裁实行一裁终局制度。仲裁庭的裁决为终局裁决。甲、乙公司应执行仲裁庭的裁决。当事人就同一纠纷再申请仲裁或向法院起诉的，仲裁委员会和法院都不会受理。

（四）仲裁机构

仲裁机构主要是指仲裁委员会。仲裁委员会可以在省、自治区、直辖市人民政府所在地的市设立，也可以根据需要在其他设区的市设立。仲裁委员会独立于行政机关，与行政机关没有隶属关系。仲裁委员会之间也没有隶属关系。

仲裁委员会由主任 1 人，副主任 2～4 人和委员 7～11 人组成。根据《仲裁法》规定，仲裁委员会的主任、副主任和委员由法律、经济贸易专家和有实际工作经验的人员担任。仲裁委员会的组成人员中，法律、经济贸易专家不得少于 2/3。

【例 1-3】根据《仲裁法》的规定，下列关于仲裁委员会的表述中，不正确的有（　　）。

A. 仲裁委员会之间没有隶属关系
B. 仲裁委员会独立于行政机关之外
C. 仲裁委员会不按行政区划层层设立
D. 仲裁委员会是司法机关

【点评】

答案为 D。仲裁委员会不是行政机关或司法机关，只是独立的裁决经济纠纷的民间组织机构。

(五) 仲裁协议及其效力

1. 仲裁协议的概念

仲裁协议是指双方当事人同意把他们之间可能发生或已经发生的争议交付仲裁机构仲裁的共同意思表示。仲裁协议应当以书面形式订立。

2. 仲裁协议的内容

仲裁协议的内容包括以下几点：

(1) 请求仲裁的意思表示；

(2) 仲裁事项；

(3) 选定的仲裁委员会。

仲裁协议对仲裁事项或者仲裁委员会没有约定或者约定不明的，当事人可以补充协议；达不成补充协议的，仲裁协议无效。

3. 仲裁协议的效力

仲裁协议一经依法成立，即具有法律约束力。仲裁协议独立存在，合同的变更、解除、终止或无效，不影响仲裁协议的效力。当事人对仲裁协议的效力有异议，可以请求仲裁委员会作出决定或者请求人民法院作出裁定。当事人对仲裁协议的效力有异议，应当在仲裁庭首次开庭前提出。有下列情形之一的，仲裁协议无效：一是约定的仲裁事项超出法律规定的仲裁范围的；二是无民事行为能力或者被限制民事行为能力的人订立的仲裁协议；三是一方采取胁迫手段，迫使对方订立仲裁协议的。

【课堂讨论】

甲、乙公司因买卖合同发生纠纷，甲向某仲裁委员会申请仲裁，乙向法院提起诉讼。双方并没有签订仲裁协议。请分析甲、乙公司解决纠纷的途径是什么？甲、乙各自的请求会得到什么样的处理结果？

【点评】

由于两个公司之间没有签订仲裁协议，根据《仲裁法》的规定，甲、乙公司的经济纠纷不能通过仲裁方式解决，只能通过诉讼方式解决争议。对甲公司的仲裁申请，仲裁委员会不予受理；对乙公司的诉讼请求，法院应予受理。

(六) 仲裁裁决

当事人申请仲裁，应当具备以下条件：①有仲裁协议。仲裁协议一经成立，即具有法律效力。仲裁协议包括事先在合同中约定的仲裁条款和事后达成的书面仲裁协议。②有具体的仲裁请求和所依据的事实、理由。③属于仲裁委员会受理的范围。

仲裁不实行级别管辖和地域管辖，仲裁委员会受理仲裁申请后，应当按照法定要求组成仲裁庭。仲裁庭可以由3名仲裁员或者1名仲裁员组成。当事人没有在仲裁规则的期限内约定仲裁庭的组成方式或者选定仲裁员的，由仲裁委员会主任指定。

仲裁员有下列情形之一的，必须回避，当事人也有权对其提出回避申请：①是本案当事人或者当事人、代理人的近亲属；②与本案有利害关系；③与本案当事人、代理人有其他关系，可能影响公正仲裁的；④私自会见当事人、代理人，或者接受当事人、代理人的请客送礼的。

仲裁庭作出裁决前,可以自行和解。当事人自愿调解的,仲裁庭应当调解。调解不成的,仲裁庭应当及时作出裁决。调解达成协议的,仲裁庭应当制作调解书或根据协议结果制作裁决书。调解书与裁决书具有同等法律效力。仲裁庭根据多数仲裁员的意见作裁决,并制作裁决书,裁决书自做出之日起发生法律效力。

如果当事人一方不履行裁决的,另一方当事人可以依照《中华人民共和国民事诉讼法》的有关规定向人民法院申请执行。

【例 1-4】甲、乙两公司因合同纠纷达成仲裁协议,按法定要求组成 3 人仲裁庭,仲裁庭在作出裁决时产生了两种不同意见。根据《仲裁法》的规定,仲裁庭应当采取的做法是( )。

A. 按多数仲裁员的意见作出裁决　　B. 按首席仲裁员的意见作出裁决
C. 提请仲裁委员会作出裁决　　　　D. 提请仲裁委员会主任作出裁决

【点评】

答案为 A。仲裁裁决应按多数仲裁员的意见作出。在仲裁庭不能形成多数意见时,裁决应当按首席仲裁员的意见作出。

三、诉讼

诉讼是指当事人不能通过协商解决争议,而在人民法院起诉、应诉,请求人民法院通过审判程序解决纠纷的活动。平等主体当事人之间发生经济纠纷提起诉讼,适用《中华人民共和国民事诉讼法》(以下简称《民事诉讼法》)解决纷争。

(一)民事诉讼的适用范围

公民之间、法人之间、其他组织之间以及他们相互之间因财产关系和人身关系发生纠纷,可以提起民事诉讼。

根据《民事诉讼法》的规定,当事人提起诉讼必须符合下列条件:①原告是与本案有直接利害关系的公民、法人和其他组织;②有明确的被告;③有具体的诉讼请求和事实理由;④属于人民法院受理民事诉讼的范围和受诉人民法院管辖。

当事人起诉除了须具备《民事诉讼法》规定的有关条件外,还须具备以下条件:①当事人没有事先或事后约定由仲裁机构裁决的协议;②当事人没有就同一事实、同一诉讼标的再行向法院提起诉讼。

(二)诉讼管辖

诉讼管辖是指各级法院之间以及不同地区的同级法院之间,受理第一审民事案件、经济纠纷案件的职权范围和具体分工。管辖可以按照不同标准作多种分类,其中最常用的分类为级别管辖和地域管辖。

1. 级别管辖

级别管辖是根据案件性质、案情繁简、影响范围来确定上下级法院受理第一审案件的分工和权限。大多数民事案件均归基层人民法院管辖。

2. 地域管辖

地域管辖是指同级人民法院之间受理第一审案件的权限分工。各级法院的辖区和各级行政区划是一致的。地域管辖又分为一般地域管辖、特殊地域管辖和专属管辖等。

(1) 一般地域管辖。一般地域管辖是按照当事人所在地与法院辖区的隶属关系来确定案件管辖法院。经济纠纷案件应由被告住所地人民法院管辖。如果是法人，则由法人机关所在地人民法院管辖。除特殊地域管辖和专属地域管辖确定管辖法院的条件外，其余的经济纠纷案件都适用"原告就被告"的原则。

(2) 特殊地域管辖。特殊地域管辖是指以引起法律关系发生、变更或消灭的法律事实为标准来划分法院的管辖权。适用特殊地域管辖的有以下情况：

① 因合同纠纷引起的诉讼，由被告住所地或者合同履行地人民法院管辖。合同双方当事人可以在书面合同中协议选择被告住所地、合同履行地、合同签订地、原告住所地、标的物所在地人民法院管辖，但不得违反《民事诉讼法》对级别管辖和专属管辖的规定。

② 因保险合同纠纷提起的诉讼，由被告住所地或者保险标的物所在地人民法院管辖。

③ 因票据纠纷提起的诉讼，由票据支付地或者被告住所地人民法院管辖。

④ 因铁路、公路、水上、航空运输和联合运输合同纠纷提起的诉讼，由运输始发地、目的地或者被告住所地人民法院管辖。

⑤ 因侵权行为提起的诉讼，由侵权行为地（包括侵权行为实施地、侵权结果发生地）或者被告住所地人民法院管辖。

⑥ 因铁路、公路、水上和航空事故请求损害赔偿提起的诉讼，由事故发生地或者船舶最先到达地、航空器最先降落地或者被告住所地人民法院管辖。

⑦ 因船舶碰撞或者其他海事损害事故请求损害赔偿的案件，由碰撞发生地、碰撞船舶最先到达地、加害船舶被扣地或者被告住所地人民法院管辖。

⑧ 因海难救助费用提起的诉讼，由救助地或者被救助船舶最先到达地人民法院管辖。

⑨ 因共同海损提起的诉讼，由船舶最先到达地、共同海损理算地或者航程终止地法院管辖。

⑩ 因公司设立、确认股东资格、分配利润、解散等纠纷提起的诉讼，由公司住所地人民法院管辖。

3. 专属管辖

专属管辖是指法律强制规定某些案件只能向特定人民法院提起诉讼，当事人不得协议变更管辖。专属管辖的案件主要有三类：

① 因不动产纠纷提起的诉讼，由不动产所在地人民法院管辖；

② 因港口作业中发生经济纠纷提起的诉讼，由港口所在地人民法院管辖；

③ 因继承遗产纠纷提起的诉讼，由被继承人死亡时住所地或者主要遗产所在地法院管辖。

两个以上法院都有管辖权（共同管辖）的诉讼，原告可以向其中一个法院起诉（选择管辖）；原告向两个以上有管辖权的法院起诉的，由最先立案的法院管辖。

【例1-5】丁某与张某两人因商品房买卖产生纠纷,协商无果,两人遂决定提起诉讼。对该案件享有管辖权的法院是( )。

A. 张某住所地法院　　　　　　　　B. 丁某住所地法院
C. 商品房屋所在地法院　　　　　　D. 张某丁某两人协议的法院

【点评】

答案为 C。根据《民事诉讼法》的规定,因不动产纠纷提起的诉讼,由不动产所在地法院管辖。

(三) 诉讼时效

1. 诉讼时效的概念

诉讼时效是指权利人在法定期间内不行使而失去诉讼保护的制度。诉讼时效期间,是指权利人请求法院或者仲裁机关保护其民事权利的法定期间。

诉讼时效期间届满,权利人丧失的是胜诉权,即丧失依诉讼程序强制义务人履行义务的权利;权利人的实体权利并不消灭,债务人自愿履行的则不受诉讼时效限制。

规定诉讼时效的主要作用在于:

(1) 督促权利人及时行使权利。诉讼时效规定体现的是,如果权利人享有权利但不积极去行使,将产生权利消灭的法律后果。

(2) 维护既定的法律秩序的稳定。权利人长期不向义务人主张权利,就会使义务人认为权利人已经放弃其请求权,从而形成一种稳定的社会秩序和法律秩序。如果经过相当长的时间后,权利人才行使权利,就会导致已经稳定的社会秩序遭到破坏,不利于法律秩序的稳定。

(3) 有利于证据的收集和判断,并及时解决纠纷。

2. 诉讼时效期间的具体规定

(1) 普通诉讼时效期间

普通诉讼时效期间,也称一般诉讼时效期间,是指由民事普通法规定的具有普遍意义的诉讼时效期间。根据《中华人民共和国民法通则》的规定,除法律另有规定外,一般诉讼时效为 2 年。

(2) 特别诉讼时效期间

特别诉讼时效期间,也称特殊诉讼时效期间,是指由民事普通法或特别法规定的,仅适用于特定民事法律关系的诉讼时效期间。如《民法通则》规定,下列事项的诉讼时效期间为 1 年:

① 身体受到伤害要求赔偿的;
② 出售质量不合格的商品未声明的;
③ 延付或者拒付租金的;
④ 寄存财物被丢失或者损毁的。

在《中华人民共和国民法通则》之外,《中华人民共和国合同法》、《中华人民共和国继承法》、《中华人民共和国海商法》、《中华人民共和国票据法》等也规定了特殊的诉讼时效。如《中华人民共和国合同法》规定国际货物买卖合同和技术出口合同争议提起诉讼或申请仲裁的期间为 4 年。

(3) 最长诉讼时效期间

最长诉讼时效期间是指对被侵害的民事权利给予诉讼保护的最长诉讼时效期间。诉讼时效期间均从权利人知道或者应当知道权利被侵害时起计算。但是,从权利被侵害之日起超过 20 年的,人民法院不予保护。这里规定的 20 年就是最长诉讼时效期间,也称绝对时效期间。

【例 1-6】 赵某与房东刘某商定租其一套住房 1 年,租期为 2013 年 9 月 1 日至 2014 年 8 月 31 日。同时约定赵某先预付半年租金,第 6 个月期满时(2014 年 2 月 28 日)再支付其余租金。经履行法定程序后,赵某如期搬入住房。但 2014 年 2 月 28 日,赵某未支付其余租金。2014 年 8 月,在赵某仍未支付其余租金的情况下突然搬出,不知去向。已知刘某从未向赵某追要过其余租金。请分析刘某若有效保护自己的权益,应在什么时间内主张自己的权利。

【解析】

根据特别诉讼时效期间的规定,刘某应在 2015 年 2 月 28 日之前主张自己的权利,才能有效保护自己的合法权益。

3. 诉讼时效期间的中止、中断和延长

(1) 诉讼时效期间的中止,是指诉讼时效期间的最后 6 个月内,因不可抗力或者其他障碍致使权利人不能行使请求权的,诉讼时效期间暂时停止计算。从中止时效的原因消除之日起,诉讼时效期间继续计算。所谓其他障碍,包括权利被侵害的无民事行为能力人,限制民事行为能力人没有法定代理人。或者法定代理人死亡而丧失代理权,或者法定代理人本人丧失行为能力,也包括继承开始后继承人尚未确定或者非因继承人的原因导致遗产管理人不明确,使继承人不能行使其继承权。

(2) 诉讼时效期间的中断,是指在诉讼时效期间,当事人提起诉讼,当事人一方提出要求或者同意履行义务,而使已经经过的时效期间全部归于无效。从中断时起,诉讼时效期间重新计算。

(3) 诉讼时效期间的延长,是指在诉讼时效期间,权利人基于某种正当理由要求法院根据具体情况延长时效期间,经法院审查确认后决定延长的制度。

【知识拓展】

债权超过诉讼时效的补救办法

诉讼时效届满将导致胜诉权的丧失。当债权超过诉讼时效时,可以用下述一种或多种方法进行补救,以降低企业成本和法律风险。这些补救办法的实质都是债权的更新,即以一个新的债权替代一个已超过诉讼时效期间的旧债权。

(1) 要求债务人在债务履行通知书上签字或盖章。根据法律规定,在债权超过诉讼时效期间后,债务人又在履行通知单上签字或盖章的,视为对旧债务的重新确认。因此,该债权应当得到保护。此规定对于已超过诉讼时效期间的债权人的补救提供了最好的办法。

(2) 签订还款协议。按照最高人民法院 1997 年 4 月 16 日发布的《关于超过诉讼时效期间当事人达成的还款协议是否应当受法律保护问题的批复》之规定,超过诉讼时效当事人达成还款协议,应当依法予以保护。签订还款协议表示债权、债务人对原债权、债务进行了调整,同时既然是还款协议,当然表示对债权、债务的确认无疑。从而,改变了原有的法律关系,在当事人之间形成了新的债权,其诉讼时效可以独立计算。

(3) 更新合同。合同的更新是当事人签订一个新的合同来代替旧的合同,借新还旧是典型的合同更新。它和还款协议的区别在于:还款协议只改变了原来合同的部分内容,而合同更新则完全改变了原来的旧合同。旧合同的诉讼时效随之废止,诉讼时效按新合同签订的时间计算。

(4) 债务人放弃"超过诉讼时效期间"的抗辩。超过诉讼时效期间是债权人丧失胜诉权的法定事由,无论当事人是否就此起诉,法院在查知债权超过诉讼时效时,都不能判决债权人胜诉。若债权人能与债务人继续合作或进行友好谈判,促使债务人放弃丧失胜诉权的抗辩,且债务人自愿履行的,债权人享有受领权。

综合实训

一、单项选择题

1. 甲、乙双方签订一份房屋装修合同,由此形成的法律关系的客体是( )。
   A. 被装修的房屋　　　　　B. 甲、乙双方应当收付的款项
   C. 乙方承揽的装修劳务行为　D. 甲、乙双方承担的权利和义务
2. 下列各项客观事实中,属于法律行为的有( )。
   A. 某服装厂与供货商订立了一份合同
   B. 某沙漠三天没下雨
   C. 战争爆发
   D. 海底火山爆发
3. 对经济运行进行协调的主体是( )。
   A. 市场　　　B. 企业　　　C. 社会中介组织　　　D. 国家
4. 下列关于法的本质与特征的表述中,不正确的是( )。
   A. 法是统治阶级意志的体现
   B. 法是明确而普遍适用的规范
   C. 法是全社会成员共同意志的体现
   D. 法是确定人们在社会关系中的权利和义务的行为规范
5. 下列各项中,属于经济法主体违反经济法可能承担的民事责任形式有( )。
   A. 停止侵害　B. 拘役　　　C. 罚款　　　　　　D. 没收财产

二、多项选择题

1. 下列各项中,属于法律事实的有( )。

A. 地震　　　B. 爆发战争　　　C. 人的死亡　　　D. 签发汇票

2. 下列各项中,属于法律关系主体的有(　　)。

　　A. 个体工商户　　　　　　B. 某市人民政府
　　C. 某市艺术团　　　　　　D. 外商投资企业

3. 下列各项中,属于法的形式的有(　　)。

　　A. 宪法　　　　　　　　　B. 某单位有关工作纪律的规定
　　C. 企业所得税暂行条例　　D. 会计法

4. 下列各项中,能够引起法律关系消灭的法律事件有(　　)。

　　A. 合同双方认真履行了合同　　B. 企业乙侵犯了丙的专利权
　　C. 发生了地震　　　　　　　　D. 突然爆发了战争

5. 下列选项中,属于我国经济法的调整对象的有(　　)。

　　A. 宏观经济调控关系　　　B. 市场规制关系
　　C. 刑事违法关系　　　　　D. 民事诉讼关系

6. 仲裁员有下列情形时,必须回避,当事人也有权提出回避申请的有(　　)。

　　A. 是本案当事人或者当事人、代理人的近亲属
　　B. 与本案有利害关系的
　　C. 与本案当事人、代理人有其他关系,可能影响公正仲裁的
　　D. 私自会见当事人、代理人,或者接受当事人、代理人的请客送礼的

7. 根据规定,下列情形中,诉讼时效期间为1年的有(　　)。

　　A. 寄存财物被丢失或损毁的　　B. 延付或者拒付租金的
　　C. 货物买卖合同纠纷　　　　　D. 身体受到伤害要求赔偿的

8. 甲地A公司和乙地B公司在丙地签订一份货物买卖合同,约定由B公司在丁地向A公司交货。后B公司未能按约履行合同,A公司便向人民法院提起诉讼。根据规定,该案有管辖权的人民法院是(　　)。

　　A. 甲地人民法院　　　　　B. 乙地人民法院
　　C. 丙地人民法院　　　　　D. 丁地人民法院

9. 下列纠纷适用于《民事诉讼法》,可以提起民事诉讼的是(　　)。

　　A. 侵害名誉权纠纷　　　　B. 企业破产案件
　　C. 劳动合同纠纷　　　　　D. 按照督促程序解决的债务案件

10. 下列各项中,属于行政责任形式的是(　　)。

　　A. 赔偿损失　　　　　　　B. 拘留
　　C. 责令停产、停业　　　　D. 没收违法所得

三、判断题

1. 实体法是指为了保障实体权利和义务的实现而制定的关于程序方面的法律。
　　　　　　　　　　　　　　　　　　　　　　　　　　　　　　　　　　(　　)

2. 甲、乙双方签订一份建造大型设备的合同,由甲提供主体配件和原材料,乙方提供建设服务,由此形成的法律关系客体就是乙方承建的设备。　　　　　　(　　)

3. 一个国家的现行法律规范分为若干个法律部门,由这些法律部门组成的具有内在

联系的、互相协调的统一整体构成一国的法律体系。( )
  4. 任何经济现象和经济问题都可以由经济法来调整。( )
  5. 法律事实可以划分为行为和事件,由社会现象引起的事实又称为绝对事件。
( )
  6. 审理行政案件,在一定情况下可以适用调解。( )
  7. 行为人只有年满18周岁才是完全民事行为能力人。( )
  8. 法律产生于社会经济生活的客观需要。( )
  9. 甲公司与乙银行订立一份借款合同,甲公司到期未还本付息,但银行并没有发出通知要求甲公司支付。乙银行于还本付息期届满后1年零6个月时才向有管辖权的人民法院起诉,要求甲公司偿还本金、支付利息并承担违约责任,乙银行提起的诉讼将丧失胜诉权。( )
  10. 当事人对仲裁协议的效力有异议的,一方请求仲裁委员会作出决定,另一方请求人民法院作出裁定的,由仲裁委员会裁定。( )

四、案例分析题

  甲市某家纺厂与乙市某开发公司于2016年8月在甲市签订了一份长绒棉的购销合同。合同规定:开发公司于同年11月供应给家纺厂长绒棉12吨,每吨4000元。家纺厂预付款项30000元,余款于收到货后付清。此外,合同同时规定了货品质量、提货方式等条款。可家纺厂预付款后,经多次催促,至2017年4月仍未见到货。经查,乙市该开发公司本身固定资金仅8000元,甲市家纺厂于2017年6月向甲市某区人民法院提起诉讼。

  请问:
  1. 家纺厂与开发公司之间的经济合同纠纷有哪些解决方法?
  2. 依据我国法律规定,家纺厂的合法权益该如何保护?
  3. 法院可采取哪些措施保护家纺厂的合法权益?

第二章 企业法律制度

【引例导学】

　　大学生创业活动在全国如火如荼地开展着,各种对大学生创业的优惠政策促使大学生创业园在各地高校所在地如雨后春笋般的涌现。作为即将毕业的大学生程一有100万元资金,打算在河南商丘投资设立一家餐饮企业。但程一对如何设立和管理企业这方面的知识非常匮乏。面对困境程一该如何办?

　　请你运用自己的知识谈谈如何设立和管理企业。

【点评】

　　企业作为市场的主体之一,有不同的组织形式,国家法律对不同组织形式的企业适用不同规定。如果程一想创立一个个人独资企业,就应该适用《中华人民共和国个人独资企业法》;如果程一想创立一个合伙企业,就应该适用《中华人民共和国合伙企业法》;如果程一想创立一个公司企业,就应该适用《中华人民共和国公司法》。

第一节 企业法概述

一、企业和企业法的概念

1. 企业

　　企业一般是指以营利为目的,运用各种生产要素(土地、劳动力、资本和技术等),向市场提供商品或服务,实行自主经营、自负盈亏、独立核算的具有法人资格的社会经济组织。

　　企业存在三类基本组织形式:独资企业、合伙企业和公司,公司制企业是现代企业中最主要的最典型的组织形式。

　　企业在现代汉语中,主要指独立的营利性组织,并可进一步分为公司和非公司企业。后者有合伙企业、个人独资企业、个体工商户等。在20世纪后期我国实行改革开放与现代化建设,以及信息技术领域新概念大量涌入的背景下,"企业"一词的用法有所变化,并不再仅限于商业性或营利组织。

2. 企业法

企业法,是指调整企业在设立、组织、管理和运行过程中发生的经济关系的法律规范的总称。

企业法是以确认企业法律地位为主旨的法律体系。因此,广义企业法应当是规范各种类型企业的法律规范的总体。各种类型的企业包括按企业资产组织形式划分的公司、合伙企业和独资企业,又包括按照所有制形式划分的国有企业、集体企业和私营企业,还包括按照有无涉外因素划分的内资企业和外商投资企业等。目前,中国现行企业法对上述不同类型的企业都有所调整。

二、企业法的调整对象及范围

(一) 企业法的调整对象

企业法的调整对象是特定的经济关系,包括:

1. 国家对企业的规制及宏观调控关系;
2. 企业的内部组织关系;
3. 企业经营过程中部分涉及社会整体利益须由企业法调整的经济关系。

企业的一般经营活动通常不属于企业法调整的范畴而由其他的部门法,如合同法、竞争法等,予以调整。企业是最基本的市场主体,国家须对企业的组织与行为进行必要的协调、引导、监督和服务,以法律对企业行为予以必要的规制及调控。企业组织内部的经济关系多数也由企业的章程和内部规章来规定,国家不予干涉,企业法不予调整。然而,企业内部的一些必须由法律予以规制的经济关系应由企业法予以调整,如必须符合法律规定的组织形式、组织机构、财务、会计审计制度等等。

(二) 企业法的调整范围

企业法主要包括:《中华人民共和国个人独资企业法》、《中华人民共和国合伙企业法》、《中华人民共和国公司法》等。

从广义上讲,所谓现代企业制度,是在现代市场经济条件下运行的企业制度,也就是所有作为现代市场经济载体的企业都是现代企业,包括公司、合伙和独资企业等,而以公司为基本形态,公司是大中型企业的法律形态,合伙企业和独资企业是小型企业的法律形态。

企业法体系的集合性,决定了企业法调整对象性质的复杂性,不能笼统地说企业法应当属于民法、商法,还是应当属于经济法。民法、商法所调整的是平等主体之间的企业关系,以确认企业权利并保证实现。因此,作为民法、商法调整对象的企业通常是合伙企业、独资企业、集体企业、合作社等。由于国有企业、外商投资企业、公司(尤其是股份有限公司、上市公司)涉及国家利益、国家对经济的协调,以及社会利益的兼顾等因素,使这类企业法更多地体现了国家的意志,所以,其大多属于经济法的调整对象。不仅是中国,当代其他各国调整企业的法律形式也是多种多样,可以是民法、商法,也可以是经济法,或是单行特别法。

商法与企业法的区别还表现在,商法并不是完全的组织法,其中相当部分属于行为法。企业首要的法律特点是一个组织体,这就决定了企业法的最本质的特点是组织法。而且现代一系列的企业现象也早已超出了商法的范畴。尽管这些企业形态不同,只要适合经济生活的需要,都可以以法律表现出来,而不受商法的限制。中国目前进行试验的"国有控股公司",既是生产型的国有独资公司,又是国家专门进行投资经营的投资型的公司,这就是一典型例子。

第二节　个人独资企业法

一、个人独资企业的概念与特征

个人独资企业,简称独资企业,是指由一个自然人投资,全部资产为投资人个人所有的营利性经济组织。《中华人民共和国个人独资企业法》(以下简称《个人独资企业法》)于1999年8月30日由第九届全国人大常委会通过并公布,自2000年1月1日起施行。本法所称个人独资企业,是指依照本法在中国境内设立的,由一个自然人投资,财产为投资人个人所有,投资人以其个人财产对企业债务承担无限责任的经营实体。

个人独资企业具有以下特征:

1. 投资主体方面的特征。个人独资企业仅由一个自然人投资设立。这是个人独资企业在投资主体上与合伙企业和公司的区别所在。

2. 企业财产方面的特征。个人独资企业的全部财产为投资人个人所有,投资人是企业财产(包括企业成立时投入的初始存续期间积累的财产)的唯一所有者。个人独资企业就财产方面的性质而言,属于私人财产所有权的客体。

3. 责任承担方面的特征。个人独资企业的投资人以其个人财产对企业债务承担无限责任。其包括三层意思:一是企业的债务全部由投资人承担;二是投资人承担企业债务的范围不限于出资,其责任财产包括独资企业中的全部财产和其他个人财产;三是投资人对企业的债权人直接负责。换言之,无论是企业经营期间还是企业因各种原因而解散时,对经营中所产生的债务如不能以企业财产清偿,则投资人须以其个人所有的其他财产清偿。

4. 主体资格方面的特征。个人独资企业不具有法人资格。尽管独资企业有自己的名称或商号,并以企业名义从事经营行为和参加诉讼活动,但是其不具有独立的法人地位。

二、个人独资企业的设立

(一) 个人独资企业的设立条件

根据《个人独资企业法》规定,设立独资企业须具备以下五个方面的条件:

1. 投资人为一个自然人。个人独资企业的投资人必须是一个人,而且只能是一个自然人。此处所称的自然人只能是具有中华人民共和国国籍的自然人,不包括外国的自然人。

2. 有合法的企业名称。独资企业的名称应当与其责任形式及所从事的营业行为相符合。企业的名称应遵守企业名称登记管理规定。独资企业的名称中不得使用"有限"、"有限责任"字样。

3. 有投资人申报的出资。由于独资企业的出资人承担的是无限责任,而并不是仅以出资额为限承担责任,故独资企业法不要求个人独资企业有最低注册资本金,仅要求投资人有自己申报的出资即可。

4. 有固定的生产经营和必要的生产经营条件。

5. 有必要的从业人员。

(二) 个人独资企业的设立程序

个人独资企业的设立采取直接登记制,即设立独资企业无须经过任何部门的审批,而由投资人根据设立要求直接到工商行政管理部门申请登记。

1. 提出设立申请

个人独资企业的申请人是其投资人。投资人也可以委托其代理人向个人独资企业所在地的登记机关申请设立登记。投资人申请设立独资企业,应向登记机关提交下列文件:

(1) 设立独资企业的申请书。申请书应包括下列事项:企业的名称和住所、投资人的姓名和居所、投资人的出资额和出资方式、经营范围。

(2) 投资人的身份证明。

(3) 生产经营场所使用证明文件。

2. 进行工商登记

设立登记。设立登记是个人独资企业取得经营资格的必经程序。《个人独资企业法》第13条规定:"在领取个人独资企业营业执照前,投资人不得以个人独资企业名义从事经营活动。"

变更登记。如果个人独资企业存续期间登记事项发生变更的,应当在作出变更决定之日起的15日内依法向登记机关申请办理变更登记。

注销登记。个人独资企业办理注销登记时,应当缴回营业执照。

(三) 个人独资企业分支机构的设立

个人独资企业设立分支机构是指独资企业在住所地以外设立的从事业务活动的办事机构。其设立与登记程序和独资企业的设立程序大体相同。独资企业分支机构应当由投资人或者其委托的代理人向分支机构所在地的登记机关申请登记,领取营业执照。个人独资企业分支机构的民事责任由投资人承担。

【例2-1】下列哪一项是程一具备拟设立个人独资企业的资格条件?(　　　)

A. 程一在拟设立个人独资企业前加入了美国国籍

B. 程一在拟设立个人独资企业前因交通事故成了无民事行为能力的人

C. 程一在拟设立个人独资企业前刚满18周岁

D. 在拟设立个人独资企业前已经没有任何财产

【点评】

答案为 C。根据《个人独资企业法》第 8 条规定：个人独资企业的投资人必须是一个自然人，而且只能是一个自然人。此处所称的自然人只能是具有中华人民共和国国籍的自然人且具有完全民事行为能力，不包括外国的自然人。

三、个人独资企业的投资人及事务管理

（一）个人独资企业投资人的权利及责任

1. 个人独资企业投资人的权利

个人独资企业投资人对企业财产享有所有权。独资企业成立时的出资和经营过程中积累的财产都归独资企业的投资人所有。此处的财产主要是指企业的有形财产，如房屋、机器、设备、原材料等，还包括工业产权、专有技术等无形财产。

2. 个人独资企业投资人的责任

个人独资企业投资人对企业债务承担无限责任。依照《个人独资企业法》第 18 条规定，个人独资企业在申请企业设立登记时明确以其家庭共有财产为个人出资的，应当依法以家庭共有财产对企业债务承担无限责任。换言之，以投资人个人财产出资设立的，由投资人的个人财产承担无限责任；以投资人的家庭财产出资设立的，由投资人的家庭财产承担无限责任。

（二）个人独资企业的事务管理

1. 个人独资企业事务管理的方式

（1）投资人有权自主选择企业事务的管理形式。个人独资企业事务管理主要有三种模式：自行管理，即由个人独资企业的投资人自己负责企业的管理；委托管理，即由个人独资企业的投资人委托其他具有民事行为能力的人负责企业的管理；聘任管理，即个人独资企业的投资人聘用其他具有民事行为能力的人负责企业的管理。

（2）委托或聘用管理应签订书面合同。委托管理，须有投资人与受托人签订书面合同，明确委托的具体内容和授予的权利范围；聘用他人管理企业事务，须有投资人与被聘用的人签订书面合同，明确委托的具体内容和授予的权利范围。

（3）投资人对受托人或者被聘用的人员职权的限制，不得对抗善意第三人。个人独资企业投资人与受托人或被聘用的人员之间关于权利、义务的限制是一种内部约定，只对受托人或被聘用的人员有效，而对善意第三人并无约束力。受托人或被聘用的人员超出投资人限制与善意第三人的业务交往应当有效。

2. 受托人或者被聘用的管理人的义务

受托人或者被聘用的管理人应当履行诚信、勤勉义务，按照与投资人签订的合同负责个人独资企业的事务管理且不得具有《个人独资企业法》第 20 条规定的行为。

3. 个人独资企业的财务管理

个人独资企业应当依法设立会计账簿，进行会计核算。

第二章 企业法律制度

4. 个人独资企业劳动管理与社会保障

(1) 个人独资企业招用职工时,应当依法与职工签订劳动合同,保障职工的劳动安全,按时足额发放工资给职工。

(2) 个人独资企业应当按照国家规定参加社会保险,为职工缴纳社会保险等。

(3) 个人独资企业的职工可以依法组建工会组织,以维护职工的合法权益,独资企业应当为本企业工会提供必要的活动条件。

(4) 个人独资企业违反了《个人独资企业法》的规定,侵犯职工合法权益,未保障职工劳动安全,不缴纳社会保障费用的,按照有关法律、行政法规予以处罚,并追究有关责任人员的责任。

【例 2-2】为开拓市场,个人独资企业主程一决定在郑州市设立一个分支机构,委托朋友张一为分支机构负责人。关于张一的权利和义务,下列哪个表述正确?(   )

A. 应承担分支机构的民事责任
B. 可以从事与企业总部相竞争的业务
C. 可以将自己的货物直接出卖给分支机构
D. 经程一同意可以用分支机构财产为其弟提供抵押担保

【点评】

答案为 D。根据《个人独资企业法》第 14 条规定:分支机构的民事责任由设立分支机构的个人独资企业承担。

四、个人独资企业的解散与清算

(一) 个人独资企业的解散

依据《个人独资企业法》第 26 条的规定,个人独资企业有下列情况时,应当解散:投资人决定解散;投资人死亡或者被宣告死亡,无继承人或者继承人决定放弃继承;被依法吊销营业执照;法律、行政法规规定的其他情形。

(二) 个人独资企业的清算

在个人独资企业解散时,应依法进行清算。

1. 清算的程序

个人独资企业解散时,由投资人自行清算或者由债权人申请人民法院指定清算人进行清算。投资人自行清算的,应当在清算前 15 日内书面通知债权人,无法通知的,应当予以公告。债权人应当在接到通知之日起 30 日内,未接到通知的应当在公告之日起 60 日内,向投资人申报其债权。

2. 清算时的债权清偿顺序

个人独资企业解散时,财产应当按照下列顺序清偿:所欠职工工资和社会保险费用,所欠税款,其他债务。在未按法定顺序清偿债务前,投资人不得转移、隐匿财产。

【例 2-3】若程一拟设立一家个人独资企业,下列表述正确的是(   )。

A. 该企业的名称中可以含有"公司"字样

B. 若程一死亡,其没有继承人,该企业应当解散
C. 若该企业解散,必须有法院指定的清算人进行清算
D. 该企业应当依法缴纳企业所得税

【点评】

答案为 B。根据《个人独资企业法》第26条规定,投资人死亡,没有继承人的,该企业应当解散。

第三节 合伙企业法

一、合伙概述

(一) 合伙的概念

合伙的概念既可以从法律行为的角度给出,也可以从组织形态的角度给出。就法律行为的角度而言,合伙是指两个以上的民事主体共同出资、共同经营、共负盈亏的协议;就组织的角度而言,合伙是指两个以上的民事主体共同出资、共同经营、共负盈亏的企业组织形态。由此可知,无论是法律行为角度还是组织形态角度,都强调合伙的主要特征是共同出资、共同经营、共负盈亏、共担风险。

(二) 合伙的特征

1. 合伙协议是合伙得以成立的法律基础

如果说公司是以公司章程为成立基础,那么合伙就是以合伙协议为成立基础。合伙协议是处理合伙人相互之间的权利和义务关系的内部法律文件,仅具有对内的效力,即只约束合伙人,合伙人之外的人如欲入伙,须经全体合伙人同意,并在合伙协议上签字。所以,合伙协议是调整合伙关系、规范合伙人相互间的权利和义务、处理合伙纠纷的基本法律依据,也是合伙得以成立的法律基础,此即合伙的契约性。

2. 合伙须由全体合伙人共同出资、共同经营

(1) 出资是合伙人的基本义务,也是其取得合伙人资格的前提。与公司不同的是,合伙出资的形式丰富多样,比公司灵活,公司股东一般只能以现金、实物、土地使用权和知识产权等四种方式出资,而合伙人除了可以以上述四种方式出资外,还可以以劳务、技术、管理经验、商誉甚至以不作为的方式出资,只要其他合伙人同意即可。

(2) 合伙人共同经营是合伙不同于公司的又一特征。公司的股东不一定都参与公司的经营管理,甚至不从事公司的任何营业行为;而合伙人必须共同从事经营活动,以合伙为职业和谋生之本。若相互之间无共同经营之目的与行为,则纵使有某种利益上的关联,也非合伙,如约定一方为另一方设定担保或基于约定由一方独立处理经营事务而另一方坐分利润,不参与经营,则均非合伙,而是其他法律关系。所以,可以说,合伙人之间是风

雨同舟、荣辱与共的关系,合伙的一些具体制度如竞业禁止等即是基于此而产生的。当然,有限合伙企业的情形有所不同,有限合伙人可以不参加合伙企业的营业,不执行合伙事务。

(3) 合伙从事的行为一般是具有经济利益的营业行为。无论是民事合伙还是商事合伙,合伙人的目的都是为了营利。特别是依据《中华人民共和国合伙企业法》(以下简称《合伙企业法》)成立的合伙企业,属于商事合伙的性质,从事营利性行为,是一种营利性组织。

3. 共负盈亏,共担风险,承担无限连带责任

合伙人则既可按合伙的出资比例分享合伙营利,也可按合伙人约定的其他办法来分配合伙营利。当合伙财产不足以清偿合伙债务时,合伙人还需以其他个人财产来清偿债务,即承担无限责任,而且任何一个合伙人都有义务清偿全部合伙债务(不管其出资比例如何),即承担连带责任。

4. 合伙是一种独立的联合组织,具有团体的属性

这主要表现在合伙的人格、财产、利益和民事责任都具有了相对的独立性。

(三) 合伙的法律性质

合伙是否为自然人和法人之外的一种独立的民事主体,理论上对此有分歧。一般我们认为合伙属于非法人组织,具有民事主体的资格,这主要表现为:

(1) 合伙人格的相对独立性。合伙拥有自己的字号,独立于各个合伙人。对外,由合伙的代表人从事民事活动。

(2) 合伙财产的相对独立性。合伙财产为合伙人共同所有,合伙财产与合伙人个人的财产是分离的。

(3) 合伙民事责任的相对独立性。合伙的债务首先用合伙的财产清偿,合伙财产不足清偿时,才由合伙人承担无限连带责任。

有了上述条件,合伙就能以合伙的名义进行民事活动。认可具备这些条件的合伙组织具有民事主体资格,有利于市场经济的发展。本节所讲的合伙是指具有民事主体资格的合伙组织,除另有说明的以外,均是指合伙企业。

二、合伙企业

(一) 合伙企业的概念和类型

合伙企业是指由自然人、法人和其他组织设立的组织体,包括普通合伙企业和有限合伙企业两种类型。普通合伙企业的所有合伙人对合伙企业的债务都承担无限连带责任。有限合伙企业则包括普通合伙人和有限合伙人,前者对合伙企业债务承担无限连带责任,后者则只以其认缴的出资额为限对合伙企业债务承担责任。

(二) 合伙企业的设立程序

1. 申请人和登记机关

设立合伙企业,应由全体合伙人指定的代表或者共同委托的代理人向企业登记机关

申请设立登记。登记机关为工商行政管理部门。

2. 申请时应提交的材料

申请设立合伙企业,应向相关工商行政管理部门提交登记申请书、合伙协议、全体合伙人的身份证明等文件。

3. 登记

相关工商行政管理部门应自收到申请人提交所需的全部文件之日起20日内,作出是否登记的决定。若符合条件,予以登记,发给营业执照。合伙企业的营业执照签发日期为合伙企业成立之日。对不符合条件的,不予登记,登记机关应当给予书面答复并说明理由。

合伙企业领取营业执照之前,合伙人不得以合伙企业的名义从事合伙事务。

合伙企业可以设立分支机构。合伙企业设立分支机构的,应当向分支机构所在地的企业登记机关申请登记,领取营业执照。

(三) 合伙企业的财产

1. 合伙财产的概念和构成

合伙财产指合伙存续期间,合伙人的出资和所有以合伙企业名义取得的收益及依法取得的其他财产。

合伙财产的来源由三部分构成:一是合伙人的出资。合伙人将其出资的财产转移给合伙企业后,就与其个人的财产相分离,而成为合伙财产。二是合伙从事经营活动取得的财产。三是依法从其他渠道取得的财产,例如接受赠与的财产。

2. 合伙企业财产的性质

依据《合伙企业法》第20条的规定,合伙人的出资和所有以合伙企业名义取得的收益均为合伙企业的财产,由全体合伙人共同管理和使用。这一规定既未明确合伙财产的法律性质,也未区分合伙人的出资财产和合伙积累的财产。我们认为,实践中应当区分合伙人的出资财产和合伙积累的财产,并对二者作不同的处理。

(1) 合伙人出资财产部分的性质

由于合伙人的出资形式多样,不同的出资所反映的性质不完全一样。

若以现金或明确以财产所有权出资的,意味着所有权的转移,出资人不再享有出资财产的所有权,而由全体合伙人共有。例如,合伙人以货币出资购买合伙经营所需的设备后,合伙人出资的货币所有权转移而形成对设备的共有权。

若以房屋使用权、商标使用权、专利使用权等权利出资的,出资人并不因出资行为而丧失房屋所有权、商标权、专利权等权利,这些出资财产的所有权仍属于出资人,合伙企业只享有其使用和管理权。对于此类出资,在合伙人退伙或者合伙企业解散时,出资人原则上有权要求返还原物。

若以所有权出资还是以使用权出资约定不明,而合伙人之间又达不成合意的,应当结合合伙存续期间的实际情况予以判断,推定为以所有权出资还是以使用权出资。

(2) 合伙积累财产的性质

依据《中华人民共和国民法通则》第32条的规定,合伙经营积累的财产归合伙人共有。除积累财产外,上述合伙人以所有权出资形成的合伙财产也属于合伙人共有。

第二章　企业法律制度

3. 合伙企业财产的管理与使用

合伙企业财产依法由全体合伙人共同管理和使用。具体表现为：

（1）在合伙企业存续期间，合伙人向合伙人以外的人转让其在合伙企业中的全部或部分财产份额时，除合伙协议另有约定外，须经其他合伙人一致同意，并且在同等条件下其他合伙人有优先受让的权利。作为合伙人以外的人依法受让合伙财产份额后，经修改合伙协议即成为合伙企业的合伙人，新的合伙人依照修改后的合伙协议享有权利、承担责任。

（2）在合伙企业存续期间，合伙人之间可以转让在合伙企业中的全部或者部分财产份额，但应通知其他合伙人。

（3）在合伙企业存续期间，合伙人以其在合伙企业中的财产份额出资的，须经其他合伙人一致同意。否则，出资行为无效，因此给善意第三人造成损失的，由行为人依法承担赔偿责任。

（4）在合伙企业存续期间，除依法退伙等法律有特别规定的情况外，合伙人不得请求分割合伙企业财产，也不得私自转移或者处分合伙企业财产。为了保护第三人利益，如果合伙人私自转移或者处分合伙企业的财产，合伙企业不得以此对抗不知情的善意第三人。

【例 2-4】若程一与甲、乙拟设立一家合伙企业，下列表述正确的是（　　）。

A. 程一、甲和乙之间必须订立书面合伙协议
B. 程一可以是限制民事行为能力的人
C. 甲、乙不可以是法人或其他组织，只能是自然人
D. 甲、乙的出资有数额要求

【点评】

答案为 A。根据《合伙企业法》第 2、14 条的规定，合伙企业的投资主体包括自然人、法人和其他组织，无民事行为能力的人或限制民事行为能力的人不能成为合伙企业设立时的创始合伙人，对合伙人出资额没有数额限制。

三、普通合伙企业

（一）普通合伙企业的设立条件

根据《合伙企业法》第 14 条的规定，设立普通合伙企业应具备以下条件：

1. 有符合要求的合伙人

（1）关于合伙人的人数：合伙人数应不少于 2 人。若出资人只有 1 人，则是独资企业而非合伙。《合伙企业法》未规定合伙企业的人数的上限，即合伙企业人数没有上限限制。

（2）关于合伙人的行为能力。合伙人必须具有相应的民事行为能力，即为完全民事行为能力人且能承担无限责任。限制行为能力人或无行为能力人不得作为合伙人。

（3）关于合伙人的职业禁止。法律、行政法规禁止从事营利性活动的人，不得成为合伙企业的合伙人，具体包括国家公务员、法官、检察官及警察等。

（4）关于合伙人的种类。根据《合伙企业法》的规定，除自然人外，法人和其他组织均

可以成为合伙企业的合伙人,自然人之间可以设立合伙企业,法人或其他组织之间可以设立合伙企业,自然人和法人或其他组织之间也可以设立合伙企业。法人合伙得到立法的承认,这是《合伙企业法》的重大修订之一。

(5)普通合伙人的资格限制。《合伙企业法》第3条明确规定:"国有独资公司、国有企业、上市公司以及公益性的事业单位、社会团体不得成为普通合伙人。"依此规定,这些单位不能成为普通合伙企业的合伙人,但法律并未限制其成为有限合伙企业的合伙人,这意味着国有独资公司、国有企业、上市公司、公益性的事业单位和社会团体是可以成为有限合伙企业的合伙人的。

2. 有合伙协议

合伙协议是指合伙人为设立合伙企业而签订的合同。合伙协议必须采用书面形式,并载明以下内容:(1)合伙企业的名称和主要经营场所的地点;(2)合伙目的和合伙企业的经营范围;(3)合伙人的姓名或者名称及其住所;(4)合伙人出资的方式、数额和缴付出资的期限;(5)利润分配和亏损分担办法;(6)合伙企业事务的执行;(7)入伙与退伙;(8)争议解决办法;(9)合伙企业的解散与清算;(10)违约责任。合伙协议经全体合伙人签名、盖章后生效。

3. 有合伙人实际缴付的出资

合伙人必须向合伙组织出资,其出资形式可以是货币、实物、知识产权或者其他财产权利。经全体合伙人协商一致,出资人也可以用劳务、技术等出资。合伙人的出资是合伙人资格取得的必备条件,也是设立合伙企业的基本物质条件。

4. 有合伙企业的名称

合伙企业作为市场主体之一,应该有自己的名称。合伙企业只有拥有自己的名称,才能以自己的名义参与民事法律关系,享有民事权利,承担民事义务并参与诉讼。合伙企业的名称中应当标明"普通合伙"字样。

5. 有经营场所和从事合伙经营的必要条件

合伙企业从事生产经营活动一般只有一个经营场所,即在企业登记机关登记的营业地点。经营场所的法律意义在于确定债务履行地、诉讼管辖等。从事经营活动的必要条件是指根据合伙企业的业务性质、规模等因素而须具备的设备、设施等方面的条件。

【例2-5】若程一与甲、乙、丙拟设立一个普通合伙企业,就出资问题表述不正确的是(   )

A. 程一可以用知识产权出资。　　B. 甲可以用房屋使用权出资。
C. 乙不可以用劳务出资。　　　　D. 丙可以用机器设备出资。

【点评】

答案为C。根据《合伙企业法》第15条的规定:普通合伙企业的合伙人的出资形式可以是货币、实物、知识产权或者其他财产权利。经全体合伙人协商一致,也可以用劳务、技术等出资。

【例2-6】若程一与甲、乙、丙设立一个普通合伙企业,合伙企业的利润分配未约定且合伙人协商不成,下列表述正确的是(   )。

A. 应由三合伙人平均分配

B. 应由三合伙人按实缴出资比例分配
C. 应由三合伙人按合伙协议约定的出资比例分配
D. 应由三合伙人的贡献决定如何分配

【点评】

答案为 B。根据《合伙企业法》第 32 条的规定,合伙企业利润分配与亏损分担顺序:约定→协商→实缴→平均。合伙协议不得约定将全部利润分配给部分合伙人或者由部分合伙人承担全部亏损。

(二) 普通合伙事务的执行

1. 合伙事务执行权与执行人

合伙有较强的人合性,合伙人相互合作,共同经营,是合伙的特点。因此,合伙人对执行合伙事务享有同等的权利,这意味着:(1)每个合伙人都有合伙事务的执行权。(2)合伙人之间互为代理。为了缓和合伙人平等执行权的不便,法律允许合伙人固定执行权委托条款。为此,内部合伙事务的执行有两种情况,一是全体合伙人共同为合伙事务执行人,也可以约定某些合伙事务由某几名合伙人为合伙事务执行人;二是合伙负责人为合伙事务执行人,全体合伙人推荐能力强、威信高的合伙人为负责人,由负责人执行合伙事务。

对外合伙事务执行,可以按照合伙协议约定或者经全体合伙人决定,委托一个或数个合伙人对外代表合伙企业,执行合伙事务。合伙企业对合伙人执行合伙事务以及对外代表合伙企业权利的期限,不得对抗善意的第三人。

合伙企业可以聘任合伙人以外的人为合伙企业的经营管理人员。被聘人员被授权管理合伙内部事务,也可以被授权对外代表合伙企业。受聘人员按照授权进行的经营管理活动,其法律后果由合伙企业承担。

合伙企业对合伙人执行合伙事务以及对外代表合伙企业权利的限制,不得对抗善意第三人。

2. 合伙事务执行人的权利与义务

合伙事务执行人享有的权利有:(1)报酬请求权。执行合伙事务,如约定报酬的,合伙事务执行人有请求合伙组织支付报酬的权利。(2)提出异议权。合伙人分别执行合伙事务的,执行合伙人可以对其他合伙人执行的事务提出异议。提出异议时,应当暂停该项事务的执行。不执行事务合伙人提出异议,合伙事务可以不停止执行。

合伙事务执行人的义务有:(1)忠实处理合伙事务的义务。合伙人对于合伙事务应亲自执行。合伙事务执行人借执行合伙事务谋取私利,给合伙企业或者其他合伙人造成损失的,应当承担赔偿责任。(2)报告义务。由一个或者数个合伙人执行合伙事务的,执行事务合伙人应当定期向合伙人报告事务执行情况以及合伙企业的经营情况和财产状况。(3)遵守竞业禁止义务与交易禁止义务。合伙人不得自营或者同他人合伙经营与本合伙企业相竞争的业务。除合伙协议另有约定或者经全体合伙人一致同意外,合伙人不得同本合伙企业进行交易。合伙人违反法律规定或者合伙协议的约定,从事与本合伙企业相竞争的业务或者与本合伙企业进行交易的,该收益归合伙企业所有;给合伙企业或者其他合伙人造成损失的,依法承担赔偿责任。

3. 合伙事务的决议

有些合伙事务需要合伙人会议作出决议,需要明确决议的表决办法。《合伙企业法》规定,合伙人对合伙企业有关事项的决议,按照合伙协议约定的表决办法办理。合伙协议未约定或者约定不明确的,实行合伙人一人一票并经全体合伙人过半数通过的表决方法。除合伙协议另有约定外,下列事项应当经合伙人一致同意:(1)改变合伙企业的名称;(2)改变合伙企业的经营范围、主要经营场所的地点;(3)处分合伙企业的不动产;(4)转让或者处分合伙企业的知识产权和其他财产权利;(5)以合伙企业的名义为他人担保;(6)聘任合伙人以外的人担任合伙企业的经营管理人员。

4. 合伙人增加或者减少出资

在合伙存续期间,根据合伙事业需要,可由各合伙人增加对合伙企业的出资,或者减少对合伙企业的出资。增加或者减少对合伙企业的出资,涉及各个合伙人的利益,因此需要合伙人按照合伙协议的约定或者经全体合伙人决定。

5. 合伙事务执行后果的承担

执行合伙事务的合伙人,对外代表合伙组织,其执行合伙事务所产生的收益归合伙企业,所产生的费用和亏损由合伙企业承担。合伙企业的利润分配和亏损分担方法,均由合伙协议约定,按照约定处理。若未作约定或约定不明,则由合伙人协商确定;协商不成的,由各合伙人按照实际出资比例分配利润和分担亏损。若无法确定各合伙人的出资比例,则由合伙人平均分配利润和分担亏损。但是,合伙协议不得约定将全部利润分配给部分合伙人或者由部分合伙人承担全部亏损。如果有这样的约定,则属无效,而应依照《合伙企业法》的相关规定处理。

【例 2-7】若程一与甲、乙三人共同出资设立一个普通合伙企业,约定由甲执行合伙事务,其余二人负责监督,然而程一在甲、乙不知情的情况下,以合伙企业的名义与不知情的丙签订一份货物买卖合同,下列说法正确的是(　　)。

  A. 该合同对丙是无效的,因丙签合同时有疏忽
  B. 该合同对合伙企业是无效的
  C. 该合同对程一是有效的;对甲、乙无效,因甲、乙不知情,需由程一承担责任
  D. 该合同对合伙企业是有效的

【点评】

答案为 D。根据《合伙企业法》第 37 条的规定:合伙企业事务执行的内部约定不得对抗善意第三人。因此,该合同对合伙企业和丙是有效的。

(三) 普通合伙的入伙和退伙

1. 入伙

入伙是指在合伙企业外的第三人加入合伙企业并取得合伙人资格的行为。

(1) 普通合伙入伙的条件与程序

入伙是一种民事法律行为,应具备以下的条件:

全体合伙人的同意。入伙使入伙人取得合伙人的资格,与其他合伙人共同成为组织的成员,因此须经其他合伙人的一致同意。但是,如果合伙协议另有约定的,则从其约定。

入伙人与原合伙人签订书面合伙协议。入伙人签订入伙协议时,原合伙人应告知入伙人原合伙企业的经营状况和财务状况。因为入伙人入伙后,对入伙前的合伙企业债务要与原合伙人承担连带责任。原合伙人履行告知义务,目的是有利于第三人决定是否入伙。

(2) 入伙的后果

入伙的后果是入伙人取得合伙人资格。新合伙人对入伙前合伙企业的债务承担无限连带责任。除入伙协议另有约定外,新合伙人与原合伙人享有同等权利,承担同等义务。

2. 退伙

退伙是在合伙存续期间,合伙人资格的消灭。

(1) 退伙的形式

退伙的形式包括:

声明退伙。声明退伙又称自愿退伙,是指合伙人基于自愿而退伙。声明退伙又分为单方退伙和通知退伙。

单方退伙是指合伙协议约定了合伙的经营期限,其中的一个合伙人要求退伙的情形。《合伙企业法》规定具有下列情形之一的,合伙人可以单方退出合伙:①合伙协议约定的退伙事由出现;②经全体合伙人同意退伙;③发生合伙人难以继续参加合伙企业的事由;④其他合伙人严重违反合伙协议约定的义务。

通知退伙是指在合伙协议未约定合伙期限的情况下的退伙。合伙企业法规定,合伙协议未约定合伙期限的,在不给合伙事务执行造成不利影响的前提下,合伙人可以不经其他合伙人同意而退伙,但应当提前30日通知其他合伙人。

法定退伙。法定退伙是指直接依据法律的规定而退伙。法定退伙又可分为当然退伙和除名退伙。

当然退伙是指发生了客观情况而导致的退伙。合伙企业法规定了这些客观情况,即:作为合伙人的自然人死亡或者被依法宣告死亡;个人丧失偿债能力;作为合伙人的法人或者其他组织依法被吊销营业执照、责令关闭、撤销,或者被宣告破产;法律规定或合伙协议约定合伙人必须具有相关资格而丧失该资格;合伙人在合伙企业中的财产份额被人民法院强制执行。

除名退伙又称开除退伙,是指在合伙人出现法定事由的情形下,由其他合伙人决议将该合伙人除名。合伙企业法规定开除退伙的事由:未履行出资义务,执行合伙事务有不正当行为,因故意或者重大过失给合伙企业造成损失,合伙协议约定的其他事项。

(2) 退伙的效力

就退伙的效力而言,声明退伙和法定退伙基本一致,具体表现为:

① 退伙人丧失合伙人身份,脱离原合伙协议约定的权利、义务关系;

② 导致合伙财产的清理和结算。

退伙结算规则如下:

合伙人退伙,其他合伙人应当与该退伙人按照退伙时的合伙企业财产状况进行结算,退还退伙人的财产份额。退伙时有未了结的合伙企业事务的,可以待该事务了结后再进行结算。

退伙人对给合伙企业造成的损失负有赔偿责任的,可以相应扣减其应当赔偿的数额。

退伙人在合伙企业中财产份额的退还办法,由合伙协议约定或者由全体合伙人决定,可以退还货币,也可以退还实物。

如果退伙时合伙企业的财产少于合伙企业债务,亦即资不抵债,则退伙人应当根据合伙协议的约定或者《合伙企业法》的规定分担亏损。

退伙人退伙时,对基于其退伙前的原因发生的合伙企业债务,仍应与其他合伙人一起承担无限连带责任。

(3) 退伙并不必然导致合伙企业的解散

只有在合伙人为 2 人的情况下,其中 1 人退伙则导致合伙的解散。当然,即使是在合伙人为 2 人的情况下,如果另一合伙人同意,也可以由退伙人将其份额转让给第三人,则合伙继续存在。

【例 2-8】若 2016 年 1 月,程一与甲、乙设立一个普通合伙企业。2017 年 2 月,程一与丙结婚。2017 年 5 月,程一因车祸去世,程一除丙外没有其他亲人,合伙协议对合伙人资格未作约定,下列表述正确的是( )。

A. 程一的合伙人资格由丁自动取得
B. 经甲、乙一致同意,丙取得合伙人资格
C. 只能由合伙企业向丙退还程一在合伙企业的财产份额
D. 以上均不对

【点评】

答案为 B。根据《合伙企业法》第 50 条的规定:合伙人死亡或者被依法宣告死亡的,对该合伙人在合伙企业的财产份额享有合法继承权的继承人,按照合伙协议的约定或者全体合伙人一致同意,从继承之日起,取得该合伙企业的合伙人资格。

四、特殊的普通合伙企业

特殊的普通合伙企业是指以专门知识和技能为客户提供有偿服务的专业服务机构,这些服务机构可以设立为特殊的普通合伙企业,例如律师事务所、会计师事务所、设计师事务所等。特殊的普通合伙企业必须在其企业名称中标明"特殊普通合伙"字样,以区别于普通合伙企业。

特殊的普通合伙仅适用于以专门知识和技能(如法律知识与技能、医学和医疗知识与技能、会计知识与技能等)为客户提供有偿服务的机构。《合伙企业法》规定:在特殊的普通合伙企业中,一个合伙人或数个合伙人在执业活动中因故意或者重大过失造成合伙企业债务的,应当承担无限责任或者无限连带责任,其他合伙人则仅以其在合伙企业中出资的财产份额承担责任。这与普通合伙企业是不同的,而在特殊的普通合伙企业中,出现由于个别合伙人的故意或者重大过失而导致的合伙企业债务时,没有过错的其他合伙人是不需要对外承担责任的,债权人也只能追索有过错的合伙人。

当然,若特殊普通合伙企业并非因为故意或者重大过失而造成合伙企业债务时,此种情形下与普通合伙企业合伙人一样,应当由全体合伙人承担无限连带责任。

五、有限合伙企业

(一) 有限合伙企业的概念

有限合伙企业是指由一个以上的普通合伙人和一个以上有限合伙人共同设立的合伙企业。换言之,有限合伙企业中至少有一个普通合伙人和至少有一个有限合伙人,否则就不能成为有限合伙。

(二) 有限合伙企业的设立

根据《合伙企业法》的规定,有限合伙企业由 2 个以上 50 个以下合伙人设立,但法律另有规定的除外。这意味着有限合伙的合伙人最多不超过 50 人,当然法律对某种情形另有规定的除外。

有限合伙企业名称中应当标明"有限合伙普通合伙企业"字样,以区别于普通合伙企业。

有限合伙人可以以货币、实物、知识产权、土地使用权或者其他财产权利作价出资,但不得以劳务出资。这是有限合伙人与普通合伙人在出资方式上的唯一差别。

有限合伙企业登记事项中应当载明有限合伙人的姓名或者名称及认缴的出资数额。

(三) 有限合伙企业的事务执行

有限合伙企业的事务由普通合伙人执行。有限合伙人不执行合伙事务,也不得对外代表有限合伙企业。这是有限合伙企业与普通合伙企业的重大区别。有限合伙人的下列行为不视为执行合伙事务:(1)参与决定普通合伙人入伙、退伙;(2)对企业的经营管理提出建议;(3)参与选择承办有限合伙企业审计业务的会计师事务所;(4)获取经审计的有限合伙企业财务会计报告;(5)对涉及自身利益的情况,查阅有限合伙企业财务会计账簿等财务资料;(6)在有限合伙企业中的利益受损时,向有责任的合伙人主张权利或者提起诉讼;(7)执行事务合伙人怠于行使权利时,督促其行使权利或者为了本企业的利益以自己的名义提起诉讼;(8)依法为本企业提供担保。

(四) 有限合伙人的特殊权利

1. 有限合伙人仅以其认缴的出资额为限对合伙企业的债务承担责任,而普通合伙人需要对合伙企业债务承担无限连带责任。新入伙的有限合伙人对入伙前合伙企业的债务也是以其认缴的出资额为限承担责任。

2. 除非合伙协议另有约定,有限合伙人可以同合伙企业进行交易,而普通合伙人通常是不可以的,除非合伙协议另有约定或者经过全体合伙人同意。

3. 除非合伙协议另有约定,有限合伙人可以自营或者同他人合作经营与本合伙企业相竞争的业务,而普通合伙人是不可以的。

4. 除非合伙协议另有约定,有限合伙人可以将其在合伙企业中的财产份额出质,而普通合伙人须经其他合伙人一致同意方可以其在合伙企业中的财产份额出质。

5. 有限合伙人可以按照合伙协议的约定向合伙人以外的人转让其在合伙企业中的财产份额,只需提前 30 天通知其他合伙人即可。而普通合伙人对外转让财产份额时须经其他合伙人一致同意,除非合伙协议另有约定。

6. 作为有限合伙人的自然人在合伙企业存续期间丧失民事行为能力的,其他合伙人不得因此要求其退伙。而普通合伙人若丧失民事行为能力,除非经得全体合伙人一致同意,否则只能作退伙处理。

(五)普通合伙人

有限合伙人仅以其认缴的出资额为限对合伙企业债务承担责任。但是,如果有限合伙人的行为足以使得第三人合理信赖其为普通合伙人时,则有限合伙人得承担普通合伙人的责任,即承担无限连带责任。《合伙企业法》规定:第三人有理由相信有限合伙人为普通合伙人并与其交易的,该有限合伙人对该笔交易承担与普通合伙人同样的责任。

(六)有限合伙与普通合伙的转换

1. 当有限合伙企业仅剩普通合伙人时,有限合伙企业转为普通合伙企业,并应当进行相应的变更登记。

2. 当有限合伙企业仅剩有限合伙人时,则该企业不再是合伙企业,故应解散。

3. 经全体合伙人一致同意,普通合伙人可以转变为有限合伙人,有限合伙人可以转变为普通合伙人。

【例 2-9】若程一与甲、乙、丙设立一个有限合伙企业,其中程一为有限合伙人,下列表述正确的是(   )。

A. 程一可以执行合伙事务
B. 程一可以用劳务出资
C. 程一对外不得代表有限合伙企业
D. 程一被法院判决认定为无民事能力的人,甲、乙、丙可以因此要求其退伙

【点评】

答案为 C。根据《合伙企业法》第 64、68、70 条的规定:有限合伙人不执行合伙事务,不可以用劳务出资,对外不得代表有限合伙企业;一般情况下,有限合伙人可以同有限合伙企业进行交易,但合伙协议另有约定的除外。

六、合伙企业的解散和清算

(一)合伙的解散

1. 合伙解散的概念

合伙的解散又称合伙的终止,是指由于法定原因的出现或全体合伙人的约定使合伙关系消灭。

2. 合伙解散的事由

合伙解散的事由包括:(1)合伙期限届满,合伙人决定不再经营;(2)合伙协议约定的解散事由出现;(3)全体合伙人决定解散;(4)合伙人已不具备法定人数满 30 天;(5)合伙协议约定的合伙目的已经实现或者无法实现;(6)依法被吊销营业执照、责令关闭或者被撤销;(7)法律、行政法规规定的其他原因。(《合伙企业法》第 85 条)

第二章 企业法律制度

3. 合伙解散的后果

合伙解散并不是合伙立即消灭。合伙解散后,应当开始清算。在清算期间合伙视为存续,合伙的活动限于与清算有关的事务,不得开展与清算无关的经营活动。

(二) 合伙的清算

1. 清算人

清算人由全体合伙人担任;经全体合伙人过半数同意,可以自合伙企业解散后15日内指定一个或者数个合伙人,或者委托第三人,担任清算人。自合伙企业解散事由出现之日起15日内未确定清算人的,合伙人或者其他利害关系人可以申请人民法院指定清算人。

2. 清算事务

清算人依法执行下列事务:(1)清理合伙企业财产,分别编制资产负债表和财产清单;(2)处理与清算有关合伙企业未了结的事务;(3)清缴所欠税款;(4)清理债权、债务;(5)处理合伙企业清偿债务后的剩余财产;(6)代表合伙企业参与民事诉讼或者仲裁活动。(《合伙企业法》第87条)

清算人自被确定之日起10日内将合伙企业解散事由通知债权人,并于60日内在报纸上公告。债权人应当自接到通知书之日起30日内,未接到通知书的自公告之日起45日内,向清算人申报债权。

3. 清偿与分配顺序

清算时,合伙企业财产应首先支付清算费用,然后按下列顺序清偿:(1)职工工资、社会保险费用、法定补助金;(2)所欠税款;(3)清偿债务;(4)剩余的财产按照各合伙人应得的比例进行分配。

4. 合伙企业注销后合伙人对合伙债务的承担

合伙企业注销后,原合伙人对合伙企业存续期间的债务,仍应承担清偿责任,以保护债权人的债权得以实现。

5. 注销登记

清算结束后,清算人应当编制清算报告,经全体合伙人签名、盖章后,在15日内向企业登记机关报送清算报告,申请办理企业注销登记。

【例2-10】若程一与甲、乙、丙设立一个有限合伙企业,其中程一为有限合伙人,该企业现因经营不善而解散,下列表述不正确的是(   )。

A. 甲、乙因该有限合伙企业被注销,其对合伙企业承担的无限连带责任被免除

B. 该有限合伙企业清算期间,清算人可以开展与清算有关的经营活动

C. 程一仅对该有限合伙企业债务承担无限连带责任

D. 该有限合伙企业清算期间,清算人可以进行诉讼或仲裁活动

【点评】

答案为A。根据《合伙企业法》第91条的规定:普通合伙人对合伙企业债务承担的无限连带责任,不因合伙企业被注销而免除。

第四节 外商投资企业法

一、外商投资企业法概述

（一）外商投资企业的概念和种类

外商投资企业，是指外国投资者经中国政府批准，在中国境内设立的，由中国投资者和外国投资者共同投资或者仅由外国投资者投资的企业。中国投资者包括中国的公司、企业或其他经济组织，外国投资者包括外国公司、企业和其他经济组织或者个人。

外商投资企业分为三种类型：

1. 中外合资经营企业。这类企业的主要法律特征是：外商在企业注册资本中的比例有法定要求，企业采取有限责任公司的组织形式。故此种合营称为股权式合营。

2. 中外合作经营企业。这类企业的主要法律特征是：外商在企业注册资本中的份额无强制性要求，企业采取灵活的组织管理、利润分配、风险负担方式。故此种合营称为契约式合营。

3. 外商独资企业。这类企业的主要法律特征是：企业全部资本均为外商拥有。

（二）外商投资企业法的概念与我国的外商投资企业立法

1. 外商投资企业法的概念

外商投资企业法是指有关外商投资企业组织和活动的行为规范的法律、法规的总称，是由众多的有关外商投资企业的立法规范形成的一个法律体系。

2. 我国的外商投资企业立法

我国已形成较为完备的外商投资企业立法体系，其中重要的法律、法规有：《中华人民共和国中外合资经营企业法》、《中华人民共和国外资企业法》、《中华人民共和国中外合作经营企业法》、《中华人民共和国中外合资经营企业法实施条例》、《国务院关于鼓励外商投资的规定》、《中华人民共和国外资企业法实施细则》、《中华人民共和国中外合作经营企业法实施细则》、《中外合作经营企业合营各方出资的若干规定》及其补充规定等。

二、中外合资经营企业法

（一）中外合资经营企业的概念及其法律特征

中外合资经营企业是指中国合营者与外国投资者依照中华人民共和国法律的规定，在中国境内共同投资，共同经营，并按投资比例分享利润、分担风险及亏损的企业。其特征如下：

1. 中外合资经营企业的组织形式为有限责任公司，具有法人资格，作为股东的中外合营各方以投资额为限对企业债务承担有限责任。

2. 在中外合资经营企业的注册资本中,外方合营者的出资比例一般不得低于25%。

3. 中外各方依照出资比例分享利润,分担亏损,回收投资。

4. 合资企业建立由董事会、经理组成的组织机构,实行规定的企业内部治理制度。

(二) 中外合资经营企业的设立

1. 设立合资企业的条件

申请设立的中外合资企业应当注重经济效益。

申请设立中外合资企业有下列情况之一的,不予批准:①有损中国主权的;②违反中国法律的;③不符合中国国民经济发展要求的;④造成环境污染的;⑤签订的协议、合同、章程显属不公平,损害合营一方权益的。

2. 设立的程序

在设立中外合资企业之前,拟设立企业的双方要进行初步的商谈,从经济和技术两方面进行分析、比较和预测,可就有关合营项目签订意向书。但意向书只是双方的初步协议,无须经法律批准。正式的设立程序如下:

申请。设立中外合资企业,应由中国合营者向企业主管部门呈报拟与外国合营者设立合营企业的项目建议书和初步可行性研究报告,该建议书和初步可行性研究报告经企业主管部门审查同意并转报审批机关批准。

谈判。项目建议书和初步可行性研究报告获得批准后,中外双方开始正式谈判。

审批。各种法律文件编制完成后,由中外合营者共同向审批机关报送审批。

登记。申请者应在收到批准证书后1个月内,向国家工商行政管理局或者国家工商行政管理局授权的地方工商行政管理局核准注册登记。合营企业经登记机关核准登记造册,领取营业执照后,企业即告成立。

(三) 中外合资经营企业的组织形式和注册资本

1. 合营企业的组织形式

合营企业的组织形式为有限责任公司。合营各方对合营企业的责任以各自认缴的出资额为限。

2. 中外合营企业的注册资本

根据《中外合资经营企业法实施条例》第21条第1款的规定,合营企业的注册资本,是指为设立合营企业在登记管理机构登记的资本总额,应为合营各方在合营企业合同中认缴的出资额之和。

(四) 中外合营企业内合资各方的投资比例

合营企业的投资比例,是指中外合营各方投入的出资额在注册资本中所占的各自份额,以表示其在合营企业中拥有股本的份额。在合营企业的注册资本中,外国合营者的投资比例一般不低于25%。

(五) 中外合营企业内合资各方的投资方式

合营企业各方可以以现金、实物、工业产权和土地使用权等进行投资。

1. 股东以实物、工业产权、非专利技术或者土地使用权出资的,应当依法办理其财产权利的转移手续。

2. 凡股东不按照前款规定缴纳应认缴的出资,则应向已足额缴纳出资的股东承担违约责任。

3. 公司成立后,发现作为出资的实物、工业产权、非专利技术、土地使用权的实际价额显著低于公司章程所定的价额时,该出资的股东应当补交其差额,公司设立时的其他股东对其承担连带责任。

(六) 中外合营企业股份的转让

股份的转让是指合营企业中合营一方将其全部出资额或部分出资额转让给合营企业的另一方或合营各方以外的第三人。

(七) 中外合营企业的组织机构

1. 中外合营企业的权力机构

合营企业的董事会,是合营企业的最高权力机构。董事会的职权是按照合营企业章程的规定,讨论决定合营企业的一切重大问题。

2. 中外合营企业的经营管理机构

合营企业在董事会的领导下,建立常设经营管理机构,负责日常的经营管理工作。合营企业应设立正、副总经理,全面主持企业的日常管理工作。

【例 2-11】程一的甲公司欲与一外国公司设立一中外合资经营企业。就相关事项,下列表述正确的是( )。

A. 合资企业自审批机关批准之日起成立
B. 合资企业章程中可以约定由公司总经理担任公司的法定代表人
C. 合资企业作为有限责任公司应按照《公司法》规定设股东会作为权力机构
D. 合资企业合同只能约定按各方出资比例分配利润

【点评】

答案为 D。根据《中华人民共和国中外合资经营企业法》第 4 条的规定:合营各方按出资比例分享利润和分担风险。

三、中外合作经营企业法

(一) 中外合作经营企业的概念与特征

中外合作经营企业,是指中国的企业或其他经济组织与外国企业、其他经济组织或个人依照中国法律的规定,在中国境内共同举办的,按合作企业合同的约定分配收益或产品、分担风险和亏损的企业。

中外合作经营企业的主要特征包括:

1. 中外合作经营企业属于契约式的合营企业。中外合作者的投资或提供的合作条件,并不折算成股份。中外合作者按照什么比例进行收益或产品的分配,分担风险和亏损,由合作各方在合作合同中约定。

2. 中外合作者可以共同举办具有中国法人资格的合作企业,也可以共同举办不具有中国法人资格的合作企业,而依法在中国境内设立的中外合资经营企业都是中国法人。

3. 中外合作经营企业同中外合资经营企业相比,在组织结构的设置等方面也具有自己的特征。

(二) 中外合作经营企业的设立

1. 国家鼓励兴办的中外合作经营企业

《中华人民共和国合作经营企业法》第4条规定:国家鼓励兴办产品出口的或者技术先进的生产型合作企业。

2. 设立中外合作经营企业的申请和审批

申请设立中外合作经营企业,应当将中外合作者签订的协议、合同、章程等文件报国家对外经济贸易主管部门或者国务院授权的部门和地方人民政府批准。

(三) 中外合作经营企业的组织形式和注册资本

1. 中外合作经营企业的组织形式

中外合作经营企业可以是具有法人资格的合作企业,也可以是不具有法人资格的合作企业。具有法人资格的合作企业,其组织形式为有限责任公司。

2. 中外合作企业的注册资本

注册资本可用人民币表示,也可用合作各方约定的一种可自由兑换的外币表示。注册资本在合作期限内不得减少。但因投资总额和生产规模等变化,确定减少的,须经审批机关批准。

(四) 中外合作经营企业的投资与合作条件

1. 中外合作各方的出资方式和出资比例

中外合作各方投资或提供合作条件的方式可以是货币,也可以是实物或工业产权、专有技术、土地使用权等财产权利。依法取得法人资格的中外合作企业,外国投资者的出资比例一般不低于合作企业注册资本的25%。不具备法人资格的,对合作各方向合作企业投资或提供合作条件的具体要求,由对外贸易经济合作部确定。

2. 中外合作各方的出资期限

中外合作企业的合作方应在合作合同中约定合作各方向合作企业投资或提供合作条件的期限。合作各方未按期缴纳投资、提供合作条件的,工商管理部门应限期履行;期限届满仍未履行的,审批机关撤销批准证书,工商行政管理机关应吊销其营业执照,并予以公告。

(五) 中外合作经营企业的组织机构

1. 董事会

具有法人资格的合作企业,一般实行董事会制。董事会是合作企业的最高权力机构,决定合作企业的重大问题。董事长、副董事长由合作各方协商产生;中外合作者的一方担任董事长的,另一方担任副董事长。董事会可以决定任命或聘请总经理负责合作企业的日常经营管理工作。

2. 联合管理机构

不具有法人资格的合作企业,一般实行联合管理制。联合管理机构由合作各方代表组成,是合作企业的最高权力机构,决定合作企业的重大问题。

3. 委托管理

经合作各方一致同意,合作企业可委托中外合作一方进行经营管理,另一方不参与管理,也可以委托合作方以外的第三方经营管理企业。

(六) 中外合作经营企业的收益分配和投资回收

1. 中外合作企业收益或者产品分配

中外合作经营企业收益或者产品的分配方式应当在合作经营企业合同中予以约定。合作经营企业在分配方式上,可以实行利润分成,也可以实行产品分成,后者一般是在资源开发项目中被采用。

2. 中外合作企业外国合作者投资的回收

在实践中,通常约定合作企业在合作期满时,其全部固定资产归中国合作者所有。如果外国合作者在合作期限内回收投资尚未完毕,经过审批机关批准,可以延长合作期限,以保证外商继续回收应予回收而尚未回收的投资。

(七) 中外合作经营企业的期限和解散

1. 期限规定

中外合作企业的期限由中外合作者协商并在合作企业合同中规定。合作企业合作期满,合作各方同意延长合作期限的,应在期限届满180天前向审批机关提出申请。

2. 解散规定

中外合作企业有下列情形之一予以解散:合作期限届满;合作企业发生严重亏损,或因不可抗力遭受严重损失,无力继续经营;中外合作者一方或数方不履行合作企业合同、章程规定的义务,致使合作企业无法继续经营;合作企业合同、章程规定的解散原因出现;合作企业违法,被依法责令关闭。

【例2-12】程一的甲公司欲与一外国公司设立一中外合作经营企业,就相关事项,下列表述不正确的是( )。

A. 该中外合作经营企业可以是具有法人资格的合作企业

B. 该中外合作经营企业属于契约式合营

C. 该中外合作经营企业改为委托中外合作以外的他人经营管理的,经过董事会同意即可

D. 该中外合作经营企业中外方可以先行收回投资

【点评】

答案为C。《中外合作经营企业法》第12条的规定:该中外合作经营企业改为委托中外合作以外的他人经营管理的,经过董事会或者联合管理机构一致同意,报审查机关批准,并向工商行政部门办理变更登记手续。

四、外资企业法

(一) 外资企业的概念与特征

外资企业是指按照中国法律的规定,在中国境内设立的,全部资本由外国投资者投资的企业,包括外国的企业和其他经济组织在中国境内的分支机构。

1. 外资企业的全部资本是由外国投资者投资的,相应地,企业的全部利润归外国投资者,风险和亏损也由外国投资者独立承担。外国投资者可以是公司、企业,也可以是其他经济组织或者个人。

2. 外资企业是外国投资者根据中国法律在中国境内设立的。

3. 外资企业是独立的法律主体,以自己的名义进行经营活动,独立承担民事责任,外国投资者对其债务不承担无限责任。

(二) 外资企业的设立

1. 设立外资企业的条件

设立外资企业,必须有利于中国国民经济的发展。有下列情形不得设立。

(1) 有损中国主权或者社会公共利益的;
(2) 危及中国国家安全的;
(3) 违反中国法律、法规的;
(4) 不符合中国国民经济发展要求的;
(5) 可能造成环境污染的。

2. 设立外资企业的申请

外国投资者设立外资企业,应当通过拟设立外资企业所在地的县级或者县级以上人民政府向审批机关提出申请,并报送下列文件:

(1) 设立外资企业申请书;
(2) 可行性研究报告;
(3) 外资企业章程;
(4) 外资企业法定代表人(或者董事会人选)名单;
(5) 外国投资者的法律证明文件和资信证明文件;
(6) 拟设立外资企业所在地的县级或县级以上人民政府的书面答复;
(7) 需要进口的物资清单;
(8) 其他需要报送的文件。

3. 设立外资企业的审批

设立外资企业的申请,由国家对外经济贸易主管部门或者国务院授权的机关审查批准。

4. 设立外资企业的登记

设立外资企业的申请经批准后,外国投资者应当向国家工商行政管理部门或者国家工商行政管理局授权的地方工商行政管理局申请开业登记。申请开业登记的外国投者,经登记主管机关核准登记注册,领取营业执照后,企业即告成立。

5. 设立外资企业的方式

(1) 外商直接投资。由外商直接投资建立外资企业,这是较普遍的做法。

(2) 外商收购现有合资企业的中方投资。随着外资企业在中国的日渐发展,外商还通过购买自己作为出资一方的合资企业中中方的出资份额,使原来的合资企业成为独资企业。或者购买已经设立为外资企业的出资一方或多方或所有出资方的出资份额来取得现存的外资企业。

(3) 外商先在本国内成立独资控股公司,然后由该独资控股公司在国内投资成立外资企业,这是利用外资的一种新形式,将在下面进行详细阐述。

(三) 外资企业的组织形式与注册资本

1. 外资企业的组织形式

外资企业的组织形式一般为有限责任公司。外国投资者对企业的责任以其认缴的出资额为限,外资企业以其全部资产对其债务承担责任。外国投资者对企业的责任适用中国法律、法规的规定。

2. 外资企业的注册资本

外资企业的注册资本,是指为设立外资企业在工商行政管理机关登记的资本总额,即外国投资者认缴的全部出资额。

(四) 外国投资者的出资方式与出资期限

1. 外国投资者的出资方式

外国投资者可以用可自由兑换的外币出资。经审批机关批准,外国投资者也可以用其从中国境内举办的其他外商投资企业获得的人民币利润出资,也可以机器设备、工业产权、专有技术作价出资。

2. 外国投资者的出资期限

外国投资者可以分期缴付出资,但最后一批出资应在营业执照签发之日起3年内缴清。其第一期出资不得少于外国投资者认缴的出资额的15%,并应在外资企业营业执照签发之日起90天内缴清。外国投资者未能在外资企业营业执照签发之日起90天内缴付第一期出资的,外资企业批准证书自动失效。

(五) 外资企业的经营管理工作

1. 外资企业的物资购买

外资企业有权自行决定购买本企业自用的机器设备、原材料、燃料、零部件、配套件、元器件、运输工具和办公用品等。

2. 外资企业的产品销售

外资企业可以在中国市场销售其产品。外资企业可以自行在中国销售本企业生产的产品,也可以委托商业机构代理销售。

3. 外资企业的财务与会计

外资企业应当依照中国法律、法规和财政机关的规定,建立财务会计制度并报其所在地财政、税务机关备案。

4. 外资企业职工的劳动管理

外资企业在中国境内雇用职工,企业和职工双方应当依照中国的法律、法规签订劳动合同。

(六)外资企业的经营期限、终止与清算

1. 外资企业的经营期限

外资企业的经营期限由外国投资者申报,由审批机关批准。期满需要延长的,应在期满180天以前向审批机关提出申请。经批准延长经营期限的,应自收到批准延长期限文件之日起30天内,向工商行政管理机关办理变更登记手续。

2. 外资企业的终止和清算

外资企业有下列情形之一的应予终止:
(1)经营期限届满;(2)经营不善,严重亏损,外国投资者决定解散;(3)因自然灾害、战争等不可抗力而遭受严重损失,无法继续经营;(4)破产;(5)违反中国法律、法规,危害社会公共利益被依法撤销;(6)外资企业章程规定的其他解散事由已经出现。

外资企业如存在上述第(2)(3)(4)项所列情形,应自行提交终止申请书,报审批机关批准。

外资企业如因上述第(1)(2)(3)(6)项所列的情形终止的,应对外公告并通知债权人,并提出清算程序、原则和清算委员会人选,报审批机关审核后进行清算。

【例2-13】关于外资企业,下列表述正确的是( )。
A. 外资企业是根据外国法律设立的
B. 外资企业不可以向中国境外的保险公司投保
C. 必要时,国家也可以对外资企业实行国有化和征收
D. 外资企业只能是中国的法人企业

【点评】

答案为B。根据《外资企业法》第16条的规定:外资企业的各项保险应当向中国境内的保险公司投保。

综合实训

一、不定项选择题

1. 企业的组织形式有( )。
   A. 个人独资企业　　B. 合伙企业　　C. 公司企业　　D. 以上均是
2. 合伙事务须经全体合伙人一致同意的事项包括( )。
   A. 改变合伙企业名称　　　　　B. 处分合伙企业的不动产
   C. 转让合伙企业的知识产权　　D. 以合伙企业的名义为他人提供担保
3. 普通合伙的新入伙人,对入伙后产生的法律后果包括( )。

A. 新入伙人取得合伙人资格
B. 对入伙前合伙企业的债务承担连带责任
C. 除特别约定外,与原合伙人享有同等权利,承担同等责任
D. 以上均错

4. 下列可以作为有限合伙企业的合伙人的是( )。
   A. 国有企业　　　B. 上市公司　　　C. 学校　　　D. 国有独资公司

4. 个人独资企业的投资人不可以是( )。
   A. 国家公务员　　B. 外国自然人　　C. 人民警察　　D. 精神病人

6. 个人独资企业的管理方式有( )。
   A. 自行管理　　　B. 委托管理　　　C. 聘任管理　　D. 联合管理

7. 外商投资企业包括( )。
   A. 外商独资企业　　　　　　　　B. 中外合资经营企业
   C. 中外合作经营企业　　　　　　D. 以上均对

8. 中外合作经营企业中外方合作者的投资一般不低于合作企业注册资本的( )。
   A. 25%　　　　　B. 35%　　　　　C. 45%　　　　D. 55%

9. 有限合伙人的出资可以是( )。
   A. 债权　　　　　B. 劳务　　　　　C. 技术　　　　D. 知识产权

10. 关于合伙企业的利润分配,如合伙协议未约定且合伙人协商不成,下列选项不正确的是( )。
    A. 应当由全体合伙人平均分配
    B. 应当由全体合伙人按实缴出资比例分配
    C. 应当由全体合伙人按合伙协议约定的出资比例分配
    D. 应当按全体合伙人的贡献决定如何分配

二、判断题

1. 在合伙企业存续期间,合伙人之间可以转让在合伙企业中的全部或部分财产份额,不需通知其他合伙人。　　　　　　　　　　　　　　　　　　　　( )
2. 限制行为能力人可以作为有限合伙人,而不能成为普通合伙人。　　( )
3. 合伙协议可约定将全部利润分配给部分合伙人。　　　　　　　　　( )
4. 退伙并不必然导致合伙企业的解散。　　　　　　　　　　　　　　( )
4. 个人独资企业和个体工商户都是自然人出资设立的。　　　　　　　( )
6. 个人独资企业和一人公司的出资人具有相同的特征。　　　　　　　( )
7. 合伙企业的自然人可以是外国人。　　　　　　　　　　　　　　　( )
8. 设立中外合资经营企业与设立内资企业一样,都需要有关机关的审批。( )
9. 新入伙的有限合伙人对入伙前合伙企业的债务承担无限责任。　　　( )
10. 有限合伙企业的合伙人最多不超过50人。　　　　　　　　　　　( )

三、案例分析题

1. 张、王、李、赵各出资四分之一,设立通程酒吧(普通合伙企业)。酒吧开业半年后,

张在经营理念上与其他合伙人发生冲突,遂产生退出想法。

试回答下列问题:

(1) 张将其份额转让给王后,是否需要告知赵、李?

(2) 经王、赵同意后,是否可以将其份额转让给李的朋友刘?

(3) 是否可以主张发生其难以继续参加合伙的事由,向其他人要求立即退伙?

2. 普通合伙企业合伙人李三因车祸遇难,生前遗嘱指定16岁儿子李明为其全部财产的继承人。

试回答下列问题:

(1) 李明有权继承其父在合伙企业中的财产份额吗?

(2) 如合伙协议约定合伙人必须是完全行为能力的人,李明是否还能成为合伙人?

(3) 如其他合伙人均同意,李明是否有取得有限合伙人的资格?

(4) 是否需要等李明成年后由其本人作出是否愿意成为合伙人的意思表示?

第三章　公司法律制度

第一节　公司及公司法概述

【背景知识】

"公司"一词源于中国,最早出自孔子的《大同·列词传》:"公者,数人之财;司者,运转之意。"庄子说:"积弊而为高,合小而为大,合并而为公之道,是谓公司。"其含义与现代公司大致相同,即公司是聚多人之财、共同运作之意。

【课堂讨论】

2008年2月,张某与李某共同投资10万元成立了一家有限责任公司,从事服装销售。后因经营不善,公司出现较大亏损,无力继续经营。此时,公司资产已经不够用于偿还债务。公司债权人要求张某和李某用个人财产继续偿还剩余的债务。请问:公司债权人的要求是否合法?

【点评】

公司是企业法人,能够独立承担民事责任,所以公司债权人提出的要求没有法律依据。

一、公司的概念和特征

公司是一种企业组织形态,是依照法定的条件与程序设立的、以营利为目的的商事组织。根据我国公司法的规定,公司包括有限责任公司和股份有限责任公司两种类型。一般而言,公司具有营利性、法人性和社团性的特征。

(一) 公司具有营利性

以营利为目的,这是包括公司在内的一切经济组织的最基本的经济特征。公司以营利为目的而组织其生产和经营活动,营利是公司经营活动的出发点和归属点。任何公司要生存和发展,都必须从事经营活动,即进行营业,而且这种经营活动必须是连续不断地进行的。一次性的营利行为,虽然其目的也是为了营利,但不能称为营业。因此,公司的经营活动不能是一次性的、偶然的营利行为,而应是连续不断的"一段时间"。

(二) 公司具有法人性

公司必须是法人,即公司应具有进行生产经营或其他服务性活动的权力能力和行为能力,是依法独立享有民事权利和承担义务的组织。这是公司与其他企业性质的一个重要区别。《中华人民共和国公司法》(以下简称《公司法》)第3条规定:"公司是企业法人,有独立的法人财产,享有法人财产权。公司以其全部财产对公司的债务承担责任。有限责任公司的股东以其认缴的出资额为限对公司承担责任,股份有限公司的股东以其认购的股份为限对公司承担责任。"

(三) 公司具有社团性

法人以内部组织基础为标准,可分为社团法人和财团法人。社团法人是以社员为基础的人的集合体,它以人为基础,有自己的组织成员,每个成员享有社员权。公司通常由两个以上股东出资设立,每个股东在公司成立后享有股东权利,因此公司具有社团性特征。但一人有限责任公司、国有独资公司例外,因为它的股东只有一个,分别为一个投资主体和国家授权投资的机构或部门。

二、公司的分类

公司从无到有发展到现代,其类型多种多样。依不同的标准,从不同的角度,可以对公司作不同的分类。公司的分类有法律上的分类,也有理论、学理上的分类。同时,在不同国家,公司也有不同的分类。

(一) 以公司股东的责任范围为标准分类

以公司股东的责任范围为标准进行分类,可将公司分为无限责任公司、有限责任公司、股份有限公司与两合公司

无限责任公司,简称无限公司,是由对公司债务负有无限连带清偿责任的股东所组成的公司。当公司的资本不足以清偿债务时,公司的债权人可以通过公司对公司的全体股东或任何一个股东要求清偿债务。而股东不论出资多少都对公司债务负无限清偿责任。

有限责任公司,简称有限公司,是由法律规定的一定人数的股东所组成的、股东以其出资额为限对公司债务承担责任的公司,是现代公司的一种基本形式。

股份有限公司,简称股份公司,是由一定人数以上的股东发起成立,全部资本被划分为若干均等的股份由股东共同持有,所有股东均以其所占股份对公司债务承担责任的公司。

两合公司是由承担无限责任的股东和承担有限责任的股东混合组成的公司。这种公司的股东中必须依约至少有一人承担无限责任,同时也必须至少有一人承担有限责任。

股份两合公司是由承担无限责任的股东和承担股份有限责任的股东共同组成的公司。与两合公司的主要不同之处是,股份两合公司中承担有限责任的资本部分被划分成了股份,且是用发行股票的方式筹集而来的。

(二) 以公司股份转让方式为标准分类

以公司股份转让方式为标准进行分类,可将公司分为封闭式公司与开放式公司。

封闭式公司,又称为不上市公司、私公司或非公开招股公司。其特点是公司的股份只能向特定范围的股东发行,而不能在证券交易所公开向社会发行,股东拥有的股份或股票可以有条件地转让,但不能在证券交易所公开挂牌买卖或流通。

开放式公司,又称为上市公司、公众公司或公开招股公司,其特点与封闭式公司正相反,它可以在证券市场上向社会公开发行股票,股东拥有的股票也可以在证券交易所自由地买卖或交易。

此种分类为英法国家公司法所采用。从具体内容看,封闭式公司类似于大陆法系国家中的有限公司及股份公司中的非上市公司,而开放式公司则类似于大陆法系国家中股份有限公司中的上市公司。

(三) 以公司的信用基础为标准分类

以公司的信用基础为标准进行分类,可将公司分为人合公司、资合公司与人合兼资合公司。

人合公司,是指以股东个人条件作为公司信用基础而组成的公司。这种公司对外进行经济活动时,依据的主要不是公司本身的资本或资产状况如何,而是股东个人的信用状况。因为人合公司的股东对公司债务承担无限连带责任,公司资不抵债时,股东应以个人的全部财产清偿公司债务。无限公司就是典型的人合公司。

资合公司,是指以公司资本和资产条件作为其信用基础的公司。这种公司对外进行经济活动时,依靠的不是股东个人的信用情况如何,而是公司本身资本和资产是否雄厚。由于此种公司的股东对公司债务只承担出资额范围内的有限责任,因此,公司股东间以出资相结合,无须相互了解,公司具有公众化的特点。前述有限公司具有一定的资合公司的特点,而股份有限公司则是最典型的资合公司。

人合兼资合公司,是指信用基础兼具股东个人信用及公司资本和资产信用的公司,公司既有人合性质又有资合性质。"两合",其意即指"人合"与"资合"。两合的原因在于公司由有限责任股东和无限责任股东两种股东组成。前述两合公司、股份两合公司即为人合兼资合公司。

此种分类是大陆法系国家公司法理论上所作的一种分类,是一种学理分类,尽管不是一种法定分类,但其意义仍是很重要的,因为它揭示了公司法的立法意旨。公司法具体规定中对有限责任公司、股份有限公司和无限公司所作的不同规定,很大程度上是基于这两种公司信用基础的不同。

(四) 以公司之间的关系为标准分类

以公司之间的关系为标准进行分类,可将公司分为母公司与子公司,本公司与分公司。

母公司,是指拥有另一公司一定比例以上的股份,或通过协议方式能够对另一公司的经营实行实际控制的公司。母公司也称为控股公司。但控股公司的概念范围更广。它有时还指专事股权控制而不直接进行生产经营活动的母公司,如某些投资公司。与其相对应,其一定比例以上的股份被另一公司所拥有或通过协议受到另一公司实际控制的公司即为子公司。母公司与子公司之间法律关系的特点是:

子公司受母公司的实际控制,即母公司拥有对子公司的重大事项的决定权,其中尤其是能够决定子公司董事会的组成。

母公司、子公司各为独立的法人。虽然子公司受母公司的控制,但在法律上,子公司仍是具有法人地位的独立企业。在财产责任上,母公司和子公司也各以自己所有的财产对各自的债务负责,互不连带。

《公司法》第14条规定:"公司可以设立子公司,子公司具有企业法人资格,依法独立承担民事责任。"

分公司与本公司的关系虽然同子公司与母公司的关系有些类似之处,但分公司的法律地位与子公司完全不同。分公司没有独立的法人地位或资格,它可以有自己的名称,如办事处、分行、分公司等,但其名称应反映其与总公司的隶属关系。分公司也没有自己的独立财产,其实际占有、使用的财产是作为本公司的财产而计入本公司的资产负债表之中。同时,本公司应以其财产对其子公司活动所产生的债务承担责任。由此可见,分公司实际上并不是法律意义上的公司,而只是本公司的组成部分或业务活动机构。

《公司法》第14条第1款规定:"公司可以设立分公司,分公司不具有企业法人资格,其民事责任由公司承担。"

(五) 以公司的国籍为标准分类

以公司的国籍为标准进行分类,可将公司分为本国公司、外国公司与跨国公司。

根据我国《公司法》的规定,凡依中国法律在中国境内登记设立的公司,无论有无外国股东,无论外国股东出资多少,如各种形式的外商投资公司,都是中国公司,亦即本国公司。

外国公司则是相对本国公司所称。外国公司是非依所在国(东道国)国家法律并非经所在国登记而成立的,但经所在国政府许可在所在国进行业务活动的机构。一般来说,外国公司均为外国总公司在他国设立的分公司。这种公司对其总公司来说,称为国外分公司,而对分公司业务活动所在国来说,则称之为外国公司。

跨国公司是指由两个或两个以上国家的经济实体所组成,并从事生产、销售和其他经营活动的国际性大型企业。

三、公司法

(一) 公司法的概念和调整对象

公司法是规定各种公司的设立、组织、活动和解散、清算以及其对内对外关系的法律规范的总称。广义的公司法,泛指有关公司设立、组织机构和经营活动的一切法律,包括《公司法》、《中华人民共和国公司登记管理条例》等。狭义的公司法则仅指公司法典,即形式上的公司法,当然,它不仅包括实体法的内容,也包括程序法的内容。本书中所涉及的公司法指的是狭义的公司法。

公司法调整的对象是在公司设立、组织、运营或解散过程中所发生的社会关系。这种社会关系既包括股东相互之间、股东与公司之间以及公司各机构之间发生的内部关系,也包括公司与其他市场主体之间,与有关国家经济管理机关之间发生的外部关系。

(二) 公司法的作用

公司法的完善和进步是资本主义商品经济高度发展的要求和结果,而公司法对鼓励投资、集中资本兴办企业、维护商业组织、繁荣资本主义经济起着至关重要的作用。在我国社会主义市场经济条件下,公司法对于促进经济改革,保证现代化建设的健康顺利进行,亦有着重要的意义。具体来说,公司法的作用主要表现在对以下四个方面利益的保护。

1. 保护公司本身的利益

公司法确认了公司的法律地位,赋予其法人资格,使其存在取得了法律的效力。同时公司法也明确规定了公司的权利能力和行为能力、公司管理机关的组成和职责、股东对公司应承担的义务等。它一方面使公司本身的活动有法可依;另一方面也防止了他人限制和侵犯公司的权利,防止了公司管理人员滥用职权以及股东只考虑个人眼前利益而不顾公司整体、长远利益等危害公司利益的行为。

2. 保护股东的合法权益

公司法中的许多规定是寻求对股东权益的严密保护,其中包括确认股东对公司债务只以其出资额承担有限责任、股东有权分配公司盈利、有权转让自己的股份,以及在公司解散时有权分配公司的剩余财产。另外,股东也有权组成股东会参与公司事务管理等。在我国,由于多年前存在政策多变的客观情况,许多人对投资的安全性和营利性还存在或多或少的疑虑,公司法的制定无疑有助于消除这种不应有的担心。

3. 保护债权人的利益

公司成立后,必然要与他人进行广泛的经济往来,形成大量的债权、债务关系。因此,公司法的重要作用之一是对债权人利益提供有效的保护。在我国,由于一些公司商业信用低下、恶意逃废债务和动辄陷入不能支付或破产等严重危害债权人利益的情况,所以公司法在这方面的作用更为突出。公司法通过规定公司的财产制度和活动,包括确定其最低资本额、加强资信审查、严格公司会计和盈余分配制度等,使依法成立的公司都具有基本的开展经营活动的能力和履行法定义务的能力,以及必要时承担法律责任的能力。

4. 维护社会交易安全和经济秩序的稳定

在现代市场经济条件下,公司是最主要的经济组织,尤其是股份有限公司,资本雄厚,经营规模大,业务范围广,在社会经济生活中的作用举足轻重。公司法将各种公司的活动纳入法律的轨道,包括严格公司设立登记条件和程序,实行公司会计事务的公开化原则,加强有关部门,特别是银行、税务、审计部门对公司的检查和监督等,这些对于保护整个社会交易的安全和经济秩序的稳定也具有重要作用。

四、公司的基本制度

（一）公司名称

公司名称是公司在生产经营活动中用以相互区别的固定称谓，是区别于其他民事主体的人格特定化的标记。它是公司章程必须记载的事项之一，也是公司设立的必要条件。公司名称具有唯一性，一个公司只有一个名称。

1. 公司名称的内容

（1）公司所在地行政区域名称。公司名称前应当冠以公司所在地省（包括自治区、直辖市）或者市（包括州）或者县（包括市辖区）行政区划名称。但经过国家工商行政管理总局核准，下列公司的名称可以不冠以公司所在地行政区划名称：①历史悠久、字号驰名的公司；②外商投资的有限责任公司。此外，在企业名称中可以使用"中国"、"中华"或者"国际"等字样的公司，包括全国性公司、国务院或其授权的机关批准的大型进出口公司、国务院或其授权的机关批准的大型集团公司、国家工商行政管理总局规定的其他公司，但是公司在使用这些字样前必须经过国家工商行政管理总局的核准。

（2）字号（商号）。字号是公司名称的核心内容，是公司名称中当事人唯一可以自由选择的部分。字号应当由两个以上的字组成；公司有正当理由可以使用本地或者异地地名作字号，但不得使用县以上行政区划名称作字号。

（3）行业或者经营特点。公司应当根据其主营业务，依照国家行业分类标准划分的类别，在公司名称中标明所属行业或者经营特点，如××电器××公司、纺织品批发××公司等。这样做，便于人们了解公司的经营范围和经营形式，有利于公司开展日常经营活动。

（4）组织形式。公司应当根据其组织结构或者责任形式，在公司名称中标明"有限责任公司"或"股份有限公司"。

例如，某公司名称"湖北省富华家具有限责任公司"，其中"湖北省"是公司所在他的行政区划，"富华"是字号，"家具"表明公司生产经营的行业，"有限责任公司"表明公司的类型。

2. 公司名称的登记管理

我国公司名称的登记管理机关是各级工商行政管理局，它们对公司名称实行分级管理。国家工商行政管理总局负责核定《企业名称登记管理规定》中规定的可以"不冠以企业所在地行政区划名称"，或者可以使用"中国"、"中华"、"国际"等字样的公司，外商投资公司和外国公司的公司名称；省级工商行政管理局负责核定冠以省名或自治区或直辖市名的公司名称；市、县级工商行政管理局负责核定冠以市、县名的公司名称。

3. 公司名称专用权的保护

公司名称经注册登记后，公司即取得该名称的专用权，在法律上具有排他效力。这种排他性表现在两个方面：一是在同一登记机关辖区内，同行业的企业不允许有相同或类似的名称；二是可以要求其他公司停止不正当地使用同一名称。根据《企业名称登记管理规定》，擅自使用他人已经登记注册的公司名称或者有其他侵犯他人公司名称专用权行为的,被侵权人可以向侵权人所在地登记主管机关要求处理,也可以直接向法院起诉。登记主管机关有权责令侵权人停止侵权行为,赔偿被侵权人因该侵权行为所遭受的损失,没收非法所得并处罚款。

(二) 公司的住所和经营场所

公司住所是公司章程必须记载的事项之一,是公司设立登记的必备条件。住所与经营场所不同,公司住所只有一个,而经营场所则可能有多个,范围比住所广泛。经营场所是指公司进行生产、经营的所在地。经营场所除了住所,还包括进行各种业务活动的多个固定地点和设施,如生产制造场所、经营销售场所、办公楼舍等。对于公司经营场所,各国法律一般不作限制性规定。

(三) 公司章程

1. 公司章程概述

公司章程是规定公司的组织及行为的基本规则的书面文件,制定公司章程是公司设立的必备条件和必经程序之一。

关于公司章程的性质,目前一般认为是社团法人的自治法规。《公司法》第十一条规定,公司章程对公司、股东、董事、监事、高级管理人员具有约束力。

公司章程是由股份有限公司的发起人或者有限责任公司的全体股东共同制定的。章程必须以书面形式订立。

2. 公司章程的作用

(1) 全面指导公司的活动。公司章程反映了股东的共同愿望,是公司赖以设立、存在和开展各项业务活动的基本文件,是公司的组织准则和行为准则。公司章程非经法定程序,不得变更。

(2) 向公司成员及第三者表明公司的信用。公司章程对股东权利有着详尽的规定,有助于在公司的内部建立起一种信用关系。同时,公司章程对社会公众公开,便于与公司发生经济交往的第三人了解公司宗旨、营业范围、资本状况、内部组织及其他内容,向其表明信用,有利于维护交易活动的安全。

(3) 是其对政府作出的书面保证。向政府登记主管机关申请登记注册时必须提交公司章程,这就意味着公司向政府作出了书面保证,保证公司将按照章程所定的准则从事组织和经营活动。政府登记主管机关核准了章程,就等于接受了公司所作的保证。公司违反章程,就应当承担相应的责任和处罚。

3. 公司章程记载事项

(1) 绝对必要事项

公司章程的绝对必要事项是指由法律规定的、每个公司章程都必须一一记载的事项,例如公司名称、营业范围、资本总额、公司所在地等,这些涉及公司根本性质的内容属于此类。公司章程中若缺少任何一项绝对必要事项或任何一项绝对必要事项记载不合法,都会导致整个章程无效。而章程的无效,会连带引起设立中的公司不能成立或已成立的公司被撤销。

(2) 相对必要事项

相对必要事项是指法律列举的事项,这些事项是否记载于章程,由章程制定人自定。如予以记载,则该事项将发生效力;如记载违法,则仅该事项无效,不会导致整个章程无效;若不予记载,并不影响整个章程的效力。

(3) 任意记载事项

任意记载事项是指法律没有规定和列举,但章程制定人在不违反法律、公众习俗的前提下,认为有必要记入章程,作为共同遵守的行为准则的事项。这种事项虽然由制定人任意选择,但一经记载,该事项即发生效力。

《公司法》规定了有限责任公司和股份有限公司章程中应当记载的重要事项。公司章程中记载的事项都可以变更,但其变更不得损害股东利益,不得损害债权人利益,不得妨害公司的一致性。

(四) 公司法人人格及其否认

在民商法传统理论上,公司作为一种企业法人,能够以自己的名义享受权利和承担义务,以全部财产独立承担财产责任,投资人以出资为限承担有限责任。但公司在长期的发展过程中,这种人格制度的缺陷却不可避免地出现了。

1. 公司法人人格制度的缺陷

(1) 法人人格制度对债权人有失公正。公司股东享有的权利与其承担的风险不对等,特别是在公司为追求高利润从事极度冒险事业或资本不足空壳经营时,一旦获利,股东可获取高额利润;一旦亏损,股东却只需以出资为限承担有限责任,损失被转嫁给社会公众,而公司债权人,包括非自愿债权人(典型的是侵权索赔人)得不到充分补偿。可见,公司的人格独立和有限责任制度注意了对股东的保护,却对债权人有失公正。

(2) 在公司独立人格的前提下,有限责任制容易被股东特别是控股股东滥用,以谋求法外利益。公司内部的决议实行"资本多数决",公司大股东根据其所拥有的股东权对公司往往拥有了实际控制能力,将自己的意愿作为公司的意愿,使公司根据自己的指令开展经营活动。这种方式的弊端在于:如果大股东为了自己的私利行使表决权,受损的将是中小股东利益和公司利益。

2. 公司法人人格否认制度的含义

所谓公司法人人格否认制度,是指为了制止公司股东滥用公司独立人格,保护公司债权人利益和社会公共利益,在特定情形下,否认公司独立人格和股东的有限责任,责令滥用公司人格的股东(自然人股东和法人股东)对公司债权人或公共利益直接负责,为实现公平、正义目标而设置的一种法律制度。这种制度强调公司与其背后股东对债权人共同承担责任,即滥用公司人格的股东对公司债务承担连带责任。该制度并不与法人人格制度相冲突,而是对公司独立人格制度和股东有限责任原则的一种有益补充,能有效保护债权人及中小股东的合法权益,充分体现了诚实信用、权利禁止滥用和公序良俗的法律原则。

【例3-1】1998年12月26日,某电子公司与吴某签订一份租车协议。协议约定:吴某每日接送电子公司职工上下班,电子公司每月支付其租金5500元;除不可抗拒的自然灾害外,双方不得在租赁期内无故中止协议,否则赔偿对方经济损失2万元;协议履行期限自1999年1月1日起至2001年12月30日止。吴某按约履行,但应付其的租金由另一公司凡尔康公司代付。1个月后凡尔康公司开始使用吴某车辆并每月支付租金。至2001年5月,凡尔康公司办公地址搬迁,不再需要接送职工上下班,遂停止租用吴某车辆。吴某为此诉至法院,要求两家公司偿付违约金2万元。经法院审理查明,电子公司系凡尔康公司的中方投资者,外方投资一直没有到位,电子公司实际上是凡尔康公司的唯一股东;这两家公司法定代表人为同一人,同在一个地点办公,内部职能机构也互相重合,接送职工由办公室负责统一安排。法院查证后,否定了该电子公司的人格独立。

【解析】

《公司法》第二十条规定:"公司股东应当遵守法律、行政法规和公司章程,依法行使股东权利,不得滥用股东权利损害公司或者其他股东的利益,不得滥用公司法人独立地位和股东有限责任损害公司债权人的利益。公司股东滥用股东权利给公司或者其他股东造成损失的,应当依法承担赔偿责任。公司股东滥用公司法人独立地位和股东有限责任,逃避债务,严重损害公司债权人利益的,应当对公司债务承担连带责任。"

本案中,凡尔康公司实际上存在滥用股东权利损害公司或者其他股东的利益和滥用公司法人独立地位和股东有限责任损害公司债权人利益的行为,故而法院否定电子公司的人格独立。

3. 适用公司法人人格否认制度的法律后果

公司法人人格否认不同于公司被解散或被撤销。公司被解散或被撤销将导致公司法人资格的绝对消灭;公司法人人格的否认只是在特定事例中暂时取消公司的法人资格,目的在于使公司背后的控制、操纵者承担法律责任,在其他法律关系中,公司的独立人格依然受到法律的承认。

(五)公司财务会计制度

健全的公司财务会计制度不仅有利于保护投资者和债权人的利益,有利于吸收社会投资,也便于政府的宏观管理。公司法明确要求,公司应当依照法律、行政法规和国务院财政部门的规定建立本公司的财务会计制度。每一会计年度终了时要编制财务会计报告,并依法经会计师事务所审计。公司还应保证其向会计师事务所提供的会计凭证、会计账簿、财务会计报告及其他会计资料的真实性和完整性,不得拒绝、隐匿、谎报,也不得在法定的会计账簿外,另立会计账簿。对公司资产,不得以任何个人名义开立账户存储。

1. 公积金

公积金又称储备金,是公司在资本之外所保留的资本金额。公积金可分为盈余公积金和资本公积金。

盈余公积金是公司为增强自身财力,扩大业务范围和预防营业亏损,从利润中提取一定比例的资金。公司当年有盈余则提取,没有则不提。盈余公积金的用途为弥补亏损、扩大公司生产经营和转为增加公司注册资本。盈余公积金可分为法定公积金和任意公积金。法定公积金是国家法律规定必须从公司税后利润中按一定比例提取的盈余公积金。我国公司法规定,公司分配当年税后利润时,应当提取利润的10%列入公司法定公积金;公司法定公积金累计额为公司注册资本的50%以上的,可以不再提取。法定公积金转为资本时所留存的该项公积金不得少于转增前公司注册资本的25%。任意公积金是由公司自主决定从公司税后利润中按一定比例提取的盈余公积金。我国公司法规定,公司从税后利润中提取法定公积金后,经股东会或者股东大会决议,还可以从税后利润中提取任意公积金,提取比例也由公司自主决定。

资本公积金是直接由资本原因形成的公积金,如超过票面价额发行的股份所得的溢价额、法定资产重估增值、接受捐赠的资产价值、资本汇率折算差额等。资本公积金的用途为扩大公司生产经营或者转为增加公司资本,但不得用于弥补亏损。我国公司法规定,股份有限公司以超过股票票面金额的发行价格发行股份所得的溢价款以及国务院财政部门规定列入资本公积金的其他收入,应当列为公司资本公积金;资本公积金不得用于弥补公司的亏损。

2. 公司利润分配

公司利润分配须以公司有利润为前提。如果公司在某一经营年度发生亏损,则该年度不能进行利润分配。公司利润首先应当用于弥补亏损,然后才能向股东分配利润。公司向股东分配利润时,以各股东的出资比例或所持股份作为分配的依据。在分配过程中,应充分贯彻"同股同权"、"同股同利"的原则。

(六) 公司的合并与分立

1. 公司合并与分立的概念和方式

公司合并是指两个或两个以上的公司订立合并协议,依照公司法的规定,不经过清算程序,直接合并为一个公司的法律行为。公司合并可分为吸收合并和新设合并两种类型。

吸收合并,也称兼并,是指一个公司吸收其他公司,被吸收的公司解散。新设合并是指两个以上公司合并设立一个新的公司,合并各方解散。

公司分立是指一个公司通过签订协议,不经过清算程序,分为两个或两个以上的公司的法律行为。与公司合并的两种方式相对应,公司分立也有两种形式,即派生分立和新设分立。派生分立指的是一个公司在其自身存续的情况下,分出部分财产又成立了另一个或几个公司。新设分立指的是一个公司将其全部财产分割而设立两个或者两个以上的公司,同时其自身归于消灭。

2. 公司合并和分立程序

根据《公司法》的规定,公司合并或分立的程序为:(1)应当由股东大会作出决议。(2)编制资产负债表及财产清单。(3)公司合并时,公司应当自作出合并决议之日起十日内通知债权人,并于三十日内在报纸上公告。债权人自接到通知书之日起三十日内,未接到通知书的自公告之日起四十五日内,可以要求公司清偿债务或者提供相应的担保。(4)公司合并或者分立,登记事项发生变更的,应当依法向公司登记机关办理变更登记。

(七) 公司的破产、解散和清算

1. 公司的破产

根据《公司法》的规定,公司不能清偿到期债务的,可以依法定程序宣告破产。公司被依法宣告破产的,由人民法院依照法律的规定,组织股东、有关机关及有关专业人员成立清算组,对公司进行破产清算。

2. 公司的解散

公司的解散指的是公司因发生法律或者公司章程规定的事由而丧失营业能力。公司解散包括任意解散和强制解散两种情形。任意解散是由公司章程规定或者股东会决议解散,不受他人意志决定。而强制解散是因管理机关的强制行为造成公司的解散,不取决于公司的意志。公司可以因下列原因解散:公司章程规定的营业期限届满或者公司章程规定的其他解散事由出现;股东会或者股东大会决议解散;因公司合并或者分立需要解散;依法被吊销营业执照,责令关闭或者被撤销;公司经营管理发生严重困难,继续存续会使股东利益受到重大损失,通过其他途径不能解决的,持有公司全部股东表决权百分之十以上的股东,可以请求人民法院解散公司。

3. 公司的清算

解散事由出现时,公司应该进入清算程序。公司清算完结、注销登记后,公司法人资格即消灭。

第二节 有限责任公司

一、有限责任公司的概念和特征

有限责任公司是指由50个以下股东出资组成,股东以其出资额为限对公司承担有限责任,公司以其全部资产对其债务承担责任的公司。有限责任公司具有以下特征:

(一)股东人数有最高数额限制

有限责任公司由50个以下股东共同出资设立。股东可以是自然人,也可以是法人组织,但人数不得超过50人。

(二)股东以出资额为限对公司承担责任

股东以出资额为限对公司承担责任,这是有限责任公司区别于无限责任公司、两合公司的本质特征,也是有限责任公司兼有资合性的表现。有限责任是仅对股东而言的,不是指公司对外承担有限责任而言,公司是以其全部财产对公司债务承担责任的。

(三)设立手续和公司机关简易化

有限责任公司的设立手续与股份有限公司的设立手续相比,较为简单。一般由全体设立人制定公司章程,每人一次足额缴纳公司章程中规定的各自所认缴的出资额,即可在公司登记机关登记设立。有限责任公司的公司机关也较为简单,不一定都要设置股东会、董事会和监事会。如《公司法》就规定,股东人数较少和规模较小的有限责任公司可以不设董事会或监事会。

(四)股东对外转让出资受到严格限制

由于有限责任公司是人合兼资合性质的公司,股东之间的相互信任关系非常重要,因此法律对股东转让出资往往作出较严格的限制。有限责任公司股东向股东以外的人转让出资时,必须经全体股东过半数同意;不同意转让的股东应当购买该股东转让的出资,如果不购买该转让的出资,则视为同意转让;经股东同意转让的出资,在同等条件下,其他股东对该出资有优先购买权。

(五) 公司的封闭性

有限责任公司一般属于中、小规模的公司。与股份有限公司相比,有限责任公司在组织与经营上具有封闭性或非公开性:其一,设立程序不公开;其二,公司的经营状况不向社会公开。

二、有限责任公司的设立

(一) 股东的人数

《公司法》第 24 条规定:"有限责任公司由 50 个以下股东出资设立。"这表明,在我国设立有限责任公司,股东人数不超过 50 人,最少为 1 人——此种情形下为一人有限责任公司。

(二) 公司的资本

有限责任公司的注册资本为在公司登记机关登记的全体股东认缴的出资额。法律、行政法规对有限责任公司注册资本的最低限额有较明确规定的,从其规定。股东可以用货币出资,也可以用实物、知识产权、土地使用权等可以用货币估价并可以依法转让的非货币财产作价出资。但是,法律、行政法规规定不得作为出资的财产除外。对作为出资的非货币财产应当评估作价,核实财产,不得高估或者低估作价。法律、行政法规对评估作价有规定的,从其规定。

【例 3-2】2006 年 1 月,杨某与赵某二人成立了运发布业有限公司。公司注册资本 35 万元,其中杨某以其一套商品房的使用权出资作价 25 万元,此外由赵某出资一万元。公司成立时,赵某按时交付了出资,而杨某的商品房却因故迟迟未能到位。二人经协商,还是开始了生产经营。本案中运发布业有限公司的出资有何不当之处?

【点评】

《公司法》第 28 条规定:"股东应当按期足额缴纳公司章程中规定的各自所认缴的出资额。股东以货币出资的,应当将货币出资足额存入有限责任公司在银行开设的账户;以非货币财产出资的,应当依法办理其财产权的转移手续。"所以,杨某应当将房屋产权变更到公司名下。

(三) 必须由全体出资人制定公司章程

有限责任公司的章程由全体股东订立,并必须经全体股东同意签名盖章后,向登记机关登记备案。公司章程置于本公司,股东每人各执一份。根据《公司法》第 25 条规定,有限责任公司章程应当载明下列事项:

公司名称和住所。

公司经营范围。

公司注册资本。

股东的姓名或者名称。

股东的出资方式、出资额和出资时间。

公司的机构及其产生办法、职权、议事规则。

公司的法定代表人。法定代表人对外代表公司,其资格应当为公司登记机关认可。法定代表人应当依照公司章程的规定,由董事长、执行董事或者经理担任,并依法登记。

股东会会议认为需要规定的其他事项。例如,公司分公司的设立,董事的人数、姓名,对股东转让出资除法定条件另行约定的条件,对公司解散事由及清算办法的约定等。

(四)有公司的名称、住所,建立符合有限责任公司要求的组织机构

公司的名称必须经过工商行政管理机关的预先核准登记,取得公司登记机关发给的《企业名称预先核准通知书》后,方可正式办理公司的报批或设立登记申请事项。

四、有限责任公司的组织机构

依照《公司法》的规定,对有限责任公司组织机构的设置作了多元制的规定:即一般的有限责任公司,其组织机构为股东会、董事会和监事会;股东人数较少和规模较小的有限责任公司,其组织机构为股东会、执行董事和监事。

(一)股东会

1. 股东会的概念和性质

股东会,是指依法由全体股东组成的公司权力机构。这一定义具有三重含义:

首先,股东会作为公司的组织机构之一,是公司的最高权力机关。它表明了股东会在公司组织机构中的地位。《公司法》第 37 条规定:"有限责任公司股东会由全体股东组成,股东会是公司的权力机构,依照本法行使职权。"

其次,股东会是公司依法必须设立的公司组织机构。组建为公司形态的企业,股东会的设立受法律强制性的约束。但是,针对特殊类型的公司,公司法有时也会灵活地作出特殊规定。如我国规定外商投资设立的有限责任公司只设立董事会,由董事会代行股东会的权力;国有独资公司也不设股东会,而由国家授权投资的机构和部门授权董事会行使部分股东会职权。

最后,股东会须由全体股东组成。股东会不应排除任何一个股东,哪怕是仅仅持有一股的股东。这里需要区分作为公司机关的股东会与作为股东会议的股东会,虽然习惯上两者都被称为股东会,但是两者内涵并不相同:前者由全体股东组成,是公司的权力机关;而后者则是股东行使权力并形成统一意志的方式,分为年会和临时会议,并不要求全体股东必须出席。

2. 股东会的职权

股东会是公司的最高权力机关,由公司全体股东组成。其行使以下职权:

(1)决定公司的经营方针和投资计划;

(2)选举和更换非由职工代表担任的董事、监事,决定有关董事、监事的报酬事项;

(3)审议批准董事长的报告;

（4）审议批准监事会或监事的报告；
（5）审议批准公司的年度财务预算方案、决算方案；
（6）审议批准公司的利润分配方案和弥补亏损方案；
（7）对公司增加或减少注册资本作出决议；
（8）对发行公司债券作出决议；
（9）对公司的合并、分立、解散、清算或变更公司形式作出决议；
（10）修改公司章程；
（11）公司章程规定的其他职权。

3. **股东会的召开**

由于股东会是由人数众多的全体股东组成，但股东会作为组织机构又必须形成自己统一的意志，所以股东会只能采取会议的方式来形成决议，这也是股东会的表现形式。正是通过这种形式，股东得以行使对公司的控制权。股东会的会议方式一般分为定期会议和临时会议两类。

定期会议是指依据法律和公司章程的规定在一定时间内必须召开的股东会议。定期会议主要决定股东会职权范围内的例行重大事项。股东会定期会议每两次会议之间的最长间隔期限，各国规定有所不同。《公司法》规定每年召开一次，定期会议具体召开时间由公司章程进行规定。在我国，一般有限责任公司股东会年会于每个会计年度结束之后即行召开。

股东会临时会议，也称特别会议，是指定期会议以外必要的时候，由于发生法定事由或者根据法定人员、机构的提议而召开的股东会议。临时会议可经代表1/10以上表决权的股东或1/3以上的董事，或监事会，或不设监事会的公司监事提议而召开。

4. **股东会议**

有限责任公司股东会可依职权对所议事项作出决议。一般情况下，股东会会议作出决议时，采取"资本多数决"原则，即由股东按照出资比例行使表决权。但公司章程可以对股东会决议的作出方式另行规定，而不按出资比例行使表决权。

股东会的议事方式和表决程序，除公司法的规定以外，由公司章程规定。但下列事项必须经代表2/3以上表决权的股东通过：①修改公司章程；②公司增加或减少注册资本；③公司的分立、合并、解散或者变更公司形式。

全体股东对股东会决议事项以书面形式，一致表示同意的，可以不召开股东会会议，而可以直接作出决定，并由全体股东在决定文件上签名、盖章。

(二) 董事会

1. **董事会的性质及其组成**

董事会是公司的业务执行机关。董事会执行股东会决议，负责公司的经营决策，并任命经理来执行公司的日常经营事务。经理对董事会负责。

有限责任公司的董事会成员为3至13人，由股东会选出的董事组成。董事会设董事长1人，可设副董事长若干名。董事每届任期不得超过3年。董事任期届满，可以连选连任。两个以上的国有企业或其他两个以上的国有投资主体投资设立的有限责任公司，其董事会成员中应当有公司职工代表。

2. 董事会的职权

董事会对股东会负责,行使下列职权:召集股东会会议,并向股东会报告工作;执行股东会的决议;决定公司的经营计划和投资方案;制订公司的年度财务预算方案、决算方案;制订公司的利润分配方案和弥补亏损方案;制订公司增加或者减少注册资本以及发行公司债券的方案;制订公司合并、分立、解散或者变更公司形式的方案;决定公司内部管理机构的设置;决定聘任或者解聘公司经理及其报酬事项,并根据经理的提名决定聘任或者解聘公司副经理、财务负责人及其报酬事项;制定公司的基本管理制度;公司章程规定的其他职权。有限责任公司中股东人数少和规模较小的公司,可以设一名执行董事,不设立董事会。执行董事可以兼任经理。

3. 董事会的召开

董事会会议由董事长召集和主持。董事长不能履行职务或者不履行职务的,由副董事长召集和主持;副董事长不能履行职务或者不履行职务的,由半数以上董事共同推举一名董事召集和主持。

董事会应当对所议事项的决定做成会议记录,出席会议的董事应当在会议记录上签名。董事会会议的表决,实行一人一票。

4. 经理

有限责任公司的经理是负责公司日常经营管理工作的高级管理人员。《公司法》规定,有限责任公司可以设经理,由董事会聘任或者解聘,经理对董事会负责,经理可以作为公司的法定代表人。

有限责任公司经理负责公司的日常经营管理工作。公司章程如果对经理职权有规定的,依其规定。

(三) 监事会

1. 监事会的性质及其组成

监事会是公司的监督机关。公司经营规模较大的,设立监事会,其成员不少于3人。公司股东人数较少和规模较小的,可以设1至2名监事,不设监事会。董事、高级管理人员不得兼任监事。监事的任期每届3年,监事任期届满,可以连选连任。

2. 监事会的职权

监事会或监事的职权为:检查公司财务;对董事、高级管理人员执行公司职务的行为进行监督,对违反法律、行政法规、公司章程或者股东会决议的董事、高级管理人员提出罢免的建议;当董事、高级管理人员的行为损害公司的利益时,要求董事、高级管理人员予以纠正;提议召开临时股东会会议,在董事会不履行本法规定的召集和主持股东会会议职责时召集和主持股东会会议;向股东会会议提出提案;依照法律的规定,对董事、高级管理人员提起诉讼;公司章程规定的其他职权。监事可以列席董事会会议,并对董事会决议事项提出质询或者建议。

(四) 董事、监事、经理的任职资格及其责任

1. 董事、监事、经理任职资格的禁止性规定

有下列情形之一的,不得担任公司的董事、监事、经理:

(1) 无民事行为能力或者限制民事行为能力；
(2) 因犯有贪污、贿赂、侵占财产、挪用财产罪或者破坏社会经济秩序罪，被判处刑罚，执行期满未逾5年，或者因犯罪被剥夺政治权利，执行期满未逾5年；
(3) 担任因经营不善破产清算的公司、企业的董事或者厂长、经理，并对该公司、企业的破产负有个人责任的，自该公司、企业破产清算完结之日起未逾3年；
(4) 担任因违法被吊销营业执照的公司、企业的法定代表人，并负有个人责任的，自该公司、企业被吊销营业执照之日起未逾3年；
(5) 个人所负数额较大债务到期未清偿。

2. 董事、监事、经理的义务和责任

董事、监事、经理的共同责任包括：
(1) 遵守公司章程，忠实履行职务，维护公司利益，不得利用在公司的地位和职权为自己牟取私利；
(2) 不得利用职权收受贿赂或者其他非法收入，不得侵占公司的财产；
(3) 除依照法律规定或者经股东会同意外，不得泄露公司秘密；
(4) 董事、监事、经理执行公司职务时违反法律、行政法规或者公司章程的规定，给公司造成损害的，应当承担赔偿责任。

除上述责任外，董事、经理还应履行下列义务：
(1) 不得挪用公司资金或者将公司资金借贷给他人；
(2) 不得将公司资产以其个人名义或者以其他个人名义开立账户存储；
(3) 不得以公司资产为本公司的股东或者其他个人债务提供担保；
(4) 不得以自营或者为他人经营与其所任职公司同类的营业或者从事损害本公司利益的活动；
(5) 除公司章程规定或者股东会同意外，不得同本公司订立合同或者进行交易。

五、有限责任公司股权的转让

（一）股权转让的概念

股权转让是指有限责任公司的股东依法律或公司章程的规定将自己的股权转让给他人的行为。

1. 股权转让是一种股权买卖行为

股权是股东出资形成的对公司的一种控制权，股权转让方转让的正是这种控制权。

2. 股权转让不改变公司的法人资格

在出资全部转让的情况下，出让方的原股东地位被受让方取代。但就公司本身而言，除了因股东变更而发生若干登记事项的改变外，公司法人资格没有任何改变。

3. 股权转让是要式行为

股权转让除须符合实体条件，还应完成法律规定的股权转让的法定程序。

（二）对内转让的规则

《公司法》规定："有限责任公司的股东之间可以相互转让其全部或者部分股权。"根据规定,在我国,股东向公司的其他股东转让其全部或者部分出资的,只要转让方与受让方协商一致,转让即可成立。

【例 3-3】1994 年,张某到宜兴白手起家创办了天伦海产品销售公司,其注册资金 73 万元。他作为该公司第一大股东,占有该公司 41% 股份,他的股份价值 30 万元左右。2002 年,他因家事需 20 多万还账。他决定出售自己在该公司的股权。经与现有股东王某反复磋商,他决定以 29 万元的价格将其股份出售给王某,并订立了股权转让协议书。公司现任董事长刘某为第二大股东,王某是第三大股东。如果王某受让张某的股份,其持股将达到该公司总股份的 53%,从而成为绝对大股东。眼看董事长任期即将届满,刘某非常担心因股权变动而丧失董事长宝座。于是,刘某召集董事会,在她的导向下,公司否决了该项股权转让。但是,董事会同时决定,将张某的股权按比例出售给现有的其他 8 名股东,并为其签发新的出资证明书。于是,董事长刘某自己成为占有 58% 股份的第一大股东。张某不同意该转让,请求法院撤销董事会决议。

【点评】

法院应支持张某的诉讼请求,宣告董事会的决定无效。

(三) 对外转让的规则

《公司法》第 71 条第 2 款、第 3 款规定:"股东向股东以外的人转让股权,应当经其他股东过半数同意。股东应就其股权转让事项书面通知其他股东征求同意,其他股东自接到书面通知之日起满三十日未答复的,视为同意转让。其他股东半数以上不同意转让的,不同意的股东应当购买该转让的股权;不购买的,视为同意转让。经股东同意转让的股权,在同等条件下,其他股东有优先购买权。两个以上股东主张行使优先购买权的,协商确定各自的购买比例;协商不成的,按照转让时各自的出资比例行使优先购买权。公司章程对股权转让另有规定的,从其规定。"

【例 3-4】甲、乙、丙是某有限公司的股东,各占公司 52%、22% 和 26% 的股份。乙欲对外转让其所拥有的股份,丙表示同意,甲表示反对,但甲又不愿意购买该股份。乙便与丁签订了一份股份转让协议,约定丁一次性将股权转让款支付给乙。此时甲表示愿以同等价格购买,只是要求分期付款。对此各方发生了争议。下列哪一选项是错误的?(　　)

A. 甲最初表示不愿意购买即应视为同意转让。
B. 甲后来表示愿意购买,则乙只能将股份转让给甲,因为甲享有优先购买权。
C. 乙与丁之间的股份转让协议有效。
D. 如果甲、丙都行使优先购买权,就购买比例而言,如双方协商不成,则双方应按照 2∶1 的比例行使优先购买权。

【点评】

答案为 B。只有在同等条件下,其他股东才有优先购买权。

此外,《公司法》第 72 条还规定:人民法院依照法律规定的强制执行程序转让股东的股权时,应当通知公司及全体股东,其他股东在同等条件下有优先购买权。其他股东自人民法院通知之日起满二十日不行使优先购买权的,视为放弃优先购买权。

第三章 公司法律制度

（四）股东的股权收购请求权

根据《公司法》第74条的规定,有下列情形之一的,对股东会该项决议投反对票的股东可以请求公司按照合理的价格收购其股权：

1. 公司连续五年不向股东分配利润,而公司该五年连续盈利,并且符合本法规定的分配利润条件的。

2. 公司合并、分立、转让主要财产的。

3. 公司章程规定的营业期限届满或者章程规定的其他解散事由出现,股东会会议通过决议修改章程使公司存续的。自股东会会议决议通过之日起六十日内,股东与公司不能达成股权收购协议的,股东可以自股东会会议决议通过之日起九十日内向人民法院提起诉讼。

（五）自然人股东资格的继承

有限责任公司的自然人股东如果死亡或者被宣告死亡,该股东有符合继承法规定的合法继承人,该合法继承人可以继承股东资格。但是,如果公司章程对此种情形另有规定,则从其规定。如果公司章程没有相反规定,则当自然人股东死亡时,其合法继承人愿意取得股东资格时,其他股东应当允许。如果继承人不愿意取得股东资格,则应通过协商或者评估确定该股东的股权价格,由其他股东受让该股权或由公司收购该股权,继承人取得转让款。如果该股东有数个合法继承人,且都愿意继承股东资格,则由该数个继承人通过协商确定各自继承股权的份额。

六、一人有限责任公司

（一）一人有限责任公司的概念

一人有限责任公司,也称一人公司,是指只有一个自然人股东或者一个法人股东的有限责任公司。一人公司可以分为设立时的一人公司和成立后的一人公司。前者指公司设立时便只有一个出资人;后者指公司成立后,因出资转让等原因导致股东只剩下一人。一人公司还可以分为自然人一人公司和法人一人公司。法人一人公司主要表现为母公司设立的全资子公司。

一人公司的出资人,可以依据自己的意愿,灵活决定公司的各方面重要事务,真正实现对公司的掌控,并且只需承担有限责任,这对于投资者而言无疑将有者巨大的吸引力。

（二）一人有限公司的特征

一人有限责任公司与一般有限责任公司不同,具有自身的法律特征。

1. 股东的唯一性

根据《公司法》第57条的规定,一人公司是指只有一个自然人股东或者一个法人股东的有限责任公司。这样使得一人公司的股东只有一个。无论是一人发起设立的一人公司,还是有限公司的资本全部转归一人持有的一人公司,在其成立或存续期间,公司股东仅为一人。而这里的"一人"既包括自然人,又包括法人。

2. 资本的单一性

一人有限责任公司的唯一股东必须持有公司的全部出资额。一人公司的法人资本是由一人出资形成的,一人公司的出资额在形式上或实质上仅归该唯一股东所有,而不由其与其他人分别持有。

3. 公司治理结构的特殊性

一人公司由于只有一名股东,所以在公司法定机关的构成、设置和公司法定机关的召集、表决等许多方面都不同于传统的公司。一人有限责任公司不设股东会;一人公司股东作出相关决定时,应当采用书面形式,并由股东签名后置备于公司;一人有限责任公司章程由该公司唯一股东进行制定。

4. 规制的严格性

一人公司由于其缺乏复数股东之间的相互制约机制而可能导致公司人格和股东有限责任的滥用,所以承认一人公司存在的国家一般都对其组织制度、运行机制等规定了较为严格的形式或条件。我国公司法也在设立一人公司数量、财务会计报告等方面作了严格的限制。

(三) 对一人有限责任公司的规制

1. 再投资的限制

一个自然人只能投资设立一个一人有限责任公司。该一人有限责任公司不能投资设立新的一人有限责任公司。公司法不允许一个自然人拥有多个一人有限责任公司,主要是考虑到一人有限责任公司的无限责任的特性,如果允许自然人同时拥有不同的一人有限责任公司,则其所拥有的无限责任势必形同虚设,债权人权益的保障也无从谈起。

2. 财务会计制度方面的要求

一人有限责任公司应当编制财务会计报告,并经会计师事务所审计。一人有限责任公司的股东唯一性,体现了其监督制约机构的明显不足,如果没有外界监督,很难取得社会公众的信任。因此,法律上对一人有限责任公司的机构设置、运作模式等方面加以科学的规制,以体现现代公司企业制度的科学性与安全性。

3. 人格混同时股东的连带责任

《公司法》规定:一人有限责任公司的股东不能证明公司财产独立于股东自己的财产的,应当对公司债务承担连带责任。

这是因为一人公司特别容易发生公司人格滥用的现象。由于缺乏内部制约,一人公司的财产与股东的财产容易发生混同,投资人往往会利用公司独立人格和有限责任制度,将公司财产转移成为个人财产,从而恶意逃避公司债务。

七、国有独资公司

(一) 国有独资公司的概念和特征

国有独资公司是指国家单独出资,由国务院或者地方人民政府委托本级人民政府国有资产监督管理机构履行出资人职责的有限责任公司。

1. 国有独资公司是特殊的"一人公司"

根据《公司法》的规定,有限责任公司的股东人数应为50人以下,而国有独资公司的股东只有一个,即国家。因而,国有投资公司类似于西方国家的"一人公司"。承认国有独资公司这种"一人公司"的法律地位,是针对我国国有企业实行公司制,转换国有企业经营机制的实际国情而采取的特例。

同时,国有独资公司是特殊的一人公司,其特殊性在于其股东的特定性。依照《公司法》的规定,成为国有独资公司股东的前提条件必须是要有国家的授权。

2. 国有独资公司是特殊的有限责任公司

(1) 国有独资公司是有限责任公司。国有独资公司的资本不分为股份,非属一人股份公司。国有独资公司与一般有限责任公司一样,公司以其全部财产对公司债务承担责任,股东以其出资额为限对公司承担责任,国家与企业的产权关系十分清晰。

(2) 国有独资公司是特殊的有限公司。国有独资公司与一般的有限责任公司在许多方面,包括股东人数、股东的身份、公司的组织制度、股权的行使等方面都有所不同。当然,除有特别规定外,《公司法》关于有限责任公司组织和行为的一般规定也适用于国有独资公司。

(3) 国有独资公司是不同于一般国有企业的公司企业。尽管国有独资公司来源于国有企业,许多国有独资公司即是直接由特定的国有企业实行公司化改组而成,但国有独资公司设立根据、企业产权性质和管理体制等各方面都不同于原有的国有企业。

(二) 国有独资公司的公司章程

《公司法》规定,国有独资公司通过两种方式制定公司章程:

一是由国有资产监督管理机构制定公司章程;二是公司章程由董事会制定,报国有资产监督管理机构批准。这实质上是董事会经国家股东授权行使了股东会的职权。

(三) 国有独资公司的组织机构

1. 国有独资公司的权力机关

《公司法》第66条规定,国有独资公司不设股东会。但不设股东会并不意味着国有独资公司没有权力机关,其唯一股东就是公司的权力机关,即国家授权投资的机构或者国家授权的部门以唯一股东的身份行使股东会的职权。其职权主要有:(1)委派或更换董事会成员;从董事会成员中指定董事长、副董事长;(2)授权董事会行使股东部分职权;(3)依照法律、行政法规的规定,对公司的国有资产实施监督管理;(4)对公司资产的转让,依照法律、行政法规的规定,办理审批和财产权转移手续;(5)决定公司的合并、分立、解散、增减资本和发行公司债券。

2. 国有独资公司的董事会

国有独资公司设董事会,为公司的执行机关。董事的人选来自两个方面:一是由国家授权投资的机构或者国家授权部门,按照董事会的任期委派;二是公司职工代表,由公司职工民主选举产生。董事会每届任期为3年。国有独资公司董事会的职权包括两部分:一部分是法定职权,即《公司法》第46、66条规定,行使一般有限责任公司董事会的职权;一部分是因授权而行使的职权,即《公司法》第66条规定,由国家授权投资的机构或者国家授权的部门,授权行使一股有限责任公司股东的部分职权。

3. 监事会

国有独资公司设监事会,作为公司的监督机构。监事会主要由国务院或者国务院授权的机构、部门委派的人员组成,并有公司职工代表参加。监事会的成员不得少于5人。监事列席董事会议。董事、经理及财务负责人不得兼任监事。

第三节　股份有限公司

一、股份有限公司的概念和特征

股份有限公司是由一定人数以上的股东设立的,公司全部资本分成等额股份,可以通过发行股票筹集资本,股东以其所持股份为限对公司承担责任,公司以其全部资产对其债务承担责任的公司。

1. 股东责任具有有限性

股份有限公司的股东对公司债务仅以其认购的股份为限承担责任,公司的债权人不得直接向公司股东提出清偿债务的要求。

2. 股份发行和转让的公开性、自由性

股份有限公司通常都以发行股票的方式公开募集资本,这种募集方式使得股东人数众多,分散广泛。同时,为提高股份的融资能力和吸引投资者,股份必须具有较高程度的流通性,股票必须能够自由转让和交易。因此,股份有限公司的股票除可以在一般交易场所转让交易外,还可以申请在证券交易所挂牌上市交易,股份有限公司也由此变成为上市公司。股份有限公司股票的公开发行和自由流通,也促进了资本市场——证券市场的形成和发展。

3. 股东的出资具有股份性

股份有限公司的全部资本划分为金额相等的股份,股份是构成公司资本的最小单位。这种资本股份化的采用,是为了适应股份有限公司独特的向社会公开募集资本方式中便利性的需求,同时,也便于股东股权的确定和行使。而有限责任公司股东的出资不是划分为等额股份,而是以其实际的出资金额或出资比例来确定和行使股权。

4. 公司信用基础的资合性

股份有限公司的信用基础在于其公司资本和资产。公司资本和资产不仅是公司进行经营的基本条件,也是公司承担债务的基本担保。因此,股份有限公司实行严格的资本确定、维持和不变的法律原则,实行法定资本制的国家一般都要求公司设立必须达到法定资本的最低限额。股东只能以货币、实物等出资,而不能以信用或劳务出资。公司的盈余分配更是严格实行无盈不分的法律原则。这些都与人合性的无限公司截然相反,股份有限公司是最典型的资合公司。

二、股份有限公司的设立

(一) 设立条件

1. 发起人符合法定人数。股份有限公司的发起人应当为2人以上200人以下,并且其中须有过半数的发起人在中国境内有住所。股份有限公司的筹资和经营具有开放性,股东人数较多,流动性也较大,因此,设立股份有限公司的发起人往往只是公司成立时的股东的一部分。为防止发起人在设立过程中徇私舞弊,损害其他认股人和公众的利益,法律对其主体的要求,也较之对于有限责任公司股东的要求更为严格。发起人既可以是自然人,也可以是法人。作为自然人的发起人,必须是有完全民事行为能力人。法人作为发起人,应是法律上不受特别限制的法人。

2. 股份发行、募集事项符合法律规定。以发起方式设立股份有限公司的,发起人应当认购公司应发行的全部股份;以募集方式设立股份有限公司的,发起人认购的股份不得少于公司股份总数的百分之三十五,其余份额应当向社会公开募集。发起人向社会公开募集股份时,必须依法经国务院证券管理部门批准,并公告招股说明书,制作认股书,由依法批准设立的证券经营机构承销,签订承销协议,同银行签订代收股款协议,由银行代收和保存股款,向认股人出具收款单据。招股说明书应载明下列事项:发起人认购的股份数,每股的票面金额和发行价格,无记名股票的发行总数,募集资金的用途,认股人的权利、义务,本次募股的起止期限及逾期未募足时认股人可以撤回所认股份的说明。

3. 发起人制定公司章程,采用募集设立的股份公司的公司章程须经创立大会通过。

4. 有公司名称,建立符合股份有限公司要求的组织机构。名称是股份有限公司作为法人必须具备的条件。公司名称必须符合企业名称登记管理的有关规定,股份有限公司的名称还应标明"股份有限公司"字样。

股份有限公司必须有一定的组织机构,对公司实行内部管理和对外代表公司。股份有限公司的组织机构是股东大会、董事会、监事会和经理。股东大会作出决议;董事会是执行公司股东大会决议的执行机构;监事会是公司的监督机构,依法对董事、经理和公司的活动实行监督;经理是由董事会聘任,主持公司的日常生产经营管理工作,组织实施董事会决议。

5. 有公司住所。

(二) 股份有限公司的设立方式

股份有限公司的设立方式有两种:一是发起设立,二是募集设立。

1. 发起设立

发起设立,是指由发起人认购公司应发行的全部股份,不向发起人之外的任何人募集而设立公司。发起设立的程序包括以下几个方面:

第一,发起人认购股份。在以发起设立方式设立公司时,每一个发起人都应当以书面方式承诺自己将要购买多少股份,并且所有发起人所承诺购买的股份的总和应当等于应发行的全部股份,否则不能以发起设立方式设立。

第二,发起人按照公司章程规定缴纳出资。

第三,选举董事会和监事会。发起人缴纳首期出资后,应当选举董事会和监事会。

第四,申请设立登记。董事会应向公司登记机关申请设立登记,申请时应当报送公司章程,以及其他法定文件。

2. 募集设立

募集设立,是指由发起人认购公司应发行股份的一部分,其余股份向社会公开募集或者向特定对象募集而设立公司。募集设立的程序如下:

(1) 发起人认购股份。《公司法》第84条规定:"以募集设立方式设立股份有限公司的,发起人认购的股份不得少于公司股份总数的百分之三十五;但是,法律、行政法规另有规定的,从其规定。"

(2) 制作招股说明书。发起人向社会公开募集股份,必须公告招股说明书,并制作认股书。认股书应当载明《公司法》第86条所列事项,由认股人填写认购股数、金额、住所,并签名、盖章。认股人按照所认购股数缴纳股款。

(3) 签订承销协议和代收股款协议。发起人向社会公开募集股份,应当由依法设立的证券公司承销,签订承销协议。发起人向社会公开募集股份,应当同银行签订代收股款协议。代收股款的银行应当按照协议代收和保存股款,向缴纳股款的认股人出具收款单据,并负有向有关部门出具收款证明的义务。

(4) 召开创立大会。发行股份的股款缴足后,必须经依法设立的验资机构验资并出具证明。发起人应当自股款缴足之日起三十日内主持召开公司创立大会。创立大会由发起人、认股人组成。创立大会行使下列职权:审议发起人关于公司筹办情况的报告;通过公司章程;选举董事会成员;选举监事会成员;对公司的设立费用进行审核;对发起人用于抵作股款的财产的作价进行审核;发生不可抗力或者经营条件发生重大变化直接影响公司设立的,可以作出不设立公司的决议。创立大会对前款所列事项作出决议,必须经出席会议的认股人所持表决权过半数通过。

(5) 设立登记。董事会应于创立大会结束后三十日内,向公司登记机关报送下列文件:公司登记申请书,创立大会的会议记录,公司章程,验资证明,法定代表人、董事、监事的任职文件及其身份证明,发起人的法人资格证明或者自然人身份证明,公司住所证明。以募集方式设立股份有限公司公开发行股票的,还应当向公司登记机关报送国务院证券监督管理机构的核准文件。

(三) 公司设立中发起人的责任

发起人是指筹办公司的设立事务、认购公司的股份、进行公司设立行为的人。发起人对于股份有限公司的设立具有重要意义。发起人在进行公司设立行为过程中,应当签订发起人协议,明确各自在公司设立过程中的权利和义务。发起人在公司设立过程中的相互关系属于合伙性质的关系,其权利、义务、责任可以适用合伙的有关规定。在设立公司的过程中,股份有限公司的发起人应当承担下列责任:(1)公司不能成立时,对设立行为所产生的债务和费用负连带责任;(2)公司不能成立时,对认股人已缴纳的股款,负返还股款并加算银行同期存款利息的连带责任;(3)在公司设立过程中,由于发起人的过失致使公司利益受到损害的,应当对公司承担赔偿责任。

三、股份有限公司的组织机构

(一) 股东大会

1. 股东大会是股份有限公司的最高权力机关,是股份有限公司必须设立的机关,股东大会由全体股东组成。

2. 股东大会的职权。股东大会为公司最高权力机关,股东大会行使的职权一般是针对公司的重大事项。在《公司法》中,股份有限公司的股东大会的职权与有限责任公司的股东会职权相同。关于有限责任公司的股东会的职权前面已有所论述,在这里就不再赘述。

3. 股东大会的召集。股东大会的会议方式一般分为定期会议和临时会议两类。定期会议,是指依据法律和公司章程的规定在一定时间内必须召开的股东会议。定期会议主要决定股东会职权范围内的例行重大事项。股东会临时会议,也称特别会议,是指定期会议以外必要的时候,由于发生法定事由或者根据法定人员、机构的提议而召开的股东会议。一般规定以下情况下可以召开临时会议:董事人数不足本法规定人数或者公司章程所定人数的三分之二时,公司未弥补的亏损达实收股本总额三分之一时,单独或者合计持有公司10%以上股份的股东请求时,董事会认为必要时,监事会提议召开时,公司章程规定的其他情形。

4. 股东大会的决议。股东出席股东大会会议,所持每一股份有一表决权。但是,公司持有的本公司股份没有表决权。股东大会作出决议,必须经出席会议的股东所持表决权过半数通过。但是,股东大会作出修改公司章程、增加或者减少注册资本的决议,以及公司合并、分立、解散或者变更公司形式的决议,必须经出席会议的股东所持表决权的三分之二以上通过。

5. 累积投票权。股东大会选举董事、监事,可以依照公司章程的规定或者股东大会的决议,实行累积投票制。所谓累积投票制,是指股东大会选举董事或者监事时,每一股份拥有与应选董事或者监事人数相同的表决权,股东拥有的表决权可以集中使用。

(二) 董事会

1. 董事会的性质及组成

董事会是股份有限公司必设的业务执行和经营决策机构,其对股东大会负责。股份有限公司的董事会由5人至19人组成,对股东大会负责。其职权与有限责任公司的董事会的职权基本相同。董事会设董事长1人,为公司的法定代表人。董事任期由公司章程规定,但最长不得超过3年,可以连选连任。在任期届满前,股东大会不得无故解除其职务。董事应对董事会的决议承担责任。

2. 董事会的职权

董事会负责召集股东大会,并向股东大会报告工作;执行股东大会的决议;决定公司的经营计划和投资方案;制订公司的年度财务预算方案、决算方案;制订公司的利润分配方案和弥补亏损方案;制订公司增加或减少注册资本方案以及发行公司债券的方案;拟订公司合并、分立、解散的方案;决定公司内部管理机构的设置;聘任或者解聘公司经理,根据经理的提名,聘任或者解聘公司副经理、财务负责人,决定其报酬事项;制定公司的基本管理制度;等等。

3. 董事会会议的召开

董事会每年度至少召开两次会议,每次会议应当于会议召开十日前通知全体董事和监事。代表十分之一以上表决权的股东、三分之一以上董事或者监事会,可以提议召开董事会临时会议。董事长应当自接到提议后十日内,召集和主持董事会会议。董事会召开临时会议,可以另定召集董事会的通知方式和通知时限。

董事会会议应有过半数的董事出席方可举行。董事会作出决议,必须经全体董事的过半数通过。董事会决议的表决,实行一人一票。董事会会议,应由董事本人出席;董事因故不能出席,可以书面委托其他董事代为出席,委托书中应载明授权范围。董事会应当对会议所议事项的决定做成会议记录,出席会议的董事应当在会议记录上签名。董事应当对董事会的决议承担责任。董事会的决议违反法律、行政法规或者公司章程、股东大会决议,致使公司遭受严重损失的,参与决议的董事对公司负赔偿责任。但经证明在表决时曾表明异议并记载于会议记录的,该董事可以免除责任。

4. 经理

股份有限公司所设的经理对董事会负责,在董事会授权范围内,对外进行商务活动,并负责公司日常经营管理活动。经理由董事会决定聘任或者解聘。公司董事会可以决定由董事会成员兼任经理。经理的职权适用于有限责任公司经理职权的规定。

(三) 监事会

1. 监事会的性质及组成

监事会是股份有限公司必设的监察机关,对公司的财务及业务执行情况进行监督。监事会成员不得少于三人,并从中推选一名召集人。监事会由股东代表和适当比例的由职工民主选举的公司职工代表组成。董事、经理及财务负责人不得兼任监事。

2. 监事会的职权

检查公司的财务;对董事、经理执行公司职务时违反法律、法规或者公司章程的行为进行监督;当董事和经理的行为损害公司的利益时,要求董事和经理予以纠正;提议召开临时股东大会;公司章程规定的其他职权。

四、股份有限公司的股份发行与转让

(一) 股份、股票的概述

1. 股份的概念与特征

股份是股份有限公司资本的组成成分,是计算公司资本的基本计量单位。股份有限公司资本总额分成若干相等的单位,股东每持有其中一单位,即持有公司一股份。股东以持有的股份数来作为行使股东权利、承担义务以及流通转让的依据。股份总数是公司章程中必须载明的事项之一。股份有以下特征:股份是公司资本构成的最小单位,具有不可分性；股份是对公司资本的等额划分，具有金额的等额性；股份是股权的基础，具有权利上的平等性；股份表现为有价证券，具有可自由转让性。

2. 股票的概念与特征

股票是股份有限公司股份的表现形式，是由公司签发的证明股东所持股份的凭证。股票具有以下特征：(1)股票是一种证权证券；(2)股票是一种要式证券；(3)股票是一种流通证券。

3. 股份与股票的关系

(1) 拥有股份是股东行使股东权利的前提，而并非持有股票。

(2) 股票具有从属性，依附于股份而存在。股份不存在时，股票无所依附，也不能独立存在。简言之，股东拥有股份后才会持有股票；股票的作用是证明股份和股权，而不是设定权利。

(3) 股份并不从属于股票，证明股份并不以占有股票为必要条件，该特点主要体现在记名股份上。记名股股东即使未占有股票，也可以行使股东权利；但对于无记名股份，其股份与股票不可分离，股东若不持有股票，将丧失行使股东权的资格。

4. 股份、股票的分类

股份有限公司的股份、股票依据不同的标准，可以划分为不同的种类：

第一，普通股和特别股。这是以股东承担的风险和享有的权益的大小为标准进行的分类。

普通股是股份有限公司最基本、最重要的股票种类。普通股的股东一般都享有表决权。普通股的股东在分配股利时，不享有特别利益，均按当年营业年度终了时的分配比例参加分配，而且只能在股份有限公司支付了公司的债息和优先股股东权益得到满足后才可参加分配。在公司因破产等原因进行清算时，普通股股东必须排在公司的债权人、优先股股东之后分得公司剩余财产。

特别股是有某种特别权利或者某种特别义务的股份，包括优先股与后配股两类。优先股在享有权利方面较普通股优先，而后配股则逊于普通股。特别股主要有分配公司盈余的特别股、分配公司剩余财产的特别股、行使表决权的特别股、可赎回的特别股以及发起人股等类型。

第二，记名股与无记名股。这是以是否在股票票面和股东名册上记载股东姓名为标准进行的分类。

记名股是在股票票面和股东名册上记载股东姓名的一种股票。否则，即为无记名股。记名股的优点在于有利于公司对股东状况的掌握，便于公司对股份流通情况的了解，可以有效地防止股票投机行为。而无记名股最显著的优点是便于股份的流通。各国或地区的公司立法一般均对记名股和无记名股的转让方式作不同的规定。

《公司法》第129条规定：公司发行的股票，可以为记名股票，也可以为无记名股票。公司向发起人、法人发行的股票，应当为记名股票，并应当记载该发起人、法人的名称或者姓名，不得另立户名或者以代表人姓名记名。

第三，面额股和无面额股。这是以股票是否载有一定金额为标准进行的分类。

面额股是指在股票票面表示一定金额的股份。许多国家或地区的公司法对公司股票的最低票面值均作了规定。我国对股票的面值没有最低限额的规定。

无面额股是指股票票面不表示一定金额,只表示其占公司资本总额一定比例的股份。这种股份的价值依据其所占公司的资本总额的一定比例确定。这种股份的好处主要在于,当公司增资时,无须再发行或增加新的股份,只要实际上增加每股所代表的资本额即可;其弊端主要在于,股份所代表的金额经常处于不确定的状态中,增加了股份转让和交易的难度。

(二) 股份发行

1. 股份发行的原则

《公司法》第 126 条规定,股份的发行,实行公平、公正的原则。具体而言,股份有限公司发行股份时应当做到:其一,当公司向社会公开募集股份时,应就有关股份发行的信息依法公开披露。其中,包括公告招股说明书、财务会计报告等。其二,同次发行的同种类股票,每股的发行条件和价格应当相同;任何单位或者个人所认购的股份,每股应当支付相同价额。

2. 股票发行的价格

《公司法》第 127 条规定,股票发行价格可以按票面金额,也可以超过票面金额即股票溢价发行,但不得低于票面金额发行股票。如以超过票面金额为股票发行价格的,须经国务院证券管理部门批准。以超过票面金额发行股票所得溢价款,应列入公司资本公积金。

(三) 股份的转让

股份转让实行自由转让的原则。每个股东都有权依《公司法》的规定,转让自己的股份。但是,为了保护公司、股东及债权人的利益,《公司法》第 138、141 条分别对股份转让作了必要的限制。主要有:(1)对股份转让场所的限制。股东转让其股份,应当在依法设立的证券交易场所进行或者按照国务院规定的其他方式进行。(2)对发起人持有本公司股份转让的限制。即发起人持有的本公司股份,自公司成立之日起 1 年内不得转让。(3)对董事、监事、高级管理人员持有本公司股份转让限制。即在任职期间内每年转让的股份不得超过其所持有本公司股份总数的 25%;所持本公司股份自公司上市交易之日起一年内不得转让。上述人员离职后半年内,不得转让其所持有的本公司股份。(4)对国家授权投资的机构或部门以及国有企业、事业及其他单位持有国家股份和国有法人股份的转让,由法律、行政法规另行规定。

(四) 股份的回购

一般而言,公司不得回购股份。首先,回购股份实际上是减少了公司资本,违背资本维持原则,这种行为将影响公司财产基础,对公司债权人的利益有所损害;其次,公司成为自己的股东,会造成法律关系上的混乱;再次,股份的大量回购会造成股票市场价格的波动,对投资者有误导作用。

但《公司法》第 142 条规定,股份有限公司有下列情形之一时,可收购本公司股份:①减少公司注册资本;②与持有本公司股份的其他公司合并;③将股份奖励给本公司职工;④股东因对股东大会作出的公司合并、分立决议持异议,要求公司收购其股份的。

股份回购后,公司应在法定期限内办理变更登记手续,并在国家或者当地的主要报纸上进行公告。公告的目的在于使社会公众了解公司资本减少的情况,以便保护自己的合法权益。

(五) 股份的质押

质押,属于担保的一种形式,即债务人或者第三人在不转移所有权的前提下,将某一动产或者权利转由债权人占有和控制,以保证债权人权利的实现;在债务人不履行债务时,债权人有权以该动产或者权利折价或者以变卖、拍卖该动产或者权利的价款优先受偿。

《公司法》第142条第4款还规定,公司不得接受本公司的股票作为质押权的标的。其原因如下:

(1) 质押权的设立,以债权人取得质押权标的物的占有为前提,但《公司法》规定,除特殊情况外,公司不得拥有本公司股份。所以,为保持与其他法律规定的一致,不应该对公司股份设立以转移占有为特征的质押权。

(2) 如果允许公司接受本公司股份作为质押,在债务人没有清偿债务时,公司会拍卖股份以资抵偿,但出卖股份时容易构成内幕交易行为,并且一旦股份无人购买,公司将成为自己股份的股东,法律关系将出现混乱,这对公司股东及其他利害关系人不利。

(3) 如果公司接受质押的股份数过多,势必影响公司财务和资本结构。

五、上市公司的特别规定

(一) 上市公司的概念

上市公司,是指其股票在证券交易所上市交易的股份有限公司。所谓上市是指股份有限公司的股票经国务院或国务院证券监督管理机构核准后在证券交易所公开挂牌交易。

(1) 上市公司是股份有限公司。根据股票是否能够上市,股份有限公司可分为上市公司和非上市公司。上市公司具有股份有限公司的全部法律特征。

(2) 上市公司是符合上市条件的股份有限公司。

(3) 上市公司的股票在证券交易所上市交易。

(二) 上市公司应当具备的条件

(1) 股票经过国务院证券监督管理机构核准已向社会公开发行。如果股份有限公司成立后未公开发行股份的,不能申请股票上市,也不能成为上市公司。

(2) 公司的股本总额不少于人民币3000万元。股份有限公司最低注册资本额一般为人民币500万元,但上市公司的最低资本额为3000万元人民币。这是对公司规模的要求。

(3) 开业时间在三年以上,最近三年连续盈利;原国有企业依法改建而设立,其主要发起人为国有大中型企业的,可连续计算。

(4) 持有股票面值达人民币一千元以上的股东人不少于一千人,向社会公开发行的股份达公司股份总数的25%以上,公司股本总额超过人民币4亿元的,公开发行股份的比例为 10% 以上。

(5) 公司最近三年内无重大违法行为，财务会计报告无虚假记载。这是为了维护证券市场的秩序和投资者的信心。

(6) 国务院规定的其他条件。

(三) 上市公司独立董事制度

《公司法》第 122 条规定："上市公司设立独立董事，具体办法由国务院规定。"

1. 独立董事的概念

上市公司独立董事是指不在公司担任除董事外的其他职务，并与其所受聘的上市公司及其主要股东不存在可能妨碍其进行独立客观判断的关系的董事。

2. 上市公司必须聘任独立董事

境内上市公司应当聘任适当人员担任独立董事，董事会成员中应当至少包括 1/3 的独立董事，其中至少包括一名会计专业人士（会计专业人士是指具有高级职称或注册会计师资格的人士）。

3. 独立董事的职权

上市公司独立董事除具有公司董事的一般职权，还享有以下特别职权：

(1) 重大关联交易（指上市公司拟与关联人达成的总额高于 300 万元或高于上市公司最近经审计净资产值的 5% 的关联交易）应由独立董事认可后，提交董事会讨论；

(2) 向董事会提议聘用或解聘会计师事务所；

(3) 向董事会提议召开临时股东大会；

(4) 提议召开董事会；

(5) 独立聘请外部审计机构和咨询机构；

(6) 可以在股东大会召开前公开向股东征集投票权。

独立董事行使上述职权应当取得全体独立董事的 1/2 以上同意。未被采纳或上述职权不能正常行使时，上市公司应将有关情况予以披露。

除此之外，独立董事还应当对上市公司重大事项发表独立意见。独立董事发表独立意见的形式分为同意、保留意见及其理由、反对意见及其理由、无法发表意见及其障碍等四种。

4. 上市公司为独立董事提供必要的条件

上市公司应当保证独立董事享有与其他董事同等的知情权，应提供独立董事履行职责所必需的工作条件和费用，应当给予独立董事适当的津贴，还可以建立必要的独立董事责任保险制度，以降低独立董事正常履行职责可能导致的风险。独立董事行使职权时，上市公司有关人员应当积极配合，不得拒绝、阻碍或隐瞒，不得干预其独立行使职权。

(四) 上市公司财务披露义务

上市公司涉及广大社会投资者的利益。为保证投资者及时了解公司的生产经营状况，从而作出正确的投资决策，也为了维持证券交易的公平、公开、公正，我国法律、行政法规规定了严格的上市公司的信息披露制度。根据相关法律规定，披露的信息主要有两方面：一是定期公开财务状况和经营状况，二是公开重大事项。

综 合 实 训

一、单项选择题

1. 甲公司设立了全资子公司乙公司,乙公司与丙公司共同出资设立了丁公司,乙公司占丁公司全部股份的70%,乙公司的总经理陈某为丁公司的董事长,下列说法不正确的是（　　）。
   A. 根据丁公司章程的规定,丁公司向甲公司提供担保的,必须经股东会决议
   B. 丁公司对甲公司提供担保的,乙公司不得参与表决
   C. 甲公司是丁公司的控股股东
   D. 丁公司拟转让设备,甲公司授意陈某以低于市场的价格将设备转让给甲公司,甲公司对丁公司承担赔偿责任

2. 下列关于有限责任公司的监事会,哪一项表述符合法律规定？（　　）
   A. 甲公司为一人公司,决定不设监事会。
   B. 乙公司为国有独资公司,公司章程规定监事会中职工代表必须由国有资产监督管理机构从监事会成员中指定。
   C. 丙公司章程规定监事会主席由2/3以上的监事会成员选举产生。
   D. 丁公司章程规定监事每届任期可以超过3年,可以连选连任。

3. 下列有关公司合并或分立的表述,不正确的是（　　）。
   A. 公司合并或分立均需由公司权力机关作出决议
   B. 公司合并或分立均经过清算程序
   C. 公司分立前的债务由分立后的公司承担连带责任
   D. 公司合并产生债权、债务概括转移的效力

4. 蕾蕾、猫猫、佳佳、阿虫、如天五人共同出资设立一家蓝猫化妆品有限责任公司,主要经营女性护肤用品。蕾蕾、猫猫、佳佳、阿虫四人被选举为董事会成员,蕾蕾为董事长,公司不设监事会,但大家一致推举如天同志为监事。公司成立后,美女朵朵打算加入,并拟以祖传之专利"白醋护手霜"作为出资。下列几种方式中符合《公司法》规定的是（　　）
   A. 朵朵想成为新股东,必须经原股东五人一致同意。
   B. 朵朵想成为新股东,必须经2/3以上的股东同意。
   C. 朵朵想成为新股东,必须经2/3以上表决权的股东同意。
   D. 朵朵可以通过直接与股东如天同志协商,受让如天同志的出资而成为股东。

5. 下列所做的各种关于公司的分类,哪一种是以公司的信用基础为标准的分类？
   （　　）
   A. 总公司与分公司
   B. 母公司与子公司
   C. 人合公司与资合公司

D. 封闭式公司与开放式公司

二、多项选择题

1. 国有独资公司是指国家授权投资的机构或者国家授权的部门单独投资设立的公司,该类公司不可采取何种类型?(　　)

   A. 股份有限公司
   B. 两合公司
   C. 无限公司
   D. 有限责任公司

2. 有限责任公司的股东享有下列哪些权利?(　　)

   A. 查阅股东会会议记录和公司财务会计报告
   B. 在公司登记后,可以抽回出资
   C. 按照出资比例分取红利
   D. 公司新增资本时,可以优先认缴出资

3. 下列选项中,有关股份有限公司股份转让的行为哪些不符合《公司法》的规定?
   (　　)

   A. 公司成立 2 年,某发起人将其持有的本公司股份卖与另一发起人
   B. 国家授权投资的机构将其持有的某公司股份全部转让给一家非国有企业
   C. 公司某董事在股市上购得本公司股票一批,随后出卖
   D. 公司在股市上收购本公司股票一批,作为奖励派发给贡献突出的员工

三、判断题

1. 董事会或监事会中的职工代表由股东选举产生。　　　　　　　　　　(　　)
2. 分公司不具有法人资格,不能独立承担民事责任。　　　　　　　　　　(　　)
3. 公司分配当年税后利润时,可以提取利润的 10% 列入公司法定公积金。(　　)
4. 我国的公司类型仅限于有限责任公司和股份有限公司两种。　　　　　(　　)
5. 公司董事长是公司的法定代表人。　　　　　　　　　　　　　　　　(　　)
6. 一人有限责任公司的股东不能证明公司财产独立于股东自己财产的,应当对公司债务承担连带责任。　　　　　　　　　　　　　　　　　　　　　　　(　　)
7. 公司股东完成出资义务后,不再对公司的债务负责。　　　　　　　　(　　)
8. 上市公司应建立独立董事制度。　　　　　　　　　　　　　　　　　(　　)
9. 并非所有公司的财务会计报告都需要经会计师事务所审计。　　　　　(　　)
10. 股票转让的受让人是新股东。　　　　　　　　　　　　　　　　　　(　　)

四、思考题

1. 简述一人公司和个人独资企业的异同。
2. 简述公司组织机构的设置原则。
3. 试比较有限责任公司和股份有限公司的异同。
4. 试述股份有限公司设立的条件。

第四章 物权法律制度

《中华人民共和国物权法》(以下简称《物权法》)由中华人民共和国第十届全国人民代表大会第五次会议于 2007 年 3 月 16 日通过,自 2007 年 10 月 1 日起施行。《物权法》是调整平等主体之间因物的归属而发生的法律关系的法律规范的总称。《物权法》的颁布,为维护国家基本经济制度和维护社会主义市场经济秩序,明确物的归属,发挥物的效用,保护权利人的物权,实现定纷止争起到重要的作用。为正确审理物权纠纷案件,根据《物权法》的相关规定,最高人民法院结合民事审判实践,制定了《最高人民法院关于适用〈中华人民共和国物权法〉若干问题的解释(一)》,该解释已于 2015 年 12 月 10 日经审判委员会第 1670 次会议通过,自 2016 年 3 月 1 日起施行。

第一节 物与物权

【案例导入】

案例 1:一天张飞家跑来一头牛,张飞询问失主未果后,先暂时将牛养了起来。两个月后王海寻上门来,说牛是自家的,要求领回。他所说的丢失时间与牛的特征全对,张飞只能让他把牛领回。但张飞想想又心有不甘。张飞认为两个月来他养这头牛,除了费了精力不说,饲料也花费了他不少钱,于是向王海提出返还他饲料钱 400 元和支付报酬 200 元。请问张飞的主张能够得到支持吗?

案例 2:张飞的祖上是大户人家,相传有不少文物古董,但到张飞这一辈,已经没有人再见过祖传的珍宝了。张飞也只是小时候听爷爷说自家老屋及庭院内埋有宝贝,但这些宝贝具体被埋在了哪儿却无人知晓,张飞也曾试图挖掘过但没有找到。后张飞将房子及庭院卖给了同村的李龙。李龙一次在庭院一角挖地窖时挖出了个价值不菲的花瓶。张飞听说后前去讨要。请问,李龙所挖出的花瓶应属于张飞还是属于李龙?

一、物的含义与分类

(一) 物的含义

物是指人们能够支配的有形物和无形物。有形物是人们能够看见的实物,如房、车及各种生产、生活资料等；无形物是人们肉眼无法看见但能够感知或认知的物质存在，如电、气、磁等。《物权法》中上所说的物，是指民事权利主体能够实际控制或支配的具有一定经济价值的物。可以说，除人们个人身体以外的、凡能满足社会生活需要的，并且有可能为人们所支配或控制的一切自然物和劳动创造的物，均可成为民事法律关系的客体。物是民事法律关系最主要、最普遍的客体，涉及一切财产关系。

（二）物的分类

1. 根据物是否具有可移动性，可分为动产与不动产

《物权法》第2条规定，物包括动产与不动产。动产是指能够移动并且移动后不会改变或不会损害其价值的物，如小汽车、电视机等。不动产则是指不能移动或者移动后会改变其性质或者降低其价值的物，如土地、房屋、林木等。地上定着物为不动产，不动产以外的物为动产。

2. 根据物之间的主从关系，分为主物与从物

主物是指与其他物结合使用时发挥主要作用的物，从物是指辅助主物发挥作用的物。主物与从物必须都能独立存在，但在使用中所起的作用不同。例如，杯子与杯盖是两个物，杯子是主物，杯盖是从物。如果两物不能分离开来，如房屋与门窗，则不属于主物与从物的关系，而是属于一个物。另外，如果物之间独立存在，但在使用上不存在主要作用与辅助作用的关系，也不能称为主物与从物。例如，房屋与房屋里的家具，是多个独立的物，房屋的使用并不需要家具的辅助作用，所以房屋与家具不是主物与从物的关系。

在法律或合同没有相反规定时，主物所有权转移时，从物所有权随之转移。

3. 根据两物间的产生联系，分为原物与孳息

原物是指以其自然属性或法律规定产生新物的物，如果树、母畜、存款等；孳息为物或权益所产生的收益，包括天然孳息（如果树上采下的果子、母畜产的幼崽、母鸡下的蛋等）和法定孳息（如存款利息、房屋租金等）。孳息一定是独立于原物的物，在与原物分离之前，不能称为孳息，如树上的果实、母牛身体里的小牛属于原物的组成部分。

依《物权法》规定，孳息的取得，有约定的，按照约定；没有约定或者约定不明确的，天然孳息由原物所有人收取；既有所有权人又有用益物权人的，由用益物权人取得；法定孳息按照交易习惯取得。

4. 根据物的流通性，可分为流通物、限制流通物、禁止流通物

流通物是指可作为交易标的物并自由流通的物，限制流通物是指限定在特定主体之间或特定范围内流通的物，禁止流通物是指不得用于交易的物。限制流通物与禁止流通物是由法律规定的。依现行法律规定，文物、外币、麻醉药品、枪支、弹药等属于限制流通物，矿藏、水流等国家专有物以及毒品、淫秽物品等属于禁止流通物。限制流通物与禁止流通物以外的物为流通物。

5. 根据物可否分割，可分为可分物与不可分物

可分物，是指经分割后不会改变其性质或影响其效益的物，如粮、油、钢材、煤等。不可分物，是指分割后会改变其性质和影响其用途的物，如电视机、冰箱、小汽车等。

在分割共有财产时，若为可分物，可采取实物分割的办法；若为不可分物，则不能用实物分割的方法分割，如可采用作价补偿的方式，拥有不可分物的一方相应补偿给另一方一

定价款。

6. 根据物在交易中的确定方式，可分为特定物与种类物

特定物是指具有独立特征或被权利人指定而不能代替的物。它既可是依物自身的特点确定的，也可是依当事人的主观意志确定的物。如某件文物，或当事人特别选定的某辆自行车，都为特定物。种类物则是指仅以品种、规格、型号或度量衡加以确定的物，不需具体指定的物，如级别、品质相同的钢材、粮油、图书、家具等。

只有在交易中才有特定物与种类物的区分。以种类物为交易标的物的，种类物中的任意商品均可用于交付；以特定物为交易标的物的，在标的物意外灭失时，则交易无法继续履行，合同终止。

二、物的占有

所谓占有，是指民事主体对物进行管领形成的事实状态。与占有权不同，占有不以权利来源为前提，只要主体对物在客观上控制且主观上有管领的意思就成立物权法上的占有。

（一）占有的分类

占有按不同的标准可作如下分类：

1. 按占有意思的不同，分为自主占有和他主占有。以所有的意思占有标的物为自主占有，不以所有的意思占有标的物为他主占有。这种分类考查的是占有人的主观意图，不考虑物是否真正属于占有者所有。例如，小偷对赃物的占有为自主占有，代人保管财物为他主占有。

2. 按是否对物直接管领与控制，分为直接占有和间接占有。直接占有是指直接对物进行事实上的管理和控制，间接占有是基于所有权或其他物权间接占有某物。如甲借了乙的自行车，对该自行车，乙为直接占有，甲为间接占有。

3. 按是否基于法律规定或合同约定对物占有，分为有权占有和无权占有。有权占有是指基于法律规定或合同约定享有占有某物的权利，无权占有则指没有权利来源的占有。如小偷对赃物的占有为无权占有，某人对借来东西的占有为有权占有。

无权占有可进一步分为善意占有和恶意占有。善意占有指无权占有人以他人占有的主观意图占有该物，或者不知道且不应当知道其占有是非法占有的情形。恶意占有是指无权占有人在占有他人财产时明知或应当知道其占有行为属于非法但仍然占有的情形。如某人家中跑来一头牛，在失主找来之前暂时代养的占有则为善意占有（没有占为己有的意思）；如果跑来的这头牛混入自家牛群，主人以为是自家的牛而进行饲养也为善意占有（不知道不是自家的）；但如果主人明知该牛不是自家的，但出于占为己有的目的而进行饲养则为恶意占有。

（二）占有的法律保护

《物权法》第241至245条对占有的法律保护有如下的规定：

1. 基于合同关系等产生的占有，有关不动产或者动产的使用、收益、违约责任等，按

照合同约定;合同没有约定或者约定不明确的,依照有关法律规定。

2. 恶意占有人因使用占有的不动产或者动产,致使该不动产或者动产受到损害的,恶意占有人应当承担赔偿责任。

3. 不动产或者动产被他人占有的,权利人可以请求返还原物及其孳息,但应当支付善意占有人因维护该不动产或者动产支出的必要费用。

【案例1】解析

张飞寻找失主未果,暂时代养该走失之牛,属善意占有人。在丢牛的人王海找到张飞要求返还牛时,张飞应当返还,但其可以向丢牛者王海主张支付给自己相应的饲养费400元(维护该动产的费用),但不能要求报酬(200元报酬请求不能得到支持)。

4. 占有的不动产或者动产毁损、灭失,该不动产或者动产的权利人请求赔偿的,占有人应当将因毁损、灭失取得的保险金、赔偿金或者补偿金等返还给权利人;权利人的损害未得到足够弥补的,恶意占有人还应当赔偿损失。如拾牛人将所拾之牛杀肉卖钱(恶意占有),待丢牛人主张权利时,拾牛人应予赔偿。若所拾之牛不幸被雷击死,拾牛人不得不将牛低价变卖,则在丢牛人主张权利时,拾牛人只需将变卖价款返还丢牛人即可。

5. 占有的不动产或者动产被侵占的,占有人有权请求返还原物;对妨害占有的行为,占有人有权请求排除妨害或者消除危险;因侵占或者妨害造成损害的,占有人有权请求损害赔偿。

6. 占有人返还原物的请求权,自侵占发生之日起一年内未行使的,该请求权消灭。

三、物权的含义与分类

(一) 物权的含义

物权是指权利人依法对特定的物享有直接支配和排他的权利,包括所有权和其他的物上权利(如土地承包经营权、抵押权等)。此处的权利人可以是自然人,也可以是法人、社会团体及代表国家行使权利的机构等。

物权具有如下特征:物权是一种支配权,物权人可以依自己的意志就标的物直接行使权利,无须他人的意思或行为的介入;物权是一种财产权,具有物质内容,直接体现为财产利益;物权具有排他性,意味着物权的权利人可以对抗一切不特定的人,同一物上不允许有内容不相容的物权并存(最典型的就是一个物上不可以有两个所有权,即"一物一权"。当几个人共同享有一物时,是指几个共有人共同享有一个所有权,并非是一物之上有几个所有权)。

(二) 物权的分类

1. 根据是否对物拥有所有权,可将物权分为所有权与他物权

所有权是权利人对于自己的物所享有的占有、使用、收益和处分的权利,是最完整的物权,也称自物权。他物权是对他人的物享有的权利,其内容是在占有、使用、收益或者处分某一方面对他人之物的支配。

他物权根据设立物权目的的不同可进一步分为用益物权和担保物权。用益物权是指

以使用收益为目的的物权,包括建设用地使用权、土地承包经营权、地役权(第三节详细介绍)等,一般设立在不动产上,注重的是使用价值。担保物权是指以担保债权为目的的物权,包括抵押权、质权、留质权等,既可在动产上设立,也可在不动产上设立,注重的是物的交换价值。

2. 根据物权的客体是否可以移动,分为动产物权与不动产物权

动产物权,具体包括动产所有权、质权、留置权等。不动产物权,具体包括不动产所有权、土地承包经营权、建设用地使用权、不动产抵押权等。

3. 根据物权是否具有独立性,可将物权分为主物权与从物权

主物权是指能够独立存在的物权,如所有权、建设用地使用权等,不依赖于其他权利的存在。从物权则是指必须依附于其他权利而存在的物权。如抵押权、质权、留置权,是为担保的债权而设定的,依赖债权的存在而存在;地役权需依附于土地或建筑物的所有权或使用权而存在,也是从物权。

四、物权的取得、变动与消灭

不同物权中最完整的是所有权。用益物权与担保物权作为他物权依附于所有权而存在。他物权的设立与消灭,不会影响所有权的存在;但所有权的变动或消灭,大部分情况下会影响他物权的存在,如物的灭失会引起所有权灭失,设在物上的抵押权随之灭失。例外情况如《合同法》中关于不动产"买卖不破租赁"的规定,所有权虽然变更了,但租赁关系依然存在(租赁权也是一种用益物权,利用了物的使用价值)。

(一) 所有权的取得

所有权的取得方式有原始取得和继受取得两种。

1. 原始取得

原始取得是指根据法律规定,最初取得财产的所有权或不依赖于原所有人的意志而取得财产的所有权。原始取得的方式有:劳动生产、先占、孳息、添附、善意取得、拾得遗失物、发现埋藏物等。

(1) 先占。先占指因事实行为而取得动产所有权。构成先占须符合一定的条件:①先占的标的物须为无主物。抛弃物属于无主物,但发现的文物属于国家所有,不是无主物。遗失物、漂流物等亦不属于无主物;②标的物须非法律禁止占有的物;③须以所有的意思占有标的物的行为。

(2) 拾得遗失物与发现埋藏物。拾得遗失物指发现他人遗失物而予以占有的法律事实。遗失物,是指他人不慎丧失占有的动产。根据《物权法》规定,拾得遗失物,应当返还权利人。作为拾得人首先应当在20日内通知权利人或交给有关部门处理,自有关部门发出招领公告之日起6个月内无人认领的,遗失物归国家所有。另外,根据规定,拾得人在返还拾得物时,可以要求支付必要费用,但不得要求支付报酬。但遗失人发出悬赏广告,愿意支付一定报酬的,不得反悔。拾得人拒不返还遗失物,按侵权行为处理,拾得人不得要求支付必要费用。

拾得漂流物、发现埋藏物或者隐藏物的,同样适用关于遗失物的规则。

关于埋藏物,若所有人明确,这种物在发现以后,其所有权仍属于原所有人;若所有人不明确,该埋藏物归国家所有。

【案例2】解析

李龙发现的花瓶应归原所有人张飞。因为张飞对祖上的东西有继承权,该花瓶虽然是埋藏物,但权属明确,不属于无主物。

(3) 添附。添附是指民事主体把不同所有人的财产或劳动成果合并在一起,在恢复原状于事实上不可能或者经济上不合理的情况下,形成另一种新形态的财产。添附主要有混合、附合和加工三种方式。混合,是指不同所有人的财产互相混合,难以识别各个部分而形成新财产。附合,是指不同所有人的财产密切结合在一起而形成新财产,虽未达到混合程度但非经拆毁不能达到原来的状态。附合既可以是动产与动产的附合,也可以是动产与不动产的附合。加工,是指一方使用他人财产对其加工改造为具有更高价值的新的财产。如果添附行为出于恶意,则原所有人有权要求添附人恢复原状,并赔偿损失。在上述情况下,关于新所有权的归属,应由当事人协商处理,或归一方所有,或归当事人共有。如果不能达成协议,应当比较添附价值与原财产价值,由价值量高的一方所有,但其应当向另一方给付适当的经济补偿。需要注意的是,在动产与不动产的附合中,一般由不动产所有人取得新财产的所有权,但应当给动产所有人以补偿。

(4) 善意取得。善意取得,是指无权处分人将他人之物转让给第三人以后,如果第三人在取得该物时出于善意,即可依法取得该物的所有权。善意取得的条件是:①受让人受让该不动产或者动产时是善意的(不知道转让人无权处分);②以合理的价格转让;③转让的不动产或者动产依照法律规定应当登记的已经登记,不需要登记的已经交付给受让人。

根据《物权法》第108条的规定,善意取得的法律效果是原所有权人的权利丧失,发生所有权的转移。同时所有权人可以要求无权处分人承担赔偿责任,也可以要求让与人返还不当得利。即受让人在取得物的所有权以后,原所有人不得要求受让人返还财产,而只能请求转让人赔偿损失或返还转让所得。

根据《物权法》规定,下列情况不适用善意取得制度:①赃物的转让;②遗失物的转让。但是当遗失物的转让条件发生了变化时可以适用善意取得:如果受让人通过拍卖或者向具有经营资格的经营者购得该遗失物的,权利人有权请求返还原物,但应当支付受让人所付的费用。漂流物、隐藏物、埋藏物适用同样规则;③受让人无偿取得某项财产的,则不论其取得财产时是善意还是恶意,亦不能适用善意取得制度。

2. 继受取得

继受取得,又称传来取得,是指通过某种法律事实从原所有人那里取得对某项财产的所有权。这种方式是以承认原所有人对该项财产的所有权作为取得的前提条件的。具体方式有合同、继承、赠与等,这几种方式会引起所有权的变动。

(二) 用益物权与担保物权的取得

用益物权与担保物权的取得,是指用益物权人或担保物权人随用益物权或担保物权的设立而取得的权利。这两种物权的设立方式因物权内容的不同而不同,如可能在合同生效时取得,也可能是动产交付时取得,抑或是在办理有关登记手续时取得。具体内容详见第三节。

(三) 物权的变动

物权的变动是指物权主体(权利主体或义务主体)、客体(物本身)或内容(具体的权利或义务)上的变动,是由法律行为(如合同行为)或非法律行为(如拾得遗失物)引起的。但某一行为发生时,不一定产生物权变动的效力,而仅仅产生债权方面的效力,如买卖合同的订立,使出售方负担了交货义务,在交货之前,买方并不能获得货物的所有权,即合同的订立未引发物权变动的效力。只有交货后,买方才能获得所有权,才会发生物权的变动。因此,若要产生物权变动的效力,还须另外践行登记或交付;对法律之外的行为引起的物权变动,以有关事实的发生、相关法律文书或有关政府文件的做出为物权变动的标志。

1. 不动产的物权变动

《物权法》第9条规定,不动产物权的设立、变更、转让和消灭,以依法登记发生效力,未经登记不发生效力,但法律另有规定的除外。根据该规定,不动产登记采用登记生效主义,即不动产的物权变动不仅需要当事人的法律行为或其他法律事实,还需要登记这个法律事实才能完成不动产的物权变动。如房屋买卖合同签订后,并不代表房屋权属的变更,即使买方已付款,在办理过户登记之前,买方也只拥有要求卖方办理过户的债权而没有所有权,买方只有在办理过户登记后才产生物权上的效力,才拥有该房屋所有权。

《物权法》第9条中"法律另有规定的除外",是指不以登记为要件的物权变动情形,主要包括土地承包经营权、地役权及宅基地使用权三项物权,这几项不动产物权的设立以合同的生效为要件,未经登记,不得对抗善意第三人。这意味着登记仅是对抗的要件。如张三将自己承包的土地转承包给了李四,则李四拥有了土地承包经营权;若两人未去办理土地承包经营转让的登记,张三又将该土地承包给了王五并办理了登记,则王五拥有土地经营权,已登记的权利可以对抗未登记的权利。同样的道理,如果张三、李四签订转让承包合同后及时办理了转让登记,若张三再将该地块承包给王五,则李四可以以该转让已经登记对抗王五的承包要求。

国家对不动产实行统一的登记制度。登记地点为不动产所在地的登记机构,登记机构将不动产信息在登记簿上登记后,发给登记人不动产权属证书。不动产权属证书与登记簿不一致的,除有证据证明登记簿确有错误外,以不动产登记簿为准。

2. 动产的物权变动

《物权法》第23条规定,动产物权的设立和转让,自交付时发生效力,但法律另有规定的除外。动产物权的类型有动产所有权、动产抵押权、动产质权、留置权等。根据该规定,当事人即使就动产所有权转移达成协议,但在未交付前,所有权并不转移。如商品买卖合同,在商品交付之前,所有权归卖方;在交付后,所有权归买方。对于交付的标志,合同法中有具体规定,在此不再赘述。交付即转移动产的所有权,所有人有完全的权利(即不需经登记这一形式即可对一切他人进行对抗)。但有些特殊动产,如船舶、航空器、机动车等贵重动产的物权变动,根据《物权法》第24条的规定,采取登记对抗主义。即当事人交付这些动产后没有办理登记的,虽取得该动产物权,但不能对抗善意第三人。如在机动车的一物多卖中,卖方将机动车交与了先买的一方,但与后买的一方办理了过户登记,则后买的一方权利优先,可对抗先买的一方,要求先买的一方向其交付该机动车。

交付,是指将标的物或提取标的物的凭证移转给他人占有的行为,通常是一种现实的交付,即直接占有的转移。但以下几种交付方式,虽不是现实交付,但与现实交付产生同样的法律效果。

(1) 简易交付。在物权设立或转让前,权利人已先行占有该动产,当双方当事人达成动产物权变动的合意时,动产物权发生转移,不需再另行交付,其实质是一种观念上的交付。如某人借用了他人的自行车,后双方达成买卖协议,该自行车所有权的转移自双方达成该买卖协议时成立,不需再办理一次自行车的交付。

(2) 指示交付。指示交付又称返还请求权的让与,指被转让的动产被第三人占有,转让人指示第三人直接将该动产交付给受让人,即负有交付义务的人(转让方)通过转让请求第三人返还原物的权利(受让方对第三人有了交付请求权)以代替现实交付。这种交付方式,作为物权变动的公示效果不如简易交付。

(3) 占有改定。占有改定是指动产物权的让与人与受让人之间特别约定,标的物由出让人继续占有,受让人取得对标的物的间接占有,在双方达成物权让与协议时,视为已经交付。如甲将自己的笔记本电脑卖给了乙,但与乙商定由甲再使用一周,该笔记本电脑的所有权在双方达成买卖合意时归乙所有。这种交付方式的公示效果最弱。

3. 其他发生物权变动的情形

其他发生物权变动的情形包括:因人民法院、仲裁委员会的法律文书或者人民政府的征收决定等,导致物权设立、变更、转让或者消灭的,自法律文书或者人民政府的征收决定等生效时发生效力;因继承取得物权的,自继承开始时发生效力;因合法建造、拆除房屋等事实行为设立或者消灭物权的,自事实行为成就时发生效力;在法院的强制执行程序中,在取得法院发出的权利转移证书时,即取得物权。

(三) 物权的消灭

物权的消灭,从权利人方面观察,即物权的丧失,可以分为绝对消灭与相对消灭。绝对消灭是指物权不复存在,如物的毁灭会引起所有物权的消失。相对的消灭,是指相对某一权利主体而言而消灭了权利,但同时会产生新的权利主体。如买卖引起的所有权转移,对于卖方而言权利消失,对于买方而言取得权利,所以这是一种相对的消灭,发生了物权的变动。

物权消灭的形式主要有:

1. 抛弃。抛弃就是单方消灭物权的行为,合同则是双方约定物权存续期限或物权消灭的意思表示。

2. 合同以及撤销权的行使。行使撤销权来消灭物权主要是按法律规定行使撤销合同的权利,从而使合同规定的物权消灭。

3. 标的物的灭失。

4. 物权的法定期限的届满。如租赁期满,承租人对租赁物的使用权自动消失。

5. 物权两主体混同后,物权即归于消灭。如担保人与担保权人主体合并,担保物权消失。

五、物上请求权

(一) 物上请求权的含义

物权人在其权利的实现上遇有某种妨害时,有权请求造成妨害事由发生的人排除此等妨害,称为物上请求权。物权是对物的直接支配权,此权利的实现无须他人行为的介入。如果有他人干涉的事实使物权受到妨害或有妨害的危险时,必然妨碍物权人对物的直接支配,法律就赋予物权人请求除去此等妨害的权利。可见,物上请求权是基于物权的绝对权、对世权,可以对抗任何第三人的性质而发生的法律效力。它赋予物权人各种请求权,以排除对物权的享有与行使造成的各种妨害,从而恢复物权人对其标的物的原有的支配状态。

(二) 物上请求权的行使

物上请求权的行使,一般首先依意思表示的方式行使。如物权受到妨害后,物权人可以直接请求侵害人为一定的行为或不为一定的行为,包括请求侵害人停止侵害、排除妨碍、消除危险、返还财产等。例如,甲的汽车发生故障,停在乙的门口,挡住乙的通道,甲有义务排除妨碍,乙有权基于对通道的使用权利直接请求甲排除妨碍。

当意思表示的方式得不到满足时,可以依诉讼的方式进行,依法院的判决作为物权请求权的依据,由法院责令侵害人停止侵害、排除妨碍、消除危险、返还财产。当侵权人不如期履行时,被侵权人还可请求法院强制执行。物上请求权旨在恢复物权人对其标的物的支配状态,从而使物权得以实现。

(三) 物上的债权请求权

物上的债权请求权通常体现为物上的损害赔偿请求权。例如,甲的汽车撞坏了乙的房屋,乙有权请求侵权人甲赔偿损失。基于侵权行为的损害赔偿,必须是实际上受有损害,即标的物价值的减少或灭失。它是以金钱作为赔偿,补偿物权人受到的财产损失。

当物权因他人的违法行为受到侵害时,如果有标的物的实际损害,可以同时发生损害赔偿请求权与物上请求权。如甲的汽车撞坏了乙的房屋并阻碍了乙的交通,乙既可以行使物上请求权——请求甲排除妨碍,同时乙可以行使债权请求权——请求甲对乙的损失进行赔偿。

六、物权法的基本原则

物权法基本原则体现在《物权法》第1条至第8条,概括起来包括以下几项原则:

(一) 平等保护原则

《物权法》第3条第3款规定,国家实行社会主义市场经济,保障一切市场主体的平等法律地位和发展权利。《物权法》第4条规定,国家、集体、私人的物权和其他权利人的物权受法律保护,任何单位和个人不得侵犯。

（二）物权法定原则

《物权法》第 5 条规定，物权的种类和内容，由法律规定。《物权法》第 6 条规定，不动产物权的设立、变更、转让和消灭，应当依照法律规定登记。动产物权的设立和转让，应当依照法律规定交付。虽然物权的种类和内容由法律明确规定，但当事人之间建立物权法律关系可以意定，即当事人可以自己决定是否建立物权法律关系以及建立何种物权法律关系。

（三）公示、公信原则

公示原则要求物权的产生、变更、消灭，必须以一定的可以从外部查知的方式表现出来，即物权的状态必须通过一定的方式向社会公开，使得第三人在物权变动时能够知道权利的实际状态，以维护交易安全。如不动产的登记，动产的交付都是物权公示的方式。公信是指对所公示物权交易人的法律保护，即使该公示存在权利瑕疵，也不能影响物权变动的效力，这保护的是一种信赖利益。

公信原则包括两方面的内容：其一，记载于不动产登记簿的人推定为该不动产的权利人，动产的占有人推定为该动产的权利人，除非有相反的证据证明。这被称为"权利的正确性推定效力"。其二，凡善意信赖公示的表象而为一定的行为，在法律上应当受到保护，保护的方式就是承认此行为所产生的物权变动的效力。如甲将代乙保管的电脑出售给了丙，乙知道后找丙讨要，丙可以拒绝乙的请求。因为甲持有电脑使丙认为甲有处分权并进行了交易（信赖公示效果），则丙为善意第三人，其利益受法律保护。

第二节　所有权制度

【案例导入】

案例 1：振华股份有限责任公司的股权构成中，国家占股 40%，华为公司占股 30%，光明公司占股 20%，马云占股 10%。该公司现有资产总额 20000 万元，负债 5000 万元。请问资产 20000 万元的所有人是谁？国家、华为公司、光明公司、马云拥有的股权份额的所有权性质是什么？拥有股权份额的股东们可行使哪些权利？

案例 2：甲与乙是夫妻，共同拥有一套房产，但房产证上只有甲一个人的名字。后因夫妻感情不和，二人准备离婚。在离婚前，甲听说丙正准备在本小区买房，就与丙取得了联系，说自己已经离婚，房子是自己的。丙虽怀疑甲尚未离婚，但看房产证上只有甲一个人的名字也就放心地付了款，两人随后办理了房屋过户登记手续。不久，乙听说甲擅自处分了夫妻共同财产，于是向法院提起了诉讼，以甲未经自己同意擅自处分共同财产无效为由，要求撤销甲丙的房屋买卖行为。请问乙的请求能够得到法官的支持吗？

一、所有权的含义

所有权是指所有人依法对自己财产享有的占有、使用、收益和处分的权利。所有权是最全面、最完整的物权,是物权制度的核心。其他物权都是所有权根据权能不同的衍生和附属。

占有权是指民事主体对某项财物实际控制的权利。占有权是基于合法占有而产生,非法占有则没有占有权。如小偷对盗窃之物的占有是一种非法占有,其没有占有权。

使用权是指民事主体对于财产进行合法利用的权利。合法占有不一定拥有使用权,如代为保管之物,保管人只有占有权而没有使用权。

收益权是指民事主体通过合法途径利用财产而获取收益的权利。如企业通过对企业资产的运营获取利润;个人通过将款项存入银行获取利息,通过出租房子取得租金收入等。

处分权是指财产所有人拥有的对资产进行出售、出租、赠予、销毁等权利。这是所有人最基本的权利,也是所有权的核心。

占有、使用、收益和处分构成了完整的所有权权能。财产所有人可以将这四项权利统一行使,也可将其中部分权利交由他人行使。如某人对自己的房子可以自己使用,也可以通过出租或者借与的方式交由他人使用。

二、所有权的特征

所有权是最完整的物权,具有完整性、绝对性、排他性、永久性等特征。

(一) 完整性

所有权的完整性体现在所有人对其财产所享有的占有、使用、收益和处分权利的完全性,而其他物权只是其中部分权利。如用益物权中的租赁权,只体现为占有与使用权,而没有收益和处分权。

(二) 绝对性

绝对性是指所有权人权利的行使,不需借助其他权力或依赖其他主体,可直接行使自身的权利,这是一种对世权。这种对世权是指权利人以外的所有主体都是义务主体,具有不确定性,义务主体不得干涉所有权人行使自己的权利,其义务是一种不作为的义务。如某物的所有权人处分某物时,任何他人不得干涉。

(三) 排他性

排他性体现在两个方面:一是所有权的行使排斥他人的非法干涉;另一方面体现在所有权上的唯一性,即一物上不能有两个或两个以上的所有权,实行的是一物一权。

(四) 永久性

所有权因标的物的存在而永久存在,不预定其存续期间。

三、所有权的种类

在我国,根据财产或者财产份额归属的不同,可把所有权分为国家所有权、集体所有权、私人所有权、法人所有权等。

(一) 国家所有权

国家所有权是国家对国有财产的占有、使用、收益和处分的权利,国家所有即全民所有。根据《物权法》第46条至第52条的规定,国家所有权的客体具体包括以下方面:

1. 矿藏、水流、海域;
2. 城市的土地及法律规定属于国家所有的农村和城市郊区的土地;
3. 森林、山岭、草原、荒地、滩涂等自然资源,但法律规定属于集体所有的除外;
4. 法律规定属于国家所有的野生动植物资源;
5. 无线电频谱资源;
6. 法律规定属于国家所有的文物;
7. 国防资产及铁路、公路、电力设施、电信设施和油气管道等基础设施依照法律规定为国家所有的;
8. 国家机关直接支配的不动产和动产;
9. 国家举办的事业单位直接支配的不动产和动产;
10. 国家出资的企业中由国家享有的净资产份额。

上述10类财产中,前9类为实物资产;第10类为财产份额,是一项权利,按所享有的财产份额比例分享收益、参与经营管理。

《物权法》第56条和第57条,对国有资产作出了保护性规定,规定国家所有的财产受法律保护,禁止任何单位和个人侵占、哄抢、私分、截留、破坏;履行国有财产管理、监督职责的机构及其工作人员,应当依法加强对国有财产的管理、监督,促进国有财产保值增值,防止国有财产损失;滥用职权,玩忽职守,造成国有财产损失的,应当依法承担法律责任;违反国有财产管理规定,在企业改制、合并分立、关联交易等过程中,低价转让、合谋私分、擅自担保或者以其他方式造成国有财产损失的,应当依法承担法律责任。

根据规定,国有财产由国务院代表国家行使所有权;法律另有规定的,依照其规定。在具体实施上,由占有国有财产的各级国家机关和企事业单位行使。

(二) 集体所有权

集体所有权是指由集体对资产占有、使用、收益和处分的权利。根据《物权法》第58条规定,集体所有的不动产和动产包括:法律规定属于集体所有的土地和森林、山岭、草原、荒地、滩涂,集体所有的建筑物、生产设施、农田水利设施,集体所有的教育、科学、文化、卫生、体育等设施,集体所有的其他不动产和动产。集体所有权根据集体所有人的不同又分为农民集体所有权和城镇集体所有权。

1. 农民集体所有权

《物权法》第59条规定,农民集体所有的不动产和动产,属于本集体成员集体所有。

下列事项应当依照法定程序经本集体成员共同决定：①土地承包方案以及将土地发包给本集体以外的单位或者个人承包；②个别土地承包经营权人之间承包地的调整；③土地补偿费等费用的使用、分配办法；④集体出资的企业的所有权变动等事项；⑤法律规定的其他事项。

《物权法》第62条和第63条规定，集体经济组织或者村民委员会、村民小组应当依照法律、行政法规以及章程、村规民约向本集体成员公布集体财产的状况；集体所有的财产受法律保护，禁止任何单位和个人侵占、哄抢、私分、破坏；集体经济组织、村民委员会或者其负责人作出的决定侵害集体成员合法权益的，受侵害的集体成员可以请求人民法院予以撤销。

2. 城镇集体所有权

《物权法》第61条规定，城镇集体所有的不动产和动产，依照法律、行政法规的规定由本集体享有占有、使用、收益和处分的权利。但对城镇集体所有的资产的具体内容，本法没有详细规定。

（三）私人所有权

私人所有权是私人对其财产依法享有的占有、使用、收益和处分的权利。此处的私人，指除上述国家与集体之外的所有个人、非法人企业、社团等。

私人所有权根据所有权客体的不同，分为物的所有权和权益份额所有权。物的所有权客体包括各种动产、不动产及其他可感知的物。权益份额所有权客体是指私人对所投资企业拥有的净资产份额，这是一种特定权利，如收益分配权、重大决策权等，这些权利的大小取决于投资人拥有企业净资产份额的多少。这种权益份额可以像有形资产一样占有、使用（如设定抵押）、收益（如收取股利和利润）及处分（如转让）。在公私合营企业中，企业权益份额属于国家的即为国家所有权，属于个人、非法人企业等的则为私人所有权，属于集体的则为集体所有权。《物权法》第67条规定，国家、集体和私人依法可以出资设立有限责任公司、股份有限公司或者其他企业。国家、集体和私人所有的不动产或者动产，投到企业的，由出资人按照约定或者出资比例享有资产收益、重大决策以及选择经营管理者等权利并履行义务。这种约定的比例或出资比例即是投资人所享有的权益份额。

《物权法》第64条至第66条规定，私人对其合法的收入、房屋、生活用品、生产工具、原材料等不动产和动产享有所有权；私人合法的储蓄、投资及其收益受法律保护；国家依照法律规定保护私人的继承权及其他合法权益；私人的合法财产受法律保护，禁止任何单位和个人侵占、哄抢、破坏。

（四）企业法人所有权

企业法人所有权也称法人财产权，是指企业法人作为主体对其所拥有的财产占有、使用、收益和处分的权利。投资人将资产投入到企业后，不再拥有该资产的所有权，不能再对该资产进行直接控制。资产的所有权转归被投资企业所有。在企业经营的过程中，企业管理者可作为法人的具体执行者对资产进行使用和处分，而投资人对该资产的所有权则转化成了一种权益份额权，即按比例分享收益和行使表决权等。因此投入到企业的资产所有人不再是国家、集体、个人，而只能是企业法人本身。因此，企业法人所有权应为独立的一类,不能再根据出资人性质的不同称作上述三类中的任何一项所有权。

法人所有权与权益份额所有权的不同主要体现在:首先,权利主体不同。法人所有权的主体是法人自身,具体由经营管理者实施;权益份额所有权的主体是法人的出资人。其次,权利客体不同。法人所有权的客体是法人企业拥有的所有资产,客体具有多样性与具体性;权益份额所有权的客体是投资人对企业净资产拥有的约定或法定比例,客体具有单一性与抽象性。

【案例1】解析:

20000万元资产的所有人是企业法人振华股份有限公司。国家拥有的股权份额属于国家所有权,华为公司、光明公司和马云拥有的股权份额属于私人所有权。拥有股权份额的股东们可按持股比例分享收益和行使表决权等

四、所有权的形式及相关权利与义务

(一) 所有权形式

1. 财产所有权的形式可分为单独所有和共同所有

(1) 单独所有

单独所有是指某项财产由单个权利主体所享有,是所有权的基本形式。单个权利主体可以是个人,也可以是法人,只要权利主体单一,就是单独所有。如某个人的财物的所有权主体是该个人,某个法人的财物的所有权主体是该法人。只要不是两个或两个以上权利主体同时拥有所有权,就是单独所有。

(2) 共同所有

因为人与人之间社会关系的存在及生产、生活方式的需要,共同所有也是一种必然而且成为一种常态。共同所有简称共有,是指某项财产由两个或两个以上的权利主体共同享有所有权。国家所有、集体所有、私人所有中的夫妻共有、家庭共有都是共同所有的形式。一般情况下,国家所有较少有权利冲突,集体所有与私人所有中的共有矛盾则较为突出,如土地承包中的纠纷、夫妻离婚财产纠纷、遗产的继承纠纷等。因此,在处理共有问题时,减少共有人甚至消灭共有往往是解决问题的重要途径。

2. 根据共同所有份额是否明确,可就共同所有分为按份共有和共同共有

(1) 按份共有

按份共有,又称分别共有,是指两个或两以上共有人按照各自的份额分别对共有财产享有权利和承担义务。这种共有方式下,任一共有方享有的财产份额明确。按份共有人按照预先确定的份额分别对共有财产享有占有、使用、收益和处分的权利。对共有财产的使用,应由全体共有人协商决定。按份共有人死亡后,其份额可以作为遗产由继承人继承或受遗赠人获得。按份共有人有权自由处分自己的共有份额,无须取得其他共有人的同意。但是共有人将份额出让给共有人以外的第三人时,按份共有人在同等条件下,有优先购买的权利。

(2) 共同共有

共同共有是指两个或两以上的公民或法人,根据某种共同关系而对某项财产不分份额的共同享有权利并承担义务。这种共有方式下,每一共有人享有的份额不明确,任何一方不能对共有财产部分或整体的占有、使用、收益和分配作出决定。共同共有中,各共有方平等地占有和使用共有财产,对共有财产的收益共同享有,不按比例分配。较之按份共有,共同共有人之间具有更密切的利害关系,如夫妻关系、家庭关系。

(二) 共有人的权利与义务

1. 费用承担。对共有物的管理费用及其他负担,有约定的按照约定;没有约定或约定不明的,按份共有人按照其份额负担,共同共有人共同负担。

2. 共有物的处分。对共有财产的处分或者对共有的财产作重大修缮的,应当经占份额2/3以上的按份共有人或者全体共有人的一致同意,但共有人之间另有约定的除外。若个别共有人未达到规定比例擅自处分共有财产的,其处分行为应作为效力待定的民事行为;如果第三人善意、有偿取得该财产符合善意取得制度规定的,第三人可以取得该物的所有权。其他共有人的损失,由擅自处分的共有人赔偿。

【案例 2】解析:

乙的请求不能够得到法官的支持。因为甲与丙的买卖中,丙是善意第三人,他虽然不知甲是否已离婚,但其没有与甲恶意串通,也没有从中图利,且其已将购房价款支付,房屋已经过户,这满足善意取得制度的要求,其可以取得房屋的所有权。对乙的损失,乙只有向甲主张。

3. 共有财产的分割。共同共有关系的终止,才能确定各个共有人的份额,才需分割共有财产。分割共有财产时,首先由各共有人协商确定应享有的份额;协商不成的,平均分配。共有财产分割有实物分割和变价分割两种方式,分割后原共有人对所取得的财产享有单独的所有权(可分割物的分割)或按份共有权(不可分割物的分割)。《物权法》第99条规定,共有人约定不得分割共有的不动产或者动产,以维持共有关系的,应当按照约定,但共有人有重大理由需要分割的,可以请求分割;没有约定或者约定不明确的,按份共有人可以随时请求分割,共同共有人在共有的基础丧失或者有重大理由需要分割时可以请求分割。如夫妻一方因老人需要赡养但又没有其他经济来源,可以请求分割共同财产。因分割对其他共有人造成损害的,应当给予赔偿。

4. 共有的对外关系。因共有财产产生的债权、债务,在对外关系上,共有人享有连带债权、承担连带债务,但法律规定或第三人知道共有人不具有连带债权、债务关系的除外。如夫妻一方借债用于家庭事务的,该债务为夫妻共同债务。按份共有中偿还债务超过自己应当承担份额的,按份共有人有权向其他共有人追偿。

第三节 用益物权制度

【案例导入】

案例 1： 甲承包了一块土地从事草莓种植，后因有其他事务决定转让。其先与乙签订了转让合同但未办理转让登记，后又与丙签订了转让合同并办理了转让登记。现乙以先订立合同为由要求甲履行合同，丙以已办理转让登记为由要求甲履行合同，双方争执不下。请问谁可以获得该地块的承包经营权？若转让给丙时也未办理转让登记，但丙多付了钱，丙的权利优先于乙吗？

案例 2： 甲开设一火锅店。为更多地招徕顾客，甲与隔壁的乙协商，向乙支付 10 万元取得在乙门前的停车权利，使甲的顾客可以将车停在乙的门前，双方约定此停车位使用期为 20 年。后来，甲将店面转给了丙。在甲与乙约定的有效期内，丙拥有在乙门前停车的权利吗？再后来，乙将其店面转给了丁。丁有权拒绝丙的停车要求吗？

用益物权是指以物的使用收益为目的的物权，包括建设用地使用权、土地承包经营权、地役权等，一般设立在不动产上，注重的是使用价值。除地役权是从物权外，其他几项均是主物权。《物权法》第 20 条规定，用益物权人行使权利，应当遵守法律有关保护和合理开发利用资源的规定。所有权人不得干涉用益物权人行使权利。

一、土地承包经营权

（一）土地承包经营权的含义

土地承包经营权是指公民或集体组织对集体所有或国家所有的由农民集体使用的土地、山岭、草原、荒地、水面等，依照承包合同的规定而享有的占有、使用和收益的权利。土地承包经营的承包人原则上是土地所属的集体经济组织的成员，其权利客体是农业用地。土地承包经营权人有权以在其承包经营的耕地、林地、草地上从事种植业、林业、畜牧业等农业生产。

（二）土地承包期限

《物权法》第 126 条规定，耕地的承包期为三十年，草地的承包期为三十年至五十年，林地的承包期为三十年至七十年；特殊林木的林地承包期，经国务院林业行政主管部门批准可以延长。前款规定的承包期届满，由土地承包经营权人按照国家有关规定继续承包。

（三）土地承包经营权的设立

《物权法》第 127 条规定，土地承包经营权自土地承包经营权合同生效时设立。县级以上地方人民政府应当向土地承包经营权人发放土地承包经营权证、林权证、草原使用权证，并登记造册，确认土地承包经营权。

(四) 土地承包经营权的流转

《物权法》第 128 至第 133 条规定，土地承包经营权人依照农村土地承包法的规定，有权将土地承包经营权采取转包、互换、转让等方式流转。流转的期限不得超过承包期的剩余期限。未经依法批准，不得将承包地用于非农建设；土地承包经营权人将土地承包经营权互换、转让，当事人要求登记的，应当向县级以上地方人民政府申请土地承包经营权变更登记；未经登记，不得对抗善意第三人；承包期内发包人不得调整承包地。因自然灾害严重毁损承包地等特殊情形，需要适当调整承包的耕地和草地的，应当依照农村土地承包法等法律规定办理；通过招标、拍卖、公开协商等方式承包荒地等农村土地，依照农村土地承包法等法律和国务院的有关规定，其土地承包经营权可以转让、入股、抵押或者以其他方式流转。

【案例 1】解析：

根据土地承包经营权转让时登记对抗的规定，后承包者丙的权利优先于先承包者乙的权利，因此丙可取得甲的土地承包经营权。若甲转让与丙时也未办理转让登记，即使丙多付了钱，其权利也不优先于乙。借鉴合同法的关于动产物权转让的规定：在一物多卖的情况下，已完成物的交付的一方取得物的所有权，其他买方只能向卖方主张违约责任；在均未办理交付的情况下，合同成立在先的买方享有优先权。因此，如果甲与乙和丙签订的土地承包经营合同都未经登记但已经先交给一方经营，则先经营者享有优先权；若土地尚未交给任何一方经营，先签订合同的一方才享有优先权。

二、建设用地使用权

(一) 建设用地使用权的含义

建设用地使用权，是指民事主体对国家所有的土地，依法享有占有、使用和收益的权利，有权利用该土地建造建筑物、构筑物及其附属设施。建设用地使用权可以在土地的地表、地上或者地下分别设立。新设立的建设用地使用权，不得损害已设立的用益物权。

(二) 建设用地使用权的取得方式

设立建设用地使用权，可以采取出让或者划拨等方式。出让是有偿取得方式，划拨是无偿取得方式。《物权法》规定，工业、商业、旅游、娱乐和商品住宅等经营性用地以及同一土地有两个以上意向用地者的，应当采取招标、拍卖等公开竞价的方式出让；严格限制以划拨方式设立建设用地使用权。

采取招标、拍卖、协议等出让方式设立建设用地使用权的，当事人应当采取书面形式订立建设用地使用权出让合同。建设用地使用权出让合同一般包括下列条款：(1)当事人的名称和住所；(2)土地界址、面积等；(3)建筑物、构筑物及其附属设施占用的空间；(4)土地用途；(5)使用期限；(6)出让金等费用及其支付方式；(7)解决争议的方法。

(三) 建设用地使用权的设立与建筑物所有权归属

设立建设用地使用权的，应当向登记机构申请建设用地使用权登记。建设用地使用权自登记时设立。登记机构应当向建设用地使用权人发放建设用地使用权证书。建设用地使用权人应当合理利用土地,不得改变土地用途;需要改变土地用途的,应当依法经有关行政主管部门批准。建设用地使用权人应当依照法律规定以及合同约定支付出让金等费用。

建设用地使用权人建造的建筑物、构筑物及其附属设施的所有权属于建设用地使用权人,但有相反证据证明的除外。

(四)建设用地使用权的流转

权利人取得建设用地使用权后,除法律另有规定的,权利人有权将建设用地使用权转让、互换、出资、赠与或者抵押。建设用地使用权转让、互换、出资、赠与或者抵押的,当事人应当采取书面形式订立相应的合同。使用期限由当事人约定,但不得超过建设用地使用权的剩余期限。建设用地使用权转让、互换、出资或者赠与的,应当向登记机构申请变更登记。

建设用地使用权转让、互换、出资或者赠与的,附着于该土地上的建筑物、构筑物及其附属设施一并处分。同样,建筑物、构筑物及其附属设施转让、互换、出资或者赠与的,该建筑物、构筑物及其附属设施占用范围内的建设用地使用权也一并处分,即应遵循"房随地走、地随房走、房地一体"的流转原则。

住宅建设用地使用权期限届满的,自动续期。非住宅建设用地使用权期间届满后的续期,依照法律规定办理(按照现行法规,非住宅建设用地使用权届满,经批准准予续期的,应当重新签订建设用地使用权出让合同,依照规定支付出让金等费用)。该土地上的房屋及其他不动产的归属,有约定的,按照约定;没有约定或者约定不明确的,依照法律、行政法规的规定办理。

(五)建设用地使用权的征收

建设用地使用权期届满前,因公共利益需要提前收回该土地的,应当依照法律相关规定对该土地上的房屋及其他不动产给予补偿,并退还相应的出让金。建设用地使用权消灭的,出让人应当及时办理注销登记,登记机构应当收回建设用地使用权证书。

三、地役权

(一)地役权的含义

地役权是指不动产权利人,为了自己利用不动产的方便或者为使不动产的利用价值提高,通过约定得以利用他人不动产的权利。如甲为避免前方邻居乙的房子遮挡自家房子的阳光,与乙签订地役合同,约定二十年内乙不得盖超过十米高的房屋,为此向乙一次性支付两万元,由此甲获得了对乙房屋的地役权。在地役权的设立中,为他人不动产利用提供方便的不动产称为供役地(乙的房子),而享有地役权的不动产称为需役地(甲的房子)。可以设立地役权的不动产包括土地、建筑物和其他构筑物。

（二）地役权的设立与效力

1. 地役权的设立

根据《物权法》的规定，地役权自地役权合同生效时设立。当事人要求登记的，可以向登记机构申请地役权登记；未经登记，不得对抗善意第三人。我国对地役权的设定采用的是登记对抗主义。如上例中乙将房子转让给了丙，但并未告知丙地役合同的存在，丙随后将楼增高至十米以上，则甲不得以取得乙的地役权而向丙主张权利（丙为善意第三人）；但如果丙事先知道地役合同的存在（丙非善意第三人），或者甲与乙办理了地役权的登记手续，则甲可依拥有的地役权向丙主张权利。

2. 地役权的效力

根据《物权法》的规定，地役权法律关系建立后，地役权人有权依据合同约定利用供役地。地役权的存续时间由当事人约定，但不得超过土地的承包经营权、建设用地使用权等用益物权的剩余期限。如果地役权人滥用地役权或者约定的付款期间届满后在合理期限内经两次催告未支付费用的，供役地权利人有权解除合同使得地役权消灭。

（三）地役权与其他用益物权的关系

地役权具有从属性和不可分性。地役权的从属性，是指地役权不得与需役地分离单独转让或单独作为其他权利的标的，如不能单独设定抵押。地役权的不可分性是指地役权与供役地和需役地为一个整体，需役地上的土地承包经营权、建设用地使用权或宅基地使用权转让时，其上的地役权一并转让。同样，供役地上的土地承包经营权、建设用地使用权或宅基地使用权转让时，其上负担的地役义务也一并转让，受让人受让用益物权的同时承担了地役义务，即所转让的供役地仍然为供役地，不因转让而消灭其义务，但受让人为善意第三人的除外（有关理由见地役权的设立部分）。

【案例2】解析：

甲将店面转给了丙，在甲与乙约定的有效期内，丙拥有在乙门前停车的权利。后来，乙将其店面转给了丁，丁无权拒绝丙的停车要求。按规定，需役地转让时，附属于需役地的地役权一并转让；供役地转让时，受让方需继续承担地役义务（善意第三人除外）。甲与乙的合同表明，甲的店面为需役地，乙的店面前空地为供役地，地役权附属于供役地和需役地上的所有权或用益物权，其随所有权或用益物权的转让而转让。

第四节 担保物权制度

【案例导入】

案例1： 甲将汽车抵押给乙，借得钱款10万元，双方签订了抵押合同，但未办理登记手续。后来，甲又将汽车卖给了不知情的丙，并与丙办理了过户手续。若借款到期时甲无法偿还，乙能主张要回汽车并进行变价抵债吗？

案例2： 甲将汽车抵押给乙，借得钱款10万元，双方签订了抵押合同，并办理了抵押登记手续。后来,该汽车在使用中出现故障,甲随即将车送到丙的修理厂修理。汽车修理完毕后,甲没有按期支付修理费。在丙催告数次后,甲仍没有支付修理费。丙可以将汽车变卖以抵付修理费吗?丙与乙的权利哪个更为优先?

担保物权是指以担保债权为目的的物权,在债务人不履行到期债务或者发生当事人约定的实现担保物权的情形时,债权人依法享有就担保财产优先受偿的他物权。担保物权具体包括抵押权、质权、留质权等,注重的是物的交换价值,需要以债权的存在为前提,且随债权的转让而转让,随债权的消灭与消灭,所以具有从属性。当担保物灭失时,从该物上所得的保险金、赔偿金或变现价值,仍然具有担保的性质。在债权期满未获清偿时,债权人可就该保险金、赔偿金或变现价值优先受偿,所以其具有代位性。

一、抵押

(一) 抵押的含义

抵押是指债务人或第三人不转移对财产的占有,将该财产抵押给债权人,债务人不履行到期债务或者发生当事人约定的实现抵押权的情形时,债权人有权依法以该财产折价或者拍卖、变卖该财产的价款优先受偿。在抵押担保中,提供抵押的一方(债务人或第三人)称作抵押人,接受抵押的债权人一方称为抵押权人,用于抵押的财产称为抵押物。

抵押物是抵押权的标的物。除下列财产外,其他财产均可设定抵押:(1)国家土地所有权;(2)耕地、宅基地、自留地、自留山等集体所有的土地使用权(法律另有规定的除外);(3)学校、幼儿园、医院等以公益为目的的事业单位,社会团体的教育设施、医疗设施和其他社会公益设施;(4)依法被查封、扣押、监管的财产;(5)所有权、使用权不明或者有争议的财产。

一般的抵押是指对某一固定债务以某一特定资产提供的抵押。如甲公司向银行贷款100万元,以一幢办公楼设定抵押。此处的100万元为一固定的债务,设定抵押的办公楼为一特定的资产。但在某些情况下,债务是固定的,但用于抵押的财产不固定;也可能抵押物是特定的,但用于担保的债务不固定。这就会涉及最高额抵押与浮动抵押的情况。

最高额抵押,是指债务人或第三人对一定期间将连续发生的债务提供担保的一个最高数额。如甲公司与银行签订最高额抵押贷款合同,双方约定甲公司未来2年持续向银行贷款,以办公楼设定抵押,但担保的最大数为1000万元(该办公楼价值3000万元)。若2年中甲公司实际贷款数为1500万元,则受担保的部分只有1000万元。若到期甲公司无法偿还贷款,银行只能从该办公楼的变现价值中优先受偿1000万元,另外500万元贷款不属于优先受偿的范围;若2年中甲公司连续贷款为800万元,未达担保的到最高数,则用办公楼的抵押担保数额为800万元,即最高额抵押担保中的实际担保数,为约定时间内或某特定情况下最高债权数与抵押担保最高额两者之中的较小数。

上例中,债权、债务双方约定了债权的时间为2年,若双方没有约定时间或出现其他异常情况,何时确定债权数呢?《物权法》规定的确定时点如下:(1)约定的债权确定期届满时;(2)没有约定期间或约定不明的,抵押人或抵押权人自最高额抵押权设立之日起满

2 年后请求确定债权时;(3)抵押财产被查封、扣押时;(4)债务人、抵押人被宣告破产或被撤销时;(5)确定新的债务不会再发生时;(6)其他能够确定债权的情形。

浮动抵押,指企业、个体工商户、农业生产经营者经与债权人协议,以现有的或将有的生产设备、原材料、半成品、产品等动产为债权人提供的抵押,在债务人不履行到期债务或发生当事人约定的实现抵押权的情形时,债权人有权就实现抵押权时的动产优先受偿。因为这些动产在生产经营过程中形态与价值处于变化状态,所以称为浮动抵押。《物权法》规定,抵押财产在下列情形之一时确定为浮动抵押:(1)债务履行期届满,债权未实现;(2)抵押人被宣告破产或者被撤销;(3)当事人约定的实现抵押权的情形;(4)严重影响债权实现的其他情形。

(二)抵押的类型

根据抵押物的不同,可将抵押分为动产抵押与不动产抵押。

动产抵押是指以动产作为抵押标的的担保。可抵押的动产包括交通运输工具、生产设备、原材料、半成品、产品销售等动产。

不动产抵押是指以不动产作为抵押标的的担保。可作为抵押物的不动产包括:(1)建筑物及地上附着物;(2)建设用地使用权;(3)以招标、拍卖、公开协商等方式取得的荒地等的土地承包经营权;(4)正在建造的建筑物。国家土地所有权以及耕地、宅基地、自留地、自留山等集体所有的土地(法律另有规定的除外)不可抵押。

(三)抵押权的设立与效力

抵押权的设立因抵押物类型的不同而不同。

1. 不动产抵押权的设立

不动产抵押权的设立以登记为要件。以上述四项不动产设定抵押的,应当办理抵押物登记,抵押权自登记之日起设立。若登记人仅签订了抵押合同但并未办理抵押登记,抵押合同仍然有效,但抵押权未设立。债权到期不获清偿时,债权人无法行使抵押权,只能向抵押人主张违约责任。

2. 动产抵押权的设立

动产抵押权自抵押合同签订之日起设立,并对当事人产生拘束力。如果没有登记,不能对抗善意第三人。《物权法》对动产物权的设立,采用的登记对抗主义。

3. 抵押权的效力

抵押权的效力主要体现于抵押关系中当事人的权利和义务。抵押人以自有财产设定抵押后,享有以下权利:①继续占有抵押物并有权取得抵押物的孳息,如将抵押的财产出租并收取租金;②经抵押权人同意可转让抵押物。根据《物权法》的规定,抵押期间,抵押人经抵押权人同意转让抵押财产的,应当将转让所得的价款向抵押权人提前清偿债务或者提存。转让价款超过债权数额的部分归抵押人所有,不足部分由债务人清偿。抵押期间,抵押人未经抵押权人同意,不得转让抵押财产,但受让人代为清偿债务消灭抵押权的除外;③设定多项抵押的权利。抵押人可以就同一抵押物设定多个抵押权。在同一抵押物上有数个抵押权的,各个抵押权人按照设定抵押权的先后顺序行使抵押权。

【案例1】解析:

若借款到期时甲无法偿还,乙不能向丙主张要回汽车并进行变价抵债,因为丙为善意第三人,已取得汽车的所有权。但乙可以向甲主张就汽车的出售价款或者用其他财产清偿债务。

抵押权人享有以下权利:①保全抵押物。如果抵押物受到抵押人或第三人的侵害,抵押权人有权要求停止分割、恢复原状、赔偿损失。如果因抵押人的行为使抵押物价值减少,抵押权人有权要求抵押人恢复抵押物的价值,或者提供与减少的价值相当的担保。②优先受偿权。在债务人不履行债务时,抵押权人有权以抵押财产折价或者以拍卖、变卖抵押物的价款优先于普通债权人受偿。若变卖价款不足以清偿的,不足部分由债务人按普通债权清偿;③放弃抵押权或变更抵押权的顺位。

按规定,抵押权人可以放弃抵押权,也可以与抵押人协议变更抵押权顺位及担保数额等。当同一债权上有债务人提供的抵押和其他人提供的抵押等多个抵押权时,若债权人放弃了对债务人的抵押权,其他抵押人在该放弃范围内免除担保责任。如甲(债务人)向银行借款 1000 万元,以价值 600 万元办公楼提供担保,乙(第三人)以价值 800 万元的机器设备提供担保。若银行放弃了对甲的担保权,则乙在银行对甲放弃的 600 万元范围内免除担保责任,其担保责任不再是 1000 万元,而是 400 万元。抵押当事人协议变更抵押权顺位时,未经其他抵押权人书面同意,不得对其他抵押权人产生不利影响。如张三的房产上设置了多个抵押权,抵押权人的顺位分别是李四、王五、赵六,担保金额分别为 200 万元、400 万元、500 万元。现张三、李四、赵六经协商将李四与赵六的抵押顺位互换,但担保物的变现价值仅为 800 万元,若允许赵六的债权最先受偿,则王五只能得偿 300 万元(800 万-500 万),这种顺位变更影响了王五债权的实现。因为如果不变更顺位,王五可得偿 400 万元(800 万-400 万)。因此该顺位变更若未经王五同意,则实现抵押权时赵六的 500 万债权不能全额优先受偿(只能优先受偿 400 万元),应确保王五在第二担保顺位上本应实现的债权数。

(四)抵押权的实现

1. 担保物权的担保范围

担保物权的担保范围包括主债权及利息、违约金、损害赔偿金、保管担保财产的费用及实现抵押权的费用(如拍卖费)。

2. 抵押权的实现方式

在债务人不履行到期债务或者发生当事人约定的实现抵押权的情形,抵押权人可以与抵押人协议以抵押财产折价或者拍卖、变卖该抵押财产所得的价款优先受偿。协议损害其他债权人的利益的,其他债权人可以在知道或者应当知道撤销事由之日起一年内请求人民法院撤销该协议。抵押物折价或者拍卖、变卖所得的价款,清偿顺序有约定的按照约定,没有约定的按如下顺序清偿:①实现抵押权的费用;②主债权的利息;③主债权。抵押物不足清偿的债权由债务人清偿。

二、质押

(一)质押的含义

质押是指债务人或第三人为担保债务人的债务将其动产或权利移交债权人占有的行

为。当债务人不履行债务或者发生当事人约定的实现担保物权的情形时,债权人有权依法将该财产变卖并优先受偿。在质押担保中,提供质押财产的一方称为出质人(债务人或第三人),接受质押财产的一方(债权人)称为质权人,用于出质的财产称为质物。

相对于抵押担保,质押担保有这几点不同:(1)质押的财产可以是动产或权利,不能是不动产;而抵押担保的财产可以是动产或不动产。(2)质押需转移占有,抵押不需转移占有。(3)质押因转移占有,质押人虽享有标的物的所有权,但不能直接对质物占有、使用和收益;而抵押人因不转移物的占有,可继续对抵押物占有、使用和收益。

(二)质押的类型

质押分为动产质押与权利质押。

1. 动产质押

动产质押是指以动产作为担保物的质权。设定动产质押,出质人和质权人应当以书面形式订立质押合同。质押合同是诺成合同,原则上自双方当事人意思表示一致时成立。质物占有的转移不是合同生效的要件,即无论质物是否转移,依法成立的质押合同均有效。如甲向乙借款1万元,双方口头设定以甲的一头牛作为质物,则质押合同在双方口头达成协议时成立,在甲的牛交给乙之前,质权没设立。

质权人在债务履行期届满前,不得与出质人约定债务人不履行到期债务时质押财产归债权人所有。如果违反该规定,则约定无效。该约定的无效不影响合同其他部分的效力。出质人与质权人可以协议设立最高额质权,其适用参照抵押权的规定。

动产质押的标的物,应该是出质人有处分权的财物。若出质人以其不具有所有权但合法占有的动产出质的(如以租来的设备出质),法律保护善意质权人的权利。善意质权人行使质权给动产所有人造成损失的,由出质人承担赔偿责任。

2. 权利质押

权利质押是指以可转让的权利作为标的物的质权。可以作为权利质押的标的有:①汇票、支票、本票;②债券、存款单;③仓单、提单;④可以转让的基金份额、股权;⑤可以转让的注册商标专用权、专利权、著作权等知识产权中的财产权;⑥应收账款;⑦法律规定的可以出质的其他财产权利。

(三)质权的设立与效力

质权的设立,因质物的不同而不同。

1. 动产质押中质权的设立与效力

动产质押的质权,自质物移交给债权人占有时设立。质物移交债权人占有后,债权人取得质权。出质人以间接占有的财产出质的(如以借出去的车辆出质),书面通知送达占有人时视为移交。

动产质押的效力体现在动产质押设立后,在主债务清偿前,质权人有权占有质物并有权收取质物所生的孳息。质权人收到孳息,并非取得孳息的所有权,而是将孳息作为质押标的。如上例中甲将一头母牛出质给乙,在出质期间,该牛生下一头小牛(孳息),则乙有权占有该小牛,小牛与母牛一并作为质物存在。

动产质权的效力及于质物的从物。但从物未随质物移交债权人占有的,质权的效力不及于从物。

2. 权利质押中质权的设立与效力

权利质押中的质权的设立又因具体标的的不同而不同。

以有价证券(包括上述权利质押标的的①②③)出质的,质权自有价证券移交债权人占有时设立。这一点同于动产质押的设立条件。若有价证券的到期日先于主债务的到期日,质权人可以兑现或提货,并与出质人协议将兑现的价款或者提取的货物提前清偿债务或者提存。

以可转让的基金份额或在证券登记结算机构登记的股权出质的,当事人应当订立书面合同,质权自证券登记结算机构办理出质登记时设立;以其他股权(如净资产份额)出质的,质权自工商行政管理部门办理出质登记时设立。

以知识产权(商标权、专利权、著作权等)出质的,质权自向有关管理部门(如商标局、专利局等管理部门)办理出质登记时设立。

以应收账款出质的,当事人应当订立合同,质权自信贷征信机构办理出质登记时设立。

《物权法》关于权利质押中质权的效力规定:权利质押中的质权设立后,各项权利不得转让。但经出质人与质权人协商同意的除外。出质人转让权利所得的价款,应当向质权人提前清偿债务或者提存。

(四) 质权的实现

质权的担保范围与实现方式同于抵押权的担保范围与实现方式。

三、留置

(一) 留置的含义

留置是指债权人合法占有债务人的动产。在债务人不履行到期债务时,债权人有权依法留置该财产,并有权就该财产拍卖或变卖价款优先受偿。如汽车修理厂可以在送修人不付修理费时留置所修理的汽车并就汽车的变卖收入优先受偿。在留置中,留置他人财产的一方称为留置权人,其所拥有的权利称为留置权,被留置财产的一方为债务人。留置权的产生不依据当事人之间的约定,而是在符合法律规定的条件时产生。但当事人可以通过合同约定排除留置权的适用。如送修人可以与修理厂约定若不能如期支付修理费,可以分期支付或由第三人提供担保等措施,但修理厂不得留置所修汽车。

(二) 留置权成立的条件

留置权的成立,需同时满足三个条件:(1)债权人合法占有债务人的动产。如果是不合法的占有,则不能形成留置权。如甲曾经欠修理厂修理费,但修理厂当时没有行使留置权,后来采取强制手段将甲的汽车占为己有则为不法占有。(2)占有的动产与债权属于同一法律关系。前例中送修人所欠修理费与汽修厂留置的所修理的汽车属于同一法律关系。如果留置的汽车并非所修汽车或是其他财产,则形成了质押担保,不是留置。(3)债务已届清偿期且债务人未按规定期限履行义务。

（三）留置权的效力

留置权人在占有留置物期间，除了留置物本身以外，留置权的效力还及于从物、孳息和代位物。留置的财产为可分物的，留置物的价值应当相当于债务的金额。如运输公司不能获得运输费时可以留置所运输货物，但留置货物的价值应相当于运费的金额。留置物为不可分物的，留置权人可以就其留置物的全部行使留置权。

留置权的效力体现于留置标的物和优先受偿两个方面。债权人在其债权没有得到清偿时，可依法留置债务人的财产，并给债务人确定一个履行期限。该履行期限应当为两个月以上。自留置开始之时，留置权人（即债权人）就享有收取留置物孳息的权利；债务人超过规定的期限仍不履行其债务时，留置权人可依法对留置物折价或拍卖、变卖并就所得价款优先受偿。留置财产折价或拍卖、变卖后，其价款超过债权数额的部分归债务人所有，不足部分由债务人清偿。同一动产上已设立抵押权或者质权又被留置的，留置权人优先受偿。

【案例 2】解析：

汽车修理完毕后，甲没有按期支付修理费。在丙催告数次后仍没有支付，丙可以将汽车变卖以抵付修理费。按规定，同一物上既有留置权又有抵押权的，留置权优先于抵押权。所以，丙的留置权优先于与乙抵押权。

四、物权上的优先性

物权上的优先性是指同一标的物上有数个权利并存时，各项权利在实现物权时的优先顺序。在先后成立的物权之间及物权与债权之间，这种优先顺位都是存在的。

（一）多个物权并存的优先性

当一物上同时存在多个物权时，对相同性质的物权，成立在先的物权优先于成立在后的物权。例如，在同一物上设立数个抵押权，先发生的抵押权优于后发生的抵押权，已登记的抵押权优于未登记的抵押权。如某企业用一栋价值 120 万的楼房先后与 A 银行（向其贷款 100 万）和 B 银行（向其贷款 50 万元）签订了抵押合同并先后办理了抵押登记，则登记在先的 A 银行的抵押权优于登记在后的 B 银行的抵押权。但若与 B 银行的抵押登记时间早于与 A 银行的抵押登记时间，则 B 银行的抵押权优先。性质相同的物权之间以成立时间的先后确定其效力的强弱，本质上是对现存的物上权利的保护，后成立的物权只有在不侵犯、不影响先成立的物权的情况下才能得以成立。否则，后设立的物权根本就不能成立。如上例中，若实现抵押权时抵押房产的价值不足 100 万元，则后设立的对 B 银行的抵押为无效抵押。

对性质不同的物权，留置权优先于抵押权，抵押权优先于所有权。如甲用机动车为乙的贷款向银行提供了抵押担保，后该机动车维修时因不付维修费被修理厂留置，则修理厂的权力优先于抵押权人银行，银行的权力优先于所有权人甲。若质权与抵押权同存在一物上时，看两种物权成立时间的先后，成立在先的权利优先。

（二）物权对于债权的优先性

在同一标的物上物权与债权并存时，物权有优先于债权的效力，这主要表现在两个方面。

第一，在同一标的物上，既有物权又有债权时，物权一般优先于债权的效力。例如，甲同意将 10 吨水泥出卖给乙，乙就取得了请求甲交付该 10 吨水泥的债权。后来，甲又将这 10 吨水泥出卖给丙，并交付给丙，丙就取得了已交付的 10 吨水泥的所有权。此时，乙只能请求甲承担违约责任，不能要求丙向其交付水泥，因为丙的物权优先于乙的债权。再如一屋多卖行为中，出卖人未与先买者办理过户登记手续，却与后买者办理了过户登记手续，则后买者的物权优先于先买者的债权。

物权优于债权的例外。例如，不动产租赁使用权在民法上属于债权。如甲将其房屋出租给乙，此后又将该房屋出卖给丙，丙取得该房屋的所有权后，乙仍然可以对丙主张其租赁使用权。这在学理上称为"买卖不破除租赁"。此外，依据国家最高人民法院《关于适用〈中华人民共和国担保法〉若干问题的解释》第 65 条的规定，抵押人将已经出租的财产抵押的，抵押权实现后，租赁合同在有效期内对抵押物的受让人继续有效。

第二，在债权人依破产程序或强制执行程序行使其债权时，债务人的财产已经为他人设定物权的，该物权优先于一般债权人的债权。例如，在债务人破产清算时，破产财产上设有担保物权的，担保物权人享有优先受偿的权利，此为别除权；在破产时，债务人借用、租用或代管之物，所有人有取回该物的权利，此为取回权。

综合实训

一、单选题

1. 关于"物权"中的"物"，说法错误的是（   ）。
   A. 原则上为有体物，也可以是无体物　　B. 包括知识产权
   C. 须是特定物　　　　　　　　　　　　D. 须是独立物

2. 下列属于主物权的是（   ）。
   A. 留置权　　　　　　　　　　　　　　B. 地役权
   C. 建设用地使用权　　　　　　　　　　D. 抵押权

3. 王某的宠物狗丢失，被李某拾得后卖给了赵某，赵某又将该狗送给了儿子小赵。根据《物权法》的规定，该宠物狗的所有权是（   ）。
   A. 王某　　　B. 李某　　　C. 赵某　　　D. 小赵

4. 承租人对承租物的占有属于（   ）。
   A. 自主占有　　B. 他主占有　　C. 善意占有　　D. 恶意占有

5. 刘小五将自己的电脑交由小赵保管，刘小五与小赵的占有类型分别是（   ）。
   A. 直接，间接　　B. 间接，直接　　C. 直接，直接　　D. 间接，间接

6. 甲与乙签订房屋出售合同,并约定乙应当在房屋产权变更手续办理完毕后支付价款。后由于房价上涨,甲反悔并向乙表示不再办理房屋所有权变更手续。根据《物权法》的规定,下列说法正确的是(　　)。

　　A. 合同尚未生效

　　B. 合同生效,乙有权要求甲办理所有权变更登记并承担其他违约责任

　　C. 合同生效但甲有权解除合同

　　D. 合同生效,但乙只能要求甲赔偿损失。

7. 甲、乙共有一套房屋,登记在甲名下。两人于2017年9月5日经法院判决离婚,并判决房子归乙所有。甲、乙于9月6日领取了判决书,乙于9月10日领取了房屋产权证,乙于10月10日凭法院判决书向登记机关申请办理了过户登记手续。该房屋所有权变更为乙一人所有的时间是(　　)。

　　A. 9月5日　　B. 9月6日　　C. 9月10日　　D. 10月10日

8. 按份共有人在共有关系中享有权利、承担义务的依据是(　　)。

　　A. 共有人身份　　B. 份额　　C. 所有权　　D. 贡献大小

9. 依照我国法律规定,城镇国有土地使用权出让合同的出让方应为(　　)。

　　A. 企业法人　　　　　　　B. 国家

　　C. 事业单位法人　　　　　D. 公民

10. 为避免绕远,与他人协商通过其土地直接达到自己的土地。其所享有的通行权属于(　　)。

　　A. 相邻权　　B. 地上权　　C. 地役权　　D. 土地使用权

11. 下列权利中不属于用益物权的是(　　)。

　　A. 土地承包经营权　　　　B. 地役权

　　C. 相邻权　　　　　　　　D. 土地承包经营权

12. 收益权能通过对财产的占有、使用、经营、转让而取得经济效益。收益权能(　　)。

　　A. 只能由所有人行使

　　B. 只能由非所有人行使

　　C. 只能由所有人和非所有人共同行使

　　D. 既可以由所有人行使,也可以依法由非所有人行使

13. 农民甲因其邻居乙越界建房侵入自己的宅基地而诉请法院保护,乙的行为侵犯了甲得何种权利?(　　)

　　A. 相邻权　　　　　　　　B. 住宅所有权

　　C. 宅基地使用权　　　　　D. 宅基地所有权

14. 以土地所有权为抵押物设立的抵押,其抵押合同(　　)。

　　A. 自合同订立时生效　　　B. 自办理抵押登记时生效

　　C. 自土地管理部门批准后生效　　D. 无效

15. 以依法可以转让的股票出质的,质权自(　　)起成立。

　　A. 质押合同订立　　　　　B. 交付股票

C. 向证券登记机构办理出质登记　　D. 公司同意之日

二、多项选择题

1. 以下关于占有的说法，正确的有哪些？（　　）
   A. 善意占有人只需要返还权利人原物
   B. 恶意占有人需要返还权利人原物及其孳息
   C. 善意占有人可以要求权利人支付必要费用
   D. 恶意占有人不仅不可以要求权利人支付必要费用，造成占有物损害的，还要赔偿损失
2. 下列受法律保护的占有类型有（　　）。
   A. 侵占人对物的占有　　　　　　B. 恶意取得人对物的占有
   C. 善意取得人对物的占有　　　　D. 所有人占有其所有物
3. 下列占有中，属于间接占有的是（　　）。
   A. 出质人对质物的占有　　　　　B. 寄存人对保管物的占有
   C. 承租人对承租房屋的占有　　　D. 质权人对质物的占有
4. 下列占有中，属于有权占有的是（　　）。
   A. 典权人对典物的占有　　　　　B. 留置权人对留置物的占有
   C. 拾得人对遗失物的占有　　　　D. 质权人对于质物的占有
5. 建设用地使用权从其法律性质讲，属于哪种权利？（　　）
   A. 自物权　　B. 用益物权　　C. 他物权　　D. 限制物权
6. 甲将一幅名画出售给乙，约定1个月后交付。但丙愿出更高的价格，甲遂将画出卖给丙，并当时交付给丙。在此情况下，乙（　　）。
   A. 有权要求丙交付该画，因为其与甲的买卖合同成立在先
   B. 有权要求甲交付该画，甲应当向丙请求返还该画，而丙亦应当返还
   C. 无权要求丙交付该画，因为丙已取得该画的所有权
   D. 有权要求甲承担不履行买卖合同的违约责任
7. 王某与一房地产公司签订商品房预售合同，预购商品房一套，并向登记机关申请办理了预告登记。随后，该房地产公司将王某选购的商品房以更高价格销售给不知情的张某，并与张某依法办理了房屋所有权证书。下列说法中不正确的是（　　）。
   A. 王某不能取得该房屋的所有权，因为房地产公司已经与张某依法办理了房屋所有权证书
   B. 王某不能取得该房屋的所有权，只能追究开发商的违约责任
   C. 王某可以取得该房屋的所有权，因为房屋进行了预告登记
   D. 房地产公司未经王某同意进行房屋出卖的行为，不发生所有权变动的效力
8. 共有关系的具有的特征有（　　）。
   A. 主体为二人以上　　　　　　　B. 客体为不可分物
   C. 内容包括权利、义务　　　　　D. 客体为同一项财产
9. 下列财产中属于按份共有的是（　　）。
   A. 合伙企业的财产

B. 民事合伙组织的财产

C. 共同继承的财产

D. 同寝室四名同学各出资 25% 购买的一台电脑

10. 按份共有人,依法可以（　　）。

A. 把共同财产分割成若干份,各享一份所有权

B. 要求将自己的份额分出

C. 按照各自的份额,对共有财产分享权利、分担义务

D. 在其他按份共有人出售其份额时,有以同等条件优先购买的权利

11. 甲、乙、丙三人共有一辆拖拉机,农闲时节拖拉机搁置不用,乙、丙均有出卖拖拉机之意,但正值甲外出未归,乙、丙急需钱用,就协商将拖拉机卖给赵某,卖得价款为甲留下一份,其他由乙、丙分割取去。甲回来后获悉此事,认为乙、丙未经自己同意无权卖掉拖拉机,乙解释说:"少数应该服从多数人的决定"。甲仍不依,丙又解释说:"我们对拖拉机是按份共有,乙和我有权处分自己的份额。"下列说法正确的是（　　）。

A. 未经甲同意乙、丙有权卖掉拖拉机　B. 可在乙和丙同意下卖掉拖拉机

C. 三人可独自决定是否卖掉拖拉机　D. 未经甲同意乙、丙无权卖掉拖拉机

12. 关于地役权与相邻关系的区别,下列说法中正确的是（　　）。

A. 相邻关系不是一个独立的物权;地役权是独立的用益物权

B. 相邻关系的产生基于法律的规定;地役权是通过当事人缔结合同而产生

C. 相邻关系是所有人或使用人的财产权利的延伸;地役权的内容依当事人自由设定

D. 相邻关系的权利的取得是无偿的;而地役权合同是有偿的

13. 天虹房地产开发公司于 2001 年 7 月 1 日以出让方式获得某市一块国有土地的使用权,使用年限为 40 年。该土地经开发建成商品房后,2005 年 7 月 1 日天虹房地产开发公司将该宗房屋一并转让给大洋公司,大洋公司将其作为职工住宅分配给职工居住,职工李某于 2007 年 1 月 1 日搬入新居。下列说法中正确的是（　　）。

A. 李某对该土地的使用年限为 40 年

B. 李某对该土地的使用年限为 35 年 6 个月

C. 该土地的使用年限到期后,李某需要继续使用的,应该在期间届满之前一年申请续期

D. 该土地的使用年限到期后,自动续期,李某无须申请

14. 下列各项物权属于用益物权的有（　　）。

A. 用益物权的依据只能是民法普通法,而不能是民法特别法

B. 用益物权以对物的占有为前提,以对标的物的使用、收益为其主要内容

C. 用益物权的客体只能是不动产

D. 用益物权是他物权、限制物权和有期限物权

15. 依照我国土地承包法,承包方对取得的土地承包经营权享有流转的权利,该权利包括（　　）。

A. 转包权　　B. 出租权　　C. 互换权　　D. 转让权

三、判断题

1. 依法属于国家所有的自然资源,所有权可以不登记,但在国家所有的土地、森林、海域等自然资源上设立用益物权、担保物权的,则需要登记才能生效。（　　）
2. 两份同一自行车的抵押合同均未登记的,以成立抵押权的先后顺序为两抵押权实现的先后顺序。（　　）
3. 不动产物权的设立、变更、转让和消灭,未经登记不发生法律效力。（　　）
4. 船舶、航空器和机动车等物权的设立、变更、转让和消灭,未经过登记,不得对抗善意第三人。（　　）
5. 当事人之间订立有关设立、变更、转让和消灭不动产物权的合同,除法律另有规定或者合同另有约定外,自合同成立时生效;未办理物权登记的,不影响合同效力。（　　）
6. 甲某因先占,不能取得对某无主手表的直接占有。（　　）
7. 乙继承其父的遗产,从而获得对父亲遗产的占有。（　　）
8. 丙和他人签订转让合同获得对合同标的物的占有。（　　）
9. 占有人返还原物的请求权,自侵占发生之日起1年内未行使请求权的,该请求权消灭。（　　）
10. 丁拾获一钱包,获得对钱包的占有,并取得该钱包的所有权。（　　）
11. 共有人对共有的不动产或者动产没有约定为按份共有或者共同共有,或者约定不明确的,视为共同共有。（　　）
12. 共有人对共有的不动产或者动产没有约定为按份共有或者共同共有,或者约定不明确的,视为按份共有。（　　）
13. 按份共有人对共有的不动产或者动产享有的份额,没有约定或者约定不明确的,按照出资额确定;不能确定出资额的,视为共有。（　　）
14. 按份共有人要转让自己的份额必须经其他共有人的同意。（　　）
15. 在共同共有存续期间,出现任何情况,共同共有人都不能分割共有财产。（　　）

四、思考题

1. 什么是物权?如何进行分类?
2. 所有权与用益物权和担保物权的关系怎样?
3. 抵押权设立的条件是什么?
4. 如何理解善意取得制度?
5. 一个物上有多处物权时,如何确定优先顺序?

五、案例分析题

1. 甲有天然奇石一块,不慎丢失。乙误以为甲丢失的奇石为无主物捡回家,并将此石配以基座,陈列于客厅。乙的朋友丙见到此石后十分喜欢,乙遂以之相赠。后甲发现其丢失的奇石在丙手中,遂向丙追索。

请分析该奇石到底归谁所有。

2. 李某在清理父亲的遗物时发现一块奇石,误认为是其父所有,遂将其雕刻成石雕。其友刘某见此石雕后非常喜欢,以5万元的价格将之买下。后张某向李某所索要该石时,李某方知该石系其父借来观赏的。该石当时价值8000元。双方就该石发生纠纷。

请分析该奇石到底归谁所有。

3. 甲企业因转产需要将原厂房和厂房内的机器设备分别作价5000万元和200万元转让给乙企业。双方签订合同后对财产进行了清点,并办理了交接手续。但双方就房产的转让一直未办理登记过户手续。后丙企业得知甲企业转让厂房之事,表示愿以5500万元购买该批厂房和机器。甲企业遂以厂房和机器设备未办理过户登记手续为由,主张与乙企业签订的合同无效。

请分析甲、乙双方签订的合同的有效性及厂房与设备的产权归属。

第五章 合同法律制度

【引例导学】

李某本人酷爱收藏,并且具有相当的古玩鉴赏能力。其家中收藏有一商朝酒杯,但由于此酒杯年代太久远,李某无法评估其真实价值,而只能大略估计其价值在10万元以上。某日,李某将此酒杯带到一古董店,请古董店老板鉴赏,店老板十分喜欢该酒杯,并且知道其价值不下百万,于是提出向李某买下该酒杯,出价为50万元。对此价格,李某内心十分满意,但仔细一想,心知该酒杯价值绝对超过50万,如果拍卖,该酒杯超过百万也有可能。但李某苦于拍卖成本过高,自身也没有条件拍卖。于是,李某心生一计,同意将酒杯卖给古董店老板,待日后古董店老板高价卖出后再主张合同可撤销,要求变更合同。结果,古董店老板通过拍卖,该酒杯被卖到1000万元。此后,李某向法院主张合同显失公正,要求古董店老板至少再补偿给其900万元。

【点评】

1. 李某与古董店老板的买卖合同已经成立,双方意思表示真实并且一致,合同有效。

2. 李某的主张没有法律依据。《中华人民共和国合同法》(以下简称《合同法》)规定,显失公正的合同属于可撤销或可变更合同,本案中的买卖合同不属于此种情况。首先,李某具有相当的古玩鉴赏能力,虽然他不知道该酒杯的真实价值,但内心已经知道其价值绝对超过50万元。在此情况下他仍然将酒杯卖给古董店老板,法律上就应该推定其意思表示真实有效,而不属于因缺乏经验导致判断失误的情形。其次,李某将酒杯卖给古董店老板的时候,就已经准备事后主张合同变更,因此当然不存在被骗或者失误的情形。相反,李某对该酒杯卖出价格偏低这一实情心知肚明,不属于合同显失公正。再次,李某主张合同显失公正属于恶意,不应得到支持。

3. 根据上面分析可知,法院应认定合同有效,驳回李某的诉讼请求。

第一节 合同法概述

【背景知识】

合同又称为契约,是指平等主体的自然人、法人和其他组织之间设立、变更、终止民事权利、义务关系的协议。合同法是保护合同当事人合法权益,维护社会经济秩序,促进社会主义市场经济建设的重要法律规范。

【课堂讨论】

案例 1:2002 年 5 月王某经张某介绍与李某达成房屋租赁合同。依该合同规定,王某将一店面租给李某开办游戏厅,月租费 3000 元,开办手续由李某自己负责,所引起一切责任均由李某负担。李某支付完 5 月、6 月两个月租金后,未按合同约定支付剩余月份租金。同年 10 月,该游戏厅因涉嫌赌博被公安机关查封。后王某多次向李某催讨 7 月到 10 月的租金未果,于是向法院起诉要求李某支付租金。法院经审理查明,王某在订立租赁合同时已明知李某租房目的,请问王某的诉讼请求能否得到法院支持。

【点评】

本案关键在于王某和李某的租赁合同是否有效,当事人的合意是否不受限制。根据《合同法》第 7 条、52 条,"当事人订立、履行合同,应当遵守法律、行政法规,尊重社会公德,不得扰乱社会经济秩序,损害社会公共利益""有下列情形之一的,合同无效……(四)损害社会公共利益……"的规定。结合本案具体案情即李某租房目的,名为开办游戏厅实为办赌场,王某对此也是明知的,这明显是属于损害社会公共利益,因此,该租赁合同应认定为无效合同,本案应按无效合同进行处理,王某请求李某支付租金的请求不能得到支持。

案例 2:某住宅小区的售楼书和其他资料中的示意图和文字表明,其楼盘为平行两栋长条状豪华住宅,中间为小区花园、游泳池等休闲区域,包括三层小区会所、幼儿园等配套设施。可是,当二期业主入住之际,业主们发现原拟建三层配套用房处却在挖很深的地基,进行第三期开发。业主发现上当后,遂将开发商告至法院。

【点评】

本案中的开发商违反诚实信用原则,采用欺诈手段诱骗业主签订房地产买卖合同,故业主有权依据《合同法》第 54 条第 2 款的规定,请求人民法院或仲裁机构变更或撤销房地产买卖合同,即要么请求撤销房地产买卖合同退房及退还其购房款,要么请求按房屋价值的降低幅度要求开发商进行补偿。

一、合同的概念与分类

(一)合同的概念

合同又称为契约,是指平等主体的自然人、法人和其他组织之间设立、变更、终止民事权利义务关系的协议。

合同具有以下法律特征:合同的主体具有平等的法律地位,合同的主体是自然人、法人和其他组织,合同是以设立、变更、终止民事权利义务关系为目的的民事法律行为,合同是当事人意思表示一致而达成的一种协议。

(二)合同的分类

依据不同的标准可以对合同进行不同的分类。

1. 有偿合同与无偿合同

根据当事人之间的权利与义务是否互为对价为标准,将合同分为有偿合同和无偿合同。有偿合同指一方依照合同规定享有权利时,需向对方支付相应的代价的合同,如买卖合同等。不支付代价即可享有合同权利的合同为无偿合同,如赠与合同、免费运输合同等。

2. 双务合同与单务合同

根据当事人双方是否互付义务为标准,将合同分为双务合同与单务合同。双务合同是指当事人双方互负对待给付义务,一方的权利和义务即对应为另一方的义务和权利,如买卖合同、租赁合同等。单务合同则表现为权利和义务的分离,一方主要享受权利而另一方承担主要义务或权利与义务之间不存在对应和依赖关系,如赠与合同。

3. 诺成合同与实践合同

根据是否以交付标的物为成立条件,将合同分为诺成性合同与实践性合同。诺成合同是指当事人意思表示一致即告成立的合同,如买卖合同、运输合同等。实践合同是指除了当事人意思表达一致外,还须交付标的物合同才能成立的合同,如定金合同、没有特殊约定的保管合同等。在实践中,绝大多数的合同都是诺成合同。

4. 要式合同与非要式合同

根据法律或者当事人对合同的形式是否有专门要求为标准,将合同分为要式合同与非要式合同。要式合同是指合同的订立必须具备一定的形式,否则合同不能成立或不产生法律效力。如房产交易合同,需要办理过户方可生效等。非要式合同,是指对于合同形式没有特别要求的合同。

5. 有名合同与无名合同

根据法律是否规定了一定的合同名称,将合同分为有名合同与无名合同。有名合同是指法律对合同的名称和内容有明确的规定,如《合同法》分则中列举了买卖合同、赠与合同、借款合同等 15 种有名合同。法律未对其名称作出明确规定的称为无名合同。对于无名合同,须适用《合同法》总则的规定并参照《合同法》分则或其他法律最相类似的规定。

6. 标准合同与非标准合同

标准合同又称格式合同,是当事人为了重复使用而预先拟定,并在订立合同时未与对方协商的合同,如保险合同、邮政合同等。由于标准合同是由一方提出,另一方并未参与谈判和协商制定的,因此各国法律对标准合同中免责条款的有效性和解释都作出严格规定。与之相对的非标准合同是指无固定形式,且其内容都是双方自愿协商谈判的结果。

此外,依据合同间的主从关系,将合同分为主合同与从合同;根据合同当事人订立合同的目的是否为自己的利益,将合同分为为自己订立的合同与为第三人利益订立的合同;依据合同的法律效果在订立合同时是否确定,将合同分为确定合同与射幸合同,后者如保险合同、抽奖式有奖销售合同等。

二、合同法概述

(一) 合同法的概念

合同法是调整平等主体的自然人、法人、其他组织之间合同关系的法律规范的总称。所谓合同关系,是指合同当事人之间因签订和履行合同而发生的社会关系。为规范这种社会关系,需要用法律加以调整,于是就产生了合同法。从合同法的调整对象看,合同法是调整平等主体之间的财产关系。因此,行政主体与相对人之间的行政管理关系,法人和其他组织内部的管理关系,都不适用合同法。另外,有关婚姻、收养、监护等身份关系的协议,适用《中华人民共和国婚姻法》、《中华人民共和国收养法》等其他法律的规定,也不适用合同法。

合同法是指调整因合同产生的以权利、义务为内容的社会关系的法律规范的总称。1999年3月15日第九届全国人民代表大会第2次会议审议通过的1999年10月1日起施行的《中华人民共和国合同法》(以下简称《合同法》)是我国合同法律制度方面的基本法律。

【思考】下列合同中,适用于《合同法》调整的有(　　)。
A. 商品买卖合同　　　B. 收养合同　　　C. 借款合同　　　D. 运输合同
【解析】答案为ACD。

(二) 合同法的基本原则

1. 平等原则

平等,是指合同各方当事人的法律地位平等。在合同关系中,合同各方当事人不论其所有制性质、种类如何,也不论其规模、经济实力如何,在法律上都处于完全平等的地位。因此,对于订立和履行合同中出现的任何问题,合同各方必须进行平等的协商,以期达成一致意见,不允许任何一方以大欺小、恃强凌弱,将自己的意志强加给另一方。

2. 自愿原则

自愿,是指当事人有权依法自主决定订立合同的有关事宜。具体来说,是否签订合同、与谁签订合同、签订什么样的合同、怎样承担违约责任、如何解决争议等等,都应当取决于合同当事人的真实的意思表示。自愿是建立在法律地位平等的基础上的,也是平等原则的必然体现。

3. 公平原则

公平,是指当事人在订立和履行合同时应当做到公允、公正,合情合理。按照这一原则的要求,合同当事人的权利与义务是一致的,互为条件的;合同的各方当事人都必须公平合理地享受权利和承担义务,不得显失公平。合同当事人承担的违约责任也应当与其过错程度相适应,一方当事人在另一方严重违约时所采取合理的自我保护措施,也应当给予支持。

4. 诚实信用原则

诚实信用,是指合同当事人应以善良的心理状态,维持双方利益以及当事人与社会利益的平衡。它涉及两方面的利益关系,即合同当事人之间的利益关系和合同当事人与社会之间的利益关系。在合同当事人之间的利益关系中,诚实信用原则要求各方尊重对方的利益,在实现自己应得利益的同时,不得损害他人的利益。在当事人与社会利益的关系中,诚实信用原则要求当事人在签订和履行合同时,不得损害第三人和社会公共利益。

5. 合法原则与公序良俗原则

合法,是指合同的订立和履行必须遵守有关法律和行政法规。根据合法原则的要求,合同的主体、内容、形式以及订立程序都必须符合有关法律和行政法规的规定,否则就会影响合同的效力。公序良俗,通常是指公共秩序与善良风俗。根据公序良俗原则的要求,当事人订立和履行合同,应当遵守公共秩序,尊重社会公德,不得利用合同从事违法活动,不得扰乱社会经济秩序,不得损害国家利益和社会公共利益。

第二节 合同的订立

【背景知识】

在订立合同的实践中,要注意要约与要约邀请的区别。要约邀请是希望他人向自己发出要约的意思表示。一般来说,寄送的价目表、拍卖公告、招标公告、招股说明书、商业广告等均为要约邀请。但是,如果商业广告的内容符合要约规定的,也视为要约。

【课堂讨论】

某市百货公司通过新闻媒体播发招租启事,宣称其辖下的市场装修后摊位出租,每一摊位月租金2000元。周某于月初得知此消息后,决定租赁两个柜台,其于月中去提前支取了即将到期的定期存单,损失利息近千元。可是,就在周某准备去租赁摊位时,百货公司又宣布说:因主管部门未批准,摊位不再招租了,请已办理租赁手续的租户到公司协商处理办法;未办理手续的,百货公司不再接待。周某认为百货公司这种做法太不负责任,所以要求百货公司赔偿自己的预期收入若干万元,以及提前支取的定期存单的利息损失。双方协商未果,诉至法院。

试分析:本案应如何处理?百货公司发布的招租启事是否属于要约?能否撤回?能否撤销?周某的损失,百货公司是否应该赔偿?赔偿的范围是否应该有限制,包括实际损失和预期可得利益的损失?

【点评】

百货公司的招租启事属于要约行为,应受到法律的约束。百货公司应赔偿周某的相应损失。

一、合同的形式

合同的形式,是指当事人之间就明确权利、义务关系所达成协议的方式。关于合同的形式,根据《合同法》的规定,有书面形式、口头形式和其他形式。

(一) 书面形式

书面形式,是指合同书、信件和数据电文(包括电报、电传、传真、电子数据交换和电子邮件)等可以有形地表现所载内容的形式。可见,书面形式合同,是当事人之间采用文字约定双方权利、义务关系的协议。最常见的书面形式合同就是合同书,它是记载双方当事人合意事项的书面文件,是当事人合意的具体化、明确化和定型化。书面形式合同可以明确当事人的责任,便于检查、管理和监督,发生纠纷时容易举证,有利于合同纠纷得到及时、合理的解决。

(二) 口头形式

口头形式,是指当事人之间通过对话(包括当面洽谈和电话协商等)方式约定双方权利、义务关系的形式。合同采取口头形式,具有简便易行、快捷迅速的优点,在社会经济生活中被广泛采用,大都适用于日常生活中的小商品买卖或服务。但是,由于口头形式合同缺乏文字凭据,一旦发生纠纷则举证困难,不易分清责任,可能会给当事人带来意想不到的麻烦。因此,对于采取口头形式订立的合同,合同当事人必须谨慎对待。

(三) 其他形式

合同除书面形式、口头形式外,还可以有其他形式,如推定形式。推定形式,是指当事人不用语言、文字表达其意思表示,而是通过其行为推定合同成立的形式。根据《合同法》的规定,要约表明可以通过行为作出承诺的,受要约人作出该行为时,合同成立。

二、合同的条款

合同的条款,即合同的内容,是合同当事人权利和义务的具体表述,对于合同的成立和履行具有重要作用。不同种类合同在性质上的差别,决定了每一种合同所应具备的主要条款不尽相同。但就合同的属性而言,不论何种类型的合同,根据《合同法》的规定和当事人的约定,一般应包括以下主要条款:(1)当事人的名称或者姓名和住所;(2)标的;(3)数量;(4)质量;(5)价款或者报酬;(6)履行期限、地点和方式;(7)违约责任;(8)解决争议的方法。

应当指出,这只是对一般合同所包括条款的指导性规定,不具有强制性。由于合同种类的不同,某一种合同所包括的具体条款,应当根据相关法律规定以及当事人的要求而加以确定。当然,为了保证合同内容的全面和严密,当事人也可以参照各类合同的示范文本订立合同。

三、格式条款

(一) 格式条款的概念

格式条款是指当事人为了重复使用而预先拟定,并在订立合同时未与对方协商的条款,如保险合同、电信服务合同等。

(二) 格式条款的限制规定

由于格式条款在订立时未与对方协商,因此容易造成权利、义务的不公平,因此,《合同法》对格式条款的使用从以下三个方面予以限制。

1. 提供格式条款的一方的义务

提供格式条款的一方有提示说明义务,应采取合理的方式提请对方注意免除或限制其责任的条款,按照对方的要求对该条款予以说明。

2. 某些格式条款无效

某些格式条款是无效的,这些无效的条款主要包括:(1)提供格式条款的一方免除其责任,加重对方责任,排除对方主要权利的条款无效。(2)格式条款具有《合同法》第52条规定的无效情形,即一方以欺诈、胁迫手段订立合同,损害国家利益;恶意串通,损害国家、集体或第三人的利益;以合法形式掩盖非法目的;损害社会公共利益;违反法律、行政法规的强制规定等;(3)格式条款具有《合同法》第53条规定的情形时无效,即有造成对方人身伤害的免责条款;有因故意或重大过失造成对方财产损失的免责条款。

3. 对格式条款的解释

对格式条款有两种以上解释的,应当作出不利于提供格式条款一方的解释;格式条款和非格式条款不一致的,应当采用非格式条款。

【思考】赵先生外出,将小汽车停放在甲停车场,并交了停车费。停车场管理员提醒赵先生关注,停车收费单上印有"丢车不管"的字样。赵锁好车后便离开了。5个小时后,当他返回停车场取车时,发现车不见了。赵便要求甲停车场赔偿,可甲停车场管理人员以当初已声明"丢车不管"为由拒绝承担赔偿责任。试分析甲停车场的说法是否合法?为什么?

【解析】不合法。停车收费单属于格式合同,格式条款中有因故意或重大过失造成对方财产损失的免责任条款无效。停车场未尽到看管责任,致使赵先生的小车丢失,属于重大过失,应当赔偿赵先生的损失。

三、合同订立的程序

(一) 要约

1. 要约的概念和有效条件

要约是希望和他人订立合同的意思表示。合同是双方当事人意思表示一致的法律行为,其成立有一个经过各方协商最终达成一致的过程。这个过程通常是先由一方向另一方提出订立合同的建议,即发出要约而引起的。其中,发出要约的一方称为要约人,另一方称为受要约人。

一项要约如果要发生法律效力,应当符合下列规定:(1)内容具体确定;(2)表明经要约人承诺,要约人即受该意思表示约束。

在订立合同的实践中,要注意要约与要约邀请的区别。要约邀请是希望他人向自己发出要约的意思表示。一般来说,寄送的价目表、拍卖公告、招标公告、招股说明书、商业广告等均为要约邀请。但是,如果商业广告的内容符合要约规定的,视为要约。在日常生活中,如果当事人一方在发出的订约提议中附有"以我方最后确认为准",或者"仅供参考"等字样的,则该提议就不是要约,而只能是要约邀请。

【思考】甲企业在电视上做广告,声称:本厂生产的A产品采用国外先进技术,性能稳定且收效显著,咨询订购热线××××××××,免费送货。试分析甲企业的广告是要约还是要约邀请。

【解析】甲企业在电视上的广告属于要约邀请,目的是希望他人向自己发出订合同的要约,但其要约邀请内容不具体(欠缺合同主要条款)。

2. 要约的撤回和撤销

要约到达受要约人时生效。但是,要约可以被撤回或者撤销。要约的撤回,是指在要约发出之后,到达受要约人之前,要约人宣告取消要约。根据《合同法》的规定,撤回要约的通知应当在要约到达受要约人之前或者与要约同时到达受要约人。由于要约在到达受要约人时才发生法律效力,而要约的撤回是在要约生效之前作出的,因此,在撤回要约时要约还没有生效,也就不会影响到受要约人的利益。

要约的撤销,是指要约人在要约生效以后宣告取消该要约。根据《合同法》的规定,撤销要约的通知应当在受要约人发出承诺通知之前到达受要约人。由于撤销要约时要约已经生效,因此,撤销要约是有严格限制的。如果要约人确定了承诺期限,或者以其他形式明示要约不可撤销,或者受要约人有理由认为要约是不可撤销的,并已经为履行合同做了准备工作时,则该要约不得撤销。

【思考】甲公司4月5日以信件方式向乙公司发出要约,乙公司于4月9日收到,试分析:(1)甲公司4月7日以传真方式向乙公司发出声明,声明其4月5日发给乙公司的信件内容作废。甲公司的这种行为属于要约撤回还是要约撤销?(2)若甲公司4月10日时对其在4月5日发给乙公司的要约反悔了,应该怎么办?

【解析】(1)属于要约撤回。因为甲公司在4月7日发出的传真当即就能到达乙公司,此时要约尚未生效,所以属于要约的撤回。(2)甲公司4月10日反悔,若对方尚未承诺,可以撤销要约,法律规定不得撤销的除外。若对方承诺了,合同即告成立,只能履行合同。

3. 要约的失效

要约的失效,即要约的消灭,是指要约丧失了对要约人和受要约人的法律约束力。根据《合同法》的规定,有下列情形之一的,要约失效:(1)拒绝要约的通知到达要约人;(2)要约人依法撤销要约;(3)承诺期限届满,受要约人未作出承诺;(4)受要约人对要约的内容作出了实质性的变更。所谓实质性变更,是指有关合同标的、数量、质量、价款或者报酬、履行期限、履行地点和方式、违约责任以及解决争议方法等合同主要条款的变更。

(二) 承诺

1. 承诺的概念及有效条件

承诺是指受要约人同意要约的意思表示。一般来讲,要约一经受要约人承诺,就表明双方当事人对合同的主要条款达成了协议,合同已经成立,对双方当事人具有法律约束力。一项有效的承诺必须具备如下条件:(1)承诺必须由受要约人作出。只有受要约人才具有承诺的资格,任何第三人即使知道要约的内容,也无权作出承诺。(2)承诺的方式应符合法律的要求。承诺应当以通知的方式作出,但根据交易习惯或者要约表明可以通过行为作出承诺的除外。(3)承诺应当在要约确定的期限内到达要约人。要约没有确定承诺期限的,要约以对话方式作出的,应当即时作出承诺,但当事人另有约定的除外;要约以非对话方式作出的,承诺应当在合理期限内到达。受要约人超过承诺期限发出承诺的,除要约人及时通知受要约人该承诺有效的以外,为新要约。(4)承诺的内容应当与要约的内容一致。受要约人对要约的内容作出实质性变更的,为新要约。承诺对要约的内容作出非实质性变更的,除要约人及时表示反对或者要约表明承诺不得对要约的内容作出任何变更的以外,该承诺有效,合同的内容以承诺的内容为准。

2. 承诺的生效

根据《合同法》的规定,承诺通知到达要约人时生效。承诺不需要通知的,根据交易习惯或者要约的要求作出承诺的行为时生效。如果受要约人在承诺期限内发出承诺,按照通常情形能够及时到达要约人,但因其他原因承诺到达要约人时超过承诺期限的,除要约人及时通知受要约人因承诺超过期限不接受该承诺的以外,该承诺有效。

【思考】甲公司3月1日通过邮局向乙公司发出要约,其发出的信件中载明的日期为2月28日,信件中要求乙公司在20天内答复,乙公司于3月4日收到该要约,试分析乙公司20天的承诺期从哪天算起?若信件上未载明日期,应从哪天算起?

【解析】从2月28日起算,若未载明日期,则从3月1日算起。

3. 承诺的撤回

承诺的撤回,是指在承诺发出之后,到达要约人之前,受要约人宣告取消承诺。承诺可以撤回,但撤回承诺的通知应当在承诺通知到达要约人之前或者与承诺通知同时到达要约人,才具有撤回效力。承诺一旦生效,则不能再撤回。

在实践中,一份合同通常要经过反复协商才能订立。双方当事人就合同内容进行协商的过程,就是要约、新要约、再新要约……直至承诺的过程。一般来说,承诺一经生效,合同即宣告成立。

【思考】甲公司于5月1日向乙商场发出要约,出售单价为300元的电风扇500台。5月10日乙回复给甲表示其只要200台,5月15日甲回函同意。试分析乙的回复是否是承诺?为什么?

【解析】不是承诺,因乙对数量条款进行了变更,属于实质性变更,属于新要约。甲公司5月15日的回函是承诺。

四、合同的成立

(一)合同成立的时间

承诺生效时合同成立,承诺生效时间就是合同成立的时间。以口头形式订立的合同,自受要约人即时作出承诺时合同成立。以推定形式订立的合同,自受要约人根据要约的要求作出承诺的行为时成立。当事人采用合同书形式订立合同的,自双方当事人签字或者盖章时合同成立。当事人采用信件、数据电文等形式订立合同的,可以在合同成立之前要求签订确认书,签订确认书时合同成立。

有些情况下,虽然法律、行政法规规定或者当事人约定采用书面形式订立合同,当事人未采用书面形式,但一方已经履行主要义务,对方接受的,该合同成立。采用合同书形式订立合同,在签字或者盖章之前,当事人一方已经履行主要义务,对方接受的,该合同也成立。可见,这两种情况都是以"对方接受"的时间作为合同成立的时间。

【思考】A 公司与 B 公司达成一份买卖协议,协议约定由 A 分两批给 B 供货,约定采用合同书形式,但双方均未在合同书上签字、盖章。8 月 10 日 A 按约定将第一批货 40 台计算机送到 B 公司,B 也按约定的时间支付了货款。由于 B 公司计算机销售不畅,于是 B 公司拒绝接受 A 公司按约送来的第二批货 10 台计算机,理由是双方均未在合同书上签字、盖章,双方合同关系不成立。试分析 B 公司拒绝的理由有无法律依据,为什么?

【解析】没有法律依据。这属于事实合同,即双方虽未签字、盖章,但一方已履行主要义务,对方也接受的,故合同成立。

(二) 合同成立的地点

合同成立的地点对于当事人对合同发生争议后确定诉讼管辖具有重要意义。一般来说,承诺生效的地点就是合同成立的地点。根据《合同法》的规定,当事人采用数据电文形式订立合同的,收件人的主营业地为合同成立的地点。没有主营业地的,其经常居住地为合同成立的地点。当事人另有约定的,按照其约定。当事人采用合同书形式订立合同的,双方当事人签字或者盖章的地点为合同成立的地点。

五、格式条款

格式条款,是指当事人为了反复使用而预先拟定,并在订立合同时未与对方协商的条款。它有两种形式:一是合同的部分条款为格式条款,二是合同的所有条款都为格式条款,后者又称为格式合同、标准合同或定式合同。格式条款的适用范围非常广泛,城市水、电、气的供应,铁路、公路、航空的运输,通信、旅游、房地产交易以及银行、证券、保险等行业都普遍使用格式条款。实践证明,格式条款确实具有节省时间、提高效率、降低成本的优点。但同时,它也存在着很大的弊端,即当事人一方总是利用自身的优势地位,设法拟定对自己有利的条款,而对方当事人一般对此往往不予注意,或者对其真正含义并未完全理解,从而出现合同的权利与义务不公平的情况。

为了解决这一问题,根据《合同法》规定,采取格式条款订立合同的,提供格式条款的一方应当遵循公平原则,以确定当事人之间的权利和义务,并采取合理的方式提请对方注意免除或者限制其责任的条款,按照对方的要求,对该条款予以说明。格式条款具有法定无效情形的,或者提供格式条款一方免除其责任、加重对方责任、排除对方主要权利的,该条款无效。对格式条款的理解发生争议的,应当按照通常理解予以解释;对格式条款有两种以上解释的,应当作出不利于提供格式条款一方的解释。格式条款和非格式条款不一致的,应当采用非格式条款。

六、缔约过失责任

(一)缔约过失责任的概念和特征

缔约过失责任,也称为缔约过错责任,是指在合同订立过程中,当事人一方违反诚实信用原则的要求,因自己的过错给对方当事人造成利益的损失时,所应承担的损害赔偿责任。

缔约过失责任具有如下特征:(1)缔约过失责任为合同订立过程中所产生的责任。与违约责任不同,缔约过失责任以合同不成立、不生效为前提,而违约责任必须以合同成立生效并违反合同为前提。(2)承担缔约过失责任的基础是诚实信用原则。在合同订立过程中,当事人之间应当相互向对方承担诚实信用义务,如果当事人一方违反该义务而给对方造成损失时,就应承担相应的责任。(3)缔约过失责任为法定责任。它不以双方当事人事先有约定为必要,只要法律规定的情形出现,当事人就应当承担责任。(4)缔约过失责任为损害赔偿责任。缔约过失责任的责任形式只有损害赔偿一种,与违约责任明显不同。

(二)缔约过失责任的适用范围

缔约过失责任适用下列情形:(1)假借订立合同,恶意进行磋商;(2)故意隐瞒与订立合同有关的重要事实或者提供虚假情况;(3)有其他违背诚实信用原则的行为。此外,根据《合同法》的规定,当事人在订立合同过程中知悉的商业秘密,无论合同是否成立,不得泄露或者不正当地使用。泄露或者不正当地使用该商业秘密给对方造成损失的,应当承担损害赔偿责任。

(三)缔约过失责任的赔偿范围

在缔约过失责任中,应当以信赖利益作为赔偿的基本范围。一般来说,信赖利益的损失不是现有财产的毁损灭失,也不是履行利益的丧失,而是因为相信合同的有效成立而导致的利益损失。它包括直接损失和间接损失两种。所谓的直接损失,是指因为信赖合同的成立和生效所支出的各种费用,具体包括:(1)缔约费用,如邮电费用、到缔约地考察以及检查标的物等所支付的合理费用;(2)准备履行所支付的费用,如运送、保管标的物所支付的合理费用;(3)为支出上述各项费用所失去的利息。所谓间接损失,是指丧失与第三人另订合同的机会所产生的损失。

第三节 合同的效力

【背景知识】

合同的效力是指合同的法律效力,即合同所具有的法律约束力。合同本身不是法律,只是当事人之间的合意。合同之所以能具有法律约束力,并非来源于当事人的意志,而是来源于法律的赋予。效力待定合同、可撤销和可变更合同、无效合同是因缺少相应要件导致合同不能生效。

【课堂讨论】

案例1：2000年5月10日早晨，原告张浩（11岁）随父母到姑父石明家玩。张浩发现石家桌上放有一块手表（该表为劳力士表），即在离开石家时拿上带走。张浩因玩游戏机需要用钱，于当天将该手表卖给经营冷饮的被告林慧（当时张浩称此表是他捡的）。次日，石明发现手表被张浩拿走，便告知张浩之父张立伟。张立伟询问张浩，得知张浩将该手表以20元的价格卖给了林慧，于是他找到林慧要求退表还款。林慧当时承认买了张浩的手表，并表示同意当天下午从家里取来。但到下午她又称此表被其丈夫以25元的价格卖给了一个不相识的人，无法退还。石明即诉至法院，要求林慧偿还该手表的价款800元。

【点评】

按照《合同法》第47条的规定，限制民事行为能力人订立的合同因主体不合格一般确定为效力待定的合同，须经法定代理人追认后，合同方才有效。本案原告张浩系限制民事行为能力人，其与林慧订立的买卖手表的合同，被法定代理人其父张立伟拒绝，故此合同为无效合同，双方应相互返还财产。由于原物已无法返还，故林慧应当按手表的实际价值赔偿石明的损失。

案例2：甲公司与俄罗斯某公司签订了一份贸易合同书。双方约定：甲公司从俄罗斯购进2000吨废旧综合捕捞船一艘，船到大连港交货，价格为400万元人民币，船的质量以能开到大连港为准。根据俄罗斯提供的材料表明该船还有2年使用期，甲公司在合同签订后一周内交抵押金50万元等。俄方按约定将船开到大连港，甲公司验收后，双方签署了交接手续。但甲公司接船后，大连海关经实地考察，认为该船已无再航能力，令甲公司拆船。甲公司认为俄方用废船顶替旧船，隐瞒真相，欺骗与之签了交接手续。遂起诉要求法院认定其与俄方所签订的合同无效。

【点评】

本案的焦点是被告是否具有欺诈行为和此合同是否有效。从案件事实看，双方在合同标的物的质量状况方面作了约定，并已在验收后办理交接手续，被告方按约履行，并无欺诈故意。问题在于本案双方当事人对于标的物质量认识的不一致，对于"废船"与"旧船"的认识上存在重大误解，故此合同应为可变更、可撤销合同。

一、合同的效力概述

合同的效力是指合同的法律效力，即合同所具有的法律约束力。合同本身不是法律，只是当事人之间的合意。合同之所以能具有法律约束力，并非来源于当事人的意志，而是来源于法律的赋予。依法成立的合同由于符合国家的意志和社会公共利益，所以国家赋予合同以法律约束力，要求当事人严格履行。如果当事人不履行合同，则依靠国家强制力强制当事人承担违约责任。因此，依法成立是合同具有法律约束力的前提，也只有依法成立的合同才能受到法律的保护。

二、合同的生效

(一) 合同生效的概念

合同生效,是指依法成立的合同得到国家法律的确认,发生法律约束力。根据《合同法》的规定,依法成立的合同,自成立时生效。法律、行政法规规定应当办理批准、登记等手续生效的,依照其规定。

合同生效与合同成立不同,两者既有联系又有区别。一方面,合同成立是合同生效的前提和基础,合同生效则是合同成立的最理想的结果。合同成立解决了合同从无到有的问题,但合同成立并非都能生效。已经成立的合同要对当事人产生法律约束力,则该合同必须生效。另一方面,合同生效与合同成立又有明显的区别:(1)合同成立的条件是当事人对合同的主要条款协商一致,而合同生效则要求已成立的合同符合法定的生效要件。(2)合同成立表明当事人订立合同过程已经完成,当事人的权利义务关系得以确定;而合同生效则表明当事人将全面履行合同义务,以实现订立合同的目的;(3)合同成立主要体现了当事人的意志,依靠当事人的行为就可以完成,而合同生效则体现了国家的意志,反映了国家对当事人意志的评价和对合同关系的干预。

(二) 合同的生效要件

合同的生效要件,是指已经成立的合同要发生法律效力所应具备的法定条件。已成立的合同只有符合法律规定的条件,才能发生法律效力。合同的生效要件表现在主体合格、意思表示真实、内容合法、形式和程序合法。

1. 主体合格

主体合格,主要是指合同的当事人要具有合法的资格。根据《合同法》的规定,当事人订立合同,应当具有相应的民事权利能力和民事行为能力。合同是当事人意思表示一致的结果,只有当事人对自己行为的性质和后果具有相应的识别和判断能力,才能正确地表达自己的意思,订立的合同才可能具有法律约束力。

2. 意思表示真实

意思表示真实,是指当事人在自愿的基础上,作出符合其内在意志的外在表示行为。合同是当事人之间意思表示一致的产物,但仅有当事人的意思表示一致还不够,还要求当事人的意思表示必须真实。因为只有意思表示真实,达成的协议才符合法律规定的要求,才能产生法律约束力。

3. 内容合法

内容合法,是指合同的各项条款都必须符合法律、行政法规的强制性规定。所谓强制性规定,就是指当事人必须遵守而不得协商加以改变的规定。从本质上讲,合同是一种合法的民事行为,如果合同的内容违反了相关的强制性规定,则该合同不具有法律效力。而且,内容合法还应当包括合同的内容不得违背社会公德,不得扰乱社会经济秩序,不得损害社会公共利益。

4. 形式和程序合法

形式和程序合法,是指订立合同必须采取符合法律规定的形式,履行法律规定的程序。对于合同的形式,当事人一般可以自主选择,但如果法律对合同的形式有特别规定的,必须遵从法律规定。而对于合同的程序,一般来说,依法成立的合同,自成立时生效。但是,法律、行政法规规定应当办理批准、登记等手续生效的,依照其规定。

三、附条件合同和附期限合同

(一) 附条件合同

1. 附条件合同的概念

附条件合同,是指在合同中设定一定的条件,把该条件的成就或者不成就作为合同效力发生或终止的根据的合同。在通常情况下,合同一经依法成立就开始发生法律效力。但如果当事人并不希望所订合同立即发生法律效力,或者希望其效力在一定情况下终止,则可以采取在合同中附条件的办法,来延缓合同效力的发生或者终止合同的效力,以满足自己特定的需要。

2. 合同中所附条件的种类

以所附条件对合同的效力所起的作用不同为标准,可将其分为生效条件和解除条件。

生效条件,也称延缓条件,是指决定合同的效力是否发生的条件。在附生效条件的情况下,合同已经成立,但当事人不想让其立即生效,待所附条件成就后合同才生效。

解除条件,也称消灭条件,是指决定合同的效力是否终止的条件。在附解除条件的情况下,合同已经成立并且发生了法律效力,待所附条件成就后,合同的效力即告终止。

3. 合同附条件的后果

附条件的合同一经成立,就在当事人之间产生了合同关系,当事人均应受到一定的约束。在条件未成就前,当事人应任凭作为条件的事实的自然发展,任何一方都不得为了自身的利益,恶意地促成或阻止其成就。当事人为自己的利益不正当地阻止条件成就的,视为条件已成就;不正当地促成条件成就的,视为条件不成就。

(二) 附期限合同

1. 附期限合同的概念

附期限合同,是指当事人约定以一定期限的到来作为合同生效或终止根据的合同。在社会经济活动中,当事人出于某种考虑,有些情况下需要限制合同生效或终止的时间,这时便可以在合同中附一定的期限。所附的期限可以是确定的,也可以是不确定的。前者如订明具体的年、月、日或者几个月以后等,后者如某人死亡、洪水退后等。

2. 合同中所附期限的种类

合同中所附的期限按照对合同效力所起的作用不同,可以分为生效期限和解除期限。

生效期限,是指使已成立的合同发生法律效力的期限。在所附期限到来之前,该合同的效力处于停止状态;期限到来时,合同效力才发生。由于生效期限能延缓合同效力,所以又称为延缓期限。

解除期限,是指使已生效的合同终止法律效力的期限。在所附期限到来之前,该合同的效力处于持续状态,期限一到,合同效力消灭。由于解除期限能够终止合同效力,所以又称为终止期限。

四、效力待定合同

(一) 效力待定合同的概念

效力待定合同,是指合同虽然已经成立,但因欠缺合同生效的要件,其效力能否发生尚不确定,而须经有权人追认才能生效的合同。效力待定的合同订立后不能立即生效,主要是因为有关当事人不具备完全的行为能力、处分能力或者相应的资格。为了在维护社会正常经济秩序和保护当事人合法权益的同时促成更多的市场交易,法律允许效力待定的合同通过有权人的追认而生效。

(二) 效力待定合同的种类

1. 限制民事行为能力人订立的合同

在一般情况下,限制民事行为能力人不能独立订立合同,而应由其法定代理人代为订立。即使其独立订立了合同,也须经法定代理人追认后,方能生效。但是,限制民事行为能力人订立的接受奖励、赠予、报酬等纯获利益的合同或者与其年龄、智力、精神、健康状况相适应而订立的合同,不必经法定代理人追认。

限制民事行为能力人订立的需要追认的合同,合同相对人可以催告法定代理人在1个月内予以追认。法定代理人未作表示的,视为拒绝追认。合同被追认前,在订立合同时不知道对方是限制民事行为能力人的善意相对人,有权将该合同撤销。撤销应当以通知方式作出。

2. 无代理权人订立的合同

代理人在授权范围内订立的合同,其法律后果由被代理人承担。行为人没有代理权、超越代理权或者代理权终止后以被代理人名义订立的合同,只有经被代理人追认,才对其发生效力。未经被代理人追认的,该合同对被代理人不发生效力,由行为人承担责任。相对人可以催告被代理人在1个月内予以追认。被代理人未作表示的,视为拒绝追认。合同被追认之前,善意相对人有撤销的权利。撤销应当以通知的方式作出。

但是,并非所有无代理权人订立的合同都必须经过追认才能生效。根据《合同法》规定,行为人没有代理权、超越代理权或者代理权终止后以被代理人名义订立合同,相对人有理由相信行为人有代理权的,该代理行为有效,这被称为表见代理。同时,法人或者其他组织的法定代表人、负责人超越权限订立的合同,除相对人知道或者应当知道其超越权限的以外,该代表行为有效。

【思考】李某原是甲厂的采购员,因违纪被甲厂开除。某日,李某遇到乙厂厂长,便以甲厂名义与乙厂签订了一份购销合同。乙厂立即电话询问甲厂能否如期交货,甲厂厂长见有利可图,便答应如期交货。结果后来甲厂未能如期交货,乙厂要求甲厂承担违约责任,而甲厂则以李某代理行为无效为由,拒绝承担违约责任。试分析甲厂是否应当承担违约责任?

【解析】应当承担违约责任。李某无代理权而签订的合同属于效力待定合同,但该合同经过甲厂厂长追认后,原来效力待定的合同变为有效合同,故甲厂应当履行合同。后来甲厂未能如期交货,应当承担违约责任。

3. 无处分权人订立的合同

财产的处分权只能由享有处分权的人行使,无处分权的人不得擅自处分他人的财产。无处分权的人处分他人财产而订立的合同,只有经权利人追认或者无处分权的人事后取得处分权的,方为有效。在权利人追认或者无处分权人取得处分权之前,该合同处于效力待定状态。

五、无效合同

(一) 无效合同的概念

无效合同,是指合同虽然已经成立,但因其在内容或形式上违反了法律、行政法规的强制性规定和社会公共利益,因而不能发生法律效力的合同。合同只有具备法定的有效要件才能生效,当事人订立合同的目的才能实现。而对于无效合同,国家不予保护,对当事人没有法律约束力。

(二) 无效合同的种类

根据《合同法》的规定,有下列情形之一的,合同无效:(1)一方以欺诈、胁迫的手段订立合同,损害国家利益;(2)恶意串通,损害国家、集体或者第三人利益;(3)以合法形式掩盖非法目的;(4)损害社会公共利益;(5)违反法律、行政法规的强制性规定。

除了规定上述合同无效的情形,根据《合同法》的规定,下列免责条款无效:(1)造成对方人身伤害的;(2)因故意或者重大过失造成对方财产损失的。

【思考】公民甲与房地产开发商乙签订一份商品房买卖合同。乙提出,为少交契税建议甲将部分购房款算作装修费用,甲未表示反对。试分析该装修费用条款的效力?

【解析】该装修费用条款无效。属于以合法形式掩盖非法目的,违反法律、行政法规的强制性规定的行为,因而该装修条款无效。

(三) 无效合同的确认和处理

无效合同由人民法院或者仲裁机构予以确认。如果合同被确认为无效,则该合同自始没有法律约束力。合同无效,不影响合同中独立存在的有关解决争议方法的条款的效力;合同部分无效,不影响其他部分效力的,其他部分仍然有效。

合同被确认为无效后,因该合同取得的财产,应当予以返还;不能返还或者没有必要返还的,应当折价补偿。有过错的一方应当赔偿对方因此所受到的损失;双方都有过错的,应当各自承担相应的责任。如果当事人恶意串通,损害国家、集体或者第三人利益的,因此取得的财产收归国家所有或者返还集体、第三人。

六、可变更、可撤销合同

(一) 可变更、可撤销合同的概念

可变更、可撤销合同是指当事人在订立合同时,因意思表示不真实,法律允许一方当事人有权请求人民法院或者仲裁机构予以变更或者撤销的合同。可变更、可撤销合同主要是因合同当事人的意思表示不真实而产生的,该合同在未被变更或撤销前仍然是有效的。

(二) 可变更、可撤销合同的种类

1. 因重大误解订立的合同

重大误解的合同,是指当事人因自己的过失对合同的主要内容发生错误认识而订立的合同。其特征是:(1)当事人对合同的主要内容产生了错误认识;(2)该错误认识是由当事人自己的过失造成的;(3)当事人因为错误认识而作出了意思表示。

2. 显失公平的合同

显失公平的合同,是指一方当事人在订立合同时因情况紧迫或缺乏经验,而订立的明显对自己有重大不利的合同。其特征是:(1)合同在订立时对双方当事人明显不公平;(2)这种不公平的结果为法律所不允许;(3)受害的一方当事人在订立合同时情况紧迫或缺乏经验。

3. 因欺诈、胁迫订立的合同

如前所述,一方以欺诈、胁迫的手段订立合同,损害国家利益的,应作为无效合同。但是,如果一方以欺诈、胁迫的手段订立合同,并没有损害国家利益,只是损害了集体或第三人的利益,使对方在违背真实意思的情况下订立的合同,根据《合同法》的规定,受损害方有权请求人民法院或者仲裁机构变更或者撤销合同。

【思考】某手表厂为纪念千禧年特制纪念手表 2000 只,每只售价 2 万元。其广告主要内容为:(1)纪念表为金表;(2)纪念表镶有进口钻石。后经证实,该纪念表为镀金表;进口钻石为进口人造钻石,每粒价格为 1 元。手表成本约 1000 元。为此,购买者与该手表厂发生纠纷,诉至人民法院,请求撤销合同。试分析:该纠纷应如何处理?

【解析】手表厂故意混淆了金表与镀金表,使相对人陷于认识错误,进而购买这种手表。手表厂的行为是欺诈行为,依照合同法的规定,购买者可以依法行使撤销权,请求人民法院撤销或变更该合同。

4. 乘人之危订立的合同

乘人之危,是指当事人一方利用对方处于危难处境或紧迫需要,迫使对方接受某种不公平的条件并作出违背真实意思的表示,严重损害对方利益的行为。例如,乘对方急需某种材料而大幅度抬高价格,乘对方急需用钱而放高利贷等。在乘人之危情况下订立的合同,受害方往往被迫接受对自己非常不利的条件,使自己的利益受到很大损害;而处于优势的一方当事人取得的利益超出了法律允许的限度,违背了诚实信用和公平原则。因此,受损害方有权请求变更或者撤销该合同。

（三）可变更、可撤销合同的确认和处理

可变更或者可撤销合同的事由发生时，当事人一方可以直接向对方提出变更或者撤销合同。如对方没有异议，则该合同就可以变更或者撤销。如果对方提出异议，双方发生纠纷，则必须经人民法院或者仲裁机构作出处理。人民法院或者仲裁机构可以依据当事人的不同请求，分别作出变更或者撤销合同的处理。对于当事人请求变更的，人民法院或者仲裁机构不得撤销。

当事人行使撤销权必须符合法律规定的期限。根据《合同法》的规定，具有撤销权的当事人自知道或者应当知道撤销事由之日起1年内没有行使撤销权的，撤销权消灭。此外，具有撤销权的当事人知道撤销事由后明确表示或者以自己的行为放弃撤销权的，撤销权也消灭。

被撤销的合同自始没有法律约束力。合同被撤销的，不影响合同中独立存在的有关解决争议方法的条款的效力。合同被撤销后，因该合同取得的财产，应当予以返还；不能返还或者没有必要返还的，应当折价补偿。有过错的一方应当赔偿对方因此所受到的损失；双方都有过错的，应当各自承担相应的责任。

【思考】张某的母亲因急病住院，急需3000元押金。张便向邻居赵某借钱，赵某乘机提出要买张家的奶牛，张无奈只好将价值8000元的奶牛以4000元的价格卖给了赵某。事后，张十分后悔。试分析：张某应该如何保护自身的合法权益？

【解析】请求人民法院撤销或变更该合同。乘人之危所签订的合同属于可撤销合同，受害人可在一年内向人民法院请示撤销或变更该合同。

第四节　合同的履行

【背景知识】

合同履行是指当事人双方按照合同约定的内容，全面、适当地完成各自所承担的义务的行为。合同生效以后，当事人应当重合同，守信用，履行自己的义务，实现当事人双方订立合同的目的。合同履行的基本原则主要有以下三个：全面履行原则、协作履行原则、效益履行原则。

【课堂讨论】

张某为了购买商品房向某商业银行申请住房按揭贷款，借款合同约定的还款期限为20年。合同执行满5年后，张某的家庭经济状况明显好转，又恰逢此时银行贷款利率上调，考虑到利息的负担要加重，张某决定要提前还款，于是向银行提出申请提前还贷。银行认为约定的还款期限是20年，现在才过5年，张某提前还贷将导致银行在合同剩余期限内的利息损失，因此不同意张某提前归还贷款。问：银行是否可以拒绝张某提前还贷的要求？

【点评】

　　本案所涉及的是一份借贷合同。张某作为借款方所负担的主要合同义务就是按合同约定的还款期限以及每一期的还款额度,逐期足额归还贷款方——某商业银行的贷款本金与利息。本案张某能否提前归还贷款,取决于该合同中设定的期限利益是归属于何方当事人,若归属于张某,其当然可以要求提前还贷;若归属于银行,则银行有权拒绝张某提前还贷。而从我国实施商品房银行按揭贷款的出发点和宗旨来看,为购买商品房者缓解资金上的巨大压力,满足社会成员对住房的迫切需要,推动住房商品化改革的顺利进行正是这一制度的核心价值。因此,在商品房按揭贷款合同中,对还款期限的规定,有十年、十五年、二十年等不同的档次,其选择权不在于银行,而在于借款人,这就是为了让借款人根据自己的收入状况,量入为出,合理地安排还款的期限。因此,完全可以认为,这类合同的期限利益是为了借款人而设定的。那么在借款人有能力提前归还借款本息的情况下,要求提前履行自己的义务并无不当,作为贷款人的银行方应当接受对方的提前履行。至于说,借款人提前还贷是否损害了贷款人的利益呢?从单纯的这一个合同关系看,贷款人在合同剩余期限内预期的利息收入的确受到了一定的影响。但是,借款人原先适用的20年的贷款利率远远高过于实际借贷年限5年的利率水平,这部分多支付的利息对于贷款人已经是一种弥补。况且,目前我国商品房按揭贷款依然处于供不应求的状况,借款人获得资金还是以行政审批作为前提条件的,作为贷款人的银行基本上不存在资金滞留的风险,提前还贷反而有助于银行的资金周转,提高资金的利用率。同时,客观地说,提前还贷还降低了贷款方的风险。所以,即使商品房按揭贷款合同中并无提前还贷的约定,借款人要求提前归还本息的,也应当准许。

一、合同履行的基本原则

　　合同履行是指当事人双方按照合同约定的内容,全面、适当地完成各自所承担的义务的行为。合同生效以后,当事人应当重合同,守信用,履行自己的义务,实现当事人双方订立合同的目的。合同履行的基本原则主要有全面履行原则、协作履行原则和效益履行原则。

（一）全面履行原则

　　全面履行原则,也称适当履行原则,是指当事人按照合同的约定全面履行自己的义务。合同依法生效后,当事人应当按照合同规定的全部条款,不折不扣地履行各自所承担的义务。

　　在合同的履行过程中,当事人就质量、价款或者报酬、履行地点等内容没有约定或者约定不明确的,可以协议补充;不能达成补充协议的,按照合同有关条款或者交易习惯确定。对于按上述办法仍不能确定的,应适用下列规定:(1)质量要求不明确的,按照国家标准、行业标准履行;没有国家标准、行业标准的,按照通常标准或者符合合同目的的特定标准履行。(2)价款或者报酬不明确的,按照订立合同时履行地的市场价格履行;依法应当执行政府定价或者政府指导价的,按照规定履行。(3)履行地点不明确,给付货币的,在接受货币一方所在地履行;交付不动产的,在不动产所在地履行。其他标的,在履行义务一方所在地履行。(4)履行期限不明确的,债务人可以随时履行,债权人也可以随时要求履行,但应当给对方必要的准备时间。(5)履行方式不明确的,按照有利于实现合同目的的方式履行。(6)履行费用的负担不明确的,由履行义务一方负担。

(二)协作履行原则

协作履行原则,是指当事人双方在履行合同的过程中应当互相帮助,密切配合,共同完成合同所规定的全部义务。合同是当事人意思表示一致的法律行为,当事人在合同中的权利和义务是对等的、互为条件的。因此,在合同履行过程中,当事人不仅应当自觉完成自己所承担的合同义务,而且应当积极、主动地配合对方当事人履行合同义务。当事人应当遵循诚实信用原则,根据合同的性质、目的和交易习惯履行通知、协助、保密等义务。

(三)效益履行原则

效益履行原则,是指当事人在履行合同时努力降低成本,提高经济效益。当事人订立合同都是为了取得一定的经济效益。贯彻合同的效益履行原则,有利于取得最佳的合同效益。在合同履行中,当事人可以通过多种方法贯彻效益履行原则。如选择适当的交货方式、交货日期、交货地点,采取合理的运输方式、包装方式,以及在当事人一方违约的情况下采取必要的补救措施等。实践表明,贯彻这一原则,不仅有益于合同当事人,而且也有益于国家和社会。

二、合同履行的特殊规则

(一)价格变动时的规则

执行政府定价或者政府指导价的,在合同约定的交付期限内政府价格调整时,按照交付时的价格计价。逾期交付标的物的,遇价格上涨时,按照原价格执行;价格下降时,按照新价格执行。逾期提取标的物或者逾期付款的,遇价格上涨时,按照新价格执行;价格下降时,按照原价格执行。

(二)第三人接受履行或第三人代为履行时的规则

合同义务通常由债务人向债权人履行,当事人也可以约定由债务人向第三人履行或者由第三人向债权人履行。根据《合同法》的规定,当事人约定由债务人向第三人履行债务的,债务人未向第三人履行债务或履行债务不符合约定,应当向债权人承担违约责任。当事人约定由第三人向债权人履行债务的,第三人不履行债务或者履行债务不符合约定,债务人应当向债权人承担违约责任。

【思考】甲、乙签订了一份合同,约定由丙向甲偿还债务,但丙履行债务的行为不符合合同的约定,下列关于甲请求承担违约责任的表述中,哪些是正确的?(　　)
A. 请求丙承担　　　　　　　B. 请求乙承担
C. 请求丙和乙共同承担　　　D. 请求丙或乙承担
【解析】答案为B。涉及第三人履行的合同,因第三人不是合同的当事人,出现违约时,责任仍由原合同的当事人承担。

(三) 提前履行或者部分履行时的规则

当事人应当按照合同约定的期限履行各自的义务,不得无故拖延或者提前。根据《合同法》的规定,债权人可以拒绝债务人提前履行债务,但提前履行不损害债权人利益的除外。债务人提前履行债务给债权人增加的费用,由债务人负担。债权人可以拒绝债务人部分履行债务,但部分履行不损害债权人利益的除外。债务人部分履行债务给债权人增加的费用,由债务人负担。

(四) 当事人某些事项变化时的规则

合同生效后,当事人的一些情况可能发生变化。但当事人不得因姓名、名称的变更或者法定代表人、负责人、承办人的变动而不履行合同义务。

三、双务合同履行中的抗辩权

(一) 同时履行抗辩权

同时履行抗辩权,是指在没有先后履行顺序的双务合同中,当事人一方在对方未履行债务或者履行债务不符合约定时,享有拒绝对方全部或者相应的履行要求的权利。在双务合同中,当事人的权利和义务是互为条件、相辅相成的。一方的权利就是对方的义务,一方的权利实现依赖于对方的义务履行。因此,当事人互负债务,没有先后履行顺序的,应当同时履行。一方在对方履行之前有权拒绝其履行要求;一方在对方履行债务不符合约定时,有权拒绝其相应的履行要求。

(二) 后履行抗辩权

后履行抗辩权,是指在双务合同中应当先履行债务的一方未履行债务或者履行债务不符合约定时,后履行的一方享有拒绝对方全部或者相应的履行要求的权利。因此,当事人互负债务,有先后履行顺序,先履行一方未履行的,后履行一方有权拒绝其履行要求。先履行一方履行债务不符合约定的,后履行一方有权拒绝其相应的履行要求。

【思考】甲与乙订立买卖茶叶的合同,合同约定甲于2006年10月7日发货给乙,乙收到货物后10日内付款。乙收到货物后,经检验,发现货物质量有问题,于是拒付货款。试分析:乙的做法是否违约?

【解析】乙的做法不属于违约。乙行使的是后履行抗辩权。

(三) 不安抗辩权

1. 不安抗辩权的概念

不安抗辩权,是指在双务合同中,应当先履行债务的一方当事人在对方财产、商业信誉等状况发生重大变化,有丧失或者可能丧失履行债务能力时,享有中止履行自己债务的权利。所谓中止履行自己债务,即当事人一方暂时停止履行自己所承担的合同义务。设立不安抗辩权的目的,在于预防因后履行一方履行债务能力发生变化而给先履行一方造成损害,维护当事人权利义务关系的平衡。

2. 不安抗辩权的行使

根据《合同法》的规定,应当先履行债务的当事人,有确切证据证明对方有下列情形之一的,可以中止履行:(1)经营状况严重恶化;(2)转移财产、抽逃资金,以逃避债务;(3)丧失商业信誉;(4)有丧失或者可能丧失履行债务能力的其他情形。

当事人依照上述规定行使不安抗辩权,中止履行合同的,应当及时通知对方。对方提供适当担保时,应当恢复履行。中止履行后,对方在合理期限内未恢复履行能力并且未提供适当担保的,中止履行的一方可以解除合同。

【思考】甲、乙签订了一份买卖合同,双方约定甲应在3月10前先向乙支付10万元的预付货款,乙于6月10日交货,验收合格后5天付余款。3月9日,甲从报纸上得知,乙因意外火灾,厂房设备均被烧毁。于是甲通知乙,在乙提供担保前中止履行支付预付货款。试分析:甲能否暂停支付预付货款?为什么?

【解析】在乙提供担保之前,甲可以拒付预付货款,甲具备行使不安抗辩权的条件。

四、合同的保全

合同保全,是指法律为了防止因债务人的财产不当减少而给债权人的债权造成损害,允许债权人对债务人的行为采取相应的保证债权安全实现的措施。合同保全的方法主要有两种,即债权人的代位权和债权人的撤销权。

(一) 债权人的代位权

1. 债权人的代位权的概念

债权人的代位权,是指当债务人怠于行使其到期债权,对债权人造成损害的,债权人可以向人民法院请求以自己的名义代位行使债务人的债权的权利。债权人的代位权针对的是债务人不行使其到期债权的消极行为,目的在于防止债务人财产的不当减少。

2. 债权人的代位权的成立条件

债权人的代位权的成立应当符合下列条件:(1)债权人对债务人的债权合法;(2)债务人怠于行使其到期债权,对债权人造成损害,即债务人不履行其对债权人的到期债务,又不以诉讼方式或者仲裁方式向其债务人主张其享有的具有金钱给付内容的到期债权,致使债权人的到期债权未能实现;(3)债务人的债权已到期;(4)债务人的债权不是专属于债务人自身的债权。所谓专属于债务人自身的债权,是指基于扶养关系、抚养关系、赡养关系、继承关系产生的给付请求权和劳动报酬、退休金、养老金、抚恤金、安置费、人寿保险、人身伤害赔偿请求权等权利。

3. 债权人的代位权的行使

债权人行使代位权应当通过诉讼程序进行。债权人可以自己的名义,以次债务人(即债务人的债务人)为被告,向被告住所地人民法院提起代位权诉讼;未将债务人列为第三人的,人民法院可以追加债务人为第三人。代位权的行使范围以债权人的债权为限,债权人行使代位权的必要费用,由债务人负担。债权人向次债务人提起的代位权诉讼经人民法院审理后认定代位权成立的,由次债务人向债权人履行清偿义务,债权人与债务人、债务人与次债务人之间相应的债权债务关系即予消灭。

（二）债权人的撤销权

1. 债权人的撤销权的概念

债权人的撤销权，是指当因债务人实施不正当处分其财产的行为，对债权人造成损害的，债权人可以请求人民法院撤销债务人的行为的权利。撤销权与代位权不同，它针对的是债务人不正当处分财产的积极行为，目的在于通过撤销权的行使恢复债务人的财产，以保持其履行债务的能力。根据《合同法》的规定，因债务人放弃其到期债权或者无偿转让财产，对债权人造成损害的，债权人可以请求人民法院撤销债务人的行为。债务人以明显不合理的低价转让财产，对债权人造成损害，并且受让人知道该情形的，债权人也可以请求人民法院撤销债务人的行为。

2. 债权人的撤销权的成立条件

债权人的撤销权的成立应具备下列条件：(1)债权人对债务人的债权合法；(2)债务人实施了不正当处分其财产的积极行为；(3)债务人以明显不合理的低价转让财产时，受让人知道该情形；(4)对债权人造成严重损害。

3. 债权人的撤销权的行使

债权人行使撤销权应当通过诉讼程序进行。债权人提起撤销权诉讼时，只以债务人为被告，由被告住所地人民法院管辖。未将受益人或者受让人列为第三人的，人民法院可以追加该受益人或者受让人为第三人。债务人的行为一经被人民法院撤销，该行为便自始无效。撤销权的行使范围以债权人的债权为限，债权人行使撤销权的必要费用，由债务人负担。撤销权自债权人知道或者应当知道撤销事由之日起 1 年内行使。自债务人的行为发生之日起 5 年内没有行使撤销权的，该撤销权消灭。

第五节 合同的担保

【背景知识】

合同的担保是指依照法律规定或者当事人约定，为确保合同债权实现而采取的法律措施。合同的担保既可以在主合同中订立担保条款，也可以单独订立书面的担保合同。根据《中华人民共和国担保法》（以下简称《担保法》）的规定，法定的担保形式有保证、抵押、质押、留置和定金五种。

【课堂讨论】

案例 1：1999 年 11 月 2 日，某县政府出面要求该县农业银行为该县国有企业压力锅厂的企业改制发放贷款，并且指令该县电力公司提供担保。次日，该县农业银行分别与压力锅厂、电力公司签订了借款合同及保证担保合同，合同约定：压力锅厂向农业银行借款人民币 150 万元，月利率 8‰，借款期限一年，电力公司为压力锅厂的上述借款设定连带保证担保，保证期限为借款期限届满之日起六个月。合同签订后，农业银行依约向压力锅厂发放了贷款。借期届满后，压力锅厂无力偿还该笔借款本息，农业银行遂提起诉讼，请求判令压力锅厂清偿借款本息及由电力公司承担连带保证责任。对此诉讼请求,压力锅厂未提异议,电力公司则以县政府指令担保,违背自己的意志,保证合同无效为由,提出抗辩。法院判决电力公司应承担连带保证责任,偿还该笔贷款的本息。

【点评】

本案中,保证合同相对人双方分别是农业银行(债权人)和电力公司(保证人),在缔结保证合同的过程中,债权人农业银行未对保证人施以任何胁迫的行为,仅是保证合同相对人以外的第三人(县政府)指令电力公司为借款人(压力锅厂)提供担保。根据《担保法》的规定,保证合同是产生于债权人与保证人之间的合同,第三人指令保证人为债务人担保,仅是担保人在担保的原因上有瑕疵,与债权人无关,这种瑕疵的存在并不必然影响保证合同的效力,除非保证合同的相对人(债权人)在其中有欺诈或胁迫行为。故法院判决保证人依法应承担连带保证责任。

案例2:2004年12月,甲聘请的司机乙驾驶甲所拥有的重型自卸货车至一汽配店。因该货车有故障,故乙打电话给某修配厂要求修理,某修配厂业主A即派其修理工B去检修。B在检修该货车的过程中,货车翻斗因故障自动下降压伤B的手和腰,A和B家属即扣押原告甲的自卸车,以向原告索要赔偿。后A和B家属诉至人民法院,要求行使留置权,赔偿自己的损失。法院驳回原告的诉讼请求,表示其损失应当另行起诉。

【点评】

本案中,甲的汽车压伤B,产生的是损害赔偿责任,属侵权之债,并非合同之债。而我国法律规定留置权适用的仅是合同之债,只有在保管合同、运输合同、加工承揽合同几类合同中可行使留置权。并且A派B去修理时,汽车尚在原告控制之下,被告并未合法占有原告的汽车,故本案不符合留置的要件,A和B不享有留置权,A和B的行为属于非法扣车。故法院驳回原告的诉讼请求,其损失应当另行起诉。

合同的担保是指依照法律规定或者当事人约定,为确保合同债权实现而采取的法律措施。合同的担保既可以在主合同中订立担保条款,也可以单独订立书面的担保合同。担保合同是主合同的从合同,主合同无效,担保合同无效。

一、保证

保证是指第三人为债务人的债务履行作担保,由保证人和债权人约定,当债务人不履行债务时,保证人按照约定履行债务或承担责任的行为。

(一)保证人

《担保法》规定,具有代为清偿债务能力的法人、其他组织或公民,可以做保证人。国家机关,学校、幼儿园、医院等以公益为目的的事业单位、社会团体,企业法人的分支机构、职能部门,不得做保证人。但是,在经国务院批准为使用外国政府或国际经济组织贷款进行转贷的情况下,国家机关可以做保证人;企业法人的分支机构有法人书面授权的,可以在授权范围内提供保证。

（二）保证内容、保证方式和保证责任

1. 保证内容

保证内容应当由保证人与债权人在以书面形式订立的保证合同中加以确定，保证人与债权人可以就单个主合同分别订立保证合同，也可以协议在最高债权额限度内就一定期间连续发生借款合同或者某项商品交易合同订立一个保证合同。

保证合同的内容应当包括：被保证的主债权种类、数额，债务人履行债务的期限，保证的方式，保证担保的范围，保证的期间，以及双方认为需要约定的其他事项。

2. 保证方式

保证的方式分为一般保证和连带保证两种。

一般保证是指当事人在合同中约定，债务人不能履行债务时，由保证人承担保证责任。一般保证也称"补差保证"。保证人享有先诉抗辩权，即债权人在主合同纠纷未经审判或仲裁，并就债务人财产依法强制执行仍不能履行债务时，对债权人可以拒绝承担保证责任。

连带责任保证的债务人在主合同规定的债务履行期届满没有履行债务的，债权人既可以要求债务人履行债务，也可以要求保证人在其保证范围内承担保证责任。

当事人对保证方式没有约定或约定不明确的，按照连带责任承担保证责任。

【思考】A企业与B企业签订了一份购销合同，由A向B供价值10万元的货，B收货后1个月内付款，并约定由甲公司为B作一般保证。A依约履行后，B企业在1个月内未支付货款。A企业便向甲公司主张债权，被甲公司拒绝。试分析：甲公司拒绝承担保证责任是否合法？

【解析】合法。甲公司承担的是一般保证，具有先诉抗辩权。A公司应先向B企业追偿货款。

3. 保证责任

保证人在约定的保证担保范围内承担保证责任。保证担保范围包括主债权及利息、违约金、损害赔偿金和实现债权的费用。当事人对保证担保的范围没有约定或约定不明确的，保证人应对全部债务承担责任。

同一债权既有保证又有物的担保的，保证人对物的担保以外的债权承担保证责任。债权人放弃物的担保的，保证人在债权人放弃权利的范围内免除保证责任。如甲向银行贷款100万元，以设备抵押20万元，丙作为保证人担保80万元。若在债务清偿中，银行放弃了设备抵押20万元，则丙企业的保证责任也将减轻20万元，只需承担60万元的保证责任。

在保证期间，债权人依法将主债权转让给第三人的，保证债权同时转让，保证人在原保证担保的范围内对受让人承担保证责任。债权人许可债务人转让部分债务未经保证人书面同意的中，保证人对未经其同意转让的部分债务，不再承担保证责任。但是，对未转让部分的债务仍应承担保证责任。债权人与债务人协议变动主合同内容未经保证人书面同意的，保证人不再承担保证责任。

（三）保证期间

保证人在与债权人约定的保证期间或法律规定的保证期间内承担保证责任。保证人

与债权人未约定保证期限的,保证期间为主债务履行期届满之日起6个月。在6个月内债权人不行使权利,保证责任解除。保证人就连续发生的债权作保证,未约定保证期间的,保证人可以随时书面通知债权人终止保证合同,但保证人对于通知到达债权人前所发生的债权承担保证责任。

二、抵押

抵押是指以债务人或第三人的特定财产在不转移占有的前提下,将该财产作为债权的担保。当债务人不履行债务时,债权人有权依照法律规定以该财产折价或拍卖、变卖该财产的价款优先受偿。该债务人或第三人为抵押人,债权人为抵押权人,提供担保的财产为抵押物。

(一) 抵押财产

抵押人只能以法律规定可以抵押的财产进行抵押。法律规定不可以抵押的财产,抵押人不得用于担保。

可以抵押的财产包括:(1)抵押人所有的房屋和其他地上定着物;(2)抵押人所有的机器、交通运输工具和其他财产;(3)抵押人依法有权处分的国有土地使用权、房屋和其他地上定着物;(4)抵押人依法有权处分的国有的机器、交通运输工具和其他财产;(5)抵押人依法承包并经发包方同意抵押的荒山、荒沟、荒丘、荒滩等荒地的土地使用权;(6)依法可以抵押的其他财产。

下列财产不得用于抵押:

(1) 土地所有权;

(2) 耕地、宅基地、自留地、自留山等集体所有的土地使用权,但法律另有规定的除外;

(3) 学校、幼儿园、医院等以公益为目的的事业单位、社会团体的教育设施、医疗卫生设施和其他社会公益设施;

(4) 所有权、使用权不明或有争议的财产;

(5) 依法被查封、扣押、监管的财产;

(6) 依法不得抵押的其他财产。如违法、违章的建筑物抵押的,抵押无效。

抵押人所担保的债权不得超出其抵押物的价值。财产抵押后,该财产的价值所担保债权的余额部分,可以再次抵押,但不得超出其余额部分。

(二) 抵押合同和抵押物登记

抵押人和抵押权人应当以书面形式订立抵押合同。当事人以法律规定的需要办理抵押物登记的财产作抵押的,应当向有关部门办理抵押物登记,抵押合同自登记日起生效。如以房产、土地使用权、林木、机动车船、企业设备等抵押,应向有关部门办理抵押物登记。以其他财产抵押的,可以自愿办理抵押物登记,抵押合同自签订之日起生效,如以个人的电器、牲畜、家具等抵押。当事人未办理抵押物登记的,不得对抗第三人。

（三）抵押的效力

抵押担保的范围包括主债权及利息、违约金、损害赔偿金和实现抵押权的费用。

抵押期间抵押人转让已经办理登记的抵押物的，应通知抵押权人并告知受让人该转让物已经抵押的情况，并通知债权人，否则转让无效。抵押人将已出租的财产抵押的，应当书面告知承租人，原租赁合同继续有效。

【思考】 债务人甲将其所有的一套红木家具抵押给债务权人乙。后来，甲无力清偿到期债务，乙要求实现抵押权。在此之前，甲已将红木家具转让给了丙，但其未告知丙该红木家具已经被抵押的情况，也没有通知乙该家具已被其转让给了丙。试分析：乙能否行使抵押权？为什么？

【解析】 如果该抵押合同未进行登记，则乙的抵押权不得对抗丙，乙的损失由甲承担。如果该抵押合同已经登记，由于甲对转让的是已经办理登记的抵押物这一情况没有告知丙，也未通知乙该家具已被其转让给了丙，故该转让无效，乙可以行使抵押权。

（四）抵押权的实现

债务履行期届满，债务人未履行债务，即抵押权人未受清偿的，抵押权人可以与抵押人协议以抵押物折价或拍卖、变卖该物所得的价款受偿；协议不成的，可以向人民法院提起诉讼。抵押物折价或者拍卖、变卖后，其价款超过债权数额的部分归抵押人所有，不足部分由债务人清偿。

同一财产向两个以上债权人抵押的，拍卖、变卖抵押物所得的价款按照以下规定清偿：(1)抵押合同已登记生效的，按照抵押物登记的先后顺序清偿；顺序相同的，按照债权比例清偿。(2)抵押合同自签订之日起生效的，抵押物办理登记的，已登记的先于未登记的受偿；都登记的，按照登记的先后顺序清偿；未登记的，按照合同生效时间的先后顺序清偿；顺序相同的，按照债权比例清偿。

抵押权因抵押物灭失而灭失，灭失所得的赔偿金，应作为抵押财产。

三、质押

质押是指债务人或第三人将为提供担保而移交的财产或权利。当债务人不履行债务时，债权人有权以该财产或权利价值优先受偿。质押包括动产质押和权利质押。

动产质押应签订书面质押合同，质押合同自质物移交于质权人占有时生效。

权利质押是指以汇票、支票、本票、债券、存款单、仓单、提单，依法可以转让的股份、股票，依法可以转让的商标专用权、专利权、著作权中的财产权，依法可以质押的其他权利等作为质权标的担保。一般自交付日生效，但以股票、商标专用权、专利权、著作权中的财产权出质的，应向有关部门办理出质登记，质押合同自登记之日起生效。

【思考】 下列哪些可以作为权利质押？（　　）

A. 王某的小汽车　　　　　　　　B. 张某持有国库券若干
C. 李某的存款单　　　　　　　　D. 赵某的记名支票

【解析】 答案为 BCD。

四、留置

留置是指依照《担保法》和其他法律的规定,债权人按照合同约定占有债务人的动产。债务人不按照合同约定的期限履行债务的,债权人有权依法留置该财产,以该财产折价或以拍卖、变卖该财产的价款优先受偿。

留置的设立根据是法律的直接规定,所以又称法定担保物权。留置一般适用于劳务服务性合同,如保管合同、运输合同、承揽合同以及法律规定可以留置的其他合同发生的债权。

留置权人负有妥善保管留置物的义务。因保管不善致使留置物的毁损的,留置权人应当承担民事责任。留置担保的范围包括:主债权及利息、违约金、损害赔偿金、留置物保管费用和实现留置权的费用。

债权人与债务人应在合同中约定,债权人留置财产后,债务人应在不少于两个月的期限内履行债务。未约定的,应确定两个月以上的期限,通知债务人在该期限内履行债务。

留置权因债权消灭或者债务人另行提供担保并被债权人接受而消灭。

【思考】下列哪种合同中,债权人无权行使留置权?(   )
A. 保管合同   B. 运输合同
C. 加工承揽   D. 购销合同

【解析】答案为 D。

五、定金

定金是指合同当事人约定一方向对方给付一定数额的货币作为债权的担保。债务人履行债务后,定金抵作价款或收回。给付定金的一方不履行合同,无权要求返还定金;收受定金的一方不履行合同,应当双倍返还定金。

定金应以书面形式约定。定金合同自实际交付定金之日起生效。定金的数额由当事人约定,但不得超过主合同标的额的 20%。因不可抗力、意外事件致使主合同不能履行的,不适用定金罚则。

【思考】甲与乙订立了 100 台电视机的买卖合同,总价款为 20 万元,双方在合同中约定买方甲须向乙交付定金 3 万元。后甲并未支付,乙的下列哪些请求会得到法院支持?(   )
A. 请求强制甲支付定金 3 万元   B. 请求强制甲支付定金 3 万元并支付逾期利息
C. 请求甲继续履行合同   D. 请求甲承担违约责任

【解析】答案为 CD。定金合同自实际交付定金之日起生效,甲未支付定金,因此,定金合同尚未生效,故不能强制执行;甲不支付定金,违反合同的约定,乙可以请求甲继续履行合同并承担违约责任。

第六节　合同的变更、转让和终止

【背景知识】

合同变更,是指在合同成立以后,尚未履行或者尚未完全履行以前,当事人对合同的内容进行修改和补充。经济活动错综复杂,有时会出现新的情况,当事人需要对原来合同进行变更。

【课堂讨论】

案例1:东湖村委会曾有一辆"蓝鸟"汽车,1995年夏发生交通事故致该车部分毁损。为便于处理事故、确定损失数额,交警部门和保险公司代村委会进行了维修招标,兴利水利汽修厂中标。在车辆修理期间,东湖村委会与市对外供应公司(简称外供公司)达成换车协议,双方约定东湖村委会将该车作价10万元转让给外供公司,外供公司将一辆"皇冠公爵王"汽车作价24万元转让给东湖村委会,差价款14万元由东湖村委会补偿给外供公司,事故车修理事宜由外供公司负责,东湖村委会应获的保险赔偿金由外供公司享有。后外供公司交付东湖村委会"皇冠公爵王"汽车一辆,收取东湖村委会车款13.8万元,并向兴利水利汽修厂支付修车费3.5万元,提走了该事故车,领取了修理费发票并办理了保险索赔事宜。后兴利水利汽修厂将东湖村委会诉至法院,要求东湖村委会支付尚欠修车费1.4万元及利息损失1000元。法院驳回了兴利水利汽修厂的诉讼请求。

【点评】

本案中东湖村委会是以协议的方式将其与兴利水利汽修厂之间的车辆修理合同概括地转让给外供公司的。一方面,从东湖村委会与外供公司达成的协议中"事故车的修理事宜由外供公司负责"的表述以及换车协议中关于交换汽车、让与事故车保险赔偿金请求权的内容中,完全可以合乎逻辑地认定东湖村委会与外供公司之间达成了概括转让车辆修理合同的合意。在车辆修理期间,外供公司向兴利水利汽修厂支付了部分修理费,领取了修理费发票,并提走了已修理完毕的汽车;兴利水利汽修厂曾多次向外供公司索要剩余修理费且曾提起诉讼。根据以上事实,能够得出结论:在东湖村委会将事故车辆转让给外供公司时,将车辆修理合同概括转让给了外供公司且得到了兴利水利汽修厂的同意。据此,东湖村委会与外供公司之间的合同转让协议对兴利水利汽修厂发生法律效力,外供公司取代东湖村委会成为车辆修理合同的当事人,东湖村委会不再是该合同的当事人。因此,兴利水利汽修厂要求东湖村委会支付尚欠的修理费已无法律依据,故法院驳回了兴利水利汽修厂的诉讼请求。

案例2:1996年1月9日,李某与中国建设银行某支行所属的房地产信贷部签订借款合同,由李某向该银行借款5万元,借期为一年。借款到期后,该行多次向李某催收,李某以该借款是其替朋友史某所借为由拒不偿还,史某也表示李某所借5万元由其偿还。该行信贷部工作人员在多次催收未果的情况下,为了中断该债权的诉讼时效,应李某的要求,在银行的办公室为史某起草了一份声明,声明内容为:"1996年1月9日李某在贵行贷款5万元,实属本人所贷,其贷款本息全部由我负责归还。"史某在声明上签了字,当时信贷部主任也在场。该行信贷部保留了该声明。之后,李某、史某均未履行还款义务。为此,该行以史某为被告,将其起诉至法院。法院判决史某偿还银行贷款本息。

【点评】

法人的对外职务活动是通过法定代表人及工作人员进行的,法定代表人可直接代表法人进行职务活动,其他工作人员在法人授权情况下可代表法人进行职务活动。本案的关键是看银行工作人员执笔债务转移的声明及保留该声明是否属于法人的授权范围内的职务活动。《中华人民共和国民法通则》第66条规定:"本人知道他人以本人名义实施民事行为而不作否认表示的,视为同意。"因此银行工作人员的行为应认定为职务行为,其执笔债务转移声明及保留该声明的行为可视为银行同意债务转移,为此可确认李某与史某间的债务转移经过了债权人银行方的同意,转移行为有效。故法院判决债务应由史某承担。

一、合同的变更

(一) 合同变更的概念和特征

合同变更,是指在合同成立以后,尚未履行或者尚未完全履行以前,当事人对合同的内容进行修改和补充。经济活动错综复杂,有时会出现新的情况,当事人需要对原来合同进行变更。因此,法律允许当事人在一定条件下对合同的内容进行修改和补充,以维护双方当事人的合法权益。

合同变更具有以下特征:(1)合同变更的对象是合同的内容,而合同的主体则保持不变,这是区分合同变更和合同转让的最主要标志;(2)合同变更只能在合同成立之后尚未履行或者尚未完全履行之前;(3)合同变更使合同的部分内容发生变化,合同其他未变更的内容继续有效。

(二) 合同变更的条件和后果

合同变更必须具备一定的条件:(1)原已存在有效的合同关系。(2)必须经过当事人协商一致。根据《合同法》的规定,当事人协商一致,可以变更合同。这就是说,变更合同必须经过双方的协商,任何一方未经协商不得单方变更合同内容,否则将构成违约。(3)必须遵循法定的程序和方式。法律、行政法规规定变更合同应当办理批准、登记等手续的,依照其规定。(4)必须使合同内容发生变化。当事人对合同变更的内容约定不明确的,推定为未变更。

合同变更只是使合同的部分内容发生变化,合同其他未变更的内容继续有效。合同变更后,当事人的合同权利和义务在原来合同内容的基础上发生了变化,变更部分取代被变更部分,使当事人之间在变更部分范围内形成了一个新的合同关系。因此,当事人应当按照变更后的合同内容进行履行,否则将承担违约责任。

二、合同的转让

(一) 合同转让的概念

合同的转让,是指当事人一方依法将其合同权利、义务全部或者部分地转让给第三人。合同转让时并不改变合同的内容,只是合同的当事人发生了变化,或者是由新的当事人取代了原来合同的当事人,或者是有新的当事人加入到原来合同关系中,产生了新的合同关系。根据合同权利、义务转让的不同情况,可将合同转让分为合同权利的转让、合同义务的转移、合同权利和义务的一并转让。

(二) 合同权利的转让

合同权利的转让,是指债权人将合同的权利全部或者部分转让给第三人的行为。一般来说,绝大部分合同中的权利是可以转让的。但是,为了维护国家和社会公共利益,保障当事人的合法权益,法律对合同权利的转让作了一定的限制。根据《合同法》的规定,有下列情形之一的不得转让:(1)根据合同性质不得转让;(2)按照当事人约定不得转让;(3)依照法律规定不得转让。

债权人转让权利不必征得债务人的同意,但应当通知债务人。债权人未通知债务人的,该转让对债务人不发生效力。债权人转让权利的通知不得撤销,但经受让人同意的除外。法律、行政法规规定转让权利应当办理批准、登记等手续的,依照其规定。

债权人转让权利的,受让人取得与债权有关的从权利,如抵押权、保证债权等,但该从权利专属于债权人自身的除外。债务人接到债权转让通知时,债务人对让与人所享有的抗辩权可以向受让人主张。债务人对让与人享有债权,并且债务人的债权先于转让的债权到期或者同时到期的,债务人可以向受让人主张抵销。

(三) 合同义务的转移

合同义务的转移,是指债务人将合同的义务全部或者部分转移给第三人的行为。由于合同义务的转移直接关系到债权人的债权能否实现,因此,合同义务的转移必须经债权人同意,未经债权人同意的合同义务转移协议无效。法律、行政法规规定转移义务应当办理批准、登记等手续的,依照其规定。债务人转移义务的,新债务人既可以主张原债务人对债权人的抗辩,也应当承担与主债务有关的从债务,如支付利息、赔偿损失等,但该从债务专属于原债务人自身的除外。

(四) 合同权利和义务的一并转让

合同权利和义务的一并转让,是指当事人一方将其合同权利和义务一起转让给第三人的行为。根据《合同法》的规定,当事人一方经对方同意,可以将自己在合同中的权利和义务一并转让给第三人。合同权利和义务的一并转让,适用合同权利转让和合同义务转让的有关规定。

当事人订立合同后发生合并、分立时,也会引起合同权利和义务的一并转让。根据《合同法》的规定,当事人订立合同后合并的,由合并后的法人或者其他组织行使合同权利,履行合同义务。当事人订立合同后分立的,除债权人和债务人另有约定的以外,由分立的法人或者其他组织对合同的权利和义务享有连带债权,承担连带债务。

三、合同的终止

(一)合同终止概述

合同终止,又称合同的消灭,是指合同当事人双方之间的权利义务在客观上已经不复存在,从而使合同关系结束。根据《合同法》的规定,有下列情形之一的,合同的权利义务终止:(1)债务已经按照约定履行;(2)合同解除;(3)债务相互抵销;(4)债务人依法将标的物提存;(5)债权人免除债务;(6)债权债务同归于一人;(7)法律规定或者当事人约定终止的其他情形。合同的权利和义务终止后,当事人应当遵循诚实信用原则,根据交易习惯履行通知、协助、保密等义务。合同的权利和义务终止,不影响合同中结算和清理条款的效力。

(二)合同的解除

合同解除,是指在合同依法成立后而尚未全部履行前,当事人基于协商、约定或者法律规定而使合同关系归于消灭的一种法律行为。合同解除可分为协议解除、约定解除和法定解除。

1. 协议解除的概念和条件

协议解除,是指在合同依法成立后而尚未全部履行前,当事人通过双方协商一致而将合同解除的行为。根据合同自由原则,当事人有权通过协商解除合同,他人无权干涉。因此,《合同法》规定,当事人协商一致,可以解除合同。因此,协议解除实际上就是双方当事人通过订立一个新的合同而解除原来的合同。

2. 约定解除的条件和程序

约定解除,是指在合同依法成立后而尚未全部履行前,当事人基于双方约定的条件行使解除权而解除合同。约定解除的特点在于:双方事先在合同中约定解除合同的条件,当解除合同的条件成熟时,当事人一方就享有单方解除合同的权利,不需要与对方协商,不必经对方同意。

当然,享有解除权的当事人一方主张解除合同的,应当通知对方。合同自通知到达对方时解除。对方有异议的,可以请求人民法院或者仲裁机构确认解除合同的效力。法律、行政法规规定解除合同应当办理批准、登记等手续的,依照其规定。法律规定或者当事人约定解除权行使期限,期限届满当事人不行使的,该权利消灭。法律没有规定或者当事人没有约定解除权行使期限,经对方催告后在合理期限内不行使的,该权利消灭。

3. 法定解除的条件和程序

法定解除,是指在合同依法成立后而尚未全部履行前,当出现法律规定的解除合同条件时,当事人一方依法解除合同的行为。

根据《合同法》的规定,有下列情形之一的,当事人可以解除合同:(1)因不可抗力致使不能实现合同目的;(2)在履行期限届满之前,当事人一方明确表示或者以自己的行为表明不履行主要债务;(3)当事人一方迟延履行主要债务,经催告后在合理期限内仍未履行;

(4)当事人一方迟延履行债务或者有其他违约行为致使不能实现合同目的;(5)法律规定的其他情形。

当上述法定解除的情形出现时,享有法定解除权的当事人一方有权解除合同,其解除权的行使程序与约定解除的解除权行使程序相同。

4. 合同解除的法律后果

合同一经解除,合同关系即告消灭。合同解除后,尚未履行的,终止履行;已经履行的,根据履行情况和合同性质,当事人可以要求恢复原状、采取其他补救措施,并有权要求赔偿损失。

(三) 抵销

抵销,是指当事人双方互负债务时,各以其债权来抵偿其债务,使双方的债务在对等额内相互消灭的行为。抵销可分为法定抵销与约定抵销。

1. 法定抵销

法定抵销,是指在具备法律所规定的条件时,依当事人一方的意思表示所为的抵销。法定抵销应具备如下条件:(1)双方互负债务,互享债权;(2)双方互负债务的标的物种类、品质相同;(3)双方互负的债务均已到期;(4)抵销必须符合法律规定和合同性质要求。当事人主张抵销的,应当通知对方,通知自到达对方时生效。抵销不得附条件或者附期限。

2. 约定抵销

约定抵销,又称合意抵销,是指当事人基于双方协商并达成协议而实行的抵销。根据《合同法》的规定,当事人互负债务,标的物种类、品质不相同的,经双方协商一致,也可以抵销。

(四) 提存

1. 提存的概念

提存,是指由于债权人的原因致使债务人无法向其交付标的物时,债务人将标的物交给提存机关保存,使合同关系归于消灭的行为。在提存法律关系中,为履行清偿义务而向提存机关申请提存的债务人为提存人,债权人为提存受领人。

2. 提存的原因

根据《合同法》的规定,有下列情形之一,难以履行债务的,债务人可以将标的物提存:(1)债权人无正当理由拒绝受领;(2)债权人下落不明;(3)债权人死亡未确定继承人或者丧失民事行为能力未确定监护人;(4)法律规定的其他情形。标的物不适于提存或者提存费用过高的,债务人依法可以拍卖或者变卖标的物,提存所得的价款。

3. 提存的法律后果

标的物一经提存,债务人的债务随之消灭。标的物提存后,毁损、灭失的风险由债权人承担。提存期间,标的物的孳息归债权人所有,提存费用由债权人负担。标的物提存后,除债权人下落不明之外,债务人应当及时通知债权人或者债权人的继承人、监护人。

债权人可以随时领取提存物。但债权人对债务人负有到期债务的,在债权人未履行债务或者提供担保之前,提存机关根据债务人的要求应当拒绝其领取提存物。债权人领取提存物的权利,自提存之日起5年内不行使而消灭,提存物扣除提存费用后归国家所有。

【思考】甲企业与乙商场签订了一份西装购销合同,甲企业按期供货时,发现乙商场装修,相关人员不知去向,于是便将西装交到了公证处提存,公证处依法进行了提存。半个月后,当地发生洪灾,西装被浸泡变形。1个月后,乙恢复营业,但拒绝领取这批西装。甲企业多次向乙催要货款,遭拒绝。试分析乙商场的做法是否合法?

【解析】不合法。标的物提存后,其毁损、灭失的风险由债权人承担。乙商场应支付货款及相关提存费用。

(五) 合同终止的其他情形

除合同解除、抵销和提存之外,清偿、免除和混同也可以使合同的权利和义务终止。

1. 清偿

清偿,又称为债务履行,是指债务人已经按照合同的约定向债权人履行债务的行为。债务人全面地履行了合同义务,债权人的合同目的得以实现,合同关系即归于终止,这也是合同终止中最正常的、最基本的情形。

2. 免除

免除,是指债权人放弃全部或部分债权,从而使合同权利和义务全部或部分消灭的单方行为。根据《合同法》的规定,债权人免除债务人部分或者全部债务的,合同的权利和义务部分或者全部终止。

3. 混同

混同,是指债权和债务同归一人,致使合同关系归于消灭的事实。根据《合同法》的规定,债权和债务同归于一人的,合同的权利和义务终止,但涉及第三人利益的除外。

第七节 违约责任

【背景知识】

违约责任,是指合同当事人不履行合同义务或者履行合同义务不符合约定所应承担的责任。违约责任是合同具有法律约束力的集中体现,对于约束当事人自觉履行合同,预防违约行为的发生,切实保障当事人的合法权益,维护正常的社会经济秩序,有着十分重要的作用。

【课堂讨论】

案例1:2003年3月30日,袁先生夫妇与婚庆公司签订婚庆服务协议。双方约定,婚庆当日,婚庆公司应安排的头车为一辆六米长的黑色中型卡迪拉克轿车;如因婚庆公司工作失误造成当日婚车或工作人员未能履约,婚庆公司按相应项目预付款的两倍进行赔付。协议签订当天,袁先生夫妇支付给婚庆公司1000元预付款。婚庆当天,袁先生又支付给婚庆公司4800元婚车费用,预订的婚车里其中有五辆红旗轿车,每辆红旗轿车的使用费为400元。然而,婚庆公司当天派出的卡迪拉克轿车在尚未完成迎娶新娘任务的情况下,带着婚礼需用的全套鲜花系列中途撤走。后袁先生夫妇在迫不得已的情况下,只得另买花卉饰物将原作尾车的一辆红旗车改扮为头车,婚礼这才得以继续进行。2004年10月,袁先生夫妇将婚庆公司起诉至法院,要求婚庆公司退还2600元婚庆头车费用,双倍赔付预付款2000元,支付600元鲜花费用、因延时加付的600元租车费、5000元精神损失抚慰金。法院判决婚庆公司退还袁先生夫妇2600元婚庆费用,赔偿896元违约款、2000元精神损失抚慰金。

【点评】

本案中袁先生夫妇与婚庆公司签订婚庆服务协议,并依约支付了相关费用,婚庆公司理应提供相应的服务。作为婚庆头车的卡迪拉克轿车未能如约完成迎娶新娘的任务,故婚庆公司理应承担违约责任,退还头车费用并按合同约定赔付相应项目预付款的两倍赔偿金。双方之间合同具有特殊性,且结婚仪式对于袁先生夫妇具有重大意义,婚庆公司的违约行为确实给二人造成了一定精神损害,婚庆公司应酌情赔偿袁先生夫妇相应的精神损失。故法院作出上述判决。

案例2:2000年9月3日5时许,浙江省江山市碗窑乡周某驾驶大货车从浙江省常山县驶往江苏省昆山市,途经320国道一施工路段时,与前方同向行驶的由桐乡市沈某驾驶的警用桑塔纳巡逻车发生追尾碰撞,致使警车翻车。周某在左驾方向过程中,又与江苏省海安县缪某驾驶的桑塔纳轿车正面相撞。此次事故造成三车严重受损,缪某车的承运人缪某(即驾驶员)及车内乘客纪某、吴某三人受伤。事故发生后,纪某被送往浙江省桐乡市第二人民医院治疗,被诊断为右髋臼骨折、髋关节半脱位、颌面挫裂伤。纪某住院治疗一段时间后,遵医嘱带骨牵引回当地医院进行进一步诊治。法医学鉴定后认为,纪某的伤残等级为9级。后经核实,此次事故对纪某造成包括治疗费用、误工费等损失共计75084.5元。2004年5月8日,纪某选择客运合同纠纷,以承运人缪某为被告,一纸诉状将其告上法庭。请求法院判决缪某赔偿医药费、误工费、二次手术费、住院伙食补助费、残疾赔偿金等计113964.02元。法院判决被告缪某(承运人)赔偿原告纪某(乘客)医药费、误工费、住院伙食补助费、残疾赔偿金等60084.5元。

【点评】

本案中从被告缪某同意原告纪某乘坐其所驾驶的车辆并承诺将纪某运输到约定的地点时起,原、被告之间的客运合同关系即告成立。该合同不违反法律、行政法规的规定,应认定合法有效,双方当事人均应严格按约履行。作为承运人的缪某负有在约定期间或合理期间内将旅客纪某安全运输到约定地点的法定义务。交通事故发生后,受害乘客可选择侵权之诉或违约之诉进行诉讼。本案原告纪某选择了违约之诉,法院就应按照有关的法律、法规进行审理。尽管本案的道路交通事故责任认定书已确认缪某对事故无责任,但由于我国法律对客运合同违约责任实行无过错责任原则,故缪某不能因此免除其违约责任,即只要承运人未将乘客安全运送至约定地点,不管其有无过错,都要承担违约责任。故法院作出上述判决。

一、违约责任概述

违约责任,是指合同当事人不履行合同义务或者履行合同义务不符合约定所应承担的责任。违约责任是合同具有法律约束力的集中体现,其对于约束当事人自觉履行合同,预防违约行为的发生,切实保障当事人的合法权益,维护正常的社会经济秩序,有着十分重要的作用。根据违约行为违反合同义务的性质和特点,违约行为的表现形式主要有预期违约、拒绝履行、迟延履行和不适当履行。

(一)预期违约

预期违约,是指在合同履行期限届满之前,当事人一方向对方明确表示或者以自己的行为表明不履行合同义务的行为。预期违约包括两种形态,即明示毁约和默示毁约。明示毁约,是指在合同履行期限届满之前,当事人一方以口头或书面形式明确肯定地向对方表示其将不履行合同义务。默示毁约,是指在合同履行期限届满之前,当事人一方以自己的行为表明其将不履行合同义务。根据《合同法》的规定,当事人一方明确表示或者以自己的行为表明不履行合同义务的,对方可以在履行期限届满之前要求其承担违约责任。

(二)拒绝履行

拒绝履行,是指在合同履行期限届满之后,当事人一方无正当理由完全拒绝履行合同规定的全部义务。拒绝履行会使对方当事人订立合同的目的根本无法实现,因此,它是性质和后果非常严重的一种公然的违约行为。在当事人一方拒绝履行的情况下,对方当事人有权要求其继续履行合同,也有权要求其承担违约金和损害赔偿责任。而且,当事人无正当理由拒绝履行合同,已表明违约当事人完全不愿意接受合同约束,实际上已经剥夺了对方当事人根据合同所应得到的利益。因此,对方当事人没有必要证明违约是否已构成严重的损害后果就有权解除合同。

(三)迟延履行

迟延履行是指当事人违反了合同规定的履行期限,造成其履行在时间上迟延的行为。迟延履行包括两种情况,即债务人迟延和债权人迟延。

1. 债务人迟延

债务人迟延,是指债务人没有按照合同规定的期限履行义务。在迟延履行的债务人仍然有继续履行的意愿和能力,并且在合理期限内继续履行了其合同义务时,债务人迟延就成为逾期履行。但是,如果债务人在迟延履行之后,向对方明确表示其将不再继续履行其合同义务,或者经对方催告后在合理期限内仍不履行合同义务,这时,债务人迟延就转化为拒绝履行。

如果履行期限对于当事人合同目的的实现并无实质意义,债务人迟延履行主要债务给对方当事人造成的损害不大的情况下,对方当事人应当允许债务人继续履行,同时可以要求其承担相应的违约责任。此时,除非迟延履行的债务人经催告后在合理期限内仍未履行的,对方当事人不享有解除合同的权利。但是,如果履行期限对于当事人合同目的的实现至关重要,债务人迟延将导致对方当事人合同目的不能实现的,则对方当事人有权拒绝受领并解除合同。

2. 债权人迟延

债权人迟延，是指债权人没有按照合同规定的期限及时接受债务人的履行。在合同履行期限届满之后，根据协作履行原则，当事人双方在履行中负有相互协作和合作的义务，所以应当配合履行。如果债权人无正当理由拒绝债务人的履行，则构成对合同义务的违反。因此，在债权人迟延受领的情况下，债权人应当按照合同的规定向债务人承担违约责任。

（四）不适当履行

不适当履行，又称为不完全履行，是指债务人虽然履行了义务，但没有按合同规定的数量、质量、履行地点、方式等要求履行。实践中，不适当履行表现为很多形式，下列几种较为常见：第一，量的短缺，即债权人交付的标的物在数量上少于合同的规定。第二，瑕疵履行，即债务人交付的标的物质量不符合约定，从而造成债权人履行利益的损失。所谓履行利益，是指债权人可以根据债务人的履行而获得的利益。如果债务人未依合同规定履行，债权人依合同本来可得到的利益未得到，此种损失就是履行利益的损失。第三，加害给付，即债务人实施违反合同义务的行为，从而造成债权人履行利益以外的其他损失。例如，交付的财产不合格，造成对方的人身伤害。交付的财产不合格属于履行利益的损失，造成的人身伤害属于履行利益以外的其他损失。

二、违约责任的归责原则

违约责任的归责原则，即承担违约责任的原则，是指确定合同当事人承担违约责任的根据和标准。《合同法》采取了严格责任原则与过错责任原则相结合，以严格责任原则为主、过错责任原则为辅的立法模式。严格责任原则，是指一方当事人违反合同义务时，确定违约责任不以过错为要件，不论当事人主观上是否有过错，只要不具备法定免责事由，就必须承担违约责任。根据《合同法》的规定，当事人一方不履行合同义务或者履行合同义务不符合约定的，应当承担继续履行、采取补救措施或者赔偿损失等违约责任。

严格责任原则的规定，并不妨碍在一些特殊情况下，某些合同仍然适用过错责任原则。过错责任原则，是指当一方当事人违反合同义务时，应当将过错作为确定违约责任的要件。如果当事人主观上有过错，则须根据过错程度承担相应责任；如果当事人主观上没有过错，则无须承担违约责任。

三、违约责任的承担形式

（一）继续履行

继续履行，也称为强制实际履行，是指在当事人一方违反合同义务时，由人民法院或者仲裁机构根据对方当事人的要求，强制违约方继续按照合同的规定履行义务。对于金钱债务来说，当事人都可以要求继续履行。根据《合同法》的规定，当事人一方未支付价款或者报酬的,对方可以要求其支付价款或者报酬。

但是,对于非金钱债务来说,当事人并不是全都可以要求继续履行。根据《合同法》的规定,当事人一方不履行非金钱债务或者履行非金钱债务不符合约定的,对方可以要求履行,但有下列情形之一的除外:(1)法律上或者事实上不能履行;(2)债务的标的不适于强制履行或者履行费用过高;(3)债权人在合理期限内未要求履行。

(二)采取补救措施

采取补救措施,是指因当事人一方履行的标的不符合合同约定,根据法律规定或者对方的要求所采取的特殊救济措施,这主要是针对一些不适当履行的情况。例如,对于瑕疵履行,根据《合同法》的规定,质量不符合约定的,应当按照当事人的约定承担违约责任。对违约责任没有约定或者约定不明确,依照相关法律规定仍不能确定的,受损害方根据标的的性质以及损失的大小,可以合理选择要求对方承担修理、更换、重作、退货、减少价款或者报酬等违约责任。而对于加害给付,除了可以适用上述的补救措施以外,根据《合同法》的规定,当事人一方不履行合同义务或者履行合同义务不符合约定的,在履行义务或者采取补救措施后,对方还有其他损失的,应当赔偿损失。

(三)赔偿损失

赔偿损失,又称为损害赔偿,是指当事人一方违反合同义务给对方造成损失时,为了弥补受害人而向其支付一定数额金钱的责任形式。赔偿损失的目的在于弥补守约方因对方违约而受到的损失,因此具有补偿性。根据《合同法》的规定,当事人一方不履行合同义务或者履行合同义务不符合约定,给对方造成损失的,损失赔偿额应当相当于因违约所造成的损失,包括合同履行后可以获得的利益,但不得超过违反合同一方订立合同时预见到或者应当预见到的因违反合同可能造成的损失。

在当事人一方出现违约情况而造成损害时,非违约方当事人也应当及时采取积极的措施,以防止损失的扩大,这对于减少财产的浪费和有效地利用资源具有重要意义。根据《合同法》的规定,当事人一方违约后,对方应当采取适当措施防止损失的扩大;没有采取适当措施致使损失扩大的,不得就扩大的损失要求赔偿。当事人因防止损失扩大而支出的合理费用,由违约方承担。

(四)支付违约金

违约金,是指由当事人双方事先通过协商约定的,在一方违约时支付给对方一定数额的金钱。根据《合同法》的规定,当事人可以约定一方违约时应当根据违约情况向对方支付一定数额的违约金。违约金依其性质不同可分为两类,即赔偿性违约金与惩罚性违约金。

赔偿性违约金是指当事人一方违约给对方造成损失时,应向对方支付违约金,作为对损失的赔偿。在违约方承担违约金责任之后,就不再承担继续履行或赔偿损失等其他违约责任。当然,赔偿性违约金可依据实际情况作出适当调整,如果约定的违约金低于造成的损失的,当事人可以请求人民法院或者仲裁机构予以增加;如果约定的违约金过分高于造成的损失的,当事人可以请求人民法院或者仲裁机构予以适当减少。

惩罚性违约金是指当事人一方违约时,无论是否给对方造成损失,都要按照约定向对方支付一定数额的金钱,作为对违约行为的惩罚。惩罚性违约金不以违约造成的实际损失存在为前提。如果有实际损失的,违约方除支付违约金外,还要赔偿损失;如果没有实际损失的,违约方同样要支付违约金。因此,惩罚性违约金必须有当事人在事先明确具体的约定。根据《合同法》的规定,当事人就迟延履行约定违约金的,违约方支付违约金后,还应当履行债务,这就属于惩罚性违约金。

(五)定金责任

定金,是指当事人双方为了确保合同的履行而事先约定的,由一方预先向对方给付的一定数额的金钱。定金是担保的一种形式,也可以作为违约责任的承担形式。根据《合同法》的规定,当事人可以依照《担保法》约定一方向对方给付定金作为债权的担保。债务人履行债务后,定金应当抵作价款或者收回。给付定金的一方不履行约定的债务的,无权要求返还定金;收受定金的一方不履行约定的债务的,应当双倍返还定金。

当事人既约定违约金,又约定定金的,一方违约时,对方可以选择适用违约金或者定金条款,支付违约金与定金责任不能并用。由于定金的适用不以实际损失的发生为前提,即无论当事人一方的违约是否给对方造成损失,都可能导致定金责任。因此,在通常情况下,定金责任的承担不能替代赔偿损失,定金责任与赔偿损失可以并用。

四、免责事由

免责,是指在合同履行的过程中,因出现法定的或合同约定的免责条件而导致合同不履行,债务人将被免除履行义务,无须承担违约责任。这些法定的或合同约定的免责条件,被统称为免责事由。免责事由,既包括法定的免责条件,即不可抗力,也包括合同约定的免责条件,即免责条款。

(一)不可抗力

不可抗力,是指不能预见、不能避免、不能克服的客观情况。不可抗力通常包括自然灾害和社会事件两大类,前者如台风、地震、洪水、海啸等,后者如战争、暴乱、罢工、禁运等。对于不可抗力的范围,当事人可以在合同中以列举方式作出明确的约定。如果合同中约定不明确的,则由人民法院或者仲裁机构依法来确定导致合同不能履行的情况是否属于不可抗力。

根据《合同法》的规定,当事人一方因不可抗力不能履行合同的,根据不可抗力的影响,部分或者全部免除责任,但法律另有规定的除外。当事人迟延履行后发生不可抗力的,不能免除责任。当事人一方因不可抗力不能履行合同的,应当及时通知对方,以减轻可能给对方造成的损失,并应当在合理期限内提供证明。

(二)免责条款

免责条款,是指当事人在合同中约定的免除未来责任的条款。免责条款是合同的组成部分,必须经当事人双方充分协商,并以明示的方式作出。免责条款的内容必须符合法律的规定,才具有法律效力。如果免责条款违反法律、行政法规的强制性规定,扰乱社会经济秩序,损害社会公共利益,则该条款不具有法律效力。另外,合同中约定的造成对方人身伤害和因故意或者重大过失造成对方财产损失的免责条款无效。

案例：甲、乙两公司采用合同书形式订立了一份买卖合同。双方约定由甲公司向乙公司提供150台精密仪器，甲公司于7月31日以前交货，并负责将货物运至乙公司，乙公司在收到货物后10日内付清货款。合同订立后双方均未签字、盖章。6月28日，甲公司与丙运输公司订立货物运输合同，双方约定由丙公司将150台精密仪器运至乙公司。7月1日，丙公司先运了100台精密仪器至乙公司，乙公司全部签收，并于7月8日将100台精密仪器的货款付清。7月20日，甲公司掌握了乙公司转移财产、逃避债务的确切证据，随即通知丙公司暂停运输其余50台精密仪器并通知乙公司中止交货，要求乙公司提供担保。乙公司及时提供了担保。7月26日，甲公司通知丙公司将其余50台精密仪器运往乙公司，丙公司在运输途中发生交通事故，50台精密仪器全部毁损，致使甲公司7月31日前不能按时全部交货。10月5日，乙公司要求甲公司承担违约责任。

试分析：

（1）甲、乙公司订立的买卖合同是否成立？
（2）甲公司7月20日中止履行合同的行为是否合法？
（3）乙公司10月5日要求甲公司承担违约责任的行为是否合法？
（4）丙公司对货物毁损应承担什么责任？

【分析】

（1）甲、乙公司之间订立的买卖合同成立。双方虽然未签字、盖章，但一方履行主要义务，对方也接受的，合同成立。

（2）中止履行合同的行为合法。甲行使的是不安抗辩权。当债务人丧失偿债能力时，先履行一方可以暂停履行。

（3）乙的要求合法。《合同法》规定的违约责任是无过错责任，只要发生违约行为，即追究违约责任，除非有免责事由。本案中不存在免责事由，所以乙的要求合法。

（4）丙公司对货物毁损应承担赔偿责任，丙不具备免责事由。

五、责任竞合

责任竞合，即违约责任与侵权责任的竞合，是指当事人一方的违约行为同时导致了违约责任和侵权责任的产生。当事人一方违约后，当然应当承担违约责任。同时，由于违约行为也可能给对方当事人造成了人身或财产上的损害，也可能构成侵权，于是就出现了违约责任与侵权责任的竞合。

在违约责任与侵权责任竞合的情况下，由于两者都以赔偿损失为主要内容，因此，受损害方不能提出双重要求，只能择一适用。虽然违约责任和侵权责任都属于民事责任，但两者在赔偿范围、构成要件、责任形式、免责条款、诉讼时效等方面都有着明显的不同。因此，适用何种责任，直接关系到受害方的切身利益，理应由受害方自己选择决定。根据《合同法》的规定，因当事人一方的违约行为，侵害对方人身、财产权益的，受损害方有权选择依照本法要求其承担违约责任或者依照其他法律要求其承担侵权责任。

综合实训

一、单项选择题

1. 要约生效的时间是（　　）。
   A. 要约人发出要约的时间　　　　B. 要约寄出的时间
   C. 要约到达受要约人的时间　　　D. 承诺返回的时间

2. 一方以欺诈或胁迫手段或乘人之危，使对方在违背真实意思的情况下订立合同，可以请求撤销的一方是（　　）。
   A. 受害方　　　　　　　　　　　B. 侵权方
   C. 双方都可以　　　　　　　　　D. 法院或仲裁机构

3. 某甲的儿子患重病住院，急需用钱，某乙趁机表示愿意借给2000元，但半年后须加倍偿还，否则以甲的房子代偿，甲表示同意。下列关于该合同效力的说法正确的有（　　）。
   A. 有效合同　　　　　　　　　　B. 无效合同
   C. 可撤销合同　　　　　　　　　D. 效力待定合同

4. 甲、乙订立一份买卖某名贵花瓶的合同，履行期届满后，甲未交付该花瓶。后发生地震，该花瓶灭失。该风险责任应如何承担？（　　）
   A. 甲　　　B. 乙　　　C. 甲和乙　　　D. 甲或乙

5. 甲企业与乙企业对丙企业的债务同时提供保证担保，没有约定保证份额的，依法应承担（　　）。
   A. 一般保证责任　　　　　　　　B. 连带保证责任
   C. 一般保证责任或连带保证责任　D. 一般保证责任和连带保证责任

6. 我国法律规定，定金不得超过主合同标的额的（　　）。
   A. 10%　　　B. 15%　　　C. 20%　　　D. 25%

7. 甲公司向乙公司借款100万元，并以本公司的一辆价值80万元的轿车办理了抵押，并进行了抵押登记。乙公司仍不放心，要求甲公司提供保证人，甲公司遂找丙公司作为保证人，保证担保未约定范围。下面有关保证人的保证责任说法正确的是（　　）。
   A. 丙公司对100万元主债权承担保证责任
   B. 丙公司对80万元主债权承担保证责任
   C. 丙公司对20万元主债权承担保证责任
   D. 丙公司无须承担保证责任

8. 除法律另有规定或当事人另有约定外，买卖合同标的物的所有权转移时间为（　　）。
   A. 合同成立时　　　　　　　　　B. 合同生效时
   C. 标的物交付时　　　　　　　　D. 买方付清标的物价款时

9. 甲、乙双方订立买卖合同,甲为出卖人,乙为买受人,双方约定乙收货后10日内付款。甲在交货前有确切证据证明乙经营状况严重恶化。甲可依法采取的措施是(   )。
   A. 行使同时履行抗辩权   B. 行使后履行抗辩权
   C. 行使不安抗辩权   D. 行使撤销权

10. 甲公司以所持股份向银行质押贷款,该质押合同生效的时间是(   )。
    A. 借款合同签订之日
    B. 质押合同签订之日
    C. 向证券登记机构申请办理出质登记之日
    D. 证券登记机构办理出质登记之日

11. 下列各项中,可以为合同债务人的债务履行作保证人的是(   )。
    A. 学校   B. 医院
    C. 企业   D. 残疾人联合会

12. 根据我国《合同法》的规定,违约责任的归责原则为(   )。
    A. 过错责任原则   B. 无过错责任原则
    C. 过错推定责任原则   D. 公平责任原则

二、多项选择题

1. 甲方违约,给对方乙造成损失15万元,合同规定违约金比例为货款总额的10%,货款总额为200万元,则下面的说法不正确的是(   )。
   A. 甲应赔偿乙15万元
   B. 甲应赔偿乙200万元
   C. 甲应赔偿乙20万元
   D. 甲应赔偿乙15万元损失,同时支付违约金20万元

2. 下列有关合同成立的表述中,正确的有(   )。
   A. 承诺生效时合同成立
   B. 承诺人收到要约时合同成立
   C. 要求签订确认书的,签订确认书时合同成立
   D. 采用合同书形式的,自双方当事人签字或者盖章时合同成立

3. 在下列哪些情况下,要约不得撤销?(   )
   A. 要约人确定了承诺期限
   B. 受要约人有理由认为要约是不可撤销的,并且已经为履行合同做了准备工作
   C. 要约中明示要约不可撤销
   D. 要约已经到达受要约人

4. 下列情形中,债权人可以请求人民法院予以撤销的有(   )。
   A. 债务人怠于行使其到期债权
   B. 债务人放弃其到期债权
   C. 债务人无偿将财产赠与他人
   D. 债务人以明显不合理的低价转让财产,但受让人不知道

5. 下列属于无效合同的有(   )。

A. 显失公平的合同
B. 以合法形式掩盖非法目的的合同
C. 一方以欺诈手段订立的损害国家利益的合同
D. 恶意串通签订的合同

6. 应当先履行债务的当事人,可以中止履行的情形有(　　)。
A. 经营状况严重恶化的
B. 严重丧失商业信誉的
C. 转移财产、抽逃资金,以逃避债务的
D. 有丧失或者可能丧失履行能力的其他情形的

7. 下列合同中,属于效力待定合同的有(　　)。
A. 甲、乙恶意串通损害第三人利益的合同
B. 甲企业法定代表人超越权限与善意第三人签订的合同
C. 代理人超越权限与善意第三人签订的合同
D. 限制民事行为能力人甲与他人订立的买卖合同

8. 下列不得用于抵押的财产有(　　)。
A. 依法封存的财产　　　　B. 耕地使用权
C. 抵押人所有的机器设备　D. 医院的医疗卫生设施

9. 下列格式条款属于无效的有(　　)。
A. 损害社会公共利益的格式条款　B. 违反法律强制性规定的格式条款
C. 有两种以上解释的格式条款　　D. 有造成对方人身伤害的免责条款

10. 乙乘人之危,于10月6日与甲签订了一份买卖合同,合同内容对甲显失公平。下列说法正确的有(　　)。
A. 甲有权通知乙解除合同　　B. 该合同无效
C. 该合同属于可撤销合同　　D. 如果甲在一年后要求撤销,法院不予支持

三、判断题

1. 对于可撤销的合同,当事人请求变更的,人民法院或者仲裁机构不得撤销。(　　)
2. 受要约人对要约的内容作出实质性变更的,为新要约。(　　)
3. 格式条款有两种以上解释的,应采纳提供格式条款方的解释。(　　)
4. 限制行为能力人订立的合同,必须经法定代理人追认后才有效。(　　)
5. 合同履行期限不明确的,债务人可以随时履行,债权人也可以随时要求履行。(　　)
6. 当事人迟延履行后发生不可抗力的,部分或者全部免除责任。(　　)
7. 保证合同中未约定保证方式的,保证人承担连带保证责任。(　　)
8. 当事人一方因第三人的原因造成违约的,应当由第三人向对方承担违约责任。(　　)
9. 债务人转让债务,应通知债权人,未经通知,该转让对债权人不发生效力。(　　)
10. 抵押合同未办理抵押物登记的,不具有法律效力。(　　)

四、案例分析题

1. 2006年4月1日,某建筑公司为买进一批水泥,分别向甲水泥厂和乙水泥厂发出了信函,内容如下:我公司急需某型号水泥100吨,如果你厂有货,请立即发货,价格以收货地当天的市场价为准,货到付款。收到此信函后甲水泥厂和乙水泥厂都积极组织发货。甲水泥厂于4月3日向某建筑公司交付某型号水泥100吨,收货地当天的市场价为每吨400元,某建筑公司验货付款。乙水泥厂于4月5日将100吨某型号水泥运至某建筑公司处,收货地当天的市场价为每吨450元,某建筑公司拒绝接受该批货物,理由是其发出的信函仅为订货意向,双方并没有订立合同。乙水泥厂遂向人民法院起诉,要求某建筑公司履约。

试分析:

(1)某建筑公司分别向甲水泥厂和乙水泥厂发出的信函是要约还是要约邀请?

(2)某建筑公司与乙水泥厂之间买卖水泥的合同成立吗?某建筑公司是否应履约?

2. 河北某县的马某系养牛专业户,其为了引进良种乳牛,与该县的畜牧站签订了良种乳牛引进合同。合同约定,良种乳牛款共10万元,马某预付定金2万元,违约金按照合同总额的10%计算。合同没有明确约定合同的履行地点。后马某从畜牧站将良种乳牛拉回,为此支付运费1000元。马某拉回乳牛后,在饲养中发生了不可抗力,导致乳牛无法产奶,马某预计的收入落空,无法及时偿还购牛款。

试分析:

(1)马某从畜牧站拉回良种乳牛的运费应由谁支付?

(2)马某能否以不可抗力拒付货款?

(3)如果马某的行为构成违约,合同中规定的定金与违约金条款能否同时适用?为什么?

3. 甲公司同时向乙厂、丙厂发出两份电报,电报称:我公司需要河沙200吨,贵厂如有货,请于见电报之次日用电报通知我公司,我公司派员验货后购买。收到电报后,乙厂和丙厂分别向甲公司拍发了电报并提供了河沙型号、价格、数量。丙厂发电报同时,用火车将200吨河沙发往甲公司所在地的车站。收到乙厂、丙厂的电报后,甲公司决定购买乙厂的河沙,派人验货签订了合同。丙厂的200吨河沙到达甲公司的铁路专用线后,丙厂代表找甲公司经理索要货款,甲公司称其已购买了乙厂的河沙,拒收丙厂的河沙。丙厂向法院起诉。

试分析:

(1)甲公司向乙厂、丙厂拍发的电报的法律性质是什么?为什么?

(2)乙厂、丙厂向甲公司拍发的电报的法律性质是什么?为什么?

(3)甲公司是否承担违约责任,为什么?

4. 甲公司与乙公司签订了一份买卖合同。合同约定:乙公司供给甲公司限量生产的X型号的手表1000块,每块单价100元;甲公司应交付定金3万元。合同签订后,甲公司立即将3万元定金交付乙公司,并很快与丙公司就同一批货物签订了一份买卖合同,每块表单价120元。后乙公司没有按期履行合同。由此导致甲公司无法履行与丙公司之间的合同,为此甲公司向丙公司支付违约金2万元。现甲公司要求乙公司双倍返还定金6万元。乙公司则以定金条款无效为由主张合同无效。

试分析：

(1)甲、乙两方签订的定金条款是否无效？

(2)若乙公司本已准备了1000块手表，但在履行期到来之前三天因突发地震而灭失，乙公司当即向甲公司通报了此情况，问乙公司是否应向甲公司承担违约责任？为什么？

(3)若乙公司不能交付手表的原因是因为相邻的丁工厂失火（因消防设施不全所致），延烧及乙公司的仓库，导致1000块手表灭失，问乙公司是否要承担违约责任？丁工厂应否承担责任？向谁承担责任？

5. 养牛厂为引进良种牛急需资金20万元。5月1日，养牛厂向甲公司借款20万元，并以自己的机器设备作为抵押，双方于5月2日签订了抵押合同，并于5月8日办理了抵押登记手续。5月10日，养牛场在未通知甲公司的情况下，将该设备以25万元的价格转让给丙公司。在转让过程中，养牛场未告知丙公司设备已经抵押的事实。养牛场取得设备转让款后，与市良种站签订了良种牛引进合同。合同约定良种牛款共计20万元，养牛场预付定金2万元，违约金按合同总额的15%计算，养牛场以销售肉牛的款项偿还良种站的货款。后因发生不可抗力事件，养牛场预计的收入不能实现，致使养牛场不能及时偿还借款和支付货款。

试分析：

(1) 养牛场与甲公司的抵押合同从何时生效？

(2) 养牛场将设备转让给丙公司的行为是否有效？

(3) 养牛场无力支付良种站的货款，合同中约定的定金条款和违约金条款可否同时并用？

6. 某林业专业户在当地乡政府的保证下，与林场签订了购买10万元树苗的合同，后该林业专业户无法付款，林场找乡政府要款，被拒绝。

试分析：

(1)乡政府为什么拒绝付款？

(2)《合同法》对担保人资格有哪些规定？

(3)林场应找谁要款？

7. 甲、乙签订了一份奶牛买卖合同，约定甲向乙交付3头牛，总价款为3万元；乙向甲交付定金3000元，其余款项由乙在半年内付清；在乙向甲付清款项前，甲保留该3头牛的所有权。甲向乙交付了3头牛。

试分析：

(1)在乙未付清款项前，如果有1头牛死亡，应由谁承担损失？

(2)如果在乙未付清款项前，有1头牛产下2只小牛，小牛的所有权归谁？

(3)合同中的定金条款效力如何？为什么？

8. 甲向乙发出传真订货，该传真列明了所需货物的种类、数量、质量等，要求乙在10日内报价。乙接受甲传真的条件并按时报了价，要求甲在一周内回复。甲按期回复同意其价格，并要求签订书面合同。乙在未签订书面合同的情况下按甲提出的条件发货，甲收到后未提出异议，也未付货款。后因市场变化，该货物价格大幅下降，甲以双方未签订书面合同,买卖合同不成立为由,要求乙取回货物。双方发生争议。

试分析:

(1)甲传真订货、乙报价、甲回复报价行为的法律性质是什么?

(2)双方的买卖合同是否成立?

9. 2006年3月1日,甲公司与乙厂签订了买卖白酒合同。合同规定:甲公司在4月3日前支付2万元预付款,乙厂在7月1日交货。4月2日,乙厂突发火灾,设备、原料大部分被烧毁,严重影响了其履行债务的能力。甲公司闻讯后,认为乙厂极有可能丧失履行合同的能力,于是通知乙厂中止履行合同。后经交涉,丙公司为乙厂作一般保证,甲公司按期向乙厂支付预付款,合同仍继续履行。7月1日,乙厂未交货。甲公司要求乙厂返还预付款,赔偿经济损失,遭到乙厂拒绝。随后,甲公司要求丙公司承担保证责任,又被丙公司拒绝。

8月5日,在多次协商未果的情况下,甲公司向法院起诉,要求乙厂和丙公司承担违约责任,赔偿损失。经法院查明,由于乙厂违约,甲公司除2万元预付款没有收回外,还发生经济损失3万元;甲公司尚欠乙厂设备款5万元。在法院调解下,双方同意将债务相互抵销。

试分析:

(1)甲公司能否单方通知乙厂中止履行合同?为什么?

(2)丙公司拒绝甲公司要求其承担保证责任,是否合法?为什么?

(3)甲公司与乙厂的债务能否抵销?为什么?

第六章 知识产权法律制度

【引例导学】

经过几年的摸爬滚打,大学生程一已经拥有了多家公司,公司业务涉及多种产品的经营和研发。但同时程一及其公司所面临的知识产权纠纷的问题也比较突出。面临的新问题,程一该如何解决?

请你运用自己的知识谈谈在企业经营管理中为避免不必要的麻烦,应如何处理知识产权问题。

【点评】

在知识经济时代,加强对知识产权的保护尤为重要和迫切。世界贸易组织的《与贸易有关的知识产权协定》(以下简称 TRIPS 协定)明确规定:知识产权属于私权。我国民法通则也将知识产权作为一种特殊的民事权予以规定。因此,为减少不必要的诉累,程一应加强知识产权方面知识的学习。

第一节 知识产权法概述

一、知识产权的概念和特征

知识产权,是指民事主体对特定智力劳动成果依法享有的专有权利。知识产权具有如下特征:

1. 专有性,即知识产权的权利主体依法享有独占使用智力成果的权利,他人不得侵犯。

2. 地域性,即知识产权只在特定国家或地区的地域范围内有效,不具有域外效力。一国的知识产权要获得他国的法律保护,必须依照有关国际条约、双边协议或按互惠原则办理。

3. 期限性,即依法产生的知识产权一般只在法律规定的期限内有效。超出知识产权的法定保护期后,该知识产权权利消灭,有关智力成果进入公有领域,人们可以自由使用。

二、知识产权的保护

(一)侵犯知识产权的民事责任

侵犯知识产权行为应承担的民事责任形式主要有:停止侵害、消除影响、赔礼道歉和赔偿损失等。

(二)知识产权诉讼时效

侵犯知识产权的诉讼时效为2年,自权利人知道或应当知道之日起计算。专利权、商标权或著作权的权利人超过2年起诉的,如果该知识产权仍在保护期内,人民法院应当判决责令被告停止侵权行为。

(三)知识产权的国际保护

知识产权国际条约主要规定了知识产权保护的基本原则、范围以及最低保护标准等内容。其中,关于基本原则的规定,是知识产权保护国际公约中最基本、最重要的内容。

1. 国民待遇原则。该原则是指在知识产权的保护上,成员法律必须给予其他成员的国民以本国或地区国民所享有的同样待遇。如果是非成员的国民,在符合一定条件后也可享受国民待遇。

2. 最惠国待遇原则。其含义是指缔约方在知识产权保护方面给予某缔约方或非缔约方的利益、优待、特权或豁免,应立即无条件地给予其他缔约方。

3. 透明度原则。透明度原则是指各成员颁布实施的知识产权保护法律、法规以及普遍适用的终审司法判决和终局行政裁决,均应以该国文字颁布或以其他方式使各成员政府及权利持有人知悉。

4. 独立保护原则。该原则是指某成员国民就同一智力成果在其他缔约国(或地区)所获得的法律保护是互相独立的。

5. 自动保护原则。其含义是作者在享有及行使该成员国民所享有的著作权时,不需要履行任何手续。注册登记、交纳样本及作版权标记等手续均不能作为著作权产生的条件。

6. 优先权原则。其含义是指在一个缔约成员提出发明专利、实用新型、外观设计或商标注册申请的申请人,又在规定期限内就同样的注册申请再向其他成员提出同样内容的申请的,可以享有申请日期优先的权利。即可以把向某成员第一次申请的日期,视为向其他成员实际申请的日期。享有优先权的期限限制视不同的工业产权而定,发明和实用新型为向某成员第一次申请之日起12个月,外观设计和商标为6个月。

第二节　著作权法

一、著作权法的客体

著作权的客体是指著作权法保护对象,即文学、艺术和科学领域中的作品。

(一) 作品的概念

作品是指文学、艺术和科学领域内具有独创性并能以某种有形形式复制的智力成果。作品自创作完成之日起产生著作权,不论是否发表。作品构成要件如下:

1. 属于自然科学、社会科学、工程技术等科学领域中的智力成果。
2. 具有独创性。独创性的含义有二:一是作品系独立创作完成,而非剽窃之作;二是作品必须体现作者的个性特征,属于作者智力劳动创作结果,即具有创作性。
3. 可复制性,即作品必须可以通过某种有形形式复制,从而被他人所感知。

(二) 作品的种类

1. 文字作品。文字作品是指小说、诗词、散文等以文字形式表现的作品。
2. 口述作品。口述作品是指即兴的演说、授课、法庭辩论等以口头语言形式表现的作品。
3. 音乐、戏剧、曲艺、舞蹈、杂技艺术作品。
4. 美术、建筑作品。
5. 摄影作品。摄影作品是指借助器械在感光材料或者其他介质上记录客观物体形象的艺术作品。
6. 电影作品和以类似摄制电影的方法创作的作品。这类作品是指摄制在一定介质上,由一系列有伴音或者无伴音的画面组成,并且借助适当装置放映或者以其他方式传播的作品。
7. 图形作品和模型作品。
8. 计算机软件。计算机软件是指计算机程序及其文档。
9. 法律、行政法规规定的其他作品,如民间文学艺术作品等。

(三) 不予保护的对象

1. 官方文件,即法律、法规,国家机关的决议、决定、命令和其他具有立法、行政、司法性质的文件及其官方正式译文。
2. 时事新闻,是指通过报纸、期刊、广播电台、电视台等媒体报道的单纯事实消息。
3. 历法、数表、通用表格和公式。

【例 6-1】作家程一 2017 年 1 月写完小说《飘》的初稿,2 月修改后定稿,3 月由出版社出版,4 月经版权登记。程一从何时起取得该书的著作权?(　　)

A. 1月　　　　B. 2月　　　　C. 3月　　　　D. 4月

【点评】

答案为 A。《中华人民共和国著作权法》规定，作品自创作完成之日起产生著作权，不论是否发表。

二、著作权的主体

（一）一般意义上的著作权主体

1. 作者

创作作品的公民是就作者。

2. 继受人

继受人，是指因发生继承、赠与、遗赠或受让等法律事实而取得著作财产权的人。继受著作权人包括继承人、受赠人、受遗赠人、受让人、作品原件的合法持有人和国家。

3. 外国人和无国籍人

只要符合下列条件之一，外国人、无国籍人的作品即受《中华人民共和国著作权法》（以下简称《著作权法》）的保护：

外国人、无国籍人的作品根据其作者所属国或者经常居住地国同中国签订的协议或者共同参加的国际条约享有著作权的；其作品首先在中国境内出版的；在中国境外首先出版，30日内又在中国境内出版的，视为该作品同时在中国境内出版；未与中国签订协议或者共同参加国际条约的国家的作者以及无国籍人的作品首次在中国参加的国际条约的成员国出版的，或者在成员国和非成员国同时出版的。

（二）演绎作品的著作权人

1. 演绎作品的概念

演绎作品，又称派生作品，是指在已有作品的基础上，经过改编、翻译、注释、整理等创造性劳动而产生的作品。

2. 演绎作品著作权的归属及行使

演绎创作所产生的作品，其著作权由演绎者享有，但行使著作权时不得侵犯原作品的著作权。

（三）合作作品的著作权人

1. 合作作品的概念

合作作品，是指两人以上合作创作的作品。其构成要件是：作者为两人或两人以上；作者之间有共同创作的主观合意；有共同创作作品的行为，即各方都为作品的完成作出了直接的、实质性的贡献。

2. 合作作品著作权的归属及行使

合作作品的著作权由合作作者共同享有。如果合作作品不可以分割使用，如共同创作的小说、绘画等，其著作权由各合作作者通过协商一致行使；不能协商一致，又无正当理由的，任何一方不得阻止他人行使除转让以外的其他权利，但是所得收益应当合理分配给所有合作作者。如果合作作品可以分割使用,如歌曲,作者对各自创作的部分可以单独享有著作权,但行使著作权时,不得侵犯合作作品整体的著作权。

【例 6-2】 甲、乙合作完成一部剧本,丙影视公司欲将该剧本拍摄成电视剧。甲以丙公司没有名气为由拒绝;乙独自与丙公司签订合同,以 10 万元价格将该剧本摄制权许可丙公司。下列表述哪个错误?(   )

A. 该剧本版权由甲、乙共有
B. 该剧本版权中的人身权不可转让
C. 乙与丙公司签订的许可合同无效
D. 乙获得的合理报酬应当合理分配给甲

【点评】

答案为 C。《中华人民共和国著作权法实施条例》第 9 条规定:除了转让权外,一般情况,合作者一方单独行使其他著作权,除非他方有正当理由不同意。因此乙有权独自与丙签合同,该许可合同有效。

(四)汇编作品的著作权人

1. 汇编作品的概念

汇编若干作品、作品的片段或者不构成作品的数据或者其他材料,对其内容的选择或者编排体现独创性的作品,称为汇编作品。

2. 汇编作品著作权的归属及行使

汇编作品的著作权由汇编人享有,但行使著作权时,不得侵犯原作品的著作权。由于汇编权是作者的专有权利,因而汇编他人受著作权法保护的作品或作品的片段时,应征得他人的同意,并不得侵犯他人对作品享有的发表权、署名权、保护作品完整权和获得报酬权等著作权。

(五)影视作品的著作权人

影视作品是指电影作品和以类似摄制电影的方法创作的作品。其著作权归制片者享有。编剧、导演、摄影、作词以及作曲等作者在电影作品中享有两项权利即署名权和获得报酬权。

影视作品中的剧本、音乐等可以单独使用的,其作者有权单独行使其著作权。

(六)职务作品的著作权人

1. 职务作品的概念

职务作品是指公民为完成法人或者其他组织的工作任务所创作的作品。

2. 职务作品的种类及著作权归属

(1)单位作品。根据《著作权法》的规定,由单位主持,代表单位意志创作并由单位承担责任的作品,单位被视为作者,行使完整的著作权。

(2)一般职务作品。除单位作品外,公民为完成单位工作任务而又未主要利用单位物质技术条件创作的作品,称为一般职务作品。其著作权由作者享有,但法人或者其他组织有在业务范围内优先使用权。

(3)特殊职务作品。这是指根据著作权法规定,主要是利用法人或其他组织承担责任的工程设计图、产品设计图、地图、计算机软件等职务作品,或法律、行政法规规定以及合同约定著作权由法人或者其他组织享有的职务作品。

(七)委托作品的著作权人

委托作品,是指作者接受他人委托而创作的作品。

委托作品的著作权归属由委托人和受托人通过合同约定。合同未作明确约定或者没有订立合同的,著作权属于受托人,但委托人在约定的使用范围内享有使用作品的权利;双方没有约定使用作品范围的,委托人可以在委托创作的特定目的范围内免费使用该作品。

(八)原件所有权转移的作品的著作权归属

绘画、书法、雕塑等美术作品的原件所有权转移,不视为作品著作权的转移,但美术作品原件的展览权由原件所有人享有。作品原件的购买人可以对美术作品欣赏、展览或再出售,但不得从事修改、复制等侵犯作品版权的行为。

(九)作者身份不明的作品的著作权归属

作者身份不明的作品,是指从通常途径不能了解作者身份的作品。如果一件作品未署名,或署了鲜为人知的笔名,但作品原件持有人或收稿单位确知作者的真实身份,不属于作者身份不明的作品。作者身份不明的作品,由作品原件的所有人行使除署名权以外的著作权。作者身份确定后,由作者或者其继承人行使著作权。

三、著作权的内容

(一)著作人身权

著作人身权,是指著作权人基于作品的创作依法享有的以人格利益为内容的权利。它与作者的人身不可分离,一般不能继承、转让,也不能被非法剥夺或成为强制执行中的执行标的。

1. 发表权

发表权,是指决定作品是否公之于众的权利。其具体内容包括:决定作品是否公之于众,决定作品在何时何地公之于众,决定作品以何种方式公之于众。

2. 署名权

署名权,是指表明作者身份,在作品上署名的权利。

3. 修改权

修改权,是指修改或授权他人修改作品的权利。法律赋予作者修改权是对作者人格的尊重。修改通常是指内容的修改,报社、杂志社进行的不影响作品内容的文字性删节不属修改权控制的范围,可以不经作者同意。但对作品内容的修改,必须征得作者同意。

4. 保护作品完整权

保护作品完整权,是指保护作品不受歪曲、篡改的权利。作品是作者思想的反映,也是作者人格的延伸。歪曲、篡改作品不仅损害作品的价值,而且直接影响作者的声誉,因而法律禁止任何人以任何方式歪曲和篡改作品。

(二) 著作财产权

著作财产权是指著作权人依法享有的控制作品的使用并获得财产利益的权利。

1. 使用权

使用权,是指以复制、发行、出租、展览、放映、广播、网络传播、摄制、改编、翻译、汇编等方式使用作品的权利。

2. 许可使用权

许可使用权,是指著作权人依法享有的许可他人使用作品并获得报酬的权利。使用他人作品,应当同著作权人订立许可使用合同,但属于法定使用许可情形的除外。

3. 转让权

转让权,是指著作权人依法享有的转让使用权中一项或多项权利并获得报酬的权利。

4. 获得报酬权

获得报酬权是指著作权人依法享有的因作品的使用或转让而获得报酬的权利。

四、著作权的限制

(一) 合理使用

1. 合理使用的概念

合理使用,是指根据法律的明文规定,不必征得著作权人同意而无偿使用他人已发表作品的行为。

2. 合理使用的情形

(1) 为个人学习、研究或者欣赏,使用他人已经发表的作品;

(2) 为介绍、评论某一作品或者说明某一问题,在作品中适当引用他人已经发表的作品;

(3) 为报道时事新闻,在报纸、期刊、广播电台、电视台等媒体中不可避免地再现或者引用已经发表的作品;

(4) 报纸、期刊、广播电台、电视台等媒体刊登或者播放其他报纸、期刊、广播电台、电视台等媒体已经发表的关于政治、经济、宗教问题的时事性文章,但作者声明不许刊登、播放的除外;

(5) 报纸、期刊、广播电台、电视台等媒体刊登或者播放在公众集会上发表的讲话,但作者声明不许刊登、播放的除外;

(6) 为学校课堂教学或者科学研究,翻译或者少量复制已经发表的作品,供教学或者科研人员使用,但不得出版发行;

(7) 国家机关为执行公务在合理范围内使用已经发表的作品;

(8) 图书馆、档案馆、纪念馆、博物馆、美术馆等为陈列或者保存版本的需要,复制本馆收藏的作品;

(9) 免费表演已经发表的作品,该表演未向公众收取费用,也未向表演者支付报酬;

(10) 对设置或者陈列在室外公共场所的艺术作品进行临摹、绘画、摄影、录像;

(11) 将中国公民、法人或者其他组织已经发表的以汉语言文字创作的作品翻译成少数民族语言文字作品在国内出版发行；

(12) 将已经发表的作品改成盲文出版。

(二) 法定许可使用

法定许可使用是指依照法律的明文规定，不经著作权人同意有偿使用他人已经发表作品的行为。

根据有关规定，法定许可使用主要包括以下情形：

1. 为实施九年制义务教育和国家教育规划而编写出版教科书，除作者事先声明不许使用外，可以不经著作权人许可，在教科书中汇编已经发表的作品片段或者短小的文字作品、音乐作品或者单幅的美术作品、摄影作品；

2. 为通过信息网络实施九年制义务教育或者国家教育规划，可以不经著作权人许可，使用其已经发表作品的片断或者短小的文字作品、音乐作品或者单幅的美术作品、摄影作品制作课件，由制作课件或者依法取得课件的远程教育机构通过信息、网络向注册学生提供；

3. 作品被报社、期刊社刊登后，除著作权人声明不得转载、摘编的外，其他报刊可以转载或者作为文摘、资料刊登；

4. 录音制作者使用他人已经合法录制为录音制品的音乐作品制作录音制品，著作权人声明不许使用的除外；

5. 广播电台、电视台播放他人已经发表的作品；

6. 广播电台、电视台播放已经出版的录音制品。

(三) 著作权的保护期限

1. 著作人身权的保护期限

著作人身权中的署名权、修改权和保护作品完整权的保护期不受限制，可以获得永久性保护，但著作人身权中的发表权的保护有时间限制。

2. 自然人作品的发表权和财产权的保护期

公民的作品，其发表权和使用权的保护期分别为作者终生及其死后50年，截止于作者死亡之后第50年的12月31日；如果是合作作者，截止于最后死亡的作者死亡后第50年的12月31日。作者生前未发表的作品，如果作者未明确表示不发表，作者死亡后50年内，其发表权可由继承人或者受遗赠人行使；没有继承人又无人受遗赠的，由作品原件的所有人行使。

3. 法人或其他组织的作品的发表权和财产权的保护期

单位作品，著作权（署名权除外）由法人或者其他组织享有的职务作品，其发表权和使用权的保护期为50年，截止于作品发表后第50年的12月31日，但作品自创作完成后50年内未发表的，著作权不再保护。

4. 作者身份不明的作品使用权的保护期

作者身份不明的作品，其使用权的保护期截止于作品发表后第50年的12月31日。作者身份确定后，适用《著作权法》第21条的规定，按不同作品类型分别确定保护期。

五、邻接权

(一) 邻接权的概念

邻接权是指作品传播者对在作品传播过程中产生的劳动成果依法享有的专有权利，又称为作品传播者权或与著作权有关的权益。邻接权的保护期为 50 年。

(二) 出版者的权利和义务

1. 出版者的权利内容

(1) 版式设计专有权。版式设计，是指出版者对其出版的图书、期刊的版面和外观装饰所作的设计。

(2) 专有出版权。图书出版者对著作权人交付出版的作品，按照双方订立的出版合同的约定享有专有出版权。其他出版者未经许可不得出版同一作品，著作权人也不得将出版者享有专有出版权的作品一稿多投。

2. 出版者的主要义务

(1) 按合同约定或国家规定向著作权人支付报酬；

(2) 按照合同约定的出版质量、期限出版图书；

(3) 重版、再版作品的，应当通知著作权人，并支付报酬；

(4) 出版改编、翻译、注释、整理已有作品而产生的作品，应当取得演绎作品的著作权人和原作品的著作权人许可，并支付报酬；

(5) 对出版行为的授权、稿件来源的署名、所编辑出版物的内容等尽合理的注意义务，避免出版行为侵犯他人的著作权等民事权利。

(三) 表演者的权利和义务

1. 表演者权的主体

表演者权的主体是指表演者，包括演员、演出单位或者其他表演文学、艺术作品的人。表演者权的客体是指表演活动，即通过演员的声音、表情、动作公开再现作品或演奏作品。

2. 表演者的权利

(1) 表明表演者身份；

(2) 保护表演形象不受歪曲；

(3) 许可他人从现场直播和公开传送其现场表演，并获得报酬；

(4) 许可他人录音录像，并获得报酬；

(5) 许可他人复制、发行录有其表演的录音、录像制品，并获得报酬；

(6) 许可他人通过信息网络向公众传播其表演，并获得报酬。

3. 表演者的主要义务

表演者使用他人的作品演出，应当征得著作权人许可，并支寸报酬；使用改编、翻译、注释、整理已有作品而产生的作品演出，应当征得演绎作品著作权人和原作品著作权人许可，并支付报酬。

（四）录制者的权利

1. 录制者权的主体和客体

录制者权的主体是录制者，包括录音制作者和录像制作者。录制者权的客体是录制品，包括录音制品和录像制品。

2. 录制者的权利和义务

录制者对其制作的录音、录像制品，享有许可他人复制、发行、出租、通过信息网络向公众传播并获得报酬的权利。录制者使用他人作品制作录音、录像制品，应当取得著作权人许可，并支付报酬；使用演绎作品制作录制品的，应当征得演绎作品著作权人和原作品著作权人的许可，并支付报酬；录制表演活动的，应当同表演者订立合同，并支付报酬。

（五）播放者的权利

1. 播放者权的主体和客体

放者权的主体是广播电视组织，包括广播电台和电视台。播放者权的客体是播放的广播或电视，而非广播、电视节目。

2. 播放者的权利和义务

播放者有权禁止未经许可的下列行为：将其播放的广播、电视转播，将其播放的广播、电视录制在音像载体上以及复制音像载体。

播放者应当履行下列义务：播放他人未发表的作品，应当取得著作权人的许可，并支付报酬；播放已发表的作品或已出版的录音、录像制品，可以不经著作权人、许可，但应按规定支付报酬。

六、著作权侵权行为

（一）著作权侵权行为的概念

著作权侵权行为，是指未经著作权人同意，又无法律上的依据，使用他人作品或行使著作权人专有权的行为。

（二）承担民事责任的著作权侵权行为

有下列侵权行为的，应当根据具体情况，承担停止侵害、消除影响、赔礼道歉、赔偿损失等民事责任。

1. 未经著作权人许可，发表其作品的；
2. 未经合作作者许可，将与他人合作创作的作品当作自己单独创作的作品发表的；
3. 没有参加创作，为谋取个人名利，在他人作品上署名的；
4. 歪曲、篡改他人作品的；
5. 剽窃他人作品的；
6. 未经著作权人许可，以展览、摄制电影和以类似摄制电影的方法使用作品，或者以改编、翻译、注释等方式使用作品的，著作权法另有规定的除外；
7. 使用他人作品，应当支付报酬而未支付的；
8. 未经电影作品和以类似摄制电影的方法创作的作品、计算机软件、录音录像制品

的著作权人或者与著作权有关的权利人许可,出版其作品或者录音、录像制品的,著作权法另有规定的除外;

9. 未经出版者许可,使用其出版的图书、期刊的版式设计的;

10. 未经表演者许可,从现场直播或者公开传送其现场表演,或者录制其表演的;

11. 其他侵犯著作权以及邻接权侵权行为。

【例 6-3】下列行为中,哪些属于侵犯著作权的行为?(　　)
A. 一电视台为了报道油画展览的盛况,在电视新闻中播放了展览的油画
B. 李教授在世纪论坛上的演讲词被电视台全文报道
C. 法院为了查证将程一发表的文章复制了三遍
D. 出版社将蒙文发表的作品翻译成汉文在国内出版发行

【点评】

答案为 D。《著作权法》第 22 条规定:将已经发表的以汉文创作的作品翻译成少数民族语言文字作品在国内出版发行的,为合理使用。

第三节　专利权法

一、专利权的主体

专利权的主体即专利权人是指依法享有专利权并承担相应义务的人。专利权的主体包括发明人或设计人、发明人或设计人的单位、受让人和外国人。

(一) 发明人或设计人

发明人或设计人是指对发明创造的实质性特点作出了创造性贡献的人。在完成发明创造过程中,只负责组织工作的人、为物质技术条件的利用提供方便的人或者从事其他辅助性工作的人,均不是发明人或设计人,发明人或设计人只能是自然人,不能是单位、集体或课题组。

发明人或者设计人包括非职务发明创造的发明人或者设计人和职务发明创造的发明人或者设计人两类。

(二) 发明人或设计人的单位

对于职务发明创造来说,专利权的主体是该发明创造的发明人或者设计人的所在单位。职务发明创造,是指执行本单位的任务或者主要是利用本单位的物质技术条件所完成的发明创造。

职务发明创造分为两类:

1. 执行本单位任务所完成的发明创造。它包括三种情况:(1)在本职工作中作出的发明创造;(2)履行本单位交付的本职工作之外的任务,退休、调离原单位后或者劳动、人

事关系终止后1年内作出的,与其在原单位承担的本职工作或者原单位分配的任务有关的发明创造。

2. 主要利用本单位的物质技术条件所完成的发明创造。

(三) 受让人

受让人,是指通过合同或继承而依法取得专利的单位或个人。

(四) 外国人

外国人包括具有外国国籍的自然人和法人。在中国有经常居所或者营业所的外国人,享有与中国公民或单位同等的专利申请权和专利权。在中国没有经常居所或者营业所的外国人、外国企业或者外国其他组织在中国申请专利和办理其他专利事务的,应当委托依法设立的专利代理机构办理。

二、专利权的客体

专利权的客体,也称为专利法保护的对象,是指依法应授予专利的发明创造。专利权的客体包括发明、实用新型和外观设计三种。

(一) 发明

发明,是指对产品、方法或者其改进所提出的新的技术方案。发明分为产品发明、方法发明和改进发明三种。产品发明是关于新产品或新物质的发明。这种产品或物质是自然界从未有过的,是人利用自然规律作用于特定事物的结果。方法发明是指为解决某特定技术问题而采用的手段和步骤的发明。改进发明是对已有的产品发明或方法发明所作出的实质性革新的技术方案。

(二) 实用新型

实用新型,是指对产品的形状、构造或者其结合所提出的适于实用的新的技术方案。实用新型专利只保护产品。该产品应当是经过工业方法制造的、占据一定空间的实体。产品的形状是指产品所具有的、可以从外部观察到的确定的空间形状。产品的构造是指产品的各个组成部分的安排、组织和相互关系。线路构造是指构成产品的元器件之间的确定的连接关系。

(三) 外观设计

外观设计又称为工业产品外观设计,是指对产品的形状、图案或者其结合以及色状、图案的结合所作出的富有美感并适于应用的新设计。

外观设计的载体必须是产品。通常,产品的色彩不能独立构成外观设计,除非产品色彩变化的已形成一种图案。可以构成外观设计的有产品的形状,产品的图案,产品的形状和图案,产品的形状和色彩,产品的图案和色彩,产品的形状、图案和色彩。

(四) 专利法不予保护的对象

1. 对违反法律、社会公德,或者妨害公共利益的发明创造,不授予专利权;
2. 科学发现;

3. 智力活动的规则和方法；
4. 疾病的诊断和治疗方法；
5. 动物和植物品种；
6. 用原子核变换方法获得的物质；
7. 对平面印刷品的图案、色彩或者二者的结合作出的主要起标识作用的设计。

三、授予专利权的条件

（一）发明或者实用新型专利的授权条件

1. 新颖性

新颖性，是指该发明或者实用新型不属于现有技术，也没有任何单位或者个人就同样的发明或者实用新型在申请日以前向国务院专利行政部门提出过申请，并记载在申请日以后公布的专利申请文件或者公告的专利文件中。

2. 创造性

创造性是指同申请日以前已有的技术相比，该发明有突出的实质性特点和显著的进步，该实用新型有实质性特点和进步。发明的创造性比实用新型的创造性要求更高。

3. 实用性

实用性，是指该发明或者实用新型能够制造或者使用，并且能够产生积极效果。

（二）外观设计专利的授权条件

1. 新颖性

授予专利权的外观设计，应当不属于现有设计，也没有任何单位或者个人就同样的外观设计在申请日以前向国务院专利行政部门提出过申请，并记载在申请日以后公告的专利文件中。

2. 实用性

授予专利权的外观设计必须适于工业应用。这要求外观设计本身以及作为载体的产品能够以工业的方法重复再现，即能够在工业上批量生产。

3. 富有美感

授予专利权的外观设计必须富有美感。

四、授予专利权的程序

（一）专利的申请

1. 专利申请的原则

（1）形式法定原则。申请专利的各种手续，都应当以书面形式或者国家知识产权局专利局规定的其他形式办理。

（2）单一性原则。一件发明或者实用新型专利申请应当限于一项发明或者实用新型。

(3) 先申请原则。两个以上的申请人分别就同样的发明创造申请专利的,专利权授予最先申请的人。

2. 专利申请文件

申请发明或者实用新型专利的,应当提交请求书、说明书及其摘要和权利要求书等文件。

3. 专利申请日

专利局收到专利申请文件之日为申请日。如果申请文件是邮寄的,以寄出的邮戳为申请日。申请人享有优先权的,优先权日视为申请日。

(二) 专利申请的审批

1. 发明专利的审批

(1) 初步审查。专利主管机关查明该申请是否符合《专利法》关于申请形式要求的规定。

(2) 早期公开。专利局收到发明专利申请后,经初步审查认为符合要求的,自申请日起满18个月,即行公布。

(3) 实质审查。发明专利申请自申请日起3年内,专利局可以根据申请人随时提出的请求,对其申请进行实质审查;专利局认为必要的时候,可以自行对发明专利申请进行实质审查。

(4) 授权登记公告。发明专利申请经实质审查没有发现驳回理由的,由专利局作出授予发明专利权的决定,发给发明专利证书,同时予以登记和公告。发明专利权自公告之日起生效。

2. 实用新型和外观设计专利的审批

实用新型和外观设计专利申请经初步审查没有发现驳回理由的,由专利局作出授予实用新型专利权或者外观设计专利权的决定,发给相应的专利证书,同时予以登记和公告。实用新型专利权和外观设计专利权自公告之日起生效。

(三) 专利的复审和无效宣告

国家知识产权局设立专利复审委员会。专利申请人对专利局驳回申请的决定不服的,可以自收到通知之日起3个月内,向专利复审委员会请求复审。专利申请人对专利复审委员会的复审决定不服的,可以自收到通知之日起3个月内向人民法院起诉。发明创造被授予专利权后,任何单位或个人发现有不符合《中华人民共和国专利法》(以下简称《专利法》)有关规定的,都可以在专利授权之日起申请宣告该专利权无效。专利复审委员会认为请求书符合法律规定的,应依法定程序作出宣告专利权无效或者维持专利权的决定。当事人对该决定不服的,可依法提起诉讼。专利权被宣告无效后,专利权视为自始即不存在。

【例6-4】程一公司开发了一种汽车节能环保技术,并依法获得了实用新型专利证书。甲公司拟于程一公司签订独占实施许可合同引进该技术,但在与程一公司协商过程中,发现该技术在专利申请日前已经属于现有技术,甲公司的下列做法哪个不合法?(　　)

A. 在该专利技术基础上继续开发新技术

B. 申请法院判决该专利无效
C. 请求专利复审委员会宣告该专利无效
D. 无偿使用该技术

【点评】

答案为 B。《专利法》第 62 条规定：该技术在专利申请日前已经属于现有技术，在现有技术基础上开发新技术，无偿使用现有技术，均合法。

五、专利权的内容和限制

（一）专利权人的权利

1. 独占实施权

发明和实用新型专利权被授予另有规定的以外，任何单位或者个人未经专利权人许可，都不得实施其专利，即不得为生产经营目的制造、使用、许诺销售、销售、进口其专利产品，或者使用其专利方法以及使用、许诺销售、销售、进口依照该专利方法直接获得的产品。

外观设计专利权被授予后，任何单位或者个人未经专利权人许可，都不得实施其专利，即不得为生产经营目的制造、许诺销售、销售、进口其外观设计专利产品。

2. 实施许可权

实施许可权是指专利权人可以许可他人实施其专利并收取专利使用费。

3. 转让权

专利权可以转让。中国单位或者个人向外国人、外国企业或者外国其他组织转让专利权的，应当依照有关法律、行政法规的规定办理手续。

4. 标示权

标示权是指专利权人享有在其专利产品或者该产品的包装上标明专利标记和专利号的权利。

（二）专利权人的义务

专利权人的主要义务是缴纳专利年费。未按规定缴纳年费的，可能导致其专利权终止。

（三）专利权的期限

发明专利权的期限为 20 年，实用新型专利权的期限为 10 年，均自申请之日起计算。

（四）专利权的限制

专利权限制主要指强制许可。

强制许可又称为非自愿许可，是指国务院专利行政部门依照法律规定，不经专利权人的同意，直接许可具备实施条件的申请者实施发明或实用新型专利的一种行政措施。我国专利法将强制许可分为三类：滥用专利权的强制许可、根据公共利益需要的强制许可、从属专利的强制许可。

（五）不视为侵犯专利权的情形

1. 专利产品或者依照专利方法直接获得的产品；由专利权人或者经其许可的单位、个人售出后，使用、许诺销售、销售、进口该产品的。

2. 在专利申请日前已经制造相同产品，使用相同方法或者已经做好制造、使用的必要准备，并且仅在原有范围内继续制造、使用的。

3. 临时通过中国领陆、领水、领空的外国运输工具，依照其所属国同中国签订的协议或者共同参加的国际条约，或者依照互惠原则，为运输工具自身需要而在其装置和设备中使用有关专利的。

4. 专为科学研究和实验而使用有关专利的。

5. 为提供行政审批所需要的信息，制造、使用、进口专利药品或者专利医疗器械的，以及专门为其制造、进口专利药品或者专利医疗器械的。

六、专利侵权行为

（一）专利权的保护范围

1. 发明或者实用新型专利权的保护范围以其权利要求的内容为准，说明书及附图用于解释其权利要求。

2. 外观设计专利权的保护范围以表示在图片或者照片中的该外观设计专利产品为准。确定外观设计是否相同或者近似，应当以同类产品为基础。

（二）专利侵权行为

1. 专利侵权行为的概念

专利侵权行为是指在专利权有效期限内，行为人未经专利权人许可又无法律依据，以营利为目的实施他人专利的行为。

2. 专利侵权行为的表现形式

专利侵权行为分为直接侵权行为和间接侵权行为两类。

（1）直接侵权行为。这是指直接由行为人实施的侵犯他人专利权的行为。其表现形式包括：

① 制造发明、实用新型、外观设计专利产品的行为。

② 使用发明、实用新型专利产品的行为。将侵犯发明或者实用新型专利权的产品作为零部件，制造另一产品的，应当认定为使用发明、实用新型专利产品的行为。

③ 许诺销售发明、实用新型专利、外观设计专利产品的行为。

④ 销售发明、实用新型或外观设计专利产品的行为。

⑤ 进口发明、实用新型、外观设计专利产品的行为。

⑥ 使用专利方法以及使用、许诺销售、销售、进口依照该专利方法直接获得的产品的行为。

⑦ 假冒他人专利的行为。为生产经营目的使用或者销售不知道是未经专利权人许可而制造并售出的专利产品或者依照专利方法直接获得的产品，能证明其产品合法来源

的,仍然属于侵犯专利权的行为,需要停止侵害但不承担赔偿责任。

(2)间接侵权行为。这是指行为人本身的行为并不直接构成对专利权的侵害,但实施了诱导、怂恿、教唆、帮助他人侵害专利权的行为。

【例6-5】下列哪一项不属于侵犯专利权的行为?（　　）

A. 甲公司与专利权人签订独占实施许可合同后,又许可其子公司实施该专利技术

B. 获得强制许可实施权的甲公司许可实施该专利技术

C. 甲公司销售不知道是侵犯他人专利的产品并能证明该产品来源合法

D. 为提供行政审批所需的信息,甲公司未经专利权人的同意而制造其专利药品

【点评】

答案为D。根据《专利法》第69条规定,该公司的行为不视为侵犯专利权的行为,故合法。

第四节　商标权

一、商标权的取得

(一)取得商标权的途径

商标权的取得可分为原始取得和继受取得。商标权的原始取得,应按照商标注册程序办理。继受取得应按合同转让和继承注册商标的程序办理。未注册商标的使用人虽然根据《中华人民共和国商标法》(以下简称《商标法》)的规定可以根据具体情况获得一定程度的法律保护,但不享有商标权。

(二) 商标注册的原则

1. 申请在先原则

申请在先原则又称注册在先原则,是指两个或者两个以上的商标注册申请人,在同一种商品或者类似商品上,以相同或者近似的商标申请注册的,申请在先的商标,其申请人可获得商标专用权,在后的商标注册申请予以驳回;同一天申请的,初步审定并公告使用在先的商标,驳回其他人的申请,不予公告。

2. 自愿注册原则

自愿注册原则是指商标使用人是否申请商标注册取决于自己的意愿。在自愿注册原则下,商标注册人对其注册商标享有专用权,受法律保护。未经注册的商标,可以在生产服务中使用,但其使用人不享有专用权,无权禁止他人在同种或类似商品上使用与其商标相同或近似的商标,但驰名商标除外。

在实行自愿注册原则的同时,我国规定了在极少数商品上使用的商标实行强制注册原则,作为对自愿注册原则的补充。目前,必须使用注册商标的商品只有烟草制品。

(三) 商标注册的条件

1. 申请人的条件

自然人、法人或者其他组织在生产经营活动中,对其商品或者服务需要取得商标专用权的,应当向商标局申请商标注册。

两个以上的自然人、法人或者其他组织可以共同向商标局申请注册同一商标,共同享有和行使该商标的专用权。

2. 商标构成的条件

(1) 商标的必备条件。商标的必备要件包括两项:第一,应当具备法定的构成要素;第二,商标应当具有显著特征。

(2) 商标的禁止条件。商标的禁止条件,也称商标的消极要件,是指注册商标的标记不应当具有的情形,即不得侵犯他人的在先权利或合法利益,不得违反商标法禁止标志的条款。

第一,禁止作为商标注册或使用的标志有:中华人民共和国的国家名称、军旗、军徽、军歌、勋章等相同或近似的以及同中央国家机关的名称、标志的名称或标志性建筑物的名称、图形相同的;同外国的国家名称、国旗、国徽相同或近似的,但该国政府同意的除外;同政府间国际组织的名称、旗帜、徽记等相同或者近似的,但经该组织同意或者不易误导公众的除外;与表明实施控制、予以保证的官方标志、检验印记相同或者近似的,但经授权的除外;同"红十字"、"红新月"的名称、标志相同或者近似的;带有民族歧视性的;带有欺骗性,容易使公众对商品的质量等特点或者产地产生误认的;有害于社会主义道德风尚或者有其他不良影响的。

第二,禁止作为商标注册但可以作为未注册商标或其他标志使用的标志:①仅有本商品的通用名称、图形、型号的,仅直接表示商品的质量、主要原料、功能、用途、重量、数量及其特点的,以及其他缺乏显著特征的。②以三维标志申请注册商标的,仅由商品自身的性质产生的形状、为获得技术效果而需要有的商品形状或者使商品具有实质性价值的形状,不得注册。

(四) 商标注册的程序

1. 申请的代理

商标注册的国内申请人可以自己直接到商标局办理注册申请手续,也可以委托依法设立的商标代理机构办理。外国人或者外国企业在我国申请注册商标和办理其他商标事宜的,应当委托依法设立的商标代理机构代理。

2. 注册申请

商标注册申请人应当按规定的商品分类表填报商品类别和商品名称,提出注册申请。商标注册申请人可以通过一份申请就多个类别的商品申请注册同一商标。

注册商标需要改变其标志的,应当重新提出注册申请;注册商标需要变更注册人的名义、地址或者其他注册事项的,应当提出变更申请。

3. 审查和核准

商标局对受理的商标注册申请,依法应当在收到申请文件之日起9个月内审查完毕,对符合《商标法》规定的,予以初步审定公告。对注册申请的商标不符合注册规定的,商标局应当依法驳回申请。对驳回申请、不予公告的商标,商标局应当书面通知商标注册申请人。商标注册申请人不服的,可以自收到通知之日起 15 日内向商标评审委员会申请复审。商标评审委员会应当自收到申请之日起 12 个月内作出复审决定,并书面通知异议人和被异议人。被异议人对商标评审委员会的决定不服的,可以自收到通知之日起 30 日内向人民法院起诉。

当事人对公告期满无异议的,予以核准注册,发给商标注册证,并予以公告。经裁定异议不能成立而核准注册,商标注册申请人取得商标专用权的时间自初审公告 3 个月期满之日起计算。

【例 6-6】若外国企业在我国申请注册商标,下列说法哪一项正确?(　　)
  A. 应当委托在我国依法成立的律师事务所
  B. 所属国必须已加入《保护工业产权巴黎公约》
  C. 所属国必须已加入世界贸易组织
  D. 如所属国商标注册主管机关曾驳回了其商标注册申请,该申请在我国仍有可能获准注册

【点评】

答案为 D。《商标法》规定,知识产权实行独立保护原则,一个商标是否符合注册条件,必须依据《商标法》的规定进行判断。

二、商标权的内容

商标权是指商标注册人在法定期限内对其注册商标所享有的受国家法律保护的各种权利。从内容上看,商标权包括专用权、禁止权、许可权、转让权、续展权和标示权等。

(一) 专用权

专用权,是指商标权主体对其注册的商标依法享有的自己在指定商品或服务项目上独占使用的权利。注册商标的专用权,以核准注册的商标和核定使用的商品为限。

(二) 许可权

许可权,是指商标权人可以通过签订商标使用许可合同许可他人使用其注册商标的权利。

(三) 转让权

商标转让权,是指商标权人依法享有的将其注册商标依法定程序和条件,转让给他人的权利。转让注册商标的,转让人和受让人应当签订转让协议,并共同向商标局提出申请。

(四) 续展权

续展权,是指商标权人在其注册商标有效期届满前,依法享有申请续展注册,从而延长其注册商标保护期的权利。

第六章　知识产权法律制度

（五）标示权

商标注册人使用注册商标,有权标明"注册商标"字样或者注册标记。在商品上不便标明的,可以在商品包装或者说明书以及其他附着物上标明。

三、商标权的消灭

（一）注册商标的注销

注册商标的注销是指商标主管机关基于一些原因取消注册商标的一种管理措施,是商标权的正常消灭情况。在下列情况下,商标局可以注销商标:

1. 注册商标法定期限届满,未续展和续展未获批准的;
2. 商标注册人申请注销其注册商标或者注销其商标在部分指定商品上的注册的,该注册商标专用权或者该注册商标专用权在该部分指定商品上的效力自商标局收到其注销申请之日起终止;
3. 商标注册人死亡或者终止,自死亡或者终止之日起 1 年期满,该注册商标没有办理转移手续的,任何人可以向商标局申请注销该注册商标。

（二）注册商标的撤销

注册商标的撤销是商标局对违法使用商标的注册人依法强制取消已经注册的商标的一种强制性法律措施。

（三）注册商标的无效宣告

1. 注册商标不涉及侵害他人民事权益情形下的无效宣告。已经注册的商标,违反《商标法》有关规定的,或者是以欺骗手段或者其他不正当手段取得注册的,由商标局宣告该注册商标无效;其他单位或者个人可以请求商标评审委员会宣告该注册商标无效。
2. 注册商标侵害他人民事权益情形下的无效宣告。已经注册的商标,违反《商标法》有关规定的,自商标注册之日起 5 年内,在先权利人或者利害关系人可以请求商标评审委员会宣告该注册商标无效。对恶意注册的,驰名商标所有人不受 5 年的时间限制。
3. 注册商标宣告无效的法律后果。注册商标被宣告无效的,其商标权视为自始不存在。有关宣告注册商标无效的决定或者裁定,对在无效前人民法院作出并已执行的商标侵权案件的判决、裁定、调解书,工商行政管理部门作出并已执行的商标侵权案件的处理决定,以及已经履行的商标转让或者使用许可合同,不具有追溯力。但是,因商标注册人恶意给他人造成的损失,应当给予赔偿。依照前述规定不返还商标侵权赔偿金、商标转让费、商标使用费,明显违反公平原则的,应当全部或者部分返还。

四、商标侵权行为

（一）商标侵权行为的概念

商标侵权行为,是指违反商标法规定,假冒或仿冒他人注册商标,或者从事其他损害商标权人合法权益的行为。

(二) 商标侵权行为的表现

(1) 假冒或仿冒行为；
(2) 销售侵犯注册商标专用权的商品；
(3) 伪造、擅自制造他人注册商标标识或者销售伪造、擅自制造的注册商标标识；
(4) 未经商标注册人同意，更换其注册商标并将更换商标的商品又投入市场；
(5) 故意为侵犯他人注册商标专用权行为提供便利条件，帮助他人实施侵犯商标专用权行为；
(6) 给他人的注册商标专用权造成其他损害行为。

(三) 商标权的限制

1. 商标的合理使用

注册商标中含有本商品的通用名称、图形、型号，或者直接标示商品的质量、主要原料、功能、用途、重量、数量及其他特点或者含有地名，注册商标专用权人无权禁止他人正当使用。三维标志注册商标中含有的商品自身的性质产生的形状、为获得技术效果而需有的商品形状或者使商品具有实质性价值的形状，注册商标专用权人无权禁止他人正当使用。

2. 商标先用权

商标注册人申请商标注册前，他人已经在同一种商品或者类似商品上先于商标注册人使用与注册商标相同或者近似并有一定影响的商标的，注册商标专用权人无权禁止该使用人在原使用范围内继续使用该商标，但可以要求其附加适当区别标识。

【例 6-7】程一公司注册了商标"霞露"，使用于日用化妆品等商品上，下列哪项正确？
(　　)
A. 该公司要将注册了的商标改成"露霞"，应向商标局提出变更申请
B. 甲公司在化妆品上擅自使用"露霞"为商标，程一公司有权禁止甲公司的这种行为
C. 程一公司因经营不善连续三年停止使用该商标，该商标可能被注销
D. 程一公司签订该商标转让合同后，应单独向商标局提出申请

【点评】

答案为 B。《商标法》第 57 条规定：未经商标注册人的许可，在同一种商品上使用与其注册商标近似的商标，容易导致混淆的，构成侵权。

五、驰名商标的保护

(一) 驰名商标的概念

驰名商标，是指在一定地域范围内具有较高知名度并为相关公众知晓的商标。《商标法》对驰名商标规定了特殊的保护措施。

(二) 驰名商标的认定

驰名商标的认定可以由特定的行政机关认定，也可以由最高人民法院指定的人民法

第六章　知识产权法律制度　　　　　　　　　　　　　　　　　　　　　　　　177

院在审理案件时进行认定。国家工商行政管理总局商标局或商标评审委员会可以依法在处理相关纠纷时认定驰名商标。驰名商标的认定以被动认定和个案认定为原则。

（三）驰名商标的特殊保护措施

复制、模仿或者翻译他人未在中国注册的驰名商标或者主要部分，在相同或者类似商品上使用，容易导致混淆的，应当承担停止侵害的民事法律责任。未注册驰名商标的持有人没有获得商标权，因而不能依据商标法享有损害赔偿请求权。

【例 6-8】 下列哪一行为构成对知识产权的侵犯？（　　）

A. 程一明知是盗版书籍却购买并阅读
B. 程一明知是盗版软件却购买并安装使用
C. 五湖公司明知是假冒注册商标的商品却购买并经营性使用
D. 四海公司明知是侵犯外观设计专利权的商品却购买并经营性使用

【点评】

答案为 B。《著作权法》、《中华人民共和国计算机软件保护条例》规定，盗版软件的恶意持有人，即明知是盗版软件还继续购买并安装使用，构成侵权。

第七章　反垄断法律制度

【背景知识】

铁路管制——美国反垄断法出台的先声

1867年,美国密西西比河谷兴起了自称"耕作保护神"的农民组织,外界称之为"格兰其"。该组织最初的宗旨是推动农民的合作,保护和促进农民的利益。后来,该组织发起了反垄断、反中间商盘剥的运动。到1875年,美国中西部各农业州已经建立起了约3万个"格兰其",成员发展到250万人,成为国家政治生活中一支不可忽视的力量。格兰其运动反垄断,主要是针对铁路公司在运价方面差别对待的做法。这些组织要求铁路公司价格公平,一视同仁。

在格兰其运动的高潮中,1871年伊利诺斯州、明尼苏达州,以及1874年艾荷华州、威斯康星州分别制定了管制铁路运营及货栈租赁的法律。因为这些法律是在格兰其运动的压力下制定的,所以被统称为"格兰其法律"。对"格兰其法律",有的铁路公司公然拒绝;有的则阳奉阴违;还有的甚至诉诸法律,向最高法院控告"格兰其法律"违反宪法。1877年3月,在"芒思诉伊利诺斯州案"中,最高法院裁决:在涉及公共利益时,州对铁路的管制合法;在国家制定涉及州际关系的法律前,州可以行使管理州际关系的全部权力。芒思案的判决原则为各州管制铁路和包储业务开辟了道路。到1886年时,已有25个州相继建立了管制铁路委员会。(摘编自周增宝《30年代的大危机和罗斯福"新政"——大萧条对美国经济的影响》,《山东经济战略研究》1999年第1期)

第一节　反垄断法概述

一、垄断的概念和特征

"垄断"一词,在经济学中是指少数企业凭借其雄厚的经济实力,对生产和市场进行控制,并在一定的市场领域从实质上限制竞争的一种市场状态。法学中的垄断是指经营者或者其利益代表者滥用已经具备的市场支配地位,或者通过协议、合并或其他方式谋求并滥用市场支配地位,借以排除或限制竞争,牟取超额利益,依法应予规制的行为。

1. 垄断的客观方面是垄断行为而非垄断结构

世界各国的产业组织的发展历程表明,在竞争中成长起来的垄断只改变了竞争的形式,而没有改变竞争本身,它使竞争在更长的时间跨度、更广的空间范围和更高的程度上展开。所以,各国反垄断法的重点也从刚开始时关注经营者的市场占有程度,转变为更加关注经营者的市场行为是否排除或限制了竞争。所以,法学意义上的垄断指的是市场行为而不是市场状态。

2. 垄断的主体是经营者或其利益代表者

经营者是指为了获得利润而提供商品或服务的企业、个人或其他组织。在市场中占有支配地位的经营者,在为了获得超出一般情况下的利润时,往往成为垄断行为的主体。代表经营者利益的各种行业协会和一些政府部门虽然不直接从事营利的市场行为,但当它们为了经营者的利益而实施排除或限制竞争的行为时,也成为垄断的主体。

3. 垄断的主观方面是牟取超额利益

如果能够满足于在完全竞争状态下获得正常水平的利润,经营者就不会进行垄断行为。换言之,经营者进行垄断行为的动机是为了获得比正常利润更高的利润。代表经营者利益的行业协会和政府部门,在成为垄断行为的主体时,其主观方面也是为了获取超额利益,只不过直接的受益者是它们身后的经营者而已。

4. 垄断的后果是排除或限制竞争

通过提高产品和服务的质量、扩大市场份额取得更多利润的方式,不能让垄断主体获取超额利润。而仅仅通过滥用其支配地位,排除或限制市场竞争,就可以使价格机制发生扭曲,市场利润便向经营者倾斜。需要强调的是,并不是每一个垄断行为的构成都必须以造成排除或限制竞争的后果为要件。可能造成排除或限制竞争的后果也属于认定垄断的一种情况。

5. 垄断具有违法性

国家对于垄断不是笼统地一概加以反对,更不是反对正常的经济规模化。经营者可以通过公平竞争,自愿联合,依法实施集中,扩大经营规模,提高市场竞争能力。对于某些垄断,国家政策予以允许、提倡或扶助,必要时,甚至实行某种形式的国家垄断。在经济学上被界定为垄断的行为,如果依反垄断法不构成垄断,或者依法适用除外规定,那么它就不是垄断法意义上的垄断。所以,法学意义上的垄断是指法律明确禁止的垄断。

二、反垄断法

(一) 反垄断法的概念

反垄断法是指,调整国家规制垄断过程中所发生的社会关系的法律规范的总称。它不仅包括2007年8月30日于第十届全国人民代表大会常务委员会第二十九次会议上通过,并于2008年8月1日起施行的《中华人民共和国反垄断法》(以下简称《反垄断法》),而且包括我国制定的其他一切仍然有效的反垄断法律、法规。

反垄断法的调整对象是在国家规制垄断过程中所发生的社会关系,即反垄断关系。

它又可分为垄断行为规制关系和反垄断体制关系。垄断行为规制关系,是指在规制垄断行为过程中形成的社会关系,主要包括国家主管机关在反垄断的过程中与经营者之间,以及经营者相互之间发生的社会关系。反垄断体制关系,是指各相关国家机关因反垄断的权限而发生的社会关系,即反垄断权力分配关系。

(二) 反垄断法的作用

反垄断法的宗旨在于,预防和制止垄断行为,保护市场公平竞争,提高经济运行效率,维护消费者利益和社会公共利益,促进社会主义市场经济健康发展。

1. 维护公平的竞争秩序,保障经营者权利

竞争是市场经济的基本特征。自由、公平和充分地开展市场竞争,是价值规律和市场调节机制充分发挥作用的前提和基础,也是经营者自主经营,依法进入和退出某一产业部门,自由从事商事活动,不受非法干扰、阻碍,获取合法利润的根本保障。而在垄断的情况下,众多的中小经营者以及被排除在某一体系外的经营者,会因为垄断主体的行为丧失公平竞争的机会。因此,只有依靠反垄断法对市场完全竞争状态的维护,经营者才能真正享有法律赋予的生存和发展的权利。

反垄断法在禁止垄断的同时,并不反对经营者正常的发展壮大。经营者可以通过公平竞争、自愿联合、依法实施集中,来扩大自己的经营规模,提高市场竞争能力。《反垄断法》规定,如果经营者能够证明,集中对竞争产生的有利影响明显大于不利影响或者符合社会公共利益,反垄断执法机构可以对该项经营者集中作出不予禁止的决定。这一规定体现了《反垄断法》是对经营者发展权利的支持和保护。

2. 提高市场效率,优化资源配置

垄断最大的危害是限制、排除竞争,破坏市场竞争机制。而市场竞争机制又在资源配置中起基础性作用。所以,通过反垄断法对垄断和限制竞争行为的规制,能够有效地维护市场竞争机制资源配置作用的发挥,提高市场效率。

由于我国传统上实行计划经济体制,市场发育不成熟,全国统一大市场还未完全形成,自由、公平的竞争秩序尚未建立,经济资源的配置和流动常常受到非市场因素的干扰,市场效率低下。因而,通过反垄断法打击各种形式垄断,构建公平、高效的市场体系就显得尤为重要。

3. 保护消费者的合法权益

经济学家亚当·斯密曾经说过,生产同类产品的企业很少聚集在一起,如果他们聚集在一起,其目的便是商讨如何对付消费者。而消费者在市场中的弱势地位,在市场处于垄断状态之下时,变得尤为显著。例如,在竞争性的市场上,搭售行为一般不会对消费者造成严重的不利后果。而一旦处于市场支配地位的经营者滥用自己的优势,不合理搭售商品时,消费者就丧失了选择的机会,其权利必然受到损害。

反垄断法对经营者的经营行为及其商品和服务的价格依法实施监管和调控。同时,它还要求处于市场支配地位的经营者依法经营,诚实守信,严格自律,接受社会公众的监督,不得利用其控制地位或者专营专卖地位损害消费者利益。这些规定都有利于消费者合法权益的切实维护。而消费者权益的有效保护会大幅提高消费者购买的积极性,购买量的增加又必然会通过产供销链条反馈到生产、供应,从而拉动经济的增长。

(三) 反垄断法的执行

反垄断法的执行,是指反垄断执法机构实施反垄断法的行为。我国的反垄断执法机构是反垄断委员会及其根据需要在各省、自治区、直辖市人民政府授权的机构。反垄断委员会在国务院的领导下负责组织、协调、指导反垄断工作,具体内容包括:研究拟订有关竞争政策;组织调查、评估市场总体竞争状况,发布评估报告;制定、发布反垄断指南;协调反垄断行政执法工作等。

1. 反垄断执法机构的权力

按照《反垄断法》的规定,我国的反垄断执法机构主要有调查权、审查许可权、制裁权。

(1) 调查权

在向反垄断执法机构主要负责人书面报告,并经批准后,反垄断执法机构调查涉嫌垄断行为,可以采取下列措施:进入被调查的经营者的营业场所或者其他有关场所进行检查;询问被调查的经营者、利害关系人或者其他有关单位或者个人,要求其说明有关情况;查阅、复制被调查的经营者、利害关系人或者其他有关单位或者个人的有关单证、协议、会计账簿、业务函电、电子数据等文件、资料;查封、扣押相关证据;查询经营者的银行账户。

(2) 审查许可权

对于经营者是否达成垄断协议,是否具有市场支配地位,以及经营者集中是否达到国务院规定的申报标准等情况,由反垄断执法机构进行审查。经过审查,经营者可以实施联合行为、经营者集中行为的,由反垄断执法机构予以许可。

(3) 制裁权

反垄断执法机构对违反《反垄断法》的经营者可以进行制裁。具体措施包括:责令停止违法行为,没收违法所得,限期处置,罚款,向有关上级机关提出依法处理的建议,等等。

2. 反垄断法执行的程序

反垄断执法机构执行职责必须遵守《反垄断法》的规定,依照程序进行。

对涉嫌垄断行为,任何单位和个人有权以书面形式向反垄断执法机构举报,反垄断执法机构应当进行必要的调查,并为举报人保密。反垄断执法机构在调查涉嫌垄断行为时,其执法人员不得少于二人,并应当出示执法证件。执法人员进行询问和调查,应当制作笔录,并由被询问人或者被调查人签字。对于在执法过程中知悉的商业秘密,反垄断执法机构及其工作人员都负有保密义务。被调查的经营者、利害关系人有权陈述自己的意见,而反垄断执法机构应当对被调查的经营者、利害关系人提出的事实、理由和证据进行审核,以确定其真实性。反垄断执法机构对涉嫌垄断行为调查核实后,认为构成垄断行为的,应当依法作出处理决定,并可以向社会公布。

对反垄断执法机构调查的涉嫌垄断行为,被调查的经营者承诺在反垄断执法机构认可的期限内采取具体措施消除该行为后果的,反垄断执法机构可以决定中止调查。中止调查的决定应当载明被调查的经营者承诺的具体内容。反垄断执法机构决定中止调查的,应当对经营者履行承诺的情况进行监督。经营者履行承诺的,反垄断执法机构可以决定终止调查。对于经营者未履行承诺,或作出中止调查决定所依据的事实发生重大变化,以及中止调查的决定是基于经营者提供的不完整或者不真实的信息作出的等情况,反垄断执法机构应当恢复调查。

对反垄断执法机构关于经营者集中问题所作出的决定不服的,先申请行政复议;对行政复议决定仍然不服的,可以依法提起行政诉讼。对反垄断执法机构作出的其他问题的决定不服的,可以依法申请行政复议或者提起行政诉讼。

(四) 反垄断法的适用

反垄断法的适用,是指国家司法机关应用反垄断法处理案件的专门活动。它是司法机关及其工作人员运用国家权力对反垄断关系进行的再调整或对已调整好的反垄断关系的保护。

1. 反垄断法的域外效力

一般情况下,国家法律的效力范围及于本国国家权力所及的空间和时间及其管辖的对象。然而,反垄断法的效力却超出了这一范围。《反垄断法》第2条规定"中华人民共和国境内经济活动中的垄断行为,适用本法;中华人民共和国境外的垄断行为,对境内市场竞争产生排除、限制影响的,适用本法。"这种国内反垄断法的效力范围超越国家领土,适用于对国内市场竞争发生影响的垄断行为的现象,称为反垄断法的域外效力。

2. 反垄断法适用除外

反垄断法适用除外,是指在规定反垄断法适用范围和适用反垄断法时,将符合特定条件的领域、事项或行为作为例外而不适用反垄断法基本规定的一项制度。按照《反垄断法》的规定,我国反垄断法适用除外的范围包括:

(1) 国有经济占控制地位的、关系国民经济命脉和国家安全的行业以及依法实行专营专卖的行业;

(2) 经营者依照有关知识产权的法律、行政法规规定行使知识产权的行为。但是,经营者滥用知识产权,排除、限制竞争的行为除外;

(3) 农业生产者及农村经济组织在农产品生产、加工、销售、运输、储存等经营活动中实施的联合或者协同行为。

第二节 垄断行为

《反垄断法》规定的垄断行为有四种,即经营者达成垄断协议的行为,经营者滥用市场支配地位的行为,具有或者可能具有排除、限制竞争效果的经营者集中的行为,滥用行政权力排除、限制竞争的行为。

一、达成垄断协议行为

(一) 达成垄断协议行为的概念和特征

达成垄断协议行为,是指经营者为限制竞争而达成协议、决定或者其他协同一致的行为。

1. 达成垄断协议行为的主体是经营者和经营团体

经营者是市场中的利益追求者,是达成垄断协议行为最常见的主体。此外,行业协会等经营团体也在通过某些限制竞争的协议时成为达成垄断协议行为的主体。

2. 达成垄断协议行为的目的是排除或限制竞争

在完全竞争的市场中,经营者面临着残酷的现实:优胜劣汰,适者生存。这对经营者构成了极大的压力,迫使他们殚精竭虑地降低成本、提高效率和更新技术以应对竞争。而参与垄断协议则在事实上排除或限制了市场竞争,不仅可以大大减轻经营者的生存压力,而且还能使其稳定地分享垄断协议带来的利润。因此,经营者达成垄断协议的目的就是为了排除或限制竞争,而那些不以排除或限制竞争为目的的联合协议不能视为垄断协议。

3. 达成垄断协议行为客观上表现为达成协议或行为的协同一致

由于经营者之间没有隶属关系,所以,如果没有就如何操作达成协议或进行行为的协同一致,就无法协调他们的市场行为,实现排除或限制竞争的目的,这是判定是否有达成垄断协议行为的客观标准。

(二) 达成垄断协议行为的表现形式

1. 具有竞争关系的经营者达成的垄断协议

具有竞争关系的经营者之间的垄断协议,又称为横向垄断协议,主要有五种方式:一是对商品的价格固定或者变更商品价格,二是限制商品的生产数量或者销售数量,三是分割销售市场或者原材料采购市场,四是限制购买新技术、新设备或者限制开发新技术、新产品,五是联合抵制交易。具有竞争关系的经营者正是通过这些方式,减弱甚至消除了他们之间的相互竞争。

2. 经营者与交易相对人达成的垄断协议

经营者与交易相对人达成的垄断协议,又称为纵向垄断协议,主要表现为限定价格,即在产业链中由上一环节的经营者利用其市场支配地位,通过协议确定下一环节经营者的销售价格。限定价格的形式既可以是固定向第三人转售商品的价格,也可以是限定向第三人转售商品的最低价格。

3. 达成垄断协议行为的除外规定

《反垄断法》规定,经营者如果能够证明所达成的协议属于下列五种情形之一,并证明所达成的协议不会严重限制相关市场的竞争,且能够使消费者分享由此产生的利益的,可以不被认为是垄断协议。这五种情形分别是:一是为改进技术、研究开发新产品的;二是为提高产品质量,降低成本,增进效率,统一产品规格、标准或者实行专业化分工的;三是为提高中小经营者经营效率,增强中小经营者竞争力的;四是为实现节约能源、保护环境、救灾救助等社会公共利益的;五是因经济不景气,为缓解销售量严重下降或者生产明显过剩的。

此外,如果经营者能够证明自己所达成的协议是为了保障对外贸易和对外经济合作中的正当利益,或者符合法律和国务院规定的其他情形的,也不被认为是垄断协议。

4. 达成垄断协议行为的法律责任

经营者违反《反垄断法》的规定,达成并实施垄断协议的,反垄断执法机构可以责令其停止违法行为,没收违法所得,并处上一年度销售额百分之一以上百分之十以下的罚款;

对于经营者尚未开始实施所达成的垄断协议的,可处以五十万元以下的罚款。

如果经营者能够主动向反垄断执法机构报告达成垄断协议的有关情况,并提供重要证据的,反垄断执法机构可以酌情减轻或者免除对该经营者的处罚。

行业协会违反《反垄断法》的规定,组织本行业的经营者达成垄断协议的,反垄断执法机构可对其处以五十万元以下的罚款;情节严重的,社会团体登记管理机关可以依法撤销其登记。

【例 7-1】2006 年底至 2007 年 7 月初,方便面中国分会先后三次召集有关企业参加会议,协商方便面涨价事宜。会议商定了高价面(当时价格每包 1.5 元以上)、中价面(当时价格每包 1 元以上)和低价面(当时价格每包 1 元以下)涨价的时间和实施步骤。请运用反垄断法的有关知识,分析国家应如何对待这起方便面价格串通案。

【点评】

方便面中国分会的行为严重扰乱了市场价格秩序,阻碍了经营者之间的正当竞争,损害了消费者合法权益。国家发改委应责令方便面中国分会立即改正错误,公开向社会作出正面说明,消除不良影响,宣布撤销三次会议纪要中有关集体涨价的内容。对方便面中国分会和相关企业的串通涨价行为,国家发改委将深入调查,并依法作出进一步处理。

二、滥用市场支配地位的行为

(一) 市场支配地位

市场支配地位,是指经营者在相关市场内具有能够控制商品价格、数量或者其他交易条件,或者能够阻碍、影响其他经营者进入相关市场能力的市场地位。

这里的相关市场,是指与经营者提供的产品和服务之间存在竞争关系的所有产品和服务市场。相关市场的构成要求在产品和服务的种类上、时间和空间上满足一定的条件。首先,相关市场中产品和服务应当是属于同类或相互间可替代。例如,不同的电脑显像管、显示器构成了同类产品市场,液晶显示器则构成了它的替代产品市场,它们共同构成了电脑显示器的相关市场。其次,相关市场应当处在一定的区域内,使消费者能够有效地选择各类竞争产品和服务,经营者能够有效地提供产品和服务。如果提供相同或可替代产品和服务的经营者,由于空间的距离而在事实上不具有竞争性,那么就不能认为两者属于同一相关市场。最后,相关市场在构成上有很强的时间性。基于产品和服务的自身属性、消费需求的周期性等原因,同类或替代产品和服务间的竞争关系,在不同时段有所不同。例如,空调、电暖气、电风扇等调温器材的相关市场,在一年中的不同时期,其规模、组成也都是不一样的。

认定经营者具有市场支配地位的依据主要有:该经营者在相关市场的市场份额,以及相关市场的竞争状况;该经营者控制销售市场或者原材料采购市场的能力;该经营者的财力和技术条件;其他经营者对该经营者在交易上的依赖程度;其他经营者进入相关市场的难易程度;等等。其中,该经营者在相关市场中所占的市场份额被视为最重要的认定依据。按照《反垄断法》的规定,一个经营者在相关市场中占有的市场份额达到二分之一的,两个经营者在相关市场中占有的市场份额合计达到三分之二的,或者三个经营者在相关市场中占有的市场份额合计达到四分之三的,可以推定经营者具有市场支配地位。但是,在后两种情形下,其中有的经营者市场份额不足十分之一的,不应当推定该经营者具有市场支配地位。另外,如果被推定具有市场支配地位的经营者,有证据证明自己不具有市场支配地位的,也不应当认定其具有市场支配地位。

(二) 滥用市场支配地位行为的概念和特征

滥用市场支配地位行为,是指具有市场支配地位的经营者利用其市场支配地位所实施的妨碍竞争的行为。

1. 滥用市场支配地位行为的主体是特殊的

按照《反垄断法》的规定,滥用市场支配地位行为的主体只能是具有市场支配地位的经营者,那些不具备这一条件的主体所实施的妨碍竞争的行为,则适用其他的法律规定进行调整。

2. 滥用市场支配地位行为的客观方面是对优势的滥用

拥有市场支配地位本身并不必然违法,只有利用这种支配地位排除或限制竞争的行为才被反垄断法所禁止。如利用支配地位任意抬高价格、缩减产量或确定不公平的交易条件等。所以,反垄断法将经营者滥用支配地位的行为作为制裁的对象,而对其正当的市场行为则不加干涉。

(三) 滥用市场支配地位行为的表现形式

按照《反垄断法》的规定,滥用市场支配地位行为主要包括六种形式。

1. 不正当的价格行为

不正当的价格行为,是指具有市场支配地位的经营者为了获得超额的垄断利润,以不公平的高价销售商品或者以不公平的低价购买商品的行为。该行为严重损害了消费者以及相关经营者的利益。

2. 掠夺性定价

掠夺性定价,是指具有市场支配地位的经营者以排挤竞争对手为目的,以低于成本的价格销售商品。这是具有市场支配地位的经营者利用自身资本和规模优势所进行的排挤和吓阻竞争对手的故意行为。

3. 强制交易

强制交易,是指具有市场支配地位的经营者没有正当理由,限定交易相对人只能与其进行交易或者只能与其指定的经营者进行交易。强制交易行为不仅违背交易相对人的真实意愿,给其造成了损失,而且有悖公平竞争、平等自愿的交易规则,破坏了正常的市场交易秩序。

4. 拒绝交易

拒绝交易,是指具有市场支配地位的经营者没有正当理由,拒绝与交易相对人进行交易。尽管拒绝交易的表现形式与强制交易不同,但是其实质是一样的。

5. 搭售和附加不合理条件

搭售和附加不合理条件,是指在商品交易过程中,具有市场支配地位的经营者利用自己的优势地位,在提供商品和服务时,强行搭配销售交易相对人不愿意要的另一种商品和服务或者附加其他不合理条件的行为。这一行为违背了当事人的真实意愿,是对经营者市场支配地位的滥用。

6. 差别对待

差别对待,是指具有市场支配地位的经营者没有正当理由,对条件相同的交易相对人,就其所提供的商品的价格或者其他交易条件,给予明显有利或不利的区别对待。差别对待给销售商之间的公平竞争带来不利影响,同时也使消费者受到不公平的待遇,所以为反垄断法所禁止。

(四) 滥用市场支配地位行为的法律责任

根据《反垄断法》的规定,对滥用市场支配地位的经营者,由反垄断执法机构责令停止违法行为,没收其违法所得,并在考虑违法行为的性质、程度和持续时间等因素的基础上,处以上一年度销售额百分之一以上百分之十以下的罚款。

三、排除、限制竞争的经营者集中行为

经营者集中,是指经营者通过合并、收购、委托经营、联营或控制其他经营者业务或人事等方式,集合经营者经济力,提高市场地位的行为。这是经营者在利润最大化追求的内在要求和外部竞争压力共同作用下的正常选择。通过经营者集中能够形成一定的规模经济,减少竞争对手,提高市场份额,并有助于国家调整和完善产业结构。但是,经济力量过度集中,将导致市场竞争主体数量减少,市场结构发生变化,对市场竞争机制功能的发挥产生不利影响。

(一) 经营者集中的表现形式

按照《反垄断法》的规定,经营者集中的表现形式主要包括经营者的合并、股份控制合并、合同控制合并。

1. 经营者的合并

经营者的合并,是指两个或两个以上经营者合为一个经营者,从而导致经营者集中的行为。这是一种最典型的经营者集中行为。经营者的合并可以发生在经营相同产品的生产者或销售者之间,如啤酒厂与啤酒厂之间的合并。经营者的合并也可以发生在处于不同生产和销售环节的经营者之间,如乳制品生产商与牛奶销售商的合并。此外,经营者的合并还可以发生在分属于不同产业领域的经营者之间。

2. 股份控制合并

股份控制合并,是指经营者通过购买、持有其他经营者的股份或资产的方式取得对其他经营者控制权的行为。经营者持股的目的是为了控股,通过持有其他经营者的股份,把其他经营者的活动纳入本企业的范围,以达到与经营者合并同样的效果。

3. 合同控制合并

合同控制合并,是指经营者通过合同等方式取得对其他经营者的控制权或者能够对其他经营者施加决定性影响的行为。经营者可以通过与其他经营者签订承租资产、委托

经营或者共同经营合同,在实际上控制其经营,以达到操纵其他经营者配合自己市场行为的目的。

(二) 经营者集中的申报和审查

1. 经营者集中的申报

由于经营者集中兼有利弊,所以既不能对之严加禁止,也不能放任自流、听之任之。为了对经营者集中进行有效的控制和限制一些规模过大从而妨碍市场竞争的经营者集中,《反垄断法》规定,经营者集中达到国务院规定的申报标准的,必须向反垄断执法机构申报,未申报的不得实施集中。但是,对于那些事实上已经实现联合的经营者之间的集中,可以不向国务院反垄断执法机构申报。这一规定适用于两种情况:参与集中的一个经营者拥有其他每个经营者百分之五十以上有表决权的股份或者资产的,参与集中的每个经营者百分之五十以上有表决权的股份或者资产被同一个未参与集中的经营者拥有的。

经营者向国务院反垄断执法机构申报集中,应当提交的文件和资料包括:申报书、集中对相关市场竞争状况影响的说明、集中协议、参与集中的经营者经会计师事务所审计的上一会计年度财务会计报告、国务院反垄断执法机构规定的其他文件和资料。其中,申报书应当载明参与集中的经营者的名称、住所、经营范围、预定实施集中的日期和国务院反垄断执法机构规定的其他事项。经营者提交的文件、资料不完备的,应当在国务院反垄断执法机构规定的期限内补交文件、资料。经营者逾期未补交文件、资料的,视为未申报。

2. 经营者集中的审查

对于经营者提交的符合法律规定的集中申报,国务院反垄断执法机构应当自收到之日起三十日内,对其进行初步审查,并作出是否实施进一步审查的决定。反垄断执法机构应当将审查的结果书面通知经营者。在反垄断执法机构作出决定前,经营者不得实施集中。国务院反垄断执法机构作出不实施进一步审查的决定或者逾期未作出决定的,经营者可以实施集中。

国务院反垄断执法机构决定实施进一步审查的,应当自决定之日起九十日内审查完毕,作出是否禁止经营者集中的决定,并书面通知经营者。但是,对于经营者同意延长审查期限,经营者提交的文件、资料不准确并需要进一步核实,或者经营者申报后有关情况发生重大变化等情形,国务院反垄断执法机构经书面通知经营者,可以延长审查期限,但最长不得超过六十日。

反垄断执法机构在对经营者集中进行审查时,应当考虑的因素主要有:参与集中的经营者在相关市场的市场份额及其对市场的控制力,相关市场的市场集中度,经营者集中对市场进入、技术进步的影响,经营者集中对消费者和其他有关经营者的影响,经营者集中对国民经济发展的影响,以及其他应当考虑的影响市场竞争的因素。

对于经营者集中具有或者可能具有排除、限制竞争效果的,国务院反垄断执法机构应当作出禁止经营者集中的决定,并说明理由。如果经营者能够证明该集中对竞争产生的有利影响明显大于不利影响,或者符合社会公共利益的,国务院反垄断执法机构则可以作出对经营者集中不予禁止的决定。但是,在国务院反垄断执法机构认为必要时,可以对那些不予禁止的经营者集中,附加一些限制性条件,以减少集中对竞争产生的不利影响。

审查期间,经营者不得实施集中。国务院反垄断执法机构逾期未作出决定的,经营者可以实施集中。

另外,对外资并购境内企业或者以其他方式参与经营者集中,涉及国家安全的,除依照《反垄断法》的规定进行经营者集中审查外,还应当按照国家有关规定进行国家安全审查。

(三) 排除、限制竞争的经营者集中行为的法律责任

根据《反垄断法》的规定,经营者违反法律实施集中的,国务院反垄断执法机构可以责令其停止实施集中,限期处分股份或者资产,限期转让营业,并采取其他必要措施恢复到集中前的状态,同时还可对其处以五十万元以下的罚款。

【例 7-2】商务部附条件批准英博公司收购 AB 公司案

商务部于 2008 年 11 月 18 日发布 2008 年第 95 号公告,决定附条件批准比利时英博公司(INBEV N. V. /S. A.)收购美国 AB 公司(ANHEUSER-BUSCH COMPANIES INC.)的交易。

2008 年 7 月 13 日,英博公司宣布以每股 70 美元(总价 520 亿美元)的价格收购 AB 公司的所有股份。本交易属于两个外国企业在境外实施的收购。英博公司是一家比利时上市公司,业务遍及美洲、欧洲和亚太地区等 30 多个国家,在中国的业务主要分布在江苏、浙江、福建等东南地区。AB 公司是一家美国上市公司,在 10 多个国家设有啤酒厂,啤酒销往 80 多个国家和地区,在中国的业务主要分布在东北。

由于 2007 年英博公司和 AB 公司在中国境内的营业额分别为 57.64 亿人民币和 44.9 亿人民币,达到了《国务院关于经营者集中申报标准的规定》的申报标准,根据《中华人民共和国反垄断法》第 21 条,英博公司和 AB 公司完成交易前必须向商务部进行申报。

2008 年 9 月 10 日,英博公司向商务部正式提出了申报申请,并递交了申报材料。根据商务部要求,申报方于 10 月 17 日和 10 月 23 日先后提交了补充信息,商务部审核后认为其提交的申报材料完备,达到了《反垄断法》第 23 条的要求。10 月 27 日,商务部正式受理英博公司收购 AB 公司的经营者集中反垄断申报。

商务部依据《反垄断法》第 27 条对此次并购进行了审查,并多次召开研讨会、座谈会和听证会,听取有关主管部门、地方政府、行业协会、同业竞争者以及上下游企业的意见和建议。

审查结果表明,从地域市场、产品市场和竞争格局来看,英博公司收购 AB 公司没有在中国啤酒市场产生排除、限制竞争的效果,商务部决定对此次并购不予禁止。

鉴于此项并购规模巨大,合并使新企业市场份额增长较快,竞争实力明显增强,为了减少可能对中国啤酒未来市场竞争产生的不利影响,商务部对审查决定附加下列限制性条件:

1. 不得增加 AB 公司在青岛啤酒股份有限公司现有 27% 的持股比例;
2. 如果英博公司的控股股东或控股股东的股东发生变化,必须及时通报商务部;
3. 不得增加英博公司在珠江啤酒股份有限公司现有 28.56% 的持股比例;
4. 不得寻求持有华润雪花啤酒(中国)有限公司和北京燕京啤酒有限公司的股份。

如果违反上述任何一项条件,英博公司必须事先向商务部及时进行申报,商务部批准前,不得实施。

四、行政性垄断行为

(一)行政性垄断行为的概念和特征

行政性垄断行为,是指政府行政机关或其授权的组织滥用行政权力,限制竞争的行为。行政性垄断行为不仅破坏统一市场,限制竞争,阻碍现代市场经济体制的建立和完善,而且助长行政腐败,毒害了社会风气,是我国《反垄断法》规制的一个重要对象。

1. 行政性垄断行为的主体是特殊的

按照《反垄断法》的规定,行政性垄断行为的主体是行政机关和法律、法规授权的具有管理公共事务职能的组织。关于行政机关,是指除国务院以外的地方各级政府及其所属部门、中央直属机关及其所属部门。法律、法规授权的具有管理公共事务职能的组织,则是指被授权行使行政权力的非政府机构。

2. 行政性垄断行为是对行政权力的滥用

行政机关和法律、法规授权的具有管理公共事务职能的组织,都属于行政主体,具有实施行政权力的资格。依法在自己职责范围内行使管理职能,既是其权利,也是其义务,受到法律的保障。但这不代表它们可以肆意行事,一旦超出职权,滥用权力,必然受到法律的制裁。行政性垄断行为都是被《反垄断法》所禁止的滥用行政权力的行为。

(二)行政性垄断行为的表现形式

1. 行政强制经营行为

行政强制经营行为,是指行政主体滥用行政权力,限定或者变相限定单位或者个人经营、购买、使用其指定的经营者提供的商品的行为。这一行为既侵犯了经营者和消费者的自主权,也排除了某些经营者参与市场竞争的权利。

2. 行政性限制市场准入

行政性限制市场准入,是指行政主体滥用行政权力,限制经营者的市场准入或者正常的市场流通,排除、限制市场竞争的行为。例如,妨碍商品在地区之间自由流通;以设定歧视性资质要求、评审标准或不依法发布信息等方式,排斥、限制外地经营者参加本地的招标、投标活动;采取与本地经营者不平等待遇等方式,排斥、限制外地经营者在本地投资或者设立分支机构等。

3. 行政部门强制经营者限制竞争行为

行政部门强制经营者限制竞争行为,是指行政主体滥用行政权力,强制经营者从事法律所禁止的排除、限制竞争的行为。这种行为一般包括两种形式:一是强行要求经营者进行具有垄断行为性质的经营活动,如强制联合定价、强制联合拒销、强制经营者停止竞争、协议生产等;二是制定含有排除、限制竞争内容的规定,以抽象行政行为的方式来达到垄断的目的。

(三)行政性垄断行为的法律责任

根据《反垄断法》的规定,行政机关和法律、法规授权的具有管理公共事务职能的组织滥用行政权力,实施排除、限制竞争行为的,由上级机关责令改正,对直接负责的主管人员和其他直接责任人员依法给予处分。反垄断执法机构可以向有关上级机关提出依法处理的建议。

法律、行政法规对行政机关和法律、法规授权的具有管理公共事务职能的组织滥用行政权力实施排除、限制竞争行为的处理另有规定的,依照其规定。

综合实训

一、单项选择题

1. 根据《反垄断法》的规定,下列关于市场支配地位推定的表述中,不正确的有(   )。
   A. 经营者在相关市场的市场份额达到1/2的,推定其为具有市场支配地位
   B. 两个经营者在相关市场的市场份额合计达到2/3,其中有的经营者市场份额不足1/10的,不应当推定该经营者具有市场支配地位
   C. 三个经营者在相关市场的市场份额合计达到3/4,其中有两个经营者市场份额合计不足1/5的,不应当推定该两个经营者具有市场支配地位
   D. 被推定具有市场支配地位的经营者,有证据证明其不具有市场支配地位的,不应当认定其具有市场支配地位

2. 下列哪一选项属于《反垄断法》均明文禁止的行为?(   )
   A. 甲省政府规定,凡外省生产的汽车,必须经过本省交管部门的技术安全认证,领取省内销售许可证以后,方可在本省市场销售
   B. 乙省政府决定,在进出本省的交通要道设置关卡,阻止本省生产的猪肉运往外省
   C. 丙省政府规定,省内各机关和事业单位在公务接待等活动时需要消费香烟的,只能选用本省生产的"金丝雀"牌香烟,否则财政不予报销
   D. 丁省政府规定,外省生产的化肥和农药在本省销售的,一律按销售额加收15%的环保附加费

3. 甲公司、乙公司、丙公司都是从事奶粉生产的厂家,其主要市场均在某市,三家公司在某日的行业会议中签订了关于维持现有价格的协议,不允许相互之间采用降低价格的方式进行竞争。根据《反垄断法》的规定,关于该协议的说法正确的是(   )。
   A. 该协议属于反垄断法禁止的纵向垄断协议
   B. 该协议属于行业间的合法协议,受法律保护
   C. 该协议属于固定商品价格的协议,是反垄断法禁止的横向垄断协议
   D. 该协议属于滥用市场支配地位

4. 《反垄断法》于(   )由全国人大常委会第二十九次会议通过。
   A. 2008年5月30日   B. 2007年8月30日
   C. 2008年5月30日   D. 2008年8月30日

5. 世界上第一部正式的反垄断法是(   )。

A. 日本《禁止垄断法》　　　　　B. 德国《反对限制竞争法》
C. 美国《谢尔曼法》　　　　　　D. 俄罗斯《竞争和垄断法》

二、多项选择题

1. 根据《反垄断法》的规定,下列各项中,不适用于《反垄断法》的行为有(　　)。
A. 知识产权的正当行使
B. 经营者达成垄断协议
C. 可能具有排除、限制竞争效果的经营者集中
D. 农业生产中的联合或者协同行为

2. 根据《反垄断法》的规定,下列各项中,属于法律禁止的横向垄断协议的有(　　)。
A. 固定或者变更商品价格的协议
B. 限制购买新技术、新设备或者限制开发新技术、新产品
C. 联合抵制交易
D. 固定向第三人转售商品的价格

3. 根据《反垄断法》的规定,下列各项中,可被豁免的垄断协议有(　　)。
A. 为改进技术、研究开发新产品的
B. 限制开发新技术、新产品的
C. 为提高产品质量、降低成本、增进效率,统一产品规格、标准或者实行专业化分工的
D. 为实现节约能源、保护环境、救灾救助等社会公共利益的

4. 甲、乙公司违反《反垄断法》的规定,达成垄断协议。根据反垄断法的规定,下列表述中,正确的有(　　)。
A. 如果实施垄断协议的,由反垄断执法机构责令停止违法行为
B. 如果实施垄断协议的,由反垄断执法机构没收违法所得
C. 如果实施垄断协议的,由反垄断执法机构对其处上一年度销售额1%以上10%以下的罚款
D. 如果尚未实施垄断协议的,反垄断执法机构可以对其处以50万元以下的罚款

5. 根据《反垄断法》的规定,下列各项中,属于经营者集中的有(　　)。
A. 经营者合并
B. 经营者通过取得股权或资产的方式取得对其他经营者的控制权
C. 经营者通过合同取得对其他经营者的控制权
D. 经营者通过合同外的方式取得能够对其他经营者施加决定性影响的地位

6. 对于违反《反垄断法》实施集中的经营者,国务院反垄断执法机构可以采取的措施有(　　)。
A. 责令停止实施集中　　　　　B. 限期处分股份或者资产
C. 限期转让营业　　　　　　　D. 处以罚款

三、案例分析

中国某航空股份有限公司在河南民用航空市场上占有60~65%的市场份额。该公司自2005年起推出五级代理人制度,按照对其的"忠诚度"将代理人分为五级,分别享受

不同的销售待遇,包括供应机票种类和促销奖励等。其中五级的待遇最高,优先保证供应其热线航班机票,并给予较高的折扣,条件是其不得销售其他航空公司的机票,不得向其他代理商提供该航空公司的机票和航班信息。其他级别待遇依次下降。为了维持这一制度,该航空公司还采取了一系列惩罚措施:如装扮成顾客考察代理商的忠诚度,没收代理商销售的其他航空公司机票;通过网络监控代理商每天的售票情况,对不守规的代理商屏蔽该航空公司的航班信息,增加其退票难度等。

试分析:该航空公司的行为是否违反了反垄断法?其行为是否构成差别性待遇行为,构成不正当竞争行为?为什么?

第八章 反不正当竞争法律制度

【课堂讨论】

某省于1998年元旦开通有线电视公共频道,该有线电视台为了提高收视率,以吸引更多的广告客户,推出了集娱乐、休闲、广告抽奖为一体的《缤纷时刻》栏目,开展"日日送奖,月月送礼"活动,每天向观众出一道简单的问题,猜对的观众通过抽奖即可获得每日送出的一台VCD或者一部摩托罗拉手机,每月还送出一套价值超过10万元的公寓作为大奖。此举引起了强烈的社会反响。另据调查,该省还拥有多家电视台,电视台之间的竞争非常激烈,而该有线电视台开展的有奖竞猜活动的目的主要是为了招揽广告客户。

问:该电视台的行为是否合法,为什么?

【点评】

《反不正当竞争法》规定,抽奖式的有奖销售,最高奖的金额不得超过5000元。

第一节 反不正当竞争法概述

一、竞争的概念和作用

竞争是指市场经济活动的主体,是为了实现获取交易机会、占据市场优势地位、追求利益最大化等既定目标而与对手进行的角逐过程。

竞争是市场经济最活跃、最核心的因素,是市场经济中占主导地位的最重要的调节器。它的作用主要表现在三个方面:第一,是资源配置的作用。市场经济对资源的合理配置是通过竞争机制来实现的。在竞争作用下,适者生存、优胜劣汰,社会资源的配置就会向最有效的领域倾斜。因此,竞争是劳动力和资本的引导者。市场正是通过竞争的作用不断地调整着生产要素在总的经济领域里的流动方向和数额比例,以便提供更多的为消费者所需要的产品和服务。第二,是利益分配的作用。经营者只有通过市场竞争,以自己的产品和服务占有市场,才能将产品转化为商品,实现经营者的利益和对社会的贡献。第三,是发展动力的作用。市场竞争给企业以强烈的刺激和压力,使企业处于不进则退的环境中。竞争虽然给企业以压力,但这也是给企业一种生存和发展的动力。在计划经济体制下,企业没有竞争的压力,因此也就失去了应有的活力和前进的动力。在激烈的市场竞争中,企业为了生存和发展,必须不断地面对市场的需求,改进技术,降低成本,提高质量,改善服务,赢得竞争优势,从而促进和带动全社会的技术进步和劳动生产率的提高,使整个社会经济充满活力。因此,竞争机制是市场经济最基本的运行机制,对于市场经济的确立和发展具有重要的意义。一旦在社会经济生活中竞争遭到排斥或者削弱,那么市场机制就会出现结构性的和全局性的障碍,市场经济秩序就将发生混乱,从而影响社会经济的健康发展。

二、不正当竞争行为的概念和特征

不正当竞争行为,是针对市场竞争中的正当竞争行为而言的。它泛指经营者为了争夺市场竞争优势,违反公认的商业习俗和道德,采用欺诈、混淆等经营手段排挤或破坏竞争,扰乱市场经济秩序,并损害其他经营者和消费者利益的竞争行为。

不正当竞争行为的危害性是极其严重的。首先,不正当竞争行为侵犯了竞争者和消费者的权利。不正当竞争行为的直接受害主体是与之相关的经营者和消费者。例如,仿冒行为直接侵犯被仿冒商业标记的权利人的工业产权和消费者的知情权。其次,不正当竞争行为损害市场机制,破坏市场秩序。市场最重要的作用是其对资源的配置作用,而以市场为基础的资源配置方式的优越性,就在于市场的价格信号是社会供求关系的晴雨表,正是在价格信号的指导下,社会资金、劳动、时间才能够投入到最能满足社会需求的产品和服务中去,最终实现资源的优化配置。如果不正当竞争行为普遍而严重,价格信号就会偏离事实,失去其指导作用。比如,商业贿赂、不当促销盛行情况下的价格虚高。价格机制丧失功能还会进一步导致市场机制的扭曲,扰乱市场正常的秩序。再次,不正当竞争行为危害信用和社会公德。不正当竞争行为违反公认的商业习俗和道德,它与人们所倡导的公平、合理、诚实、信用等价值理念是背道而驰的,它的存在与盛行败坏了社会信用机制,毒化了社会风气,是对社会精神文明和制度文明的极大伤害。

从不正当竞争行为的定义中,我们可以概括出其具有的特征。

1. 不正当竞争行为的主体是特定的

竞争是经营者之间在市场上通过价格、质量、信誉和服务等条件,为争取交易机会和经济利益而展开的"商战"。因此,不正当竞争行为的主体应当是在商业活动中采取不正当手段竞争的经营者,那些不以赢利为目的的社会团体不是不正当竞争行为的主体。

2. 不正当竞争行为是反道德的行为

道德是人们在生产、生活中的主要行为规范之一,对维持社会秩序的稳定发挥着重要作用。不正当竞争行为被法律所禁止的一个主要原因,就在于它的反道德性。尽管对商业道德的具体界定可能不完全一致,但诚实、守信、公平、等价、不侵犯他人和公共利益等应是公认的商业道德。而假冒仿冒、商业贿赂和诋毁他人商业信誉等行为,则显然是违背了公认的商业道德,是反道德的行为。反道德的属性是将不正当竞争行为与正当竞争行为区分开来的重要标准。

3. 不正当竞争行为是违法行为

不正当竞争行为具有违法性。一旦竞争行为违反了反不正当竞争法所规定的原则和具体规范,就应当确定为不正当竞争行为。公认的商业道德虽然在总体上能够为人们所认同,但道德的模糊性使其在作为行为规范时不够精确,而且道德也缺少足够的约束力,所以对法律的违反才是认定不正当竞争行为并对其进行处罚的依据。

在不正当竞争行为的违法性和反道德性两者的关系中,反道德性是根本的,因为之所以对不正当竞争行为进行限制,就在于其反道德性扰乱了市场秩序,影响到经济的发展;而违法性是表象的,它使对不正当竞争行为的判定和处罚具有正当性。正因为如此,在大多数国家的反不正当竞争法中,是否违反商业道德成为认定竞争行为是否违法的依据。

三、反不正当竞争法

(一) 反不正当竞争法的概念

反不正当竞争法,是国家对经营者在市场竞争中违背诚实信用原则和公认的商业道德的竞争行为进行协调和干预的法律规范的总称。反不正当竞争法是现代经济法的核心内容之一。

反不正当竞争法的调整对象,是在国家对不正当竞争行为进行干预和协调的过程中所发生的社会关系,即反不正当竞争关系,包括反不正当竞争协调关系和不正当竞争行为干预关系。反不正当竞争协调关系,是指各相关国家机关因反不正当竞争的权限而发生的社会关系,即反不正当竞争权力分配关系。不正当竞争行为干预关系,是指在干预不正当竞争行为过程中形成的社会关系,包括作为干预主体的管理者与市场竞争者之间以及竞争者相互之间因不正当竞争行为而发生的社会关系。

我国的反不正当竞争法起步较晚,直到1980年国务院才颁布了《关于开展和保护社会主义竞争的暂行规定》,开始对市场中的竞争行为进行调整。1993年9月2日,第八届全国人大常委会第三次会议通过了由国家工商行政管理局负责起草的《中华人民共和国反不正当竞争法》(以下简称《反不正当竞争法》),该法于1993年12月1日起实施。随后,国家工商行政管理局制定了一系列与之配套的行政法规,主要有《关于禁止有奖销售活动中不正当竞争行为的若干规定》、《关于禁止公用企业限制竞争行为的若干规定》、《关于禁止仿冒知名商品特有的名称、包装、装潢的不正当竞争行为的若干规定》、《关于禁止侵犯商业秘密行为的若干规定》等。此外,一些省市还制定了反不正当竞争的地方法规,这也是我国反不正当竞争法的重要组成部分。

(二) 反不正当竞争法的监督检查

监督检查是保证法律实施必不可少的重要手段,对不正当竞争行为的监督检查是实施《反不正当竞争法》的重要内容。由于《反不正当竞争法》的调整对象范围广泛,形式多样,所以,对该法律的监督检查也应当是多方面的。根据行使监督权的主体不同,对不正当竞争行为的监督检查主要包括政府监督和社会监督两个方面。

1. 政府对不正当竞争行为的监督检查

为了保证《反不正当竞争法》得以有力贯彻实施,维护良好的市场竞争秩序,许多国家设立了专门的监督检查机构。如美国的"联邦贸易委员会"、德国的"卡特尔局"、日本、韩国和我国台湾地区的"公平交易委员会"等。《反不正当竞争法》第 3 条规定:"各级人民政府应当采取措施,制止不正当竞争行为,为公平竞争创造良好的环境和条件。县级以上人民政府工商行政管理部门对不正当竞争行为进行监督检查;法律、行政法规规定由其他部门监督检查的,依照其规定。"因此,我国对不正当竞争行为进行监督检查的专门机构是县级以上的工商行政管理部门。我国的各级工商行政管理部门是国家经济监督管理的综合部门,其本身具有的审查市场主体资格、规范市场行为等职能与《反不正当竞争法》所要规范的对象有密切的联系。同时,国家工商行政管理总局在国务院领导下独立行使职权和省以下工商行政管理机关实行垂直管理的设置,赋予了工商部门在对不正当竞争行为的监督检查工作中超然的地位,使其能够对竞争行为作出公正的判断。所以,由工商行政管理部门负责对不正当竞争行为的监督检查既有利于工商行政机关自身职能的实现,又有利于《反不正当竞争法》立法宗旨的贯彻实施。除工商行政管理部门这一专门机构外,国家的质量监督、检验检疫、食品与药品监管部门和金融业、农业、电信业、电力业等行业主管或监管机构,依照相应的法律、法规,在其行业内行使对不正当竞争行为的监督检查职责。

2. 社会对不正当竞争行为的监督检查

社会监督,是社会组织和社会成员对不正当竞争行为实施的监督,包括立法监督、行政监督、司法监督以及群众监督等。由于不正当竞争行为直接产生于社会经济生活的各个方面,严重破坏了社会正常的竞争秩序,制约了经济的发展,所以必须动员广泛的社会力量,发挥各方面的积极作用,才能形成对不正当竞争行为全面监督的社会机制,使这种违法行为受到严厉的法律制裁。《反不正当竞争法》第 4 条规定:"国家鼓励、支持和保护一切组织和个人对不正当竞争行为进行社会监督。"这表明国家重视调动社会各方面的积极性,鼓励其参与到对不正当竞争行为的监督活动中来,以保证监督主体的广泛性和监督形式的多样性,有力地配合政府对不正当竞争行为的监督检查工作。

第二节 不正当竞争行为的种类

《反不正当竞争法》采用概括和列举并行的方式对不正当竞争行为进行界定,既对不正当竞争行为作出了原则上的规定,揭示了其社会危害性的本质,又明确了不正当竞争行为的具体范围和形式,以便于法律的实施和操作。《反不正当竞争法》第 2 条规定,不正当竞争行为是指"违反本法规定,损害其他经营者的合法权益,扰乱社会经济秩序的行为"。同时,《反不正当竞争法》还在其第二章里列举了 11 类不正当竞争行为,即:采用假冒或混淆等不正当手段从事市场交易的行为;商业贿赂行为;利用广告或其他方法,对商品作引人误解的虚假宣传行为;侵犯商业秘密;违反《反不正当竞争法》规定的有奖销售行为;诋毁竞争对手商业信誉、商品声誉的行为;公用企业或者其他依法具有独占地位的经营者限定他人购买其指定的经营者的商品,以排挤其他经营者公平竞争的行为;以排挤竞争对手为目的,以低于成本的价格倾销商品的行为;招标、投标中的串通行为;政府及其所属部门滥用行政权力限制经营者正当经营活动和限制商品地区间正当流通的行为;搭售商品或附加其他不合理条件的行为。

下面我们对这几种不正当竞争行为分别予以介绍。

（一）仿冒行为

1. 仿冒行为的概念和特征

仿冒行为是指生产者或经营者为了夺取竞争优势,在自己的商品或服务标志上不正当地使用他人的标志,使自己的商品或者服务与他人的商品、服务相混淆,牟取不正当利益的行为。仿冒行为有以下几个特征:

（1）仿冒的目的是为了获得不正当的商业利益

在市场中,那些质量好、能够得到消费者认同的商品或服务,就更容易获得交易的机会。所以,通过仿冒,使消费者产生误认,也能够提高仿冒者与消费者的交易机会,使其在不需要付出必要代价的情况下获得不正当的商业利益。这是仿冒者作出仿冒行为的根本动机。

（2）仿冒的对象是市场价值更高的商业性标志

因为仿冒者目的是为了获得不正当的商业利益,所以其仿冒行为针对的必然是市场价值更高的商品或服务标志,如著名的商标、商品名称、包装、装潢以及企业名称、产地名称等。仿冒者以此使消费者产生误会,以高于仿冒产品本身所应有的市场价格与消费者成交,从而获得不当利益。

（3）仿冒的方式是使用与其他经营者相同或相近的商业性标志

使用与其他经营者相同或相近的商业性标志,是仿冒行为在方式上的重要特征。这样才能使消费者容易误认为是同一经营者提供的商品或服务,给仿冒者带来增加交易机会的可能。

2. 仿冒行为的表现形式

在现代经济生活中,仿冒行为的形式是多种多样的。并且,随着经济生活和生产技术的发展,还会有更多新形式的仿冒行为出现。按照《反不正当竞争法》的具体规定,仿冒行为可以概括为以下四种形式:

（1）假冒他人注册商标

商标是商品的牌子,也是商品生产者将自己的产品区别于他人的产品的标志。经商标注册机关核准注册的商标为注册商标。商标一经注册,商标注册人即依法取得商标专用权,受法律保护。商标作为一种知识产权,是经营者在市场竞争中付出劳动和资本,通过诚实经营创造出的有特殊价值的财产。《商标法》为保护这种财产权利提供了法律依据。但假冒他人注册商标的行为,不仅侵害商标注册人的商标专用权,也损害消费者的利益,危害社会主义市场经济秩序,其不正当竞争的恶性十分明显。因此,《反不正当竞争法》从维护市场竞争秩序的角度出发对此也作出了规定。

按《中华人民共和国商标法实施细则》规定,假冒他人注册商标的行为包括:①未经注册商标所有人的许可,在同一种商品或者类似商品上使用与其注册商标相同或者近似的商标的行为;②销售明知是假冒注册商标商品的行为;③伪造、擅自制造他人注册商标标识或者销售伪造、擅自制造的注册商标标识的行为；④给他人的注册商标专用权造成其他损害的行为。《反不正当竞争法》规定，对假冒他人注册商标的行为，按照《商标法》的规定认定和处理。

(2) 仿冒知名商品外在形象

按照《反不正当竞争法》第5条第2款的规定，"擅自使用知名商品特有的名称、包装、装潢，或者使用与知名商品近似的名称、包装、装潢，造成和他人的知名商品相混淆，使购买者误认为是该知名商品"的行为是被禁止的。这是因为知名商品特有的名称、包装、装潢是该商品的无形资产，它不仅起到区别于其他商品制造者的作用，同时也在一定程度上反映了商品生产经营者的商业信誉和商品声誉，直接关系到商品市场销售情况。因此，对知名商品外在形象的仿冒，也是对其无形财产的侵犯，是一种不正当竞争行为。

所谓知名商品，是指在相关领域内有一定知名度的商品。判断一种商品是否是知名商品，不要求该商品必须尽人皆知，而是以该商品在相关的市场领域中有较高的知名度为标准。如知名的日常用品应在一般的消费者中有较高的知名度而有特定交易对象的商品，如建筑材料、生产机械等商品则应在可能购买、销售或特定使用该商品的单位或人员中考察它的知名度，而不需要考察一般的消费者对其知名与否。知名度达到何种程度的商品才能成为知名商品呢？应当把考虑该商品的销售时间、销售区域、销售额和销售对象，以及进行任何宣传的持续时间、程度和地域范围和作为知名商品受保护的情况等因素，进行综合判断。一般来讲，商品长久并广泛行销、使用，在其相关领域广为人知并有较好的信誉的，可以认定为知名商品。

特有的名称、包装、装潢，是指经营者为自己生产的商品独创的名称、包装、装潢。它在市场行销中已成为该商品与其他商品相区别的标志，并与该商品的品牌形象联系在一起。如果某商品的知名度已较高，但其商品名称、包装、装潢不是经营者独创的，不能认定为知名商品特有的名称、包装、装潢。如商品的通用名称、图形、型号，仅仅直接表示商品的质量、主要原料、功能、用途、重量、数量及其他特点的商品名称，仅由商品自身的性质产生的形状，为获得技术效果而需有的商品形状以及使商品具有实质性价值的形状，其他缺乏显著特征的商品名称、包装、装潢等。

【例8-1】甘肃奇正实业集团有限公司与谈某某商标侵权纠纷案

甘肃奇正实业集团有限公司（以下简称奇正公司）系医用药品藏药的研发、生产和销售的公司。1997年该公司取得"奇正（汉字）+奇正（藏文）"（以下简称"奇正商标"）的注册商标专用权。近年来该产品在国内同行业的市场占有率较高，并取得了多项荣誉。

谈某某系加工出售肉食制品的个体工商经营户。谈某某在其店铺门口正上方放置的大型招牌上标有"奇正排骨卤肉坊"字样。奇正公司以谈某某侵犯其注册商标专用权为由向兰州市中级人民法院提起诉讼。

【点评】

谈某某的行为足以导致相关公众对商品或服务的来源产生混淆，对驰名商标注册人的利益造成了损害。所以，法院认定谈某某构成商标侵权。

(3) 仿冒商号

商号是经营者的名称。在市场交易活动中，商号是经营者的营业标志，也是区别商品或服务来源的标志。商号也是经营者通过付出资本和努力而获得的无形财产,因而应当对商号进行保护。为此,《反不正当竞争法》第5条第3款明确禁止"擅自使用他人的企业名称或姓名,引人误认为是他人商品"的行为。经营者凡未经他人许可而在市场交易中使用他人的企业名称或者姓名,引人误认为是他人的商品的,均构成采用不正当手段从事市场交易的行为。

这里的企业名称是指,企业登记主管机关依法登记注册的企业名称,在中国境内进行商业使用的外国(地区)企业名称,以及具有一定的市场知名度、为相关公众所知悉的企业名称中的字号等。这里的姓名是指,在商品经营中使用的自然人的姓名,具有一定的市场知名度、为相关公众所知悉的自然人的笔名、艺名等。

(4) 仿冒质量标志和产地

《反不正当竞争法》第5条第4款规定,禁止"在商品上伪造或者冒用认证标志、名优标志等质量标志,伪造产地,对商品质量作引人误解的虚假表示"的行为。这类不正当竞争行为又包括三种情况:

第一,在商品上伪造或者冒用认证标志、名优标志等质量标志。认证标志是质量认证机构准许经其认证产品质量合格的企业在产品或者其包装上使用的质量标志。未实行产品质量认证制度的产品,经营者在产品或其包装上编造认证标志;未向产品质量认证机构申请认证,或者虽申请但经认证不合格的产品,经营者擅自使用认证标志等行为。这些行为均属于伪造或者冒用认证标志。名优标志是经国际或国内有关机构或社会组织评定为名优产品而发给经营者的一种质量荣誉标志。凡未组织评比名优的产品,或者虽组织评比名优产品但经营者未参加或参加而未被评为名优产品的,或者被取消名优产品称号的,经营者擅自编造、使用名优标志,以及用级别低的名优产品冒充级别高的名优标志的行为,均为伪造或者冒用名优标志的行为。

第二,伪造产地。商品的产地是指商品的加工、制造地或商品生产者的所在地。商品的品质常常与其产地的地理气候特点、技术优势、地区信誉等联系在一起。有的地区出产的商品有较好的或特殊的品质、性能,有的地区有普遍较好的技术优势,有的地区有普遍较好的商业信誉。因而一些经营者为提高其商品声誉,隐匿其商品真实的产地,在商品上标注为信誉、技术较好的产地。这种在商品上不标真实产地,而标注虚假产地的行为,是对消费者的一种欺诈行为,当然属于不正当竞争行为。

第三,对商品质量作引人误解的虚假表示。这是指对反映商品质量的各种因素作不真实的标注,使消费者和用户无法了解商品的真实情况,从而发生误认、误购的行为。这种不正当竞争行为包括:在商品或其包装上依法应当标明的内容或者依商品的特点和使用要求应当标明或说明的内容,未予标明或说明,引人误解的行为;在商品或其包装上对商品的品质、制作成分、性能、用途、生产日期、有效期限等作不真实的标注,欺骗、误导消费者和用户购买的行为等。消费者和用户在很大程度上是通过商品或者其包装上的标签、标注等商品标识来判断、选择商品的,经营者在商品或者其包装上对质量作虚假的或令人误解的表示,不仅直接损害消费者利益,也损害了竞争对手的利益。

3. 仿冒行为的法律责任

按照我国法律规定,对侵犯注册商标专用权的,工商行政管理机关应当责令侵权人立即停止侵权行为,没收、销毁侵权商品和专门用于制造侵权商品、伪造注册商标标识的工具,并可处以非法经营额3倍以下的罚款。此外,侵权人还应当对被侵权人作出赔偿。

(二) 虚假广告宣传行为

1. 虚假广告宣传行为的概念和特征

虚假广告宣传行为,是指经营者为获取市场竞争优势和不正当利益,利用广告或者其他方法,对商品的质量、制作成分、性能、用途、生产者、有效期限、产地等作虚假广告或其他形式的引人误解的宣传行为。在现代商品经济社会,广告及其他商品宣传形式,既是商品经营者进行商品促销的重要手段,也是广大消费者、用户进行商品选择所凭借的重要依据。因此,对商品的质量、性能、用途、生产者或产地等作虚假或引人误解的宣传,会造成消费者及用户不能够正确地选择所需商品。而且,某些经营者通过引人误解的虚假宣传吸引消费者,也必然会造成其他诚实的经营者失去客户,市场的透明度将变得暗淡,竞争的公平性将无法得到保障。故而,对引人误解的虚假宣传必须加以禁止。

虚假广告宣传行为有以下几个特征:

(1) 虚假广告宣传行为的主体是经营者

这里的经营者主要是为自己的商品或服务进行宣传的经营者。但我国为了有效打击虚假宣传行为,强调广告经营者在明知或者应知的情况下,代理、设计、制作、发布虚假广告的也属于虚假广告宣传行为,要受到反不正当竞争法的制裁。因此,一般认为,这里的经营者包括了广告主(利用虚假宣传为自己的商品服务的经营者)、广告经营者。

(2) 虚假广告宣传行为发生在宣传过程中

虚假广告宣传强调虚假行为是发生在宣传过程中的,这是虚假宣传与欺骗性交易行为中的"虚假表示"的根本区别,因为后者强调其虚假行为是发生"在商品上"的。

(3) 虚假广告宣传达到引人误解的程度

虚假广告宣传行为的认定,以能够引起人们误解为条件。这里所说的"引起人们误解"是以一般公众的认识为标准的,即在客观上是否会使一般购买者在普通的注意力下对广告发生误解的可能。那些虽然以明显的夸张方式宣传商品,但不足以造成相关公众误解的,不属于虚假宣传行为。

2. 虚假广告宣传行为的表现形式

(1) 商品质量的虚假表示

商品的质量一般是通过商品外部的产品生产者、产品成分、制造方法、产地以及有效期等标识或说明来表示的,它们是消费者判断产品质量的重要标志。经营者对商品质量作引人误解的虚假表示,直接影响消费者对物品的理解、购买和使用。《反不正当竞争法》对虚假的商品质量表示分为三类:伪造或冒用质量标志的行为,生产者、产地的虚假表示,制作成分、制造方法以及有效期的虚假表示。

(2) 商品价格的虚假表示

价格作为市场竞争的核心因素,也是广告宣传的主要内容。经营者利用虚假的价格引诱消费者与之进行交易,达到不正当竞争和损害消费者利益的目的。以虚构的"最低价"、折扣价等虚假价格来进行宣传,不仅欺骗了消费者,而且更严重的是它导致市场供求信息混乱,并可能引发恶性竞争,严重地扰乱了市场竞争的秩序。

(3) 引诱性广告宣传

引诱性广告宣传行为,是宣传者故意混淆含义,省略词句或模糊语义,使消费者在接受宣传信息时产生误解,从而影响他们的购买决策的行为。引诱性广告宣传并非都是虚假的信息,但在某些情况下,即使宣传内容是真实的,也可能产生引人误解的后果。如某家具店广告标示展销"意大利聚酯漆家具",消费者都理解为其产品是意大利进口家具,而实际上其产品只是用意大利进口漆涂的家具。这则广告似乎难以认定为虚假广告,但它确确实实能使消费者对商品的产地发生误解,进而作出错误的购买决策。

(4) 变相广告

变相广告行为,是指那些虽然不采用商业广告的形式,但同样能够达到商业广告效果的行为。这些行为的形式主要有:通过欺骗性的启事、声明、担保以及有关权威组织的推荐来达到广告宣传的目的,采用虚假的名人见证使用功效或真人实地操作来刺激消费者的购买欲望,借用领导讲话、新闻报道、社会团体推荐等"软性广告"来宣传不实信息等。这些变相广告中的虚假内容,是以与普通广告不同的形式出现的,所以人们更容易相信,也正因为如此,其危害性较一般虚假广告更大。

此外,下列三种行为足以造成相关公众误解的,也可以认定为虚假广告宣传行为:①对商品作片面的宣传或者对比的;②将科学上未定论的观点、现象等当作定论的事实用于商品宣传的;③以歧义性语言或者其他引人误解的方式进行商品宣传的。

3. 虚假广告宣传行为的法律责任

我国法律规定,对进行虚假广告宣传行为者,监督检查部门应当责令其停止违法行为,消除影响,并且可以根据情节处以1万元以上20万元以下的罚款。

而对于有虚假广告宣传行为的广告经营者,监督检查部门应当责令其停止违法行为,没收违法所得,并依法处以罚款。

(三) 侵害商业秘密行为

1. 商业秘密的概念

商业秘密,是指不为公众所知悉,能为权利人带来经济利益、具有实用性并经权利人采取保密措施的技术信息和经营信息。它不仅包括诸如化学配方、工艺流程、技术秘诀、设计图纸等凭技能或经验产生的、在实际中适用的技术信息,而且还包括那些具有秘密性质的经营管理方法以及与经营管理方法密切相关的经营信息,例如管理方法、产销策略、客户名单、货源情报等。

2. 侵犯商业秘密行为的形式

商业秘密是一种无形财产,其权利人不像物的所有人对物那样容易占有和控制,其权利人极易为人所侵害。因此,对商业秘密的侵害行为的认定与对物权的侵权行为的认定就有所不同。按照《反不正当竞争法》的规定,侵害商业秘密行为有以下四种:

(1) 以不正当手段获取他人商业秘密

这是指未经权利人同意获取商业秘密的行为。它包括:①盗窃商业秘密的行为,这种行为既包括内部知情人员盗窃权利人的商业秘密,也包括外部人员盗窃权利人的商业秘密;②以利诱手段获取权利人的商业秘密,这是指行为人通过向掌握或了解商业秘密的有关人员直接提供财物或提供更优厚的工作条件或对此作出某些承诺,而从其处获取权利人的商业秘密;③以胁迫手段获取权利人的商业秘密,这是指行为人通过威胁、强迫掌握或了解权利人的商业秘密的有关人员,而从其处获取权利人的商业秘密;④以其他不正当手段获取权利人的商业秘密,这是指行为人除了采取上述手段外,采用其他不正当手段获取权利人的商业秘密。例如,通过虚假陈述而从权利人处骗取商业秘密,通过所谓"洽谈业务"、"合作开发"、"学习取经"等活动套取权利人的商业秘密等。

(2) 恶意披露、使用或者允许他人使用以违法行为获取的商业秘密

这是行为人获取商业秘密后的继续行为。非法获取他人的商业秘密的行为人将其所获取的商业秘密转告第三人或利用各种方式将其公布于众,自己使用或允许他人使用该商业秘密,这些都会使权利人受到的损害进一步扩大,导致的后果更加严重。《反不正当竞争法》对此明确规定,"披露、使用或者允许他人使用以非法手段获取的权利人的商业秘密"是侵犯商业秘密的行为。一般来讲,既然是恶意取得他人的商业秘密,其目的就是要利用该商业秘密或扩散该商业秘密,以获取利益。商业秘密也只有掌握在一定的使用者手中,并加以实施才有效益,因此,商业秘密的获取者必然要自己使用或允许他人使用该商业秘密。法律对于这种行为的规制是极为必要的,是与前一种行为有逻辑联系的。

(3) 违反约定或违反权利人有关保守商业秘密的要求,披露、使用或允许他人使用其所掌握的商业秘密

由于商业秘密具有实用性,因此因正常业务或相互信任等关系而获得商业秘密的情况是存在的。如因业务需要在本单位职工中进行交流,因市场经营需要被产品的销售者、原材料的供应者、设备的修理者所知晓,因技术开发、转让、咨询、服务业务而为技术合同的对方所了解,等等。但由于这些合同的特殊前提,商业秘密的获得者就对权利人负有明示或默示的保密义务。在此情况下,掌握或了解权利人商业秘密的人,应当遵守有关保密协议或权利人的保密要求,严格为其保密。否则,这些人如果违反上述协议或要求,擅自向他人披露、自己使用或允许他人使用其所掌握或了解的商业秘密,就不仅仅是一种违约行为,而且是一种侵犯商业秘密的不正当竞争行为,是为《反不正当竞争法》所禁止的。

(4) 第三人侵犯商业秘密

《反不正当竞争法》第10条规定:"第三人明知或者应知前款所列违法行为,获取、使用或者披露他人的商业秘密,视为侵犯商业秘密。"也就是说,直接侵犯商业秘密行为人以外的人,在明明知道或应当知道其所获取、使用或披露的他人的商业秘密,是通过不正当手段获取的情况下,仍然获取、使用或者向外披露这些商业秘密的,也应当被认定为侵犯商业秘密行为。在这里,第三人的行为之所以被禁止,在于他具有主观上的恶意。如果第三人不知道商业秘密来源的非法性而获取、使用或者披露商业秘密的,则不属于侵犯商业秘密的行为。

3. 侵犯商业秘密行为的法律责任

《反不正当竞争法》规定,监督检查部门一旦认定侵犯商业秘密行为确实存在,就应当责令侵权行为人停止侵权行为,以保护权利人的合法权益免遭更大的损害。对于侵犯商业秘密行为的人,监督检查部门可以根据情节处以1万元以上20万元以下的罚款。

（四）商业贿赂行为

1. 商业贿赂行为的概念与特征

所谓商业贿赂，是指经营者为了获取交易机会或者竞争优势，向能够影响交易的人秘密给付财物或其他报酬的违法行为。例如，投标人为了中标，向招标人中的决策者行贿。

商业贿赂行为具有以下特征：

（1）商业贿赂是从事商品交易的经营者故意或自愿进行的秘密行为

商业贿赂的主体是从事商品交易的经营者，既可以是交易的买方，也可以是交易的卖方。从主观上来看，商业贿赂行为有着明确的目的和动机，所以只能是主体故意或自愿进行的行为，过失行为和受到恐吓或胁迫而进行的行为不构成商业贿赂。从客观上来看，虽然具体商业贿赂行为的表现各不相同，但无论何种形式，一般都是通过秘密的方式进行的。商业贿赂向有关人员支付的款项或者提供的优惠，不仅不会向其的雇主或别的人员报告，而且还要通过伪造财务会计账册等形式进行掩盖，具有很大的隐蔽性。

（2）商业贿赂是针对特定对象的行为

商业贿赂的目的是通过对交易行为施加不正当影响，以便促成交易或使其在交易行为中挤掉同业竞争对手，取得优势。所以，商业贿赂行为的对象只能是那些能够影响交易的人，通常表现为交易相对人的经理、采购人员、代理人或其他雇佣人员，有时也包括与交易活动相关的政府官员。但那些通过正当的手段促成交易，而获得佣金的独立中间人并不包括在内。

（3）商业贿赂是法律所禁止的行为

商业贿赂是指那些违反国家有关财务、会计及廉政等方面的法律、法规的规定，向有关人员支付款项或者提供优惠的行为。不违反国家法律、法规的规定，在商业活动中按照一般惯例提供的优惠，如正当的折扣、赠送小件礼品或者一般接待性开支等，不属于商业贿赂行为。

2. 商业贿赂行为的表现形式

商业贿赂的主要表现形式是"回扣"。这里所说的回扣，是指经营者为了不正当地获取利益、优惠条件而直接地或间接地向缔约方或有关方面及其工作人员暗中提供的金钱或有价证券。回扣违背了经济活动中的诚实信用原则，促使假冒伪劣商品广泛流行，严重损害了国家、集体及广大消费者的利益，败坏了社会风气，是我国《反不正当竞争法》明确禁止的行为。

法律禁止回扣行为，但对正常的商业折扣和佣金则是允许的。折扣也称让利，它是指在商品购销活动中卖方在所成交的价款上给买方以一定比例的减让而返还给对方的一种交易上的优惠。折扣与回扣有明显的不同：折扣是公开明示的，是"明扣"而不是"暗扣"，一般应被写进合同，而且必须记入账内；而回扣则是秘密给付的，在合同和账册中都不显示。佣金是中间人从事中介活动的报酬。《反不正当竞争法》明确规定："可以以明示方式给对方折扣，可以给中间人佣金。"但是，这些折扣和佣金必须如实入账。

除了回扣这种常见的形式外，商业贿赂行为还可以表现为提供免费度假、国内外旅游、房屋装修、高档宴席、色情服务、赠送昂贵物品，以及解决子女或亲属入学、就业等许多形式。

3. 商业贿赂行为的法律责任

《反不正当竞争法》规定,经营者采用财物或者其他手段进行贿赂以销售或者购买商品的,监督检查部门可以根据情节处以 1 万元以上 20 万元以下的罚款,并且应当没收违法所得;构成犯罪的,依法追究刑事责任。

(五) 倾销行为

1. 倾销行为的概念与特征

倾销行为,是指经营者在依法降价处理商品之外,为排挤竞争对手或独占市场,以低于成本的价格倾销商品,扰乱正常生产经营秩序,损害国家利益或者其他经营者合法权益的行为。价格竞争是经营者进行竞争的一种主要形式,它不仅能够促进经营者努力降低成本,在客观上起到节约资源的作用,而且还可以为消费者提供更廉价的商品和服务。因此,法律对正常的价格竞争是鼓励和保护的。但是,当经营者以低于成本的价格销售商品时,竞争的性质就改变了。在这种情况下,竞争的内容不再是比较成本的高低,而是比谁的资本更雄厚,谁承受损失的能力更强。竞争的结果也必然是那些资产雄厚、规模巨大能够承担低价销售带来的损失的优势企业胜出,由其独占市场,形成垄断。这种结果对经济的发展以及市场秩序都有害无益,因而为法律所禁止。

倾销行为具有以下特征:

(1) 倾销行为是以低于成本的价格销售商品的行为

经营者参与市场、销售商品的目的当然是为了谋利,而要实现赢利就必须使商品的销售价格在总体上高于其成本。这里所说的商品成本按照《企业财务通则》的规定,应当包括为生产经营商品和提供劳务发生的各项直接支出与间接费用。以低于成本的价格销售商品,经营者自然不会赢利,但这样做能够吸引大量的顾客,从而使竞争对手失去市场。当其他竞争者被排挤出市场的目的达到后,倾销行为人就会提高销售价格,独占市场。一般来讲,企业以低于生产经营成本的价格进行销售,即可认定为倾销。

(2) 倾销行为是一种以排挤竞争对手为目的的故意行为

法律并不绝对禁止低于成本的销售行为。那些为客观原因所迫,为避免过大的损失或及时回笼资金而不得已进行的低价销售,法律是允许的。《反不正当竞争法》规定,有下列情形之一的,不属于不正当竞争行为:①销售鲜活商品;②处理有效期限即将到期的商品或者其他积压的商品;③季节性降价;④因清偿债务、转产、歇业降价销售商品。但是倾销行为与上述情况有根本的不同。首先,它是一种故意行为,经营者并未遇到非要以低于成本的价格销售商品不可的事由,这完全是经营者的主动行为;其次,倾销行为的目的非常明确,即压低价格排挤竞争对手,最终独占市场。

2. 倾销行为的法律责任

根据《反不正当竞争法》的规定,倾销行为给被侵害的经营者造成损害的,应当承担损害赔偿责任,被侵害的经营者的损失难以计算的,赔偿额为侵权人在侵权期间因侵权所获得的利润。此外,侵权人还应当承担被侵害的经营者因调查侵害行为所支付的合理费用。

(六) 不当附奖赠促销行为

1. 附奖赠促销行为的概念

附奖赠促销,是指经营者销售商品或提供服务时,通过附带地向购买者提供物品、金钱或者其他经济利益作为赠予或奖励,来促进销售的行为。附奖赠促销可分为附奖促销和附赠促销两种形式。附奖促销,是指向通过抽签、摇号、对号码等方式确定的部分购买者提供奖励的促销行为。附赠促销,是指对所有购买者或者所有符合预设条件的购买者进行馈赠的促销行为。

附奖赠促销作为一种促销手段能够产生一定的积极作用。首先,附奖赠促销作为一种变相降价促销,有利于促进竞争,激励经营者提高效率,降低成本,从而节约社会资源;其次,附奖赠促销可以提高社会的购买力,有利于保护消费者的利益;最后,附奖赠促销能够通过刺激购买,增加流通来推动产业链的通畅,达到促进经济发展、扩大就业的目的。

然而,当附奖赠促销超出必要的限度、严重违反公平竞争的原则时,其消极作用也是非常明显的。附奖赠的额度过高,不仅使商品和服务的价格虚高,价格信息失真,破坏了价格在市场机制中的核心作用,而且淡化了商品和服务本身属性在购买决策中的关键作用,损害了公平竞争的基础,还刺激了社会的赌博心理,严重毒害了社会风气。至于虚假的附奖赠促销则完全是一种欺诈行为,其弊端显而易见。此外,一些情况下的附奖赠促销对消费者的权益也构成了威胁。因此,在《反不正当竞争法》中,对不当附奖赠促销行为进行规制就显得十分必要。

2. 不当附奖赠促销行为的表现形式

(1) 欺骗性的附奖赠促销

欺骗性的附奖赠促销,是指经营者在销售商品或提供服务时,以虚假的奖励或赠予进行促销的行为。它主要包括三种情形:一是附奖赠表示虚假,即经营者在奖赠范围、中奖概率、奖赠额度、奖赠数量、奖赠种类等方面作出的表示与实际情况不符;二是所附奖赠品伪劣,即以假冒或低劣的产品作为奖赠品的行为;三是恶意干预中奖,即虽然设有奖品,但由于经营者在抽奖活动中的恶意干预,使其所设奖励实际上不能为任何消费者所得的行为,如经营者故意让内定人员中奖。

(2) 利用附奖赠促销手段推销质次价高的商品

在正常的市场交易活动中,商品的质量和价格有着一定的对应关系,质优者价高,质次者价低,这是正常的市场竞争的结果。但是,通过搞附奖赠销售却能够利用购买者投机获利的侥幸心理,来推销质次价高的商品。这实质上是一种变相涨价、欺骗消费者的行为。这种行为严重地违背了公认的商业道德,扰乱了市场竞争秩序,同时也损害了消费者的合法权益。至于所推销的商品是否属于质次价高,应当以消费者的公认评价和有关主管机关的认定为准。

(3) 附巨额奖赠促销

所谓巨奖,是指奖赠品超过法律所允许的设奖额度。附巨额奖赠促销是一种严重的不正当竞争行为,能产生极大的消极作用。对消费者来说,它利用了消费者的侥幸心理使其购进商品,结果造成消费者偏离购物的本意,不管是不是需要,也忽略商品的质量、性能和价值,实际上造成对消费者权益的损害。对经营者来说,它使经营者只注意到了销售额、利润增加的短期效益,而忽视了产品质量、服务质量的提高,最终导致经营者后劲不足、缺乏竞争力而遭受损失。对社会来说,有奖刺激下的消费不能真实地反映社会的实际需求,这种消费所传递的错误的市场信息,可能导致宏观管理决策的失误,而且因销售成本的增加,最终会导致物价不合理上涨。《反不正当竞争法》规定,抽奖式的有奖销售,最高奖的金额不得超过 5000 元。

3. 不当附奖赠促销行为的法律责任

《反不正当竞争法》规定,凡经营者有不当附奖赠促销行为的,监督检查部门应当责令其停止这种行为,同时根据其情节轻重,可以处以 1 万元以上 10 万元以下罚款。

(七) 诋毁商誉行为

1. 诋毁商誉行为的概念和特征

诋毁商誉,是指经营者传播有关竞争对手的虚假信息,以破坏竞争对手的商业信誉,削弱其市场竞争能力的行为。商誉,即商业信誉,是指市场对经营者提供的商品、服务的质量、性能、价格以及交易后的跟踪服务等因素的综合评价。商业信誉是构成经营者市场竞争力的核心要素之一,对经营者的生存和发展有非同寻常的意义。所以,诋毁商誉行为是一种严重的不正当竞争行为。

诋毁商誉行为具有以下特征:

(1) 诋毁商誉行为是发生在竞争关系中的行为

诋毁商誉行为是一种不正当竞争行为,它只发生在市场竞争的过程中。尽管在现实中存在各种各样的诋毁经营者商誉的行为,但那些与竞争无关的诋毁行为只是一般的民事侵权行为,例如单纯的消费者对商家的诋毁行为。只有与被诋毁者之间存在竞争关系的经营者的诋毁行为,才可能构成《反不正当竞争法》意义上的诋毁商誉行为。这里所说的竞争关系并不局限于同一地区和同一行业。

(2) 诋毁商誉行为是一种故意行为

诋毁商誉行为的实施者主观上是故意,而且以削弱竞争对手的市场竞争能力,并谋求自己的市场竞争优势为目的。那些因过失造成对竞争对手商业信誉或商品声誉损害的经营者,虽然要承担相应的损害赔偿责任,但其行为不能认定为不正当竞争。

(3) 诋毁商誉行为的对象是经营者的商业信誉

商业信誉的形成是经营者长期努力和大量投入的结果,一般都要经过艰苦的市场研究、技术开发、广告宣传和公关活动才能获得。一旦形成良好的商业信誉,就会给经营者带来市场竞争中的优势地位,并可能成为他进行竞争的最大资本和立足市场的最重要支柱。反之,商业信誉受损也会极大地削弱经营者的竞争能力。诋毁商誉行为就是专门针对竞争对手的商业信誉进行的不正当竞争行为。

(4) 诋毁商誉行为是传播虚假信息的行为

诋毁商誉行为是利用虚假信息的传播来损害竞争对手的商业信誉的不正当竞争行为。传播虚假信息客观方面表现为捏造、散布虚假事实,对竞争对手的商业信誉进行诋毁、贬低,给竞争对手造成或可能造成一定的损害后果。捏造虚伪事实,是指故意编造对竞争对手不利的、与其商业信誉真实情况不相符合的事情,包括无中生有的编造,也包括对事实的恶意歪曲。散布虚伪事实,是指以各种形式使他人知悉其所捏造的虚伪事实。如果仅仅捏造虚伪事实,并未传播,没有给对手造成不利影响,或者,虽然在客观上造成竞争对手的商业信誉受损,但其传播的属于真实情况,则不能认为是诋毁商誉的行为。

2. 诋毁商誉行为的法律责任

按照《反不正当竞争法》的规定,诋毁商誉行为给被侵害的经营者造成损害的,应当承担损害赔偿责任

【例 8-2】杭州娃哈哈集团公司诉珠海巨人高科技集团公司不正当竞争纠纷案

杭州娃哈哈集团公司(以下简称娃哈哈集团)生产的"娃哈哈儿童营养液"家喻户晓。1995 年初,珠海巨人高科技集团公司(以下简称巨人集团)生产了一种与"娃哈哈儿童营养液"类似的产品"巨人吃饭香"并投放全国市场,且专门印制了一种《巨人集团健康产品销售书——巨人大行动》的宣传册子。宣传册子中称"据说娃哈哈有激素,造成小孩早熟,产生许多现代儿童病",致使"娃哈哈儿童营养液"在全国各地的销售量下跌。娃哈哈集团以巨人集团有不正当竞争行为为由,向浙江省杭州市中级人民法院提起诉讼。

【点评】

巨人集团的行为,违反商业道德和法律规定,构成了不正当竞争。

(八)串通招、投标行为

1. 串通招、投标行为的概念

招标、投标是市场经济条件下的一种交易方式,由招标行为和投标行为构成。首先,招标方以特定标的诱使各投标方向其报送符合要求的标书,然后由招标方选择其中最优者,并按照标书内容与该投标方订立合同。

招标、投标特殊的规定决定了在其过程中的竞争比一般交易方式下更为激烈。为了有效制止招标、投标活动中的不正当竞争行为,确保招标、投标活动的公平竞争性,《反不正当竞争法》规定,不得进行串通招、投标行为。串通招、投标行为是指投标者相互串通,或者投标者和招标者相互勾结,进行的不正当竞争行为。

2. 串通招、投标行为的表现形式

(1) 投标者串通投标

投标者串通投标,是指参加投标的经营者之间就投标报价、条件或其他相关内容达成协议,以避免相互竞争的行为。这种行为实质上排除了招标、投标中的竞争,使招标者的利益被损害。根据招标的具体情况不同,投标者之间的协议既可能是共同抬高标价,也可能是共同压低标价,或者是协议轮流在类似项目中中标等。

(2) 投标者和招标者相互勾结

投标者和招标者相互勾结,其目的是为了排挤该投标者的竞争对手。这种行为使招标、投标流于形式,参加竞标者不能在相同的条件下进行公平竞争,损害了其他投标人的利益。投标者和招标者相互勾结有多种形式。例如,招标者故意向某特定投标者透露其标底;招标者在公开开标之前向特定投标者透露其他投标者的报价或投标条件;招标者让不符合投标资格的投标者中标;招标者在审查、评比标书时,对不同的投标者实施差别对待等。

3. 串通招、投标行为的法律责任

《反不正当竞争法》规定,有串通招、投标行为的,其中标无效;监督检查部门可据其情节处以 1 万元以上 20 万元以下的罚款;构成犯罪的,移交司法机关依法追究刑事责任。

(九)优势企业限定交易行为

1. 优势企业限定交易行为的概念和特征

优势企业限定交易行为,是指公用企业或者其他依法具有独占地位的经营者,利用自身优势限定他人购买其指定的经营者的商品,以排挤其他经营者的行为。

优势企业限定交易行为具有以下特征:

(1)利用优势地位限定交易行为的主体是特定的

优势企业限定交易行为的主体,只能是公用企业或其他依法具有独占地位的经营者。公用企业,是指其商品或服务涉及社会公众的基本物质生活需要的一些行业部门,主要分布于电力、自来水、热力、煤气、通信、公共交通等领域。在我国,这些与社会公众生活密切相关的行业一般都属于国家控制的产业。独占,就是垄断。当法律、法规规定某特定领域或某特定产品只能由一个企业或少数几个企业生产经营时,该企业就具有了依法独占的地位。

(2)优势企业限定交易行为是一种滥用优势的行为

公用企业和其他依法具有独占地位的经营者在交易活动中占有明显的优势。公用企业提供的商品或服务是生产、生活最基本的要素,任何人都难以离开。同样,对独占企业的交易对象来说,也不可能有其他的选择。公用企业和其他依法具有独占地位的经营者正是利用对方别无选择只能与自己交易的优势来限定其行为的。

(3)优势企业限定交易行为表现为限定他人购买指定商品

公用企业和其他依法具有独占地位的经营者对市场的垄断并不是《反不正当竞争法》禁止的对象。法律禁止的是公用企业或依法具有独占地位的经营者利用本身优势地位和特殊身份,限定他人购买其指定经营者的商品的行为。这种行为不仅妨碍了市场的公平竞争,也侵犯了用户和消费者的自由选择权。

2. 优势企业限定交易行为的法律责任

《反不正当竞争法》规定,对企业利用优势地位限定交易的行为,监督检查部门应当责令其停止违法行为,并可据情节处以5万元以上20万元以下的罚款。被指定的经营者借此销售质次价高商品或者滥收费用的,监督检查部门应当没收违法所得,并可据情节处以违法所得1倍以上3倍以下的罚款。

(十)附不当条件交易行为

1. 附不当条件交易行为的概念和特征

附不当条件交易行为,是指经营者利用经济优势,违背购买者的意愿,在销售一种商品或提供一种服务时,要求购买者以购买另一种商品或接受另一种服务为条件,或者就商品或服务的价格、销售对象、销售地区等进行不合理限制的行为。例如,在销售紧俏商品时搭售滞销商品的行为;要求经销者只销售自己的产品,不得销售竞争对手的产品的行为;要求销售商统一定价,不得擅自提高或降低的行为等。

附不当条件交易行为具有以下特征:

(1)附不当条件交易行为的主体是提供商品或服务的经营者

首先,附不当条件交易行为的主体是参与市场交易的经营者。一些国家机关、行业组织等为服务对象提供服务时附不合理条件的行为是一种利用职权的违法行为,不属于附条件交易行为。其次,附不当条件交易行为的主体只能是提供商品或服务的经营者。接受商品或服务的购买方在交易时附加条件的情况,不在《反不正当竞争法》的调整范围之内。

（2）附不当条件交易行为违背了购买者的意愿

附不当条件交易行为所附加的一定是违背购买者意愿的条件。如果购买者自愿接受经营者的附加条件,那么这些附加条件就是合法的,属于当事人之间协议的组成部分,不存在不正当的问题。

（3）附不当条件交易行为是滥用优势的行为

附不当条件交易行为是经营者凭借在交易中的优势地位实现的。如果经营者是以其他不正当手段来实施搭售或附加不合理条件,则不属于附不当条件交易行为的范畴。例如,以胁迫、强制等手段附不当条件进行的交易行为带有一定的暴力性质,则另属于强制交易行为。

2. 附不当条件交易行为的法律责任

按照《反不正当竞争法》的规定,附不当条件交易行为给被侵害的经营者造成损害的,应当承担损害赔偿责任。

（十一）行政权不当限制竞争行为

1. 行政权不当限制竞争行为的概念与特征

行政权不当限制竞争行为,是指政府机关及其所属部门违反法律规定,滥用行政权力限制市场竞争的行为。行政权不当限制竞争行为在破坏市场统一、限制公平竞争的同时,还助长了行政腐败、毒化了社会风气,是一种严重的不正当竞争行为。

行政权不当限制竞争行为具有以下特征:

（1）行政权不当限制竞争行为的主体是特定的

只有那些能够行使行政权力的部门才可能实施行政权不当限制竞争行为。所以,行政权不当限制竞争行为的主体是政府机关及其所属部门,它的范围包括除国务院之外的所有的行政机关以及被授权或者委托行使行政权力的组织。

（2）行政权不当限制竞争行为是对行政权力的滥用

国家的行政权由国家行政机关行使,但是行政权的行使必须严格遵守合法适度的原则。行政权不当限制竞争行为是政府机关超越职权,对市场交易和竞争的强行干预,违反了依法行政的基本原则,属于滥用行政权力的行为。

2. 行政权不当限制竞争行为的法律表现

（1）行政性强制交易

行政性强制交易,是指政府机关及其所属部门滥用行政权力,限定他人购买其指定的经营者的商品或服务,或限制其他经营者正当的经营活动的行为。这里所说的商品或服务是指一般商品、一般服务。如果是依法专营或专卖的商品、服务,政府或其职能部门所做的交易限定,就是合法行使职权,不属于滥用行政权力,自然也就不能构成行政性强制交易。

(2) 地区封锁

地区封锁,是指政府机关及其所属部门通过行政权力建立市场壁垒的行为。它既包括禁止或限制外地商品流入本地市场,也包括禁止或限制本地资源流向外地。这种行为从狭隘的地方利益出发,采取不合理的,甚至违法的行政手段,限制、封锁地区之间的贸易往来,割裂地区之间的资源、技术等经济联系,严重破坏了市场的统一。

3. 行政权不当限制竞争行为的法律责任

《反不正当竞争法》规定,对以行政权力不当限制竞争的机关或组织,上级机关应当责令其改正;情节严重的,由同级或者上级机关对直接责任人员给予行政处分。被指定的经营者借此销售质次价高商品或者滥收费用的,监督检查部门应当没收违法所得,可以根据情节处以违法所得1倍以上3倍以下的罚款。

综合实训

一、单项选择题

1. 根据反不正当竞争法律制度的规定,下列行为中,属于不正当竞争行为的是(   )。

A. 甲因其所居住小区内的超市过于吵闹,影响其休息,遂捏造该超市出售伪劣商品的事实并进行散布,导致该超市营业额严重下降

B. 乙家具制造企业将产自中国的家具产品的原产地标注为意大利

C. 丙歌厅见与其相邻的另外一家歌厅价格低、服务好、客源多,遂雇用打手上门寻衅滋事,进行威胁

D. 入夏前,丁商场为了筹集资金购进夏装,以低于进货价的价格甩卖了一批库存的羽绒服

2. 下列行为中属于商业贿赂行为的是(   )。

A. 在公开招标中为取得中标机会,向发标单位给予财物

B. 被勒索不得已向交易对方赠送财物

C. 被胁迫情况下给予交易对方财物

D. 为晋升而收买有关人员

3. 下列有奖销售行为属不正当竞争应予禁止的是(   )。

A.《反不正当竞争法》禁止一切有奖销售

B. 抽奖式有奖销售最高奖超过4000元不足5000元

C. 抽奖式有奖销售最高奖超过4500元不超过5000元

D. 抽奖式有奖销售最高奖超过5000元

4. 下列降价行为中属低价倾销行为的是(   )。

A. 低于成本销售鲜活商品

B. 低于成本处理积压商品

C. 季节性降价
D. 低于成本销售商品，排挤对手，独占市场

5. 某厂采购员曹某接受了客户返还的3000元后上交厂财务。该款项入账后冲减进货价款。请问该行为属于（　　）。
   A. 回扣　　　B. 受贿　　　C. 对方让利　　　D. 佣金

6. 某电器销售连锁店在本市一家主要媒体上刊登广告称为回报消费者，本店全场特惠，降幅10%至50%。但执法人员检查发现，该店先将商品价格悄然上涨10%，然后在此基础上下降10%，实际等于一点没降，该行为（　　）。
   A. 构成虚假宣传行为　　　　B. 构成不正当亏本销售行为
   C. 不属于不正当竞争行为　　D. 构成混同行为

二、多项选择题

1. 《反不正当竞争法》的基本原则主要有（　　）。
   A. 自愿原则　　　　　　B. 等价有偿原则
   C. 平等原则　　　　　　D. 公平原则
   E. 诚实信用原则

2. 《反不正当竞争法》的主体——经营者可以是（　　）
   A. 从事生产的法人
   B. 从事销售的个人
   C. 从事营利性服务的个人
   D. 从事商品服务的个人
   E. 从事营利性服务的法人

3. 我国《反不正当竞争法》严加禁止的不正当竞争行为有（　　）。
   A. 以格式合同对消费者作出不合法律规定的行为
   B. 侵犯消费者的人身权行为
   C. 产品无中文标明的产品名称行为
   D. 降价排挤行为
   E. 通谋投标行为

4. 滥用行政权力行为主要表现有（　　）。
   A. 限定他人购买其指定的经营者的商品
   B. 违背交易相对的人的意愿提出附加的不合理条件
   C. 限制其他经营者的正当的经营活动
   D. 限制外地商品进入本地市场
   E. 分割统一市场，进行部门封锁

5. 下列有奖销售行为中属于不正当有奖销售行为的有（　　）。
   A. 谎称有奖进行有奖销售
   B. 故意让内定人员中奖进行有奖销售
   C. 利用有奖销售的手段推销质次价高的商品
   D. 抽奖式有奖销售的奖品为5000元的实物

E. 抽奖式有奖销售的最高金额超过 5000 元
6. 下列以低于成本的价格销售商品情形中不属于不正当竞争行为的有(　　)。
　A. 销售鲜活商品　　　　　　　B. 季节性降价
　C. 处理有效期限即将到期的商品　D. 处理积压商品
　E. 转产处理销售商品
7. 监督检查部门在对不正当竞争行为进行监督检查时,享有的职权有(　　)。
　A. 处罚权　　　　　　　　　　B. 责令赔偿权
　C. 检查权　　　　　　　　　　D. 询问权
　E. 查询复制权
8. 我国依法有权对不正当竞争行为进行监督检查的机关包括(　　)。
　A. 监察部　　　　　　　　　　B. 建设部
　C. 文化部　　　　　　　　　　D. 化工部
　E. 对外贸易经济合作部

三、思考题

1. 什么是反不正当竞争行为？它有哪些特征？
2. 《反不正当竞争法》列举了哪些不正当竞争行为？
3. 试述仿冒行为的表现形式。
4. 什么是虚假广告宣传行为？它有哪些表现形式？
5. 诋毁商誉行为的概念是什么？它有哪些特征？

第九章　消费者权益保护法律制度

【引例导学】

2014年3月25日,某市高校教师许某在该市某家电中心购买了一台著名品牌的电冰箱,价格为3000元。试机时发现冷冻室没有挂霜,家电中心经理认为这是因为室外湿度过高所致,并说电冰箱是直接从厂家进的货,质量没有问题,还表示1个月内如有质量问题包退包换,许某在得到保证后就把冰箱运回了家。4月1日,许某在家试机,发现冰箱不制冷,同时还发现冰箱上下门中间有一条边发烫,封条变形,冷冻室有流水现象。遂向家电中心经理说明情况,经家电中心修理后,冰箱仍不制冷。原来这台冰箱是一台有质量问题而被其他客户退回来的次品,但家电中心经理却故意隐瞒了实情。许某提出退货,但被拒绝。许某遂向人民法院提起诉讼。

问题:经营者应当承担什么责任?请结合《中华人民共和国消费者权益保护法》(以下简称《消费者权益保护法》)的知识进行分析。

【点评】

经营者存在欺诈行为,应当返还价款,并承担一定的赔偿责任。

第一节　消费者权益保护法概述

一、消费者的概念和特征

消费作为社会再生产的一个重要环节,是生产、交换、分配的目的与归宿。它可以分为生产消费和生活消费两类。其中,生产消费是指在物质资料生产过程中的生产资料的耗费;而生活消费则是指公民个人对衣、食、住、行等生活必需的日用品的消费,同时也包括诸如听音乐、看电视、唱歌、游泳、登山、摄像等为满足精神文化生活所需要的消费活动。

从一般意义上说,消费者是从事消费活动的主体,既包括生产资料的消费者,又包括生活资料的消费者。《消费者权益保护法》第2条规定:"消费者为生活消费需要购买、使用商品或者接受服务,其权益受本法保护。"所以,我们认为,所谓消费者是指为了满足个人生活消费的需要而购买、使用商品或者接受服务的自然人。

消费者具有以下特征：

1. 消费者是自然人

具体的商品和服务都是由自然人来接受和使用的，法人或者其他组织无法进行消费，所以他们不是消费者。当遇到权利被侵犯时，即使商品或服务的购买者是组织，受到侵权的自然人也只能以自己的名义起诉。

2. 消费者的目的是为了满足生活需要

消费者购买、使用商品或者接受服务，并不是为了将这些商品转让给他人而从中营利。消费者购买、使用商品或者接受服务的目的主要是用于个人与家庭的消费。如果不是用于个人消费，而是用于生产和经营，则不是《消费者权益保护法》上所说的消费者。

3. 消费者的消费行为表现为购买、使用商品或者接受服务

消费者的消费行为可以表现为购买商品、接受服务，也可以表现为使用或享用他人购买的商品或服务。也就是说，消费者不仅是指在市场上直接购买商品或服务的人，它也包括那些使用和享用他人购买的商品或服务的人。

需要特别强调的是，在农民购买、使用直接用于农业生产的生产资料时，虽然不是为了生活消费，但由于他们在这一行为过程中明显的弱势地位，同样适用《消费者权益保护法》的规定。

二、消费者权益保护法

消费者权益保护法是指国家制定的以保护消费者权益为内容的法律规范的总称。它有广义和狭义之分。狭义的消费者权益保护法，仅指1993年10月31日第八届全国人民代表大会常务委员会第四次会议通过，并于1994年1月1日起实施的《中华人民共和国消费者权益保护法》。该法于2009年8月27日第十一届全国人民代表大会常务委员会第十次会议进行第一次修正，2013年10月25日十二届全国人大常委会第5次会议进行第二次修正，新《消费者权益保护法》于2014年3月15日正式实施。《消费者权益保护法》是我国消费者权益保护法律体系中的基本法。广义的消费者权益保护法，则包括所有含有保护消费者权益内容的法律、法规。

（一）消费者权益保护法的立法宗旨

在市场经济条件下，随着竞争的日益激化，普通消费者在市场上越来越处于软弱不利的地位。他们与生产经营者相比，不仅在经济实力上差距悬殊，而且由于先进的生产技术和细微的专业化分工，使得消费者在客观上也越来越难以判断自己的消费行为的合理性和产品的真实性。生产经营者与消费者之间的关系已经发生变化，两者在交易中根本不具有对等的实力，实质上成为一种支配与被支配的不平等关系，消费者无力维护自身的合法权益。而对消费者的损害，不仅损害了大众的利益，并且进一步地危害到社会经济秩序，影响了社会经济的健康发展。

为了消除上述情况的消极影响，国家有必要对消费者进行特殊保护，建立相关的法律制度。《消费者权益保护法》的立法宗旨，就是为了保护消费者的合法权益，维护社会经济

秩序,促进社会主义市场经济健康发展。

(二)消费者权益保护法的调整对象

消费者权益保护法的调整对象,是指因调整消费者权益而产生的各种社会关系。根据这些社会关系主体的不同,可以划分为以下三种类型:

1. 国家管理机关与经营者之间的关系。这种关系主要是指为了保护消费者的合法权益,国家相关的管理机关在对经营者的生产、销售、服务活动制定相关规范,实施监督管理,对经营者的违法行为进行查处的活动中所发生的社会关系。

2. 国家管理机关与消费者之间的关系。这种关系主要是指国家管理机关为保护消费者的合法权益,对其进行引导、服务和保护的活动中发生的社会关系。

3. 消费者与经营者之间的关系。这种关系主要是指经营者遵守相关义务,消费者享有相关权利,以及经营者在违反法定义务,损害消费者的合法权益而进行赔偿过程中发生的社会关系。

【知识拓展】

2014年3月15日正式实施的新《消费者权益保护法》六大亮点

一、实行举证责任倒置

【法条】《消费者权益保护法》第23条第3款:经营者提供的机动车、计算机、电视机、电冰箱、空调器、洗衣机等耐用商品或者装饰装修等服务,消费者自接受商品或者服务之日起六个月内发现瑕疵,发生争议的,由经营者承担有关瑕疵的举证责任。

二、赋予消费者反悔权

【法条】《消费者权益保护法》第25条第1款、第2款规定:经营者采用网络、电视、电话、邮购等方式销售商品,消费者有权自收到商品之日起七日内退货,且无须说明理由,但下列商品除外:(一)消费者定做的;(二)鲜活易腐的;(三)在线下载或者消费者拆封的音像制品、计算机软件等数字化商品;(四)交付的报纸、期刊。除前款所述商品外,其他根据商品性质并经消费者在购买时确认不宜退货的商品,不适用无理由退货。

三、明确个人信息保护

【法条】《消费者权益保护法》第29条规定:经营者收集、使用消费者个人信息,应当遵循合法、正当、必要的原则,明示收集、使用信息的目的、方式和范围,并经消费者同意。经营者收集、使用消费者个人信息,应当公开其收集、使用规则,不得违反法律、法规的规定和双方的约定收集、使用信息。经营者及其工作人员对收集的消费者个人信息必须严格保密,不得泄露、出售或者非法向他人提供。经营者应当采取技术措施和其他必要措施,确保信息安全,防止消费者个人信息泄露、丢失。在发生或者可能发生信息泄露、丢失的情况时,应当立即采取补救措施。

四、消协可提公益诉讼

【法条】《消费者权益保护法》第37条第1款规定:消费者应履行以下公益性职责……(七)就损害消费者合法权益的行为,支持受损害的消费者提起诉讼或者依照本法提起诉讼。

五、定位网购平台责任

【法条】《消费者权益保护法》第44条规定：消费者通过网络交易平台购买商品或者接受服务，其合法权益受到损害的，可以向销售者或者服务者要求赔偿。网络交易平台提供者不能提供销售者或者服务者的真实名称、地址和有效联系方式的，消费者也可以向网络交易平台提供者要求赔偿。

六、加大消费欺诈赔偿

【法条】《消费者权益保护法》第55条规定：经营者提供商品或者服务有欺诈行为的，应当按照消费者的要求增加赔偿其受到的损失，增加赔偿的金额为消费者购买商品的价款或者接受服务的费用的三倍；增加赔偿的金额不足五百元的，为五百元。法律另有规定的，依照其规定。

第二节　消费者权利和经营者的义务

一、消费者权利的概念和特征

消费者权利，是指由国家法律所确认的，在消费领域消费者能够作出或者不作出一定行为，以及要求生产经营者相应作出或者不作出一定行为的许可和保障。消费者权利是消费者利益在法律上的表现，即消费者在购买、使用商品或者接受服务时享有的受法律保护的利益。法律赋予消费者多少权利，也就意味着消费者在多大程度上受到国家的保护。

消费者权利具有下列特征：

1. 消费者权利以消费者特定的身份为基础，即具有消费者的身份是享有消费者权利的前提和条件。只有那些因满足生活需要而购买、使用商品或者接受服务，并与经营者之间发生一定关系的人，才能享受这一权利。

2. 消费者权利具有法律规定性。消费者权利是由《消费者权益保护法》确定的，并根据《消费者权益保护法》的程序规定得以实现。消费者依法行使该权利受法律的保护。

3. 消费者权利是特别赋予居于弱者地位的消费者的权利。尽管消费者和经营者之间的关系表面上看起来是平等主体之间的市场行为，但实际上由于垄断势力和不正当竞争行为的泛滥，消费者在付出了极大的经济代价之后，却无法得到满意的商品和服务。为了矫正这种情况，国家通过特别赋予消费者权利，去规范和控制不法经营者的行为，从而改变消费者在市场中的弱势地位。

二、消费者享有的具体权利

《消费者权益保护法》第2章规定，我国的消费者享有安全权、知悉权、选择权、公平交易权、赔偿权、结社权、获得知识权、受尊重权、监督权等 9 项基本权利。

(一) 消费者享有安全权

消费者的安全权,是指消费者在购买、使用商品或者接受服务时享有的人身和财产安全不受侵害的权利。安全权是消费者最重要的权利,也是宪法赋予公民的人身权、财产权在消费领域的体现。为了使这一权利真正得到体现,消费者有权要求经营者提供的商品和服务符合保障人身、财产安全的要求。

消费者的安全权按照权利内容可以划分为人身安全权和财产安全权两部分。人身安全权,是指消费者的生命、健康不受威胁、不受侵害的权利,主要包括生命安全权和健康安全权。财产安全权,是指消费者的财产不受侵害的权利。

根据《消费者权益保护法》第 7 条的规定,我国消费者在消费过程中,享有的安全权的主要表现在以下几个方面:

1. 经营者提供的商品应当具有合理的安全性,不得提供有可能对消费者人身及财产造成损害的不卫生、质量不合格、不符合检疫标准的商品;

2. 经营者向消费者提供的服务必须有可靠的安全保障;

3. 经营者提供的消费场所应当具有必要的安全保障,让消费者能够在安全的环境中选购商品或者接受服务。

【例 9-1】消费者就餐被烫伤　肯德基赔偿 2000 元

消费者刘小姐在就餐时,被餐厅服务员烫伤。为此,刘小姐将肯德基北太平庄餐厅诉至法院,要求赔偿其误工费及精神损失费共计 1.3 万余元。日前,北京市海淀区人民法院判决肯德基餐厅赔偿刘小姐误工费人民币 1300 元及护理费人民币 700 元。

2007 年 7 月 14 日,刘小姐和她的朋友在肯德基北太平庄餐厅就餐时,因服务员在擦桌子过程中未拿稳热饮而将其全部撒在刘小姐右腿上。后经北京积水潭医院诊断刘小姐的右大腿热烧伤 3％Ⅱ°,医嘱全休 3 天。事发后,肯德基北太平庄餐厅先后 3 次陪同刘小姐就诊,并承担了相应的医疗费和交通费。

2008 年 6 月 25 日,刘小姐向海淀区消费者协会投诉,但双方未能在精神损失费上达成一致意见。为此,刘小姐将肯德基餐厅起诉至法院,要求餐厅赔偿其误工费等损失共计 3800 余元及精神损失 1 万元。

【点评】

法院审理后认为,消费者在接受服务时享有人身安全不受损害的权利,判决肯德基餐厅赔偿刘小姐误工费人民币 1300 元及护理费人民币 700 元,驳回了刘小姐其他诉讼请求。

宣判后,双方均未明确表示是否上诉。

(二) 消费者的知悉权

知悉权,又称知情权或称获得消费信息的权利,是指消费者依法享有了解购买、使用商品或者接受服务的有关真实情况的权利。

根据商品或者服务的不同情况,消费者有权要求经营者提供商品的价格、产地、生产者、用途、性能、规格、等级、主要成分、生产日期、有效期限、检验合格证明、使用方法说明书、售后服务以及服务的内容、规格、费用等有关情况。

消费者知悉权的对象是指特定化了的商品或者服务。消费者只对自己准备购买或者正在购买的商品或服务享有了解真实情况的权利。对生产经营者的其他商品或者服务情况，消费者不享有知悉权，生产经营者也没有如实陈述、告知的义务。

（三）消费者的选择权

市场经济是一种独立的市场主体自主决策、自主选择的经济。消费者作为与经营者平等的市场主体，可以按照自己的意愿来决定如何行为。作为生活消费的主体，消费者最清楚自己的需要，他可以自由地将这一意思表示出来而不受任何人的干涉。现实中出现的搭售行为、强买强卖行为、限定或者指定购买行为都是对消费者自主选择权的侵害。

根据《消费者权益保护法》第9条的规定，消费者的选择权包括以下内容：

1. 消费者有选择提供商品或者服务的经营者的权利。
2. 消费者有选择商品品种或者服务方式的权利。
3. 消费者有自主决定购买或者不购买任何一种商品、接受或者不接受任何一项服务的权利。
4. 消费者有对商品或者服务进行比较、鉴别和挑选的权利。

（四）消费者的公平交易权

消费者享有公平交易的权利，简称公平交易权。市场交易的基本规则是自由、平等、诚实信用，因此消费者和经营者都享有公平交易的权利。但由于在市场交易中，消费者往往处于弱者的地位，更需要突出强调其享有公平交易的权利，以便从法律上给予保护。消费者公平交易权的主要内容有以下几点：

1. 消费者在购买商品或接受服务时，有权获得质量保障。商品或者服务质量的好坏，是消费者公平交易权能否得到满足的关键。广大消费者有权要求经营者提供的商品或服务符合国家规定的质量标准，尤其是对那些可能危及消费者人身、财产安全的商品或服务，更应保证其质量。
2. 消费者在购买商品或接受服务时，有权以合理的价格成交。价格合理，是指商品或服务的价格应当以商品或服务包含的价值为基础，结合社会发展水平和消费者购买力，其包含的利润应当控制在法律允许的范围内。
3. 消费者有权要求经营者计量准确。计量准确，是指经营者应当按照其与消费者约定的量的多少来履行义务，不得以缺斤短两等方式坑害消费者。
4. 消费者有权拒绝强制交易行为。强制交易行为，是指经营者利用其在交易中的优势地位，强迫消费者接受其不想购买的商品或不想接受的服务或者其他对消费者不利的条件。

（五）消费者的损害赔偿权

消费者的损害赔偿权，又称求偿权或者索赔权，是指消费者在购买、使用商品或者接受服务过程中非因自己的故意或者过失而使得其人身、财产遭受损害时，向生产经营者提出请求，由生产经营者予以一定赔偿的权利。

（六）消费者的结社权

消费者的结社权，是指消费者为了维护自己的合法权益，组织消费者团体的权利。消费者通常是独立、分散的自然人,与实力庞大、组织严密的经营者相比属于弱者,所以在与经营者的交易中更易受到伤害。但消费者也有自己的优势,那就是消费者人数众多,包括社会中的每个人。一旦消费者团结起来,依法建立自己的社团,就能改变其弱势地位,使他们能够依靠团体的力量更有效地维护自身权益。目前,我国这种社会团体主要是消费者协会。

(七) 消费者的获得知识权

获得知识权也称接受教育权,是指消费者所享有的获得消费和消费者权益保护方面的知识的权利。这一权利包括两方面的内容:一是获得有关消费方面的知识,比如有关消费观的知识,有关商品和服务的基本知识,有关市场的基本知识等;二是获得有关消费者权益保护方面的知识,比如消费者权益保护的法律、法规和政策,以及保护机构和争议解决途径等方面的知识。

此项权利中消费知识的主要来源是经营者。如经营者应当提供商品或服务的使用技巧、禁忌、注意事项等相关知识或说明;消费者协会、相应的行政机关以及其他的社会机构也应当为消费者提供消费咨询的途径,如为消费者提供消费者权益保护的相关知识,以尽可能地提高消费者的法律意识和安全意识。

(八) 消费者的受尊重权

消费者的受尊重权,是指消费者在购买、使用商品,接受服务时所享有的人格尊严、民族风俗习惯得到尊重的权利。它可以分为消费者的人格尊严权与民族风俗习惯受尊重权两部分。

1. 人格尊严权

在消费领域,消费者的人格尊严权是指消费者在购买、使用商品和接受服务时所享有的姓名、名誉、荣誉、肖像等人格不受经营者非法侵犯的权利。

2. 民族风俗习惯受尊重权

在消费领域,消费者的民族风俗习惯受尊重权,是指各民族消费者在购买、使用商品或接受服务时,所享有的其民族风俗习惯不受歧视、不受侵犯的权利。对经营者来讲,各民族的风俗习惯都应给予充分的尊重和理解,在可能的情况下,应尽量地满足其带有民族特点的特殊要求。

【例 9-2】保安当众搜包顾客受辱 超市被判张贴道歉声明

29 岁的陈小姐是一家医院的护士。2008 年 5 月的一个星期天,她和同事到单位对面的联华超市温州南国连锁店购物。买了一些日用品之后,她从寄存处取了背包,乘电梯下楼。经一楼检查口时,防盗报警器突然响起。值班保安怀疑陈小姐偷拿了东西,当即要求对其背包进行检查。陈小姐说,当时她也一头雾水,很配合地把包交给保安检查。保安看了又看,把包拿去里里外外仔细地搜查了一遍,没有发现可疑物品。当众被保安开包检查,并引来很多人围观,陈小姐觉得很委屈。她要求当事保安赔礼道歉,却遭到拒绝,双方为此发生争执。随后,陈小姐及其亲友与超市方面协商解决此事。超市一经理口头向陈小姐道了歉。陈小姐说,这还不够,她需要超市方面在超市广播和当地报纸上公开道歉、消除影响。超市方面不同意。

陈小姐说,事发后的那段时间,这件事给她造成了很大的心理和精神压力。既然超市方面这么没有诚意,她就将对方告上法庭,要求其赔礼道歉,并登报消除影响;赔偿精神损失费1万元及误工费、差旅费等500元。

【点评】

法院审理认为,该超市保安的行为给陈小姐的名誉造成了一定程度的损害。虽然该超市经理已在办公室内向陈小姐口头道歉,但这不足以消除影响,须在其营业场所公开张贴道歉声明。声明内容须经法院审查,如不在判决生效5日内履行,那么判决结果改为当事超市就得在《温州都市报》上刊登道歉声明。另外,该超市还得赔偿陈小姐的诉讼费用支出及3天误工费,共计474.5元。

(九) 消费者的监督权

消费者的监督权,是指消费者享有对商品和服务进行监督以及对保护消费者权益工作进行监督的权利。消费者有权检举、控告侵害消费者的行为和国家机关及其工作人员在保护消费者权益工作中的违法失职行为,有对保护消费者权益工作提出批评、建议的权利。

第三节 消费者合法权益的保护

一、消费者合法权益的保护

(一) 消费者合法权益的国家保护

国家采取各种措施,保障消费者依法行使权利,维护消费者的合法权益。根据《消费者权益保护法》第4章的规定,国家对消费者合法权益的保护主要体现在以下几个方面:

1. 立法保护

保护消费者合法权益,立法是基础。《消费者权益保护法》是保护消费者合法权益的基本法律。此外,我国制定和颁布的《中华人民共和国产品质量法》、《中华人民共和国反不正当竞争法》、《中华人民共和国广告法》、《中华人民共和国食品卫生法》等也都体现了对消费者合法权益的保护。

2. 行政保护

消费者权益的保护是政府行政管理工作的一项重要内容。按照其职能,各级人民政府应当组织、协调、督促有关行政部门做好保护消费者合法权益的工作,加强监督,预防危害消费者人身、财产安全行为的发生,及时制止侵害消费者合法权益的行为;各级人民政府的工商行政管理部门和其他有关行政部门应当依照法律、法规的规定,在各自的职责范围内,采取措施,保护消费者的合法权益;有关行政部门应当听取消费者及其他社会团体对经营者交易行为、商品和服务质量的意见,及时调查处理。

3. 司法保护

对违法犯罪行为有处罚权力的有关国家机关,应当依法律、法规的规定,对经营者在提供商品和服务过程中侵害消费者合法权益的违法犯罪行为进行处罚。人民法院应当采取措施,方便消费者提起诉讼。对符合民事诉讼法规定的起诉条件的消费者权益争议,必须受理,及时审理,以使消费者权益争议尽快得到解决。

(二) 消费者合法权益的社会保护

保护消费者的合法权益是全社会的共同责任,国家鼓励、支持一切组织和个人对损害消费者合法权益的行为进行社会监督。尤其是广播、电视、报刊等大众传播媒介应当做好维护消费者合法权益的宣传,对损害消费者合法权益的行为进行舆论监督。

在保护消费者合法权益方面,各种消费者组织起着至关重要的作用。《消费者权益保护法》第5章专门对消费者组织作了规定。依据该法规定,消费者组织包括消费者协会和其他消费者组织。消费者协会和其他消费者组织是依法成立的对商品和服务进行社会监督、保护消费者合法权益的社会团体。它们不得从事商品经营和营利性服务,不得以牟利为目的向社会推荐商品和服务。

中国消费者协会成立于1984年12月,并于1987年加入国际消费者联盟。它依法履行下列职能:(1)向消费者提供消费信息和咨询服务;(2)参与制定有关消费者权益的法律、法规、规章和强制性标准;(3)参与有关行政部门对商品和服务的监督、抽查;(4)就有关消费者权益的问题,向有关行政部门反映、查询,提出建议;(5)受理消费者的投诉;(6)投诉事项涉及商品和质量问题的,可以提请鉴定部门鉴定,鉴定部门应当告知鉴定结论;(7)就损害消费者合法权益的行为,支持受损害的消费者提起诉讼或者依法提起诉讼;(8)对损害消费者合法权益的行为,通过大众传播媒介予以揭露、批评。

二、消费者权益争议的解决

根据《消费者权益保护法》的相关规定,消费者与经营者发生消费者权益争议的,可以通过以下途径解决:

1. 与经营者协商解决。
2. 请求消费者协会或者依法成立的其他调解组织调解解决。对侵害众多消费者权益的行为,中国消费者协会以及省、自治区、直辖市设立的消费者协会,可以向人民法院起诉。
3. 向有关行政部门投诉。
4. 提请仲裁机构仲裁。
5. 提起诉讼。

三、经营者义务

(一) 经营者义务的概念

经营者是一个广义的概念,它不仅包括提供商品的生产者、销售者,还包括提供服务的经营者。经营者的义务,是指法律规定或者消费者与经营者约定的,在消费过程中经营者必须对消费者作出一定行为或者不作出一定行为的必要性。它具有作出一定行为(作为)和不作出一定行为(不作为)两种规定性。

1. 作为。作为即经营者必须作出一定行为,是指经营者必须以自己的行为履行一定的义务,否则就应当承担某种法律责任。这种作为的义务是一种积极义务。

2. 不作为。不作为即经营者不得作出一定行为,是指经营者不得实施法律所禁止的行为并以此来履行自己的义务。这种义务又被称为"消极义务",只要生产经营者不实施法律所禁止的行为即视为履行。

(二) 经营者义务的具体内容

1. 依法或依双方约定履行义务

这是对经营者义务的一般性、概括性规定。要求经营者向消费者提供商品或者服务,应当依照《中华人民共和国产品质量法》、《中华人民共和国广告法》、《中华人民共和国食品卫生法》以及其他有关法律、法规的规定履行义务。经营者和消费者有约定的,应当按照约定履行义务,但双方的约定不得违背法律、法规的规定,特别是法律、法规的强制性规定。

2. 听取消费者意见,接受消费者监督的义务

《消费者权益保护法》第17条规定:"经营者应当听取消费者对其提供的商品或者服务的意见,接受消费者的监督。"经营者接受消费者监督的途径,主要是通过设立意见箱、意见簿以及投诉电话,及时处理消费者的投诉,自觉接受消费者的批评等方式进行。

3. 安全保障及警示说明义务

保障消费者人身、财产安全是对经营者经营行为的最起码要求,经营者必须满足。对可能危及人身、财产安全的商品和服务,经营者应当向消费者作出真实的说明和明确的警示,并说明和标明正确使用商品或者接受服务的方法以及防止危害发生的方法。经营者发现其提供的商品或者服务存在严重缺陷,即使正确使用商品或者接受服务仍然可能对人身、财产安全造成危害的,应当立即向有关行政部门报告,及时告知消费者,并采取防止危害发生的措施。

4. 提供真实信息、不作虚假宣传的义务

经营者作为市场主体应当遵守诚实信用的基本准则,其向消费者提供的关于商品或者服务的信息应当是真实的,并且不得作引人误解的虚假宣传。经营者对消费者就其提供的商品或者服务的质量和使用方法等问题提出的询问,也应当作出真实、明确的答复。此外,经营者还应当对其提供的商品明码标价,置于醒目位置。

经营者提供的真实信息,是进行公平交易的前提,也是消费者实现其知情权,并根据自己的意愿选择消费行为、满足消费需求的保障。

5. 经营者标明自己的名称和标志等身份的义务

《消费者权益保护法》第21条规定:经营者应当标明其真实名称和标记。租赁他人柜台或者场地的经营者,应当标明其真实名称和标记。

经营者的名称是其法律人格的体现,而标记则是集中反映经营者特色的符号和图案。在市场中,两者都代表了商品或服务特定的来源。经营者必须如实地标明自己的名称和

标记,这不仅关系到消费者的知情权,同时也是国家对经营者进行管理的需要。经营者标明其真实名称和标记的方式主要有以下三种:

(1) 在其经营场所以挂牌、匾额的方式表明其名称、标记;

(2) 在其产品、服务工具以及广告上标明其名称、标记;

(3) 真实地回答消费者的询问,以口头或书面表明其名称、标记。

6. 经营者出具购货凭证或者服务单据的义务

购货凭证,是指消费者向经营者购买商品后从经营者处获得的发票或其他购物单据。服务单据,是指消费者接受服务后从经营者处获得的发票或其他书面凭据。发票、购货凭证、信誉卡、服务单据、保修单等,都是购货凭证与服务单据的具体表现形式。

由于购货凭证和服务单据是消费者与经营者进行消费交易活动的基本依据,具有重要的证明作用,因此从保护消费者合法权益的角度出发,《消费者权益保护法》第22条规定:"经营者提供商品或者服务,应当按照国家有关规定或者商业惯例向消费者出具购货凭证或者服务单据;消费者索要购货凭证或者服务单据的,经营者必须出具。"

7. 经营者的品质担保义务

经营者的品质担保义务,是指经营者以消费者正常使用商品或者接受服务为前提,保证其提供的商品和服务具有适用性,能够满足消费者的需求的义务。在正常情况下,经营者必须对其提供的商品或者服务应当具有的质量、性能、用途和有效期限作出保证,使消费者的权利得以实现。但消费者在购买商品或者接受服务前,已经知道该商品或者该服务存在瑕疵的情况除外。经营者以广告、产品说明、实物样品或者其他方式表明商品或者服务的质量状况的,应当保证其提供的商品或者服务的实际质量与表明的质量状况相符。

经营者提供的机动车、计算机、电视机、电冰箱、空调器、洗衣机等耐用商品或者装饰装修等服务,消费者自接受商品或者服务之日起六个月内发现瑕疵,发生争议的,由经营者承担有关瑕疵的举证责任。

【例9-3】防盗门不能全开　买主认定质量不合格要退货

朱先生家的三层楼三开间别墅于2007年4月完工,一家人准备在大门上安装防盗门。经过比较,朱先生最终在一家业内公司选购了一款向内开、价格为8300元的防盗门,在签订了协议后,朱先生支付了近6000元的预付款,商家也上门实地丈量了尺寸。

2007年8月的一天,商家上门来安装防盗门。结果,朱先生在验收时发现防盗门只能向内开启90°,碰不到墙壁,并且由于门的反弹性较好,极易反弹撞到人。朱先生询问商家,商家的解释是"该门装的是暗铰链,做出的门只能开到90°。协议上对防盗门的铰链也没作约定"。对此,朱先生当然不能接受,要求退货,但商家也坚持认为防盗门的质量是合格的,不同意退还。

【点评】

合同内容就质量要求不明确的,按照国家标准、行业标准履行;没有国家标准、行业标准的,按照通常标准或者符合合同目的特定标准履行。商家提供的防盗门不符合通常标准,朱先生的要求应当支持。

8. 经营者的善后服务义务

《消费者权益保护法》第24、25条规定,经营者提供商品或者服务,按照国家规定或者与消费者的约定,承担包修、包换、包退或者其他责任的,应当按照国家规定或者约定履行,不得故意拖延或者无理拒绝。没有国家规定和当事人约定的,消费者可以自收到商品之日起七日内退货;七日后符合法定解除合同条件的,消费者可以及时退货,不符合法定解除合同条件的,可以要求经营者履行更换、修理等义务。除部分特殊商品外,经营者采用网络、电视、电话、邮购等方式销售商品,消费者有权自收到商品之日起七日内退货,且无须说明理由。

9. 经营者不当免责禁止的义务

《消费者权益保护法》第26条规定,经营者不得以格式合同、通知、声明、店堂告示等方式作出对消费者不公平、不合理的规定,或者减轻、免除其损害消费者合法权益应当承担的民事责任。格式合同、通知、声明、店堂告示等含有前款所列内容的,其内容无效。

格式合同,是指经营者事先制定的对于经营者与消费者的权利与义务作出完整规定的合同。由于格式合同一般由经营者单方面制定,里面就难免会出现一些对消费者来讲不公平、不合理的条款。因此,法律规定格式合同中含有对消费者不公平、不合理或者含有减轻、免除经营者应承担的民事责任等内容的,该内容无效,从而确保消费者的合法权益不受侵犯。

通知、声明、店堂告示,是指经营者在其经营场所内悬挂、张贴的带有警示性的标语、标牌,其内容主要是以经营者的口吻告诫消费者在购买商品或接受服务时应当注意的事项或者是一些商业上的惯常用语。衡量生产经营者的店堂告示是否有效,应依据以下两条标准:

(1) 店堂告示的内容对消费者而言是否公平、合理;

(2) 店堂告示的内容是否单方面减轻或者免除经营者应承担的民事责任。

凡是对消费者不公平、不合理或者片面减轻、免除经营者应承担的民事责任的店堂告示,都是无效的,对消费者不产生任何约束力。

10. 尊重消费者人格尊严的义务

《消费者权益保护法》第27条规定:"生产经营者不得对消费者进行侮辱、诽谤,不得搜查消费者的身体及其携带的物品,不得侵犯消费者的人身自由。"

消费者的人格尊严是消费者人格权的表现。消费者的人格权主要包括姓名权、名誉权、荣誉权、肖像权、隐私权等。消费者的人格尊严不受侵犯是消费者作为一个民事主体所享有的基本权利,经营者应当予以尊重。

消费者的人身自由,是指消费者依法享有的人身行动完全受自己自由支配,不受经营者任何非法阻挠、限制和拘束的权利。享有人身自由,是公民权的基本要求,也是当代法制社会的一个基本特征。消费者的人身自由不受侵犯,主要表现在以下几个方面:

(1) 消费者的人身行动完全受自己自由支配;

(2) 消费者的人身自由不受经营者的非法限制和剥夺;

(3) 消费者的人身及物品不受经营者的非法搜查。

11. 经营者的信息提供和保密义务

采用网络、电视、电话、邮购等方式提供商品或者服务的经营者,以及提供证券、保险、银行等金融服务的经营者,应当向消费者提供经营地址、联系方式、商品或者服务的数量和质量、价款或者费用、履行期限和方式、安全注意事项和风险警示、售后服务、民事责任等信息。经营者收集、使用消费者个人信息，应当遵循合法、正当、必要的原则。经营者及其工作人员对收集的消费者个人信息必须严格保密，不得泄露、出售或者非法向他人提供。经营者应当采取技术措施和其他必要措施，确保信息安全，防止消费者个人信息泄露、丢失。在发生或者可能发生信息泄露、丢失的情况时，应当立即采取补救措施。

第四节　违反消费者权益保护法的法律责任

保护消费者的合法权益，不能仅仅依靠《消费者权益保护法》设定了消费者的特殊权利和经营者的义务。这是因为，法律所规定的义务加重了经营者的负担，限制了他们的行为，在很多情况下并不符合其利益，所以，一些经营者不能积极地履行自己的义务，从而使消费者的权利无法实现，合法权益遭到侵害。因而，《消费者权益保护法》还必须明确规定经营者违反义务的法律责任，以利于对违法者进行惩处，威慑、教育态度消极的经营者，促使其履行义务，真正地实现对消费者权益的保护。《消费者权益保护法》规定，侵犯消费者合法权益的责任形式包括民事责任、行政责任和刑事责任三种。

一、经营者的民事责任

（一）经营者承担民事责任的几种法定情形

《消费者权益保护法》第48条规定了经营者承担民事责任的九种情况：
(1) 商品存在缺陷的；
(2) 不具备商品应当具有的使用性能且出售时未作说明的；
(3) 与商品或者其包装上注明采用的商品标准不相符合的；
(4) 与商品说明、实物样品等方式表明的质量状况不相符合的；
(5) 生产国家明令淘汰的商品或者销售失效、变质的商品的；
(6) 销售的商品数量不足的；
(7) 服务的内容和费用违反约定的；
(8) 对消费者提出的修理、重做等要求，故意拖延或者无理拒绝的；
(9) 法律、法规规定的其他损害消费者权益的情形。

（二）经营者承担民事责任的具体形式

1. 经营者致他人人身伤害的民事责任

经营者提供商品或者服务，造成消费者或者其他受害人人身伤害的，应当支付医疗费、治疗期间的护理费、因误工减少的收入等费用。

对于经营者致消费者残疾的民事责任，根据《消费者权益保护法》和《中华人民共和国民法通则》的有关规定，经营者除应支付医疗费、治疗期间的护理费、因误工减少的收入等费用外,还应当支付残疾者生活自助器具费、生活补助费、残疾赔偿金以及由其扶养的人所必需的生活费等费用。

经营者提供商品或者服务,造成消费者或者其他受害人死亡的,经营者应当支付丧葬费、死亡赔偿金以及由死者生前抚养的人所必需的生活费等费用。如果受害人死亡之前经过医疗抢救,还要赔偿医疗费和因误工减少的收入。

2. 经营者侵害消费者人格尊严、人身自由的民事责任

经营者侵害消费者人格尊严或者人身自由的民事责任形式有停止侵害、恢复名誉、消除影响、赔礼道歉和赔偿损失等。

3. 经营者致人财产损害的民事责任

经营者在经营过程中,如果造成了消费者的财产损害,应当按照消费者的要求,以修理、重做、更换、退货、补足商品数量、退还货款和服务费用或者赔偿损失等方式承担民事责任。消费者与经营者另有约定的,按照约定履行。

4. 经营者对"三包"商品的民事责任

对国家规定或者经营者与消费者约定实行"三包"的商品,经营者应当负责修理、更换或者退货。对在保修期内经两次修理仍不能正常使用的商品,经营者应当负责更换或者退货。对实行"三包"的大件商品,消费者要求经营者修理、更换、退货的,经营者应当承担运输等合理费用。

5. 经营者不履行邮购约定的民事责任

所谓邮购,是指消费者通过邮递媒介从经营者那里取得商品的一种购物方式。经营者以邮购方式提供商品的,应当符合其与消费者的约定。如果经营者没有按照约定提供商品,就应当按照消费者的要求重新提供符合约定的商品或者退回货款,消费者必须支付的合理费用由经营者承担。

6. 经营者违反以预收款方式提供商品或者服务的民事责任

以预收款方式提供商品或者服务的交易方式,是指经营者先向消费者收取商品价款或者服务费用的全部或者一部分,然后在约定的期限内向消费者提供商品或者服务的情形。经营者以预收款方式提供商品或者服务的,应当按照约定提供。未按照约定提供的,应当按照消费者的要求履行约定或者退回预付款,并应当承担预付款的利息、消费者必须支付的合理费用。

7. 经营者提供不合格商品或者服务的民事责任

《消费者权益保护法》第48条规定:"依法经有关行政部门认定为不合格的商品,消费者要求退货,经营者应当负责退货。"

这里需要指出的是,此处的退货不限于实行"三包"的产品,只要产品经有关行政部门认定为不合格,消费者均有权直接要求退货,经营者不得以非"三包"产品相抗辩而拒绝履行退货责任。

8. 经营者因欺诈行为而承担的民事责任

这里所说的欺诈行为,是指经营者在提供商品或者服务的过程中,采取虚假或者其他不正当手段欺骗、误导消费者,使消费者的合法权益受到损害的行为。

关于经营者欺诈行为的民事责任,《消费者权益保护法》第55条规定,经营者提供商

品或者服务有欺诈行为的,应当按照消费者的要求增加赔偿其受到的损失,增加赔偿的金额为消费者购买商品的价款或者接受服务的费用的 3 倍。增加赔偿的金额不足 500 元的,为 500 元。

经营者明知商品或者服务存在缺陷,仍然向消费者提供,造成消费者或者其他受害人死亡或者健康严重损害的,受害人有权要求经营者依照《消费者权益保护法》第 49 条、第 51 条等法律规定赔偿损失,并有权要求所受损失 2 倍以下的惩罚性赔偿。

二、经营者的行政责任

《消费者权益保护法》第 56 条规定,经营者有下列情形之一,其他法律、法规对处罚机关和处罚方式有规定的,从其规定执行;未规定的,由工商行政管理部门责令改正,可根据情节单处或并处警告、没收违反所得,处以违法所得 1 倍以上 10 倍以下罚款;没有违法所得的,处以 50 万元以下罚款;情节严重的,责令停业整顿,吊销营业执照:

(1) 提供的商品或者服务不符合保障人身、财产安全要求的;
(2) 在商品中掺杂、掺假,以假充真,以次充好,或者以不合格商品冒充合格商品的;
(3) 生产国家明令淘汰的商品或者销售失效、变质的商品的;
(4) 伪造商品的产地,伪造或者冒用他人的厂名、厂址,篡改生产日期,伪造或者冒用认证标志等质量标志的;
(5) 销售的商品应当检验、检疫而未检验、检疫或者伪造检验、检疫结果的;
(6) 对商品或者服务作虚假或者引人误解的宣传的;
(7) 拒绝或者拖延有关行政部门责令对缺陷商品或者服务采取停止销售、警示、召回、无害化处理、销毁、停止生产或者服务等措施的;
(8) 对消费者提出的修理、重做、更换、退货、补足商品数量、退还货款和服务费用或者赔偿损失的要求,故意拖延或者无理由拒绝的;
(9) 侵害消费者人格尊严、侵犯消费者人身自由或者侵害消费者个人信息依法得到保护的权利的;
(10) 法律、法规规定的对损害消费者权益应当予以处罚的其他情形。

此外,《反不正当竞争法》第 24 条规定:经营者利用广告或者其他方法,对商品作引人误解的虚假宣传的,监督检查部门应当责令停止违法行为,消除影响,可以根据情节处以 1 万以上 20 万元以下的罚款。

三、经营者的刑事责任

对经营者刑事责任的追究应依照《中华人民共和国刑法》的规定进行,《中华人民共和国刑法》所涉及的经营者侵害消费者合法权益的一些犯罪情形主要有:

(1) 生产者、销售者在产品中掺杂、掺假,以假充真,以次充好或者以不合格产品冒充合格产品;
(2) 生产、销售假药,足以严重危害人体健康的;

（3）生产、销售劣药，对人体健康造成严重危害的；

（4）生产、销售不符合卫生标准的食品，足以造成严重食物中毒事故或者其他严重食源性疾患的；

（5）在生产、销售的食品中掺入有毒、有害的非食品原料的食品的，或者销售明知掺有有毒、有害的非食品原料的；

（6）生产不符合保障人体健康的国家标准、行业标准的医疗器械、医用卫生材料，或者销售明知是不符合保障人体健康的国家标准、行业标准的医疗器械、医用卫生材料，对人体健康造成严重危害的；

（7）生产不符合保障人身、财产安全的国家标准、行业标准的电器、压力容器、易燃易爆产品或者其他不符合保障人身、财产安全的国家标准、行业标准的产品，或者销售明知是以上不符合保障人身、财产安全的国家标准、行业标准的产品，造成严重后果的；

（8）生产假农药、假兽药、假化肥，销售明知是假的或者失去使用效能的农药、兽药、化肥、种子，或者生产者、销售者以不合格的农药、兽药、化肥、种子冒充合格的农药、兽药、化肥、种子，使生产遭受较大损失的；

（9）生产不符合卫生标准的化妆品，或者销售明知是不符合卫生标准的化妆品，造成严重后果的；

（10）以暴力、威胁手段强卖商品或者强迫他人接受服务，情节严重的。

四、国家机关工作人员因玩忽职守或者包庇经营者而承担的法律责任

《消费者权益保护法》第61条规定，国家机关工作人员玩忽职守或者包庇经营者侵害消费者合法权益的行为的，由其所在单位或者上级机关给予行政处分；情节严重，构成犯罪的，依法追究刑事责任。

综合实训

一、单项选择题

1. 新修订的《消费者权益保护法》于（　　）正式施行。
   A. 2013年3月15日　　　B. 2014年1月1日　　　C. 2014年3月15日

2. 消费者投诉举报电话是（　　）。
   A. 12348　　　　　　　B. 12315　　　　　　　C. 11315

3. 商品"三包"规定的内容是（　　）。
   A. 包修、包退、包换　　B. 包修、包赔、包换　　C. 包赔、包退、包换

4. 根据消费者权益保护法的规定，下列关于商品召回的说法，正确的是（　　）。
   A. 经营者应当承担消费者因商品被召回支出的必要费用

B. 消费者应当承担商品被召回支出的必要费用

C. 经营者在商品召回期间,可以继续销售该商品

5. 根据《消费者权益保护法》规定,经营者提供的机动车、计算机、电视机、电冰箱、空调器、洗衣机等耐用商品或者装饰装修等服务,消费者自接受商品或者服务之日起(　　)内发现瑕疵,发生争议的,由经营者承担有关瑕疵的举证责任。(《消费者权益保护法》第二十三条)

　　A. 3个月　　　　　　B. 6个月　　　　　　C. 12个月

6. 根据消费者权益保护法规定,经营者提供的商品或者服务不符合质量要求的,没有国家规定和当事人约定的,消费者可以自收到商品之日起(　　)日内退货。(《消费者权益保护法》第二十四条)

　　A. 五　　　　　　　B. 六　　　　　　　C. 七

7. 消费者在甲商场购买乙公司生产的商品,发现商品质量有瑕疵,要求甲商场退货并赔偿损失。根据消费者权益保护法的规定,下列说法错误的是(　　)。(《消费者权益保护法》第二十四条、第四十条)

　　A. 甲商场必须退货并赔偿消费者损失

　　B. 甲商场可以向乙公司追偿

　　C. 甲商场无过错

8. 根据《消费者权益保护法》规定,经营者采用网络方式销售商品,消费者按规定无理由退货的,退货的商品应当完好。经营者应当自收到退回商品之日起(　　)内返还消费者支付的商品价款。(《消费者权益保护法》第二十五条)

　　A. 三日　　　　　　B. 五日　　　　　　C. 七日

9. 根据《消费者权益保护法》规定,下列关于网络购物的说法,错误的是(　　)。(《消费者权益保护法》第二十五条)

　　A. 除特定商品外,消费者有权自收到商品之日起七日内退货,且无须说明理由

　　B. 无理由退回商品的运费由消费者承担

　　C. 无理由退回商品的运费由经营者承担

10. 根据《消费者权益保护法》的规定,下列关于格式条款的说法,不正确的是(　　)。(《消费者权益保护法》第二十六条)

　　A. 经营者不得以格式条款的方式作出排除或者限制消费者权利、减轻或者免除经营者责任、加重消费者责任等对消费者不公平、不合理的规定

　　B. 经营者不得利用格式条款并借助技术手段强制交易

　　C. 经营者在经营活动中使用格式条款的,应当以显著方式提请消费者注意与其有重大利害关系的内容,但无须按照消费者的要求予以说明

二、多项选择题

1. 根据《消费者权益保护法》规定,经营者与消费者进行交易,应当遵循(　　)的原则。(《消费者权益保护法》第四条)

　　A. 自愿　　　　B. 平等　　　　C. 公平　　　　D. 诚实信用

2. 根据《消费者权益保护法》规定,消费者在购买、使用商品和接受服务时(　　)。

(《消费者权益保护法》第七条、第九条、第十条、第十四条)

  A. 享有人身、财产安全不受损害的权利 B. 有权拒绝经营者的强制交易行为
  C. 享有自主选择商品或者服务的权利 D. 享有个人信息依法得到保护的权利

  3. 根据《消费者权益保护法》规定，经营者发现其提供的商品或者服务存在缺陷，有危及人身、财产安全危险的，应该采取的措施包括(　　)。(《消费者权益保护法》第十九条)

  A. 立即向有关行政部门报告和告知消费者 B. 停止销售、生产或者服务
  C. 警示、召回 D. 无害化处理、销毁

  4. 根据《消费者权益保护法》规定，经营者提供的商品或者服务不符合质量要求的，消费者可以(　　)。(《消费者权益保护法》第二十四条)

  A. 依照国家规定、当事人约定退货
  B. 要求经营者履行更换、修理等义务
  C. 没有国家规定和当事人约定的，可以自收到商品之日起7日内退货
  D. 要求经营者承担因退货、更换、修理产生的运输等必要费用

  5. 根据《消费者权益保护法》规定，经营者采用网络、电视、电话、邮购等方式销售商品，消费者有权自收到商品之日起七日内退货，无须说明理由，但下列商品不适用无理由退货，它们包括(　　)。(《消费者权益保护法》第二十五条)

  A. 网上定做的衬衫 B. 网上订购的鲜鱼
  C. 网上订购的电视机 D. 网上订购的期刊

  6. 根据《消费者权益保护法》规定，下列属于消费者协会履行的公益性职责是(　　)。(《消费者权益保护法》第三十七条)

  A. 向消费者提供消费信息和咨询服务
  B. 受理消费者的投诉，并对投诉事项进行调查、调解
  C. 就损害消费者合法权益的行为，支持受损害的消费者提起诉讼或者依照《消费者权益保护法》提起诉讼
  D. 向消费者推荐商品和服务

三、判断题

  1. 对侵害众多消费者合法权益的行为，消费者协会可以向人民法院提起诉讼。(　　)

  2. 宾馆、商场、餐馆、银行、机场、车站、港口、影剧院等经营场所的经营者应当对消费者尽到安全保障义务。(　　)

  3. 租赁他人柜台或者场地的经营者，可以不标明其真实名称或标记。(　　)

  4. 农民购买、使用农业生产的生产资料，参照《消费者权益保护法》执行。(　　)

  5. 国家制定有关消费者权益的法律、法规和政策时，应当听取消费者的意见和要求。(　　)

  6. 除消费者协会外，其他消费者组织可以从事商品经营和营利性服务。(　　)

第十章　产品质量法律制度

【引例导学】

刘某与某机械厂的王某是好朋友。一日李某到机械厂办事，顺便找王某聊天。刘某走时发现自行车没气了，就问王某有无打气筒，王某顺手拿起一个打气筒递给刘某说："这是我们厂新出的一批打气筒的样品，你用吧。"当刘某拿起打气筒打气时，打气筒栓塞脱落，栓塞飞到刘某脸上对其造成伤害。刘某花去医疗费1600元，要求机械厂予以赔偿。

问：机械厂是否应当承担《中华人民共和国产品质量法》（以下简称《产品质量法》）的损害赔偿责任？刘某如何保护自己的合法权益？

【点评】

打气筒确实存在缺陷，但该打气筒只是机械厂的样品，未投入流通，刘某并非消费者或用户，因此打气筒因缺陷对刘某造成的损害不适用《产品质量法》来解决，而应依民法的规定进行处理。

第一节　产品质量法概述

一、产品与产品质量的概念

法律意义上的产品，是指经过人工加工，能够对其质量加以控制的消费品和使用品。那些内在质量主要取决于自然因素的物品，精神物品不包括在内。我国《产品质量法》规定：本法所称产品是指经过加工、制作，用于销售的产品。建设工程不适用本法规定；但是，建设工程使用的建筑材料、建筑构配件和设备，属于前款规定的产品范围的，适用本法规定。

产品质量，是指产品所具有的满足人们需要的适用性、安全性、可用性、可靠性、维修性、经济性等特征和特性的总和。它既包括产品的结构性能、纯度、物理性能以及化学成分等内在特性，又包括外观、形状、颜色、气味、包装等外在特征。

二、产品质量法的概念和特征

广义的产品质量法是指以产品质量为对象,由不同立法机关制定并具有不同层次效力的法律、法规所组成的产品质量法律体系。狭义的产品质量法特指1993年2月22日第七届全国人大常委会第三十次会议通过的《中华人民共和国产品质量法》,该法于2000年7月8日经第九届全国人大常委会第十六次会议修改。

产品质量法调整两种社会关系:一是调整国家行政管理机关与产品的生产者、销售者之间的监督管理关系,二是调整生产者、销售者与用户、消费者之间的经济法律关系。在第一种经济法律关系中,国家行政管理机关与产品生产者、销售者的地位是不平等的,国家行政管理机关是管理者,产品的生产者、销售者是被管理者,两者的权利与义务的性质和内容各不相同。在第二种经济法律关系中,生产者、销售者与用户、消费者之间的地位则是平等的,他们之间的关系主要表现为人身关系和财产关系。

产品质量法具有以下特征:

1. 产品质量法是产品质量管理法和产品责任法的合一。产品质量管理法,是国家为了提高效益,减少和预防产品质量责任的发生,而对产品与产品质量进行监督管理的法律规范;产品责任法,是以产品和产品缺陷为基础建立起来的新型的特殊侵权法。在许多国家这两部法律都是分开的。两者的结合体现了鲜明的中国特色。

2. 产品质量法的法律技术具有先进性。该法规定的国家对产品质量所采取的管理措施,符合国际惯例。如它借鉴了国际通用的质量管理模式和科学的管理方法,重点规范了产品质量认证和企业质量体系认证等激励引导的措施。

3. 产品质量法丰富和完善了我国产品质量民事赔偿的法律制度。它借鉴了国外产品责任法的科学理论和规范,对产品缺陷造成损害后的民事赔偿问题规定得详细且具体,完善及丰富了我国产品责任方面的法律规范,为保护消费者利益,提供了法律保障。

三、产品质量法的适用范围

(一)产品的适用范围

《产品质量法》所说的产品,是指经过加工、制作,用于销售的产品。产品质量法所确认的产品应当具备以下条件:

1. 产品必须是经过加工、制作的。未经加工、制作的产品不是产品质量法上的产品,即天然产品不由产品质量法调整,包括未加工的农副产品、林产品、水产品、畜牧产品、原矿、原油等。

2. 产品必须是用于销售的。非为销售而加工的物品就不是产品质量法意义上的产品,如某企业自制的自用设备。

3. 建设工程不属于产品质量法上的产品。建设工程因其特殊的质量要求,与一般加工制作的产品有很大不同,所以建设工程的质量一般由专门的建筑法调整,不适用产品质量法的规定。但是,建设工程使用的建筑材料、建筑构配件和设备等符合产品质量法产定义的,适用产品质量法,如用于建设工程的水泥、钢材等。

另外,军工产品质量监督管理办法,由中央军事委员会另行制定,不适用产品质量法。

(二) 对人的适用范围

产品质量法调整的主体,主要包括以下三种:

1. 产品的生产者、销售者。其包括产品的生产企业、销售企业和个体工商业经营者。
2. 产品质量监督管理机构。其包括质量监督检验检疫部门、工商行政管理部门以及法律、法规规定的其他监督管理产品质量的机关。
3. 用户和消费者,以及虽不是产品的用户、消费者,但是因产品缺陷受到损害的人。

(三) 对地的适用范围

对地的适用范围,又称地域适用范围,是指法律在哪些地域范围内适用。《产品质量法》规定,在中华人民共和国境内从事产品的生产、销售活动的,必须遵守我国法律。在中华人民共和国境外从事产品生产、销售活动的,不适用本法,应当适用所在国的法律。

第二节 产品质量的监督

产品质量监督包括政府产品质量监督管理部门、产品质量的监督管理、产品质量的社会监督和对产品质量检验、认证机构的管理四个方面。

一、监督管理部门

国务院产品质量监督管理部门主管全国的产品质量监督工作,县级以上地方产品质量监督部门主管本行政区域内的产品质量监督工作;国务院有关部门在各自的职责范围内负责产品质量监督工作,县级以上地方政府有关部门在各自的职责范围内负责产品质量监督工作(如卫生部门、药品管理部门等)。法律对产品质量监督部门另有规定的从其规定。

二、产品质量监督管理制度

1. 产品质量检验制度

我国产品质量检验实行标准化制度,现行产品质量的标准形式分为国家标准(GB)、行业标准(HB)、地方标准(DB)、企业标准(QB)。产品质量应当检验合格,不得以不合格产品冒充合格产品。可能危及人体健康和人身、财产安全的工业产品,必须符合国家标准、行业标准;未制定国家标准、行业标准的,必须符合保障人体健康和人身、财产安全的要求。禁止生产、销售不符合保障人体健康和人身、财产安全的标准和要求的工业产品。

2. 企业质量体系认证制度

企业质量体系认证是指依据国家质量管理和质量保证体系标准,经过认证机构对企业质量体系的检查和确认并通过颁发认证证书,证明企业质量保证能够符合相应要求的活动。国际通用的质量标准为 ISO,即国际标准化组织推行的 ISO9000(质量标准)系列标准和 ISO14000(环境标准)系列标准。企业根据自愿原则申请企业质量体系认证,经过质量体系认证的企业在申请生产许可证、产品质量认证及申请其他质量认证时可免于质量体系审查。

3. 产品质量认证制度

产品质量认证是由认证机构按照产品标准和技术要求,确认某一产品符合相应标准并颁发认证标志的活动。我国参照国际先进产品标准的技术要求,由企业自愿申请产品质量认证;认证合格的,由认证机构颁发证书,企业可以在自己的产品或其包装上使用认证标志,如真皮标志、纯毛标志等。产品质量认证一般分为安全认证(多为强制性认证)和合格认证。

凡是属于法律规定的强制性产品认证范围内的产品必须经国家指定的认证机构认证,符合相关标准和技术法规,取得认证证书并加施认证标志后,才能出厂、销售、出口及在经营服务场所使用。我国的强制性产品认证使用统一的标志,即"CCC"(China Compulsory Certification),简称 3C 认证。

4. 监督检查制度

国家对产品质量实行以抽查为主要方式的监督检查制度,对可能危及人体健康和人身、财产安全的产品,影响国计民生的重要工业产品以及消费者、有关组织反映有质量问题的产品进行抽查。监督抽查工作由国务院产品质量监督部门规划和组织。县级以上地方产品质量监督部门在本行政区域内也可以组织监督抽查。法律对产品质量的监督检查另有规定的,依照有关法律的规定执行。

监督抽查的产品质量不合格的,由实施监督抽查的产品质量监督部门责令其生产者、销售者限期改正。逾期不改正的,由省级以上人民政府产品质量监督部门予以公告;公告后经复查仍不合格的,责令停业,限期整顿;整顿期满后经复查产品质量仍不合格的,吊销其营业执照。

第三节 生产者、销售者的产品质量义务

一、生产者的产品质量义务

生产者应当对其生产的产品质量负责,包括作为和不作为两个方面的义务。

(一) 作为义务

1. 产品质量应当符合下列要求:①不存在危及人身、财产安全的不合理的危险,有保障人体健康和人身、财产安全的国家标准、行业标准的,应当符合该标准;②具备产品应当具备的使用性能,但是对产品存在使用性能的瑕疵作出说明的除外;③符合在产品或者其

包装上注明采用的产品标准,符合以产品说明、实物样品等方式表明的质量状况。

2. 产品或者其包装上的标识必须真实,并符合下列要求:①有产品质量检验合格证明;②有中文标明的产品名称、生产厂厂名和厂址;③根据产品的特点和使用要求,需要标明产品规格、等级、所含主要成分的名称和含量的,用中文相应予以标明;④需要事先让消费者知晓的,应当在外包装上标明,或者预先向消费者提供有关资料;⑤限期使用的产品,应当在显著位置清晰地标明生产日期和安全使用期或者失效日期;⑥使用不当,容易造成产品本身损坏或者可能危及人身、财产安全的产品,应当有警示标志或者中文警示说明;⑦易碎、易燃、易爆、有毒、有腐蚀性、有放射性等危险物品以及储运中不能倒置和其他有特殊要求的产品,其包装质量必须符合相应要求,依照国家有关规定作出警示标志或者中文警示说明,标明储运注意事项。

【例 10-1】王某不满 2 岁的孩子,在吃甲厂生产的果冻时,不幸被噎,窒息死亡。王某以甲厂没有警示标志为由,将甲厂告上法庭。甲厂是否应承担责任?

【解析】

承担。根据法律规定使用不当,容易造成产品本身损坏或者可能危及人身、财产安全的产品,应当有警示标志或者中文警示说明。

(二) 不作为义务

生产者必须遵守国家的有关规定,不得有下列行为:(1)生产者不得生产国家明令淘汰的产品;(2)生产者不得伪造产地,不得伪造或者冒用他人的厂名、厂址;(3)生产者不得伪造或者冒用认证标志等质量标志;(4)生产者生产产品,不得掺杂、掺假,不得以假充真、以次充好,不得以不合格产品冒充合格产品。

二、销售者的产品质量义务

销售者的产品质量义务主要有:(1)进货验收检查义务,销售者应当建立并执行进货检查验收制度,验明产品合格证明和其他标识;(2)保持销售产品质量的义务,销售者应当采取措施,保持销售产品的质量;(3)正确标识的义务,这一义务与生产者相同;(4)禁止性义务(包括:不得销售国家明令淘汰并停止销售的产品和失效、变质的产品;不得伪造产地,不得伪造或者冒用他人的厂名、厂址;不得伪造或者冒用认证标志等质量标志;销售产品,不得掺杂、掺假,不得以假充真、以次充好,不得以不合格产品冒充合格产品)。

销售者的产品质量责任概括起来有三个方面:一是担保责任。当产品出现质量问题时,销售者应消费者的请求,应承担赔偿责任,然后再向生产者追偿。二是连带责任。发生产品质量问题时,消费者既可以向生产者也可向销售者主张权利。三是销售者找不到生产者时,由其自己承担赔偿责任。

第四节　产品质量责任制度

产品质量责任制度主要是规定生产者和销售者对产品质量所应承担的义务。在质量义务主体行为的范围限度内，义务人不履行自己的义务将承担相应的法律后果。产品质量责任可分为民事责任、行政责任和刑事责任三种。

一、产品质量民事责任

（一）产品瑕疵担保责任

产品瑕疵担保责任是指合同当事人违反对产品质量所做的承诺或保证，所应当承担的法律后果。瑕疵担保责任的主体是销售者。销售者出售的产品有以下情形的，应承担产品瑕疵担保责任：

1. 不具备产品应当具备的使用性能而事先未作说明的；
2. 不符合在产品或者其包装上注明采用的产品标准的；
3. 不符合以产品说明、实物样品等方式表明的质量状况的。

销售者承担产品瑕疵担保责任的方式，是负责修理、更换或退货，如果销售者的行为给购买产品的用户、消费者造成损失的，销售者还应当赔偿损失。同时，《产品质量法》也规定，销售者在负责修理、更换、退货、赔偿损失之后，属于生产者的责任或者属于向销售者提供产品的其他销售者的责任的，销售者有权向生产者、供货者追偿。但生产者之间、销售者之间、生产者与销售者之间订立的产品购销合同、加工承揽合同有不同的约定的，合同当事人按照合同约定执行。

（二）产品侵权损害赔偿责任

产品侵权损害赔偿责任，简称产品责任，是指由于产品缺陷造成消费者、使用者或者其他受害人人身、财产损害，依法应承担的损害赔偿的法律后果。产品责任成立的前提是产品存在缺陷，产品没有缺陷，则不构成产品责任。产品侵权损害赔偿责任的主体，是缺陷产品的生产者或者销售者。

1. 产品责任的归责原则。我国采取严格责任与过错责任相结合的归责原则，即对生产者适用严格责任原则，对销售者适用过错责任原则。

生产者承担严格责任，指的是只要存在产品缺陷，有产品造成损害的事实，该产品的生产者就要承担产品责任。但是生产者若能证明有下列情形之一的，不承担赔偿责任：①未将产品投入流通的；②产品投入流通时，引起损害的缺陷尚不存在的；③将产品投入流通时的科学技术水平尚不能发现缺陷的存在的。如很多淘汰的药品，当初投入市场时，科技水平未发现其危害，因此，造成损害生产者可以免责。

由于销售者的过错使产品存在缺陷，造成他人人身、财产损害的，销售者应当承担赔偿责任。如果销售者不能指明缺陷产品的生产者也不能指明缺陷产品的供货者的,销售者适用过错推定责任原则,也应当承担赔偿责任。

生产者和销售者对产品质量缺陷造成的损害依法承担连带赔偿责任,但是,不论最终责任应由谁承担,销售者对损害都负有先行赔偿的义务。在赔偿后,如属生产者的责任,销售者有追偿权。

2. 损害赔偿的范围。因产品存在缺陷造成受害人人身伤害的,侵害人应当赔偿受害人医疗费、治疗期间的护理费、因误工减少的收入等费用;造成受害人残疾的,还应当支付残疾者生活自助器具费、生活补助费、残疾赔偿金以及由其扶养的人所必需的生活费等费用;造成受害人死亡的,并应当支付丧葬费、死亡赔偿金以及由死者生前扶养的人所必需的生活费等费用。

3. 产品责任的诉讼时效。因产品存在缺陷造成损害要求赔偿的诉讼时效期为2年,自当事人知道或者应当知道其权益受到损害时起计算。因产品存在缺陷造成损害要求赔偿的请求权,在造成损害的缺陷产品交付最初消费者满10年丧失。但是,尚未超过明示的安全使用期的除外。

应当指出的是,如果受害人向缺陷产品的销售者提出赔偿的要求,即使销售者能指明产品的生产者、供应者,或者受害人也知道产品的生产者,销售者仍有先行赔偿的义务。销售者承担赔偿责任之后,属于生产者、供应者责任的,销售者有权向他们追偿损失。

4. 社会团体、社会中介机构的承诺、保证责任。社会团体、社会中介机构对产品质量的承诺和保证,对消费者而言,通常比生产者、销售者自己的保证更加有效,如果不实,欺骗性、危害性也更大。为了约束他们的行为,《产品质量法》规定,社会团体、社会中介机构对产品质量作出承诺和保证,而该产品又不符合其承诺、保证的质量要求,给消费者造成损失的,与生产者、销售者承担连带责任。

【例 10-2】发生碰撞安全气囊不打开　　产销商被判承担赔偿责任

2007年9月30日,卢某从某汽车销售有限公司购买某汽车有限公司生产的小轿车一辆,车辆前方配置有两个安全气囊。2008年4月的一天,卢某酒后驾驶该轿车遇情况采取措施不当驶入路外,撞到路东房屋,造成副驾驶座上的刘某因胸腔脏器损伤而当场死亡,卢某及车内的季某、谢某受伤,车辆部分损坏。该车前方装置的两个安全气囊均未打开。交警部门认定卢某承担交通事故全部责任。该事故给卢某造成各种经济损失26万余元。事后,卢某以汽车安全气囊存在明显质量缺陷为由,要求被告(汽车生产商)赔偿因刘某死亡、卢某受重伤给原告造成的经济及精神损失40万元,并要求将不合格的轿车退给被告,同时要求被告某汽车销售有限公司承担连带责任。案件审理过程中,被告没有就法律规定的免责事由举证证明。

【点评】

应当认为该车辆配置的安全气囊系统存在质量缺陷,被告某汽车有限公司应当对产品存在质量缺陷的车辆给原告造成的损失承担民事赔偿责任,被告某汽车销售有限公司应当承担连带赔偿责任。

二、违反产品质量法的行政责任

产品质量行政法律责任,是指产品的生产者、销售者以及产品质量检验机构因其违反产品质量法律、法规和规章所规定的义务,实施了扰乱国家对产品质量管理的正常秩序但是尚未构成刑事犯罪的行为,所应当承担的后果。违反产品质量法的行政责任的种类主要有:责令停止生产、销售,没收违法生产、销售的产品,没收违法所得,罚款,吊销营业执照等。行使产品质量行政处罚的行政机关主要是产品质量监督部门和工商行政管理部门。

三、违反产品质量法的刑事责任

违反产品质量法规定,生产、销售不符合保障人体健康和人身、财产安全的国家标准及行业标准产品,或者在产品中掺杂、掺假,以假充真、以次充好,或者以不合格产品冒充合格产品,销售失效、变质产品等行为,构成犯罪的,依法追究刑事责任。

综合实训

一、单项选择题

1. 依照《产品质量法》的规定,下列何种产品属于该法所称的产品?(　　)
    A. 军工品　　　B. 大坝　　　C. 面包　　　D. 原油
2. 售出的产品不具备产品应当具备的使用性能或者产品质量与其说明不符,(　　)应当负责修理、更换、退货,给购买产品的用户赔偿损失。
    A. 生产者　　　B. 供货者　　　C. 销售者　　　D. 运输者
3. 李某从甲商场买了一瓶乙肉厂生产的熟食罐头,吃后中毒住院,花去住院费等共计 2000 元。经查,该批罐头由甲商场委托丙运输公司运输,该运输公司在运输过程中未采取冷藏措施,致使罐头有一定程度的变质。该批罐头运回后甲商场交由丁储存公司储存,丁公司在储存此批罐头时也未采取冷藏措施,致使罐头进一步变质。本案中李某应向谁请求赔偿?(　　)
    A. 甲商场或丙运输公司　　　B. 甲商场或丁公司
    C. 甲商场或乙肉厂　　　D. 丁公司或丙运输公司
4. 一日,张女士在家中做饭时高压锅突然爆炸,张女士被炸飞的锅盖击中头部,其经抢救无效死亡。后据质量检测专家鉴定,高压锅发生爆炸的直接原因是设计不尽合理,造成使用时排气孔堵塞而发生爆炸,本案中,可以以下列何种依据判定生产者承担责任?
(　　)
    A. 产品存在的缺陷　　　B. 产品买卖合同约定
    C. 产品默示担保条件　　　D. 产品明示担保条件

第十章 产品质量法律制度   239

5. 某厂开发一种新型节能炉具,先后制造出10件样品,后样品中有6件丢失。当年某户居民的燃气罐发生爆炸,查明原因是因为此户居民使用了某厂丢失的样品所致,该居民要求某厂赔偿其损失,某厂不同意赔偿。下列理由中哪一个最能支持某厂立场?( )

A. 该炉具尚未投入流通

B. 该户居民如何得到炉具的事实不清

C. 该户居民偷盗样品,由此造成的损失应由其自负

D. 该户居民应向提供给其炉具的人索赔

6. 关于产品质量认证,以下表述正确的是( )。

A. 国家对特殊产品实行强制认证

B. 省级以上产品质量监督管理部门认可的认证机构才有权对产品质量进行认证

C. 产品经认证以后,必须经产品质量监督管理部门的许可,企业方可在其产品或者其包装上使用认证标志

D. 国家参照国际先进的产品标准和技术要求,推行产品质量认证制度

二、多项选择题

1. 下列产品中存在《产品质量法》所称的"缺陷"的有哪些?( )

A. 致人中毒的假酒   B. 口感不佳的劣酒

C. 易醉人的高度酒   D. 突然爆炸炸坏家具的汽酒(爆炸原因为气压过高)

2. 销售者在产品质量方面承担民事责任的具体形式有下列哪些?( )

A. 修理   B. 更换   C. 退货   D. 赔偿

3. 《产品质量法》规定合格产品应具备的条件包括( )。

A. 不存在危及人身、财产安全的不合理危险

B. 具备产品应当具备的使用性能

C. 符合产品或其包装上注明采用的标准

D. 有保障人体健康、人身财产安全的国家标准、行业标准的,应该符合该标准

4. 下面关于产品标识标注规定的表述,正确的有( )。

A. 限期使用的产品,应当在显著位置清晰标明生产日期和安全使用期或失效日期

B. 应有中文标明的产品名称

C. 应有中文标明的生产厂厂名、厂址

D. 使用不当,容易造成产品本身损坏或者危及人身财产安全的,应有警示标志或中文警示说明

5. 生产者不得生产( )。

A. 国家明令淘汰的产品   B. 以假充真的产品

C. 伪造产地的产品   D. 不合格产品

6. 知道或者应当知道属于《产品质量法》禁止生产、销售的产品而为其提供( )等便利条件的,应给予行政处罚,构成犯罪的,依法追究其刑事责任。

A. 生产、销售   B. 运输   C. 保管   D. 仓储

三、判断题

1. 消费者有权就产品质量问题,向产品的生产者、销售者查询。（　）
2. 《产品质量法》中所称的产品质量是指产品满足需要的适用性、安全性、可靠性、维修性、经济性和环境所具有的特征、特性的总和。（　）
3. 伪造厂名、厂址,是指非法制作标注他人厂名、厂址的标识。（　）
4. 对产品质量监督检查中发现的不合格产品,由质量技术监督部门责令改正,并直接予以公告。（　）
5. 产品质量应当检验合格,特殊情况下"处理品"可以代表合格产品销售。（　）
6. 《产品质量法》规定的罚款和《刑法》规定的罚金,都是由违法行为人向国家交纳一定数额的金钱,二者本质上是一回事。（　）
7. 产品标识应当有生产者的名称和地址。生产者的名称和地址应当是依法登记注册的、能承担产品质量责任的生产者名称和地址。（　）
8. 根据《产品质量法》规定,对生产者专门用于生产以次充好的产品的原辅材料、包装物、生产工具,应当予以没收。（　）
9. 销售者进货时应当执行进货检查验收制度,是指所进的产品都应经过销售者再次检验。（　）

四、思考题

1. 产品质量法中产品的范围是什么？
2. 产品质量监督管理具体制度有哪些？
3. 生产者的产品质量责任和义务有哪些？
4. 销售者的产品质量责任和义务有哪些？
5. 产品质量责任类型有哪些？
6. 产品侵权赔偿的范围是什么？
7. 产品质量法中行政处罚方式有哪些？

第十一章 票据法律制度

【引例导学】

张建伟拾得某银行签发的金额为5万的本票一张,并将该本票背书送给女友乙当作生日礼物,乙不知本票系男友拾得,按期持票要求银行付款。对乙的付款请求,某银行应怎样处理?

【点评】

票据作为一种有价证券,在经济活动中发挥着重要的汇兑、支付、信用、结算和融资功能。我国非常重视票据立法,早在1995年就制定了《中华人民共和国票据法》(以下简称《票据法》),用于规范票据行为,保障票据活动中的当事人的合法权益,维护社会经济秩序,促进社会主义市场经济的健康发展。

第一节 票据法概述

一、票据的概念和特点

票据是指出票人(发票人)依法签发的,约定由自己或他人在见票时或于指定日期无条件支付确定金额给收款人或持票人的有价证券。我国票据法上的票据仅指汇票、本票和支票。票据具有如下法律特点:

1. 票据是完全有价证券

有价证券是和无价证券相对的,是指代表或反映一定财产权利的证券。完全有价证券是指证券和权利不可分离的有价证券,不完全有价证券是指权利和证券在一定条件下可分离的有价证券。票据权利的发生、行使、移转都以票据做成并存在为必要条件,否则就不能对票据债务人行使票据权利。因此,票据是完全有价证券,也是设权证券。

2. 票据是债权证券

债权证券是指代表债权的证券权利是为一定数量的金钱支付的权利,包括付款请求权和追索权。

3. 票据是无因证券

票据是一种无条件支付确定金额给收款人或持票人的有价证券,只要票据本身和票据行为符合法定要件,票据权利就成立、有效,票据关系就和产生票据关系的基础关系相互分离,而不问票据行为发生的原因如何。

4. 票据是要式证券

为避免票据文义的欠缺或混乱,为促进票据的安全流通,票据必须依照法定方式进行记载,从而产生相应的效力。

5. 票据是流通证券

票据作为债权证券也可以转让,只要依法背书或交付即可。

二、票据法的概念

票据法是调整票据经济关系的法律规范的总称。票据法有广义和狭义之分。广义的票据法是指一切有关票据的法律规范的总和,狭义的票据法仅指票据法本身。本章所称票据法是广义的。

票据法是以票据经济关系作为自己的调整对象。票据经济关系是指在票据发行、流通过程中形成的各种经济关系。应注意的是,票据法的调整对象有别于票据关系(即票据法律关系),前者是一种经济利益关系,后者是一种法律关系,是一种权利义务关系。

三、有关票据的法律关系

有关票据的法律关系,是有关法律对与票据有关的经济关系进行调整后所形成的权利义务关系,它包括票据法律关系(简称票据关系)和非票据法律关系。票据关系为票据所固有的法律关系,而非票据关系则非属票据所固有,但与票据密切相关的法律关系。

1. 票据关系

票据关系是指票据法对因票据行为而引起的经济关系进行调整而形成的权利、义务关系,它包括主体、内容和客体这三个构成要素。票据关系的主体是票据当事人,其客体是一定数量的金钱,其内容是票据权利和票据义务。

2. 票据当事人

票据当事人是指参加票据关系、享有票据权利、承担票据义务的主体,包括出票人、背书人、保证人、付款人、持票人。

3. 非票据关系

非票据关系是指与票据有关但不是基于票据行为而产生的法律关系,包括票据法上的非票据关系和民法上的非票据关系。

票据法上的非票据关系有:(1)汇票回单签发关系;(2)票据返还关系;(3)利益返还关系;(4)损害赔偿关系。

民法上的非票据关系有:(1)票据原因关系;(2)票据资金关系;(3)票据预约关系。

四、涉外票据的法律适用

涉外票据是指出票、背书、承兑、保证、付款等行为,既有发生在我国境内,又有发生在我国境外的票据。

涉外票据法律适用的规定主要有:(1)票据债务人的民事行为能力,适用于本国法律。但依照本国法律为无民事行为能力或限制民事行为能力而依照行为地法律为完全民事行为能力的,适用行为地法律。(2)支票出票时的记载事项,适用出票地法律,经当事人协议,也可以适用付款地法律。(3)汇票、本票出票时的记载事项,以及票据追索权的行使期限,适用出票地法律。(4)票据的背书、承兑、付款和保证行为,适用行为地法律。(5)票据的提示期限、有关拒绝证明的方式、出具拒绝证明的期限、票据丧失时失票人请求保全票据权利的程序,适用付款地法律。

第二节 票据行为

一、票据行为概述

(一)票据行为的概念

票据行为是指票据关系的当事人之间以发生、变更或终止票据关系为目的而进行的法律行为,包括出票、背书、承兑、保证四种。

(二)票据行为成立的要件

1. 行为人必须具有从事票据行为的能力

《票据法》规定,无民事行为能力人或限制民事行为能力人在票据上的签章无效。

2. 行为人的意思表示必须真实或无缺陷

票据的取得和转让,应遵循诚实信用原则,以欺诈、胁迫或偷盗等手段取得票据的,或明知有前述情形,出于恶意取得票据的,不享有票据权利。

3. 票据行为符合法定形式

票据行为是一种要式行为,必须符合法定的形式。

(1)票据签章。票据上的签章,为签名、盖章或签名加盖章。法人和其他单位在票据上的签章,为该法人或该单位的盖章加其法定代表人或其授权的代理人的签章。

出票人在票据上签章不符合规定,票据无效;其他人在票据上签章不符合规定,或无民事行为能力、限制民事行为能力人在票据上签章,其签章无效,但不影响其前手符合规定签章的效力,即其他有效签章人仍应承担票据责任。

【例 11-1】甲公司签发一张商业汇票,下列出票人签章的说法正确的是?　　(　　)

A. 甲公司盖章
B. 甲公司法定代表人赵某签名或盖章
C. 甲公司法定代表人赵某签名并盖章
D. 甲公司盖章加法定代表人赵某签名或盖章

【点评】

答案为 D。

(2) 票据记载事项。票据记载事项一般分为绝对记载事项、相对记载事项、任意记载事项、不得记载事项等。

绝对记载事项是指票据法明文规定必须记载的,如无记载,票据即为无效的事项,如出票日期、票据收款人等。相对记载事项是指某些应该记载而未记载、适用法律的有关规定而不使票据失效的事项,如未记载付款地的,以付款人所在地为付款地。任意记载事项是指票据法规定由当事人任意记载的事项,行为人不记载,对票据效力不发生影响,一旦作了记载,就发生票据法规定的效力,如出票人在票据上记载了"不得转让"字样,则该票据不能再转让。不得记载事项是指票据法禁止行为人在票据上记载的事项,包括记载无效的事项和使票据无效的事项,如约定产品质量不合格,则本票据无效等。

票据的金额、出票或签发日期、收款人名称不得更改,更改的票据无效。

二、票据行为的种类

(一) 出票

出票,又叫票据的发行、发票,是出票人签发票据并将其交付收款人的票据行为。

(二) 背书

背书,是指票据持有人依法将票据权利转移给他人或者将一定的票据权利授予他人行使的票据行为。持票人依背书连续证明自己的合法持票人身份。

(三) 承兑

承兑是指汇票付款人承诺在汇票到期日支付汇票金额的票据行为。承兑是汇票的特有行为。

(四) 保证

保证,是指票据债务人以外的人担保票据债务履行的一种附属票据行为。其中,担保票据债务履行的人为保证人,票据债务被担保的人为被保证人。

(五) 票据行为的代理

票据行为作为民事法律行为,也可以由他人代理。《票据法》规定,票据当事人可以委托其代理人在票据上签章,并应当在票据上表明其代理关系。没有代理权而以代理人名义在票据上签章的,应当由签章人承担票据责任;代理人超越代理权限的,应当就其超越权限的部分承担票据责任。

第三节　票据权利与抗辩

一、票据权利

（一）票据权利的概念

票据权利是指持票人向票据债务人请求支付票据金额的权利。票据权利包括付款请求权和追索权。

付款请求权是指持票人向票据债务人请求按票面金额付款的权利，是第一次请求权，也是票据上的主权利。票据追索权是指票据当事人行使付款请求权遭到拒绝或其他法定原因存在时，向其前手请求偿还票据金额及其他法定费用的权利，是第二次请求权。票据追索权是指第一次请求权不能实现时才得以行使的权利，也称从票据权利。

（二）票据权利的取得

票据权利以持有票据为依据，合法取得票据后即取得了票据权利。取得票据主要有：(1)从出票人处取得；(2)从持有票据的人处受让票据；(3)依税收、继承、赠与、企业合并等方式获得。

票据取得必须给付对价。无对价或无相当对价取得票据的，如属于善意取得，仍享有票据权利，但该票据权利不能优于其前手。以欺诈、偷盗、胁迫、恶意或重大过失取得票据的，不得享有票据权利。

（三）票据权利的消灭

票据权利的消灭是指因发生一定的法律事实而使票据权利不复存在。票据权利可因履行、免除、抵销等事由的发生而消灭，也可因票据时效期间届满而消灭。《票据法》规定，票据权利在下列期限内不行使而消灭：(1)持票人对票据的出票人和承兑人的权利，自票据到期日起 2 年；见票即付的汇票、本票，自出票日起 2 年。(2)持票人对支票出票人的权利，自出票日起 6 个月。(3)持票人对前手的追索权，在被拒绝承兑或者被拒绝付款之日起 6 个月。(4)持票人对前手的再追索权，自清偿日或者被提起诉讼之日起 3 个月。

（四）票据权利的补救

票据权利与票据紧密相连，票据一旦丧失，票据权利的实现就很困难。票据丧失后可用以下方式进行补救。

1. 挂失止付。挂失止付是指失票人将票据丧失的事实通知付款人，并要求付款人暂停付款的一种方法。挂失止付并非票据丧失后采取的必经措施，而只是一种暂时的预防措施，最终要通过申请公示催告或提起诉讼方式进行补救。

2. 公示催告。公示催告是指人民法院根据失票人的申请，以公告方法，告知并催促不确定利害关系人在限期内向人民法院申报权利，逾期未申报权利，人民法院通过除权判决宣告所丧失票据无效的一种制度。失票人应当在挂失止付后 3 日内,也可在票据丧失后,向人民法院申请公示催告。

3. 普通诉讼。普通诉讼是指失票人向人民法院提起民事诉讼,要求法院判定付款人向其支付票据金额的活动。在我国,《票据法》没有对该程序作出详细的规定。

【例 11-2】甲公司财务室被盗,丢失现金支票 1 张、转账支票 1 张、未填明"现金"字样的银行本票 1 张,甲公司可以采取什么方式补救票据权利?

【点评】

丢失的现金支票及转账支票可以挂失止付,也可以采取公示催告或普通诉讼措施。但丢失的未填明"现金"字样的银行本票不能挂失止付,只能公示催告。

二、票据抗辩

票据抗辩是指票据的债务人依照《票据法》的规定,对票据债权人拒绝履行义务的行为。根据抗辩原因及抗辩效力的不同,票据抗辩可分对物抗辩和对人抗辩。

(一)对物抗辩

对物抗辩是指基于票据本身的内容而发生的事由所进行的抗辩。这一抗辩可以对任何持票人提出。其主要包括以下情形:(1)票据行为不成立而为的抗辩,如票据应记载的内容有欠缺,因欺诈、偷盗、胁迫、恶意、重大过失取得票据等。(2)依票据记载不能提出请求而为的抗辩,如票据未到期等。(3)票据载明的权利已消灭或已失效而为的抗辩,如票据债权因付款、抵销、除权判决、时效届满而消灭等。(4)票据权利的保全手续欠缺而为的抗辩,如行使追索权时未出具付款请求被拒绝的证明等。(5)票据上有伪造、变造情形而为的抗辩。

(二)对人抗辩

对人的抗辩是指基于人的事由发生的抗辩,这一抗辩多与票据的基础关系有关。票据债务人只能对基础关系中的直接相对人不履行约定义务的行为进行抗辩。如果该票据已经被依法转让给了第三人,票据债务人则不能对第三人抗辩,如甲因购买商品而给乙签发了一张票据,若乙的货物有质量问题,则甲可以向乙主张抗辩,拒绝付款。若乙将该票据依法转让给了丙,则甲不能拒绝向丙付款。

票据债务人与出票人或持票人前手之间存在的抗辩事由,不得用于对抗持票人。

三、票据的伪造和变造

(一)票据的伪造

票据的伪造是指假冒他人名义或以虚构人的名义而进行的票据行为。如在空白票据上伪造出票人的签章或者盗盖出票人的印章而进行出票等。票据上有伪造签章的,不影响其他真实签章的效力,即在票据上真实签章的人,仍应对被伪造的票据的债权人承担票据责任。

(二) 票据的变造

票据的变造,是指无权更改票据内容的人对票据上签章以外的记载事项加以变更的行为,如变更票据上的到期日、付款日、付款地、金额等。

【例 11-3】下列选项中,属于变造票据的有哪些?(　　)

A. 变更票据金额　　　　　　B. 变更票据上的到期日
C. 变更票据上的签章　　　　D. 变更票据上的付款日

【点评】

答案为 ABD。

第四节　汇票、本票和支票

一、汇票

(一) 汇票的概念和种类

1. 汇票的概念

汇票是指出票人签发的、委托付款人在见票时或者在指定日期无条件支付确定的金额给收款人或者持票人的票据。出票人是指依法签发汇票委托他人付款的人。付款人是指按照出票人的付款委托无条件支付汇票金额的人。收款人是指汇票上记载的收取票款的人。

2. 汇票的种类

根据汇票出票人的不同,可将汇票分为银行汇票和商业汇票。银行汇票是指银行签发的汇票,商业汇票则是由银行以外的企事业单位、机关、团体等签发的汇票。商业汇票按承兑人的不同,分为商业承兑汇票和银行承兑汇票。商业承兑汇票由银行以外的付款人承兑,银行承兑汇票由银行承兑。

按付款期限长短的不同,汇票可分为见票即付汇票、定期付款汇票、出票后定期付款汇票和见票后定期付款汇票。

(二) 汇票的出票

出票是指出票人签发票据并将其交付给收款人的票据行为。出票人必须与付款人具有真实的委托付款关系,并且具有支付汇票金额的可靠资金来源。汇票的出票人不得签发无对价的汇票以骗取银行或者其他票据当事人的资金。

(三) 汇票的记载事项

1. 绝对应记载事项

汇票的绝对应记载事项是指《票据法》规定必须在票据上记载的事项,如不记载,汇票无效。

汇票的绝对记载事项包括:(1)表明"汇票"的字样;(2)无条件支付的委托;(3)确定的金额;(4)付款人名称;(5)收款人名称;(6)出票日期;(7)出票人签章。

票据金额以中文大写和阿拉伯数字同时记载,两者必须一致,不一致时,票据无效。

2. 相对应记载事项

相对应记载事项是指《票据法》规定应该记载而未记载,但并不影响汇票本身的效力,适用法律有关规定的事项。如汇票上未记载付款日期的,视为见票即付;未记载付款地或出票地的,以付款人或出票人的营业场所、住所或者经常居住地为付款地或出票地。相对记载事项主要有付款日期、付款地、出票地等。

3. 任意记载事项

任意记载事项,是指出票人可以选择是否记载的事项,但该事项一经记载即发生票据法上的效力。如出票人在汇票上记载"不得转让"字样的,汇票不得转让。

4. 非法定事项

汇票的非法定记载事项是指《票据法》规定记载后不产生票据上的效力,主要是指与汇票的基础关系有关的事项,如签发票据的原因或用途、该票据项下交易的合同号码等。

【例11-4】下列有关汇票的表述中,正确的有哪些?(　　)
A. 汇票未记载收款人名称的,可由出票人授权补记
B. 汇票未记载付款日期的,汇票无效
C. 汇票未记载出票日期的,汇票无效
D. 汇票未记载付款地的,以出票人的营业场所、住所或经常居住地为付款地

【点评】

答案为CD。

(四) 出票的效力

汇票出票人依法完成出票行为后即产生票据上的效力,即收款人取得票据权利。付款人基于出票人的付款委托使其具有承兑人的地位,在其对汇票进行承兑后,即成为汇票上的主债务人。出票人承担保证该汇票承兑和付款的责任。

(五) 汇票的背书

背书是指持票人在票据的背面或粘单上记载有关事项并签章将汇票权利让与他人的一种票据行为。票据转让必须做成记名背书。票据凭证不能满足背书人记载事项的需要,可以加附粘单,粘附于票据凭证上。粘单上的第一记载人,应当在汇票和粘单的粘接处签章。

1. 背书记载事项

背书应记载的事项包括背书人签章、被背书人名称和背书日期。其中前两项属于绝对记载事项;背书日期如未记载,则视为在汇票到期日前背书。

背书不得附有条件。附有条件的,所附条件不具有汇票上的效力,但背书转让仍然有效。此外,将汇票金额的一部分转让或将汇票金额分别转让给两人以上的背书无效。

2. 禁止背书的记载

禁止背书是任意记载事项,如果背书人不愿意对其后手以后的当事人承担票据责任,即可在背书时记载禁止背书。《票据法》规定,背书人在汇票上记载"不得转让"字样,其后手再背书转让的,该转让不产生《票据法》上的效力,而只具有普通债权让与的效力,原背书人对后手的被背书人不承担保证责任。

【例11-5】下列关于票据背书的表述中,正确的有哪些?( )

A. 背书人在背书时记载"不得转让"字样的,其后手再行背书转让的,该转让不产生《票据法》上的效力

B. 背书附条件的,背书无效

C. 部分转让票据权利的背书无效

D. 将汇票金额分别转让给两人以上的,该背书转让无效

【点评】

答案是ACD。

3. 背书连续

背书连续是指在票据转让中,转让汇票的背书人与受让汇票的被背书人在汇票上的签章依次前后衔接。例如,第一次背书的被背书人是第二次背书的背书人,第二次背书的被背书人是第三次背书的背书人,依次类推。若背书形式上不连续,票据并非无效,仅背书间断后的持票人不得主张票据上的权利;如果持票人非经背书转让而以其他合法方式取得汇票的(如质押、委托收款取得等),必须依法举证,证明其汇票权利。

汇票被拒绝承兑、被拒绝付款或者超过付款提示期限的,不得背书转让;背书转让的,背书人应当承担汇票责任。

【例11-6】甲公司从乙公司购入一批设备,给乙开出期限为2个月的商业承兑汇票一张,面额为50万元。后乙依法将该汇票背书转让给丙。丙将汇票遗失,被A捡到,A便将该汇票背书转让给丁,该汇票到期,付款人是否应该给丁付款?

【点评】

不付款。A取得汇票时,丙未背书签章,背书发生间断,不连续。

(六)汇票的承兑

承兑是指汇票付款人承诺在汇票到期日支付汇票金额的票据行为。承兑是汇票特有的制度。汇票是一种出票人委托他人付款的委付证券,只有在付款人表示愿意向收款人或持票人支付汇票金额后,持票人才可于汇票到期日向付款人行使付款请求权。

1. 承兑的程序

(1)提示承兑

提示承兑是指持票人向付款人出示汇票,并要求付款人承诺付款的行为。提示期限因汇票种类不同而有所区别。

见票即付的汇票,因请求承兑的同时就意味着请求付款,因此,无须提示承兑;定日付款或者出票后定期付款的汇票,持票人应当在汇票到期日前向付款人提示承兑;见票后定期付款的汇票,持票人应当自出票日起1个月内向付款人提示承兑。

持票人未在提示期限内请求承兑的,丧失对其前手的追索权。

(2) 承兑的记载事项

承兑的记载事项包括三项,即承兑文句、承兑日期、承兑人签章。其中承兑文句和承兑人签章是绝对应记载事项,承兑日期属于相对应记载事项,但见票后定期付款的汇票,则必须记载日期。付款人承兑汇票,不得附有条件;承兑附有条件的,视为拒绝承兑。

付款人应当自收到提示承兑的汇票之日起 3 日内承兑或者拒绝承兑。如果付款人在 3 日内不作承兑与否的表示,则视为拒绝承兑,持票人可以请求其作出拒绝承兑证明,向其前手行使追索权。

2. 承兑的效力

承兑的效力在于确定汇票付款人的付款责任。一经承兑,承兑人于票据到期日必须向持票人无条件地支付汇票上的金额。承兑人的票据责任不因持票人未在法定期限提示付款而解除,承兑人仍要对持票人承担票据责任。

【例 11-7】甲公司在与乙公司的交易中获得面额为 100 万元的商业汇票一张,付款人为丙公司。甲请求丙公司承兑时,丙在汇票上签注:"承兑,待账上有资金时支付。"丙公司的行为是否属于承兑?

【点评】

丙公司没有承兑,承兑不得附条件,否则视为拒绝承兑。

(七) 汇票的保证

汇票的保证是指汇票债务人以外的第三人,以担保特定汇票债务人履行票据债务为目的,而在票据上所为的一种附属票据行为。

1. 保证的记载事项

保证人必须在汇票或粘单上记载下列事项:(1)表明"保证"的字样;(2)保证人名称和住所;(3)被保证人的名称;(4)保证日期;(5)保证人签章。

绝对应记载事项包括保证文句和保证人签章,相对应记载事项包括被保证人的名称、保证日期和保证人住所。未记载被保证人名称的,已承兑的汇票,承兑人为被保证人;未承兑的汇票,出票人为被保证人。未记载保证日期的,出票日期为保证日期。

2. 保证的记载方法

汇票的保证应当记载在汇票或者其粘单上,在票据之外签订的保证合同,不属于票据的保证。如果保证人是为出票人、承兑人保证的,则应记载于汇票的正面;如果保证人是为背书人保证的,则应记载于汇票的背面或者粘单上。

3. 保证的效力

(1) 保证人的责任

保证人与被保证人对持票人承担连带责任。被保证的汇票到期后得不到付款的,持票人有权向保证人请求付款,保证人应当足额付款。保证人的票据责任从属于被保证人的债务,与被保证人负有同一责任,同时又不随被保证人的债务因实质原因无效而无效。只有当被保证人的债务因欠缺票据形式要件而无效时,如绝对记载事项欠缺等,保证才无效。

保证人为两人以上的,保证人之间承担连带责任。

(2)保证人的权利

保证人向持票人清偿债务后,取得票据而成为持票人,享有票据上的权利,有权对被保证人及其前手行使追索权。

(八)汇票的付款

汇票的付款是指付款人依据票据文义支付票据金额,以消灭票据关系的行为。付款不属于票据行为。

1. 付款提示

付款提示是指持票人向付款人或承兑人出示票据,请求付款的行为。

付款提示是付款的必经程序,如果持票人未在上述法定期限内为付款提示的,则丧失对其前手的追索权。但在作出说明后,承兑人或付款人仍应对持票人承担付款责任。

持票人应按下列期限提示付款:(1)见票即付的汇票,自出票日起 1 个月内向付款人提示付款;(2)定日付款、出票后定期付款或者见票后定期付款的汇票,自到期日起 10 日内向承兑人提示付款。

通过委托收款银行或者通过票据交换系统向付款人提示付款的,视同持票人提示付款。

2. 支付票款

持票人依法向付款人进行付款提示后,付款人应当在当日无条件地按票据金额足额付款。

付款人或者代理付款人在付款时应当尽审查义务。对持票人是否为合法权利人负有形式审查义务,即应当审查汇票背书的连续和应记载事项,并审查提示付款人的合法身份证明或者有效证件。

付款人及其代理人以恶意或有重大过失付款的,应当自行承担责任。此外,如果付款人对定日付款、出票后定期付款或者见票后定期付款的汇票在到期日前付款,应由付款人自行承担所产生的责任,即当持票人不是票据权利人时,对于真正的票据权利人并不能免除其票据责任,而对由此造成的损失,付款人只能向非正当持票人请求赔偿。

3. 付款的效力

付款人依法足额付款后,全体汇票债务人的责任解除。但是,如果付款人付款存在瑕疵,即未尽审查义务而对不符合法定形式票据付款,或其存在恶意或重大过失而付款的,则不发生上述法律效力,付款人的义务不能免除,其他债务人也不能免除责任。

(九)汇票的追索权

追索权是指持票人在票据到期不获付款或到期前不获承兑或有其他法定原因,并在实施行使或保全票据上权利的行为后,可以向其前手请求偿还票据金额、利息及其他法定款项的一种票据权利。追索权是在票据权利人的付款请求权得不到满足之后,法律赋予持票人对票据债务人进行追偿的权利。

1. 追索权的当事人

追索权的当事人包括追索权人和偿还义务人。追索权人包括最后的持票人和因清偿而取得票据的人,即向自己的后手已做清偿的持票人。偿还义务人包括出票人、背书人、承兑人、保证人。

追索权与付款请求权在权利行使对象上有一定的区别:付款请求权的行使对象是票据上的付款人;追索权的行使对象可以是票据上的主债务人,但主要还是票据上的次债务人,如票据上的出票人、背书人、保证人等。

2. 追索权的行使

(1) 追索权行使的原因

追索权行使的原因有:汇票到期被拒绝付款;汇票在到期日前被拒绝承兑;在汇票到期日前,承兑人或付款人死亡、逃匿的;在汇票到期日前,承兑人或付款人被依法宣告破产或因违法被责令终止业务活动。

(2) 追索权的保全

持票人行使追索权必须履行一定的保全手续而不致使追索权丧失。保全手续包括:在法定提示期限提示承兑或提示付款,取得拒绝证明。

持票人在行使追索权之前,应对被拒绝的事实负举证责任。持票人不能出示拒绝证明的,将丧失对其前手的追索权。拒绝证明主要有拒绝证书、退票理由书、汇票上记载拒绝事由等形式。

【例 11-8】发生下列哪些情形时,持票人可以行使票据追索权?(　　)

A. 汇票被拒绝承兑　　　　　　　B. 付款人因违法被责令停业
C. 付款人逃匿　　　　　　　　　D. 背书人破产

【点评】

答案为 ABC。

(3) 追索权行使的程序

首先,发出追索通知。持票人应当自收到被拒绝承兑或者被拒绝付款的有关证明之日起 3 日内,将被拒绝事由书面通知其前手,其前手应当自收到通知之日起 3 日内书面通知其再前手。持票人也可以同时向各汇票债务人发出书面通知。未按照上述规定期限通知的,持票人仍可以行使追索权。因延期通知给其前手或者出票人造成损失的,由没有按照规定期限通知的汇票当事人承担对该损失的赔偿责任,但是所赔偿的金额以汇票金额为限。

然后,确定追索对象。持票人可以不按照汇票债务人的先后顺序,对其中任何一人、数人或者全体行使追索权。持票人对票据债务人中的一人或者数人已经进行追索的,对其他票据债务人仍可以行使追索权。但是,持票人为出票人的,对其前手无追索权,持票人为背书人的,对其后手无追索权。汇票的出票人、背书人、承兑人和保证人对持票人承担连带责任。被追索人清偿债务后,与持票人享有同一权利。

最后,追偿金额。持票人行使追索权,可以请求被追索人支付以下金额与费用:被拒绝付款的汇票金额;汇票金额自到期日或者提示付款日起至清偿日止,按照中国人民银行规定的同档次流动资金贷款利率计算的利息;取得有关拒绝证明和发出通知书的费用。

二、本票

(一) 本票的概念

本票是出票人签发的,承诺自己在见票时无条件支付确定的金额给收款人或者持票人的票据。《票据法》所指的本票仅指银行本票,并限于见票即付。本票为自付证券,无须承兑。

银行本票是银行签发的,承诺自己在见票时无条件支付确定的金额给收款人或持票人的票据。银行本票分为定额银行本票和不定额银行本票。定额银行本票的面额为1000元、5000元、1万元和5万元。

本票的背书、保证、付款行为和追索权的行使,除特别的规定外,适用有关汇票的规定。

(二) 本票的记载事项

本票的出票人必须具有支付本票金额的可靠资金来源,并保证支付。银行本票的出票人,为经中国人民银行当地分支行批准办理银行本票业务的银行机构。

本票的绝对记载事项包括:(1)表明"本票"字样;(2)无条件支付的承诺;(3)确定的金额;(4)收款人的名称;(5)出票日期;(6)出票人签章。

本票的相对记载事项包括:(1)付款地。本票上未记载付款地的,出票人的营业场所为付款地。(2)出票地。本票上未记载出票地的,出票人的营业场所为出票地。

(三) 本票的付款

银行本票是见票付款的票据,收款人或持票人在取得银行本票后,随时可以向出票人请求付款。本票自出票日起,付款期限最长不得超过2个月。持票人未按规定期限提示见票的,丧失对出票人以外的前手的追索权。

【例 11-9】下列关于本票的表述中,正确的有哪些?(　　)
A. 付款日期是本票的绝对应记载事项
B. 本票的基本当事人只有出票人和收款人
C. 本票无须承兑
D. 本票是由出票人本人对持票人付款的票据

【点评】

答案为BCD。本票限于见票即付,随时支付,不允许另约定付款日期。

三、支票

(一) 支票的概念

支票是出票人签发的,委托办理支票存款业务的银行或其他金融机构在见票时,无条件支付确定的金额给收款人或持票人的票据。支票的基本当事人有三个:出票人、付款人和收款人。支票是一种委付证券,与汇票相同,与本票不同。支票有两个显著的特点:一是以银行或者其他金融机构作为付款人,二是见票即付。

(二) 支票的种类

支票按照支付票款的方式可以分为普通支票、现金支票和转账支票三种。

现金支票专门用于支取现金。转账支票专门用于转账,不得用于支取现金。普通支票既可以转账,也可以支取现金:用于转账的,可在普通支票左上角加划两条平行线,亦称划线支票;未划线的普通支票,可用于支取现金。

在实践中,我国一直采用的是现金支票和转账支票,没有普通支票。但为了方便当事人,并借鉴国外的方法经验,《票据法》便规定了普通支票的形式。

支票的背书、保证、付款行为和追索权的行使,除特别规定外,适用有关汇票的规定。

(三) 支票的记载事项

支票的出票人为在经中国人民银行当地分支行批准办理支票业务的银行开立可以使用支票的存款账户的单位和个人。

支票的绝对应记载事项包括:(1)表明"支票"的字样;(2)无条件支付的委托;(3)确定的金额;(4)付款人名称;(5)出票日期;(6)出票人签章。支票上未记载上述规定事项之一的,则支票无效。

支票相对应记载事项包括:(1)付款地。未记载付款地的,以付款人营业场所为付款地。(2)出票地。未记载出票地的,以出票人的营业场所、住所或者经常居住地为出票地。

支票的金额、收款人名称可以由出票人授权补记。未补记前,不得背书转让和提示付款。

【例 11-10】支票记载事项中,哪些可以授权补记?( )
A. 付款人　　　　　B. 支票的金额
C. 收款人　　　　　D. 出票日期

【点评】

答案为 BC。

(四) 支票的付款

出票人必须按照签发的支票金额承担保证向该支票的持票人付款的责任。出票人在付款人处的存款足以支付支票金额时,付款人应当在当日足额付款。支票限于见票即付,不得另行记载付款日期。另行记载付款日期的,该记载无效。持票人应当自出票日起10日内提示付款,超过提示付款期限的,付款人可以不予付款;付款人不予付款的,出票人仍应当对持票人承担票据责任。

禁止签发空头支票,禁止签发印章与预留印鉴不符的支票。

第十一章　票据法律制度

综合实训

一、判断题

1. 票据责任是指票据债务人向持票人支付票据金额的责任。（　）
2. 收到挂失止付通知的付款人，应当暂停支付。（　）
3. 汇票的出票人必须与付款人具有真实的委托付款关系。（　）
4. 背书可以附有条件。（　）
5. 见票即付的汇票，自出票日起十日内向付款人提示付款。（　）

二、选择题

1. 关于票据丧失后的法律救济方式，下列哪一说法是错误的？（　）
   A. 通知票据付款人挂失止付
   B. 申请法院公示催告
   C. 向法院提起诉讼
   D. 不经挂失止付不能申请公示催告或者提起诉讼
2. 汇票必须记载的事项有（　）。
   A. 表明"汇票"的字样　　　　　　B. 无条件支付的委托
   C. 确定的金额、付款人名称、收款人名称　　D. 出票日期、出票人签章
3. 下列说法正确的是（　）。
   A. 汇票上未记载付款日期的为见票即付
   B. 汇票上未记载付款地的，付款人的营业场所、住所或者经常居住地为付款地
   C. 汇票上未记载出票地的，出票人的营业场所、住所或者经常居住地为出票地
   D. 汇票可以质押，当持票人将汇票交付给债权人时质押生效
4. 票据行为主要有（　）。
   A. 出票　　　B. 背书　　　C. 保证　　　D. 承兑
5. 甲公司签发一张汇票给乙，票据记载金额为10万元，乙取得汇票后背书转让给丙，丙取得该汇票后又背书转让给丁，但将汇票的记载金额由10万元变更为20万元。之后，丁又将汇票背书转让给戊。其中乙的背书签章已不能辨别是在记载金额变更之前，还是在变更之后。下列哪些选项是正确的？（　）
   A. 甲应对戊承担10万元的票据责任
   B. 乙应对戊承担20万元的票据责任
   C. 丙应对戊承担20万元的票据责任
   D. 丁应对戊承担10万元的票据责任

三、案例分析：

A公司与B公司签订了一份价款为20万元的买卖合同，收到B公司签发的商业承

兑汇票一张,期限为3个月。1个月后,A将该汇票转让给C,甲公司在票据上记载了保证事项,后C转让给了D,D又转让给了E。E公司于到期日向B公司提示付款,因银行存款不足遭退票。E公司向甲行使追索权,甲以E应该先向D追索为由拒绝。

试分析:(1)甲的主张是否合法?为什么?(2)若E未在取得拒绝证明书的3日内发出追索通知,还能否追索?(3)若E未在法定提示付款期内向B公司提示付款,能否向前手行使追索权?

第十二章 税收法律制度

【引例导学】

田某,河南某高校讲师,目前每月工资收入大概 5000 元。2015 年 6 月,其本月支出情况如下:(1)购买 500 元左右书籍一批;(2)购买 400 元左右化妆品一套;(3)支付水、电、燃气费用共 100 元;(4)在餐馆消费 1000 元;(5)交通费用及停车费用合计 800 元。

【课堂讨论】

田某在本月应该缴纳哪些税收?

【点评】

根据我国税收法律制度的规定,田某要缴纳的税收有增值税、消费税等。

第一节 税法概述

一、税收的概念和特征

(一)税收的概念

税收,就是国家为了实现其职能,凭借政治权力,按照法律预先规定的标准,向经济单位和个人强制地、无偿地征收一定货币或实物,以取得财政收入的一种制度。税收自产生以来,保证了国家财政收入及时、稳定的实现,成为世界各国政府组织财政收入的基本形式。在现代市场经济中,税收不仅是国家取得财政收入的一种主要手段,而且已成为国家调节经济运行的重要工具。

(二)税收的特征

任何事物都有其固有的形式特征。税收作为一种特定的分配方式,是国家财政收入的主要形式和调节经济的重要杠杆,有以下法律特征:

1. 强制性

税收是国家通过法律规定强制征收的,法律的强制力构成了税收的强制性。

2. 无偿性

税收所征的税款归国家所有,不再偿还给各纳税人,也不必向纳税人付出任何代价,因而是一种无偿取得。正如列宁所说:"所谓赋税,就是国家不付任何报酬而向居民取得东西。"这句话形象地说明了税收的无偿性。

3. 固定性

税收是国家按法律规定的范围、标准、环节、期限征收的,国家在征税以前,以法律形式规定了课税对象的范围、征收数额、征收比例和征收期限等内容。

上述税收的三个形式特征,是相互联系、缺一不可的统一整体。税收的强制性是前提,是征税的直接依据,没有强制性就保证不了国家取得足够的财政收入。税收只有是一种无偿征收,才能体现其为国家取得财政收入的特殊作用。税收的固定性是强制性和无偿性的要求和必然结果。

(三) 税收的本质

税收是一个分配范畴,本质上表现为一种分配关系。它属于社会再生产过程的分配环节上的一种分配形式,如同工资、利润、利息等分配范畴一样,是对国民收入进行分配和再分配的一种方式。但是,这种分配关系凭借的不是所有者的权力,而是国家的政治权力。

(四) 税收的作用

1. 税收是国家组织财政收入、筹集财政资金的主要来源

税收之所以成为国家财政收入的主要来源是因为:一是由于税收具有强制性、无偿性和固定性,能保证及时、稳定取得收入;二是税收的来源十分广泛,不仅资金数额巨大,而且能从多方面筹集财政收入。

2. 税收是国家调控经济的重要杠杆之一

国家通过对税种、税目、税率、减免税的设置,鼓励或抑制某种产业的发展,以期达到调整产业结构,引导社会资源合理化配置的效果,从而促进国民经济健康、稳定、快速发展。

3. 税收是国家调节分配的主要手段

国家通过税收,均衡分配,正确处理国家、集体、个人之间的经济利益关系,调节各种经济成分、各种行业及产品经营者的收入差距。

4. 税收是经济监督管理的有力武器

通过税收征管活动,不仅可以保护纳税人合法经营、公平竞争,同时可以打击偷税、漏税、抗税等违法行为,建立良好的市场管理秩序。

二、税法的概念和原则

(一) 税法的概念

税法是国家制定的用以调整国家与纳税人之间在征纳税方面的权利及义务关系的法律规范的总称。简言之,税法是所有调整税收关系的法律规范的总称。它是宏观调控法

的重要组成部分,调整国家与社会成员在纳税上的权利和义务关系,维护社会经济秩序和税收秩序,保障国家利益、社会利益和纳税人合法权益。它是国家及纳税人依法征税、依法纳税的行为准则。税法规范既包括实体性规范,如个人所得税法;又包括程序性规范,如税收征收管理法。

(二) 税法的基本原则

税法的基本原则,是对一国调整税收关系法律规范的高度抽象和概括,是贯穿税收立法、执法和司法等全过程的具有普遍指导意义的法律准则。现代税法的基本原则主要包括如下三项:税收法定原则、税收公平原则和税收效率原则。

1. 税收法定原则,也称为税收法定主义,税收法律主义等,其基本含义是指征税主体征税必须且仅依法律的规定,纳税主体依且仅依法律的规定纳税。经典表达为"非经立法不得征税"。其具体内容包括三个部分:税种法定、税收要素法定、程序法定。税收法定原则是税法至为重要的基本原则,或称税法的最高法律原则。

2. 税收公平原则,就是政府征税,包括税制的建立和税收政策的运用,应确保公平,遵循公平原则。

税收公平原则中公平的概念包括两种:一为横向的公平,一为纵向的公平。横向的公平是指同等经济负担能力的人应纳同等的税收,纵向公平的目的在于让经济负担能力不同的人应缴纳不同等的税收。

3. 税收效率原则,在一般含义上,税收效率原则所要求的是以最小的费用获取最大的税收收入,并利用税收的经济调控职能最大限度地促进经济的发展,或者最大限度地减轻税收对经济发展的负面影响。它包括税收行政效率和税收经济效率两个方面。

三、税收法律关系

税收法律关系是指国家征税机关与纳税单位、个人依据《税法》,基于税收法律事实而形成的权利与义务关系。与其他法律关系相比,税收法律关系具有以下几个特点:国家始终是税收法律关系主体的一方,税收法律关系的权利和义务是单方面的,税收法律关系中的财产所有权或者使用权的转移具有单向性。

任何法律关系都是由主体、客体和内容构成的,税收法律关系也不例外。其构成要素有:

1. 税收法律关系的主体,包括征税主体和纳税主体。税收法律关系中的征税主体,是指各级税务机关、海关等;税收法律关系的纳税主体,是指负有纳税义务的法人、自然人和其他组织。

2. 税收法律关系的客体,是指税收法律关系主体双方的权利和义务所共同指向、影响和作用的客观对象。如流转税的法律关系客体是纳税人销售货物或者加工、修理修配劳务以及进口货物。

3. 税收法律关系的内容,是指主体所享受的权利和应承担的义务,如纳税主体按规定办理税务登记、依法设置账簿、按期办理纳税申报等。

四、税法的构成要素

税法的构成要素即税制要素。税制即税收制度,是指国家规定的税收法令、条例和征收办法的总和。税制要素一般包括:征税人、纳税义务人、征税对象、税目、税率、计税依据、纳税环节、纳税期限、纳税地点、减免税、法律责任等。

(一)税法主体

税法主体是在税收法律关系中享有权利和承担义务的当事人。包括征税主体和纳税主体两类。

1. 征税主体

从理论上说,征税主体是国家。国家享有征税权,征税权是国家主权的一部分。在具体的征税活动中,国家授权有关的政府机关来具体行使征税权。在我国,由各级财政机关、税务机关和海关具体负责税收征管。其中,税务机关是最重要的、专门的税收征管机关,它负责最大量的、最广泛的工商税收的征管;海关负责征收关税、船舶吨税,代征进口环节的增值税、消费税。上述机关是代表国家行使征税权的具体的、形式上的征税主体。

2. 纳税主体

纳税主体,又称纳税人或纳税义务人,指税法规定的直接负有纳税义务的自然人、法人或其他组织。纳税人是税收制度构成的最基本的要素之一,任何一个税种首先要解决的就是国家到底对谁征税的问题,任何税种都有纳税人。

(二)征税对象

征税对象,又称征税客体、征税标的、课税对象。课税对象是征税的依据,即根据什么征税,是纳税的客体。征税客体是各税种间相互区别的主要标志,也是进行税收分类和税法分类的最重要的依据,同时,它还是确定征税范围的重要因素。税种是国家税收制度中规定征收的税收种类,一般由课税对象来决定,如对个人所得课税叫个人所得税,对增值额课税叫增值税等,不同的课税对象构成不同的税种。课税对象包括税源和税目两个方面内容。

税源是每种税收的经济来源。物质生产部门创造的国民收入,是税收最终的经济源泉。在市场经济条件下,国民收入通过分配形成企业和个人的各种收入,如工资收入、奖金收入、利息收入、股息收入、劳务收入、利润收入等,这些都是税源的组成内容。税收制度要注意开辟和保护税源,只有税源不断扩大和增加,国家才能持续不断地取得越来越多的财政收入。

与税源紧密相连的一个概念是税本,税本是创造税源的基础,表现为创造国民收入的物质生产部门,包括生产的三要素:劳动者、劳动资料和劳动对象。

(三)税目

又称"课税品目",它规定课税对象的具体项目,是课税对象在应税内容上的具体化。例如,我国消费税的课税对象是应税消费品,按消费品列举了税目,每一税目具体规定了征税的消费品名称和适用的税率。

（四）税率

税率是应纳税额与征税对象之间的比例，是计算应纳税额的尺度，反映了征税的程度。在征税对象既定的情况下，税额和税负大小就决定于税率的高低，而税率的高低直接影响到国家财政收入的多少和纳税人税收负担的轻重，所以，税率属于税收政策和制度的中心环节，是税收制度的核心内容。它反映了国家与纳税人之间的利益分配关系，是衡量国家税收负担是否适当的标志。税率主要有比例税率、累进税率和定额税率三种基本形式。

1. 比例税率

比例税率是指对同一征税对象不管数额大小，均采取同一比例的税率，一般适用于对流转额等征税对象课税。比例税率在具体运用上可分为以下几种：单一比例税率、差别比例税率、幅度比例税率。

2. 累进税率

累进税率是指随征税对象数额的增多而相应逐级递增的税率。具体而言，就是把征税对象按数额大小划分为若干个等级并相应设置每一等级的税率。一般适用于对所得和财产的课税。累进税率分为四种：全额累进税率、超额累进税率、全率累进税率、超率累进税率。

3. 定额税率

定额税率，又称固定税额，是指按单位征税对象直接规定固定的应纳税额。计算简便，适合于从量计征的税种。定额税率不采用百分比形式规定征收比例，是税率的一种特殊形式。如车船使用税、资源税等。

（五）纳税环节

广义的纳税环节指全部课税对象在再生产中的分布，如资源税分布在生产环节，流转税分布在流转环节，所得税分布在分配环节等。狭义的纳税环节指应税商品在流转过程中应当纳税的环节，是商品流转课税的特殊概念。纳税环节解决的就是在整个商品流转过程中征几道税以及在哪个环节征税的问题。它关系到税收由谁负担、税款能否足额及时入库以及纳税人纳税是否便利的问题。每种税都有特定的纳税环节，各种税的纳税环节组成整个社会的纳税环节。

（六）纳税期限

纳税期限指纳税单位和个人缴纳税款的期限。现行的纳税期限有三种形式，即按期纳税、按次纳税和按年征收，三种分期预缴。与纳税期限有关的概念有纳税义务发生时间和申报纳税时间。前者指税法规定的纳税人应当承担纳税义务的起始时间，后者是指税法规定的纳税义务发生后或制定的纳税期限期满后应当向主管税务机关进行申报并交纳税款的时间。

（七）附加和加成

纳税人负担的轻重，主要是通过税率的高低来调节的，除此之外，还可以通过附加、加成和减免等措施来调整纳税人的负担。

附加是地方附加的简称，是地方政府在正税以外，附加征收的一部分税款。通常，把按国家税法规定的税率征收的税款称为正税,而把正税以外征收的附加称为副税。

加成是加成征税的简称,是依据纳税人的应纳税额再加征一定成数的税额。个人所得税中的劳务报酬采用加成征收。它是税率的补充形式,实质是税率的延伸提高。加征一成就是在原税率(税额)上加征10%,加征二成就是在原税率(税额)上加征20%,以此类推。实施加成征收的目的在于配合国家的方针政策,调节纳税人某些过高的收入。附加和加成属于加重纳税人负担的措施。

(八)减税和免税

减税是对应纳税额少征一部分税款,免税是对应纳税额全部免征。减税免税是依据《税法》规定对某些特殊情况给予减轻或免除税收负担,对某些纳税人和征税对象给予鼓励和照顾的一种措施。

(九)起征点和免征额

起征点和免征额是与减免税有直接关系的两个要素。起征点是指开始计征税款的界限,也叫起税点。纳税人的课税对象数额没达到起征点的不征税,征税对象数额一旦达到和超过起征点,则要全额征税,不再享受税收减免。

免征额亦称"免税额",是指在课税对象全部数额中免予征税的数额。它是按照一定标准从课税对象全部数额中预先扣除的数额,免征额部分不征税,只对超过免征额部分征税。如个人所得税法中规定"工资、薪金所得,以每月收入额减除费用3500元后的余额,为应纳税所得额"。这3500元就是免征额。假定某纳税人征税对象数额为3501元,则只就超过3500元的1元征税。

(十)税收法律责任及违章处理

税收法律责任是指税收法律关系的主体因违反税法所应当承担的法律后果。违章处理是税法对纳税人违反税法的行为规定的惩罚措施。违章处理的内容包括欠税处理、漏税处理、偷税处理、抗税处理以及违反税务管理行为的处理等。它是税法得以贯彻落实的保障措施,也是税收法律制度强制性的体现,对于维护国家税法的强制性和严肃性有重要意义。

税法规定的法律责任有三种形式。一是经济责任,二是行政责任,三是刑事责任。具体措施包括补交税款、加收滞纳金、吊销税务登记证、罚款、税收保全及强制执行、移交司法机关处理等。

五、我国现行税法体系

我国的税法体系大致经历了十余次较大的调整与改革而逐步形成的。我国现行的实体税法共有20个税种。按其征税对象的性质,大致可以分为以下5类:

1. 流转税法。包括增值税、消费税法和关税法。主要在生产、流通和进出口贸易中发挥调节作用。

2. 所得税法。包括企业所得税法和个人所得税法两种。主要是在国民收入形成后,对生产经营者的利润和个人的纯收入发挥调节作用。

3. 资源税法。包括资源税法、土地增值税法、城镇土地使用税法和耕地占用税法等。
4. 财产税法。包括房产税法、契税法和车船税法等。
5. 行为目的税。包括印花税法等。

第二节　流转税法

一、增值税

(一) 增值税的概念

增值税是以商品(含应税劳务)在流转过程中产生的增值额为征税对象的一种税。按照我国增值税法的规定,增值税是对在我国境内销售货物或者提供加工、修理修配劳务以及进口货物的企业单位和个人(其中"单位"是指企业、行政单位、事业单位、军事单位、社会团体及其他单位。"个人"是指个体经营者及其他个人)就其货物销售或提供劳务的增值额和货物进口金额为计税依据而课征的一种流转税。所谓增值额,是指纳税人在一定时间内销售产品或提供应税劳务所得收入超过其购进商品或劳务时所支出的差额部分。

增值税按对外购固定资产处理方式不同,可划分为生产型增值税、收入型增值税和消费型增值税。

(二) 增值税的征税范围

1. 境内销售货物和进口货物

"货物"是指除土地、房屋和其他建筑物等一切不动产之外的有形动产,包括电力、热力和气体在内,不包括不动产和无形资产。销售货物是指有偿转让货物的所有权。"有偿"包括从购买方取得货币、货物或其他经济利益。境内销售是指销售货物的起运地或所在地在境内。进口货物是指从国外进入我国海关关境的货物。

2. 提供加工和修理修配劳务

提供加工、修理修配劳务是指纳税人有偿提供加工、修理修配劳务,不包括单位或个体经营者聘用的员工为本单位或雇主提供加工、修理修配劳务。"加工"是指接收来料承做货物,加工后的货物所有权仍属于委托者的业务。"修理修配"是指受托对损伤丧失功能的货物进行修复,使其恢复原状和功能的业务。

3. 境内销售服务、无形资产或者不动产

销售服务,是指提供交通运输服务、邮政服务、电信服务、建筑服务、金融服务、现代服务、生活服务等。

销售无形资产,是指转让无形资产所有权或者使用权的活动。无形资产是指不具实物形态,但能带来经济利益的资产,包括技术、商标、著作权、商誉、自然资源使用权和其他权益性无形资产。

销售不动产,是指转让不动产所有权的活动。不动产是指不能移动或者移动后会引起性质、形状改变的财产,包括建筑物、构筑物等。

"境内"销售服务、无形资产或者不动产是指服务(租赁不动产除外)或者无形资产(自然资源使用权除外)的销售方或者购买方在境内,所销售或者租赁的不动产在境内,所销售自然资源的使用权的自然资源在境内,国家相关法律规定的其他情形。

4. 增值税征税范围的特殊规定

单位或者个体工商户的下列行为,视同销售货物、服务、无形资产或者不动产。

(1) 将货物交付其他单位或个人代销的。

(2) 销售代销货物。

(3) 设有两个以上机构并实行统一核算的纳税人,将货物从一个机构移送其他机构用于销售,但相关机构设在同一县(市)的除外。

(4) 将自产或委托加工的货物用于非增值税应税项目。

(5) 将自产或委托加工的货物用于集体福利或个人消费。

(6) 将自产、委托加工或购进的货物作为投资,提供给其他单位或个体工商户。

(7) 将自产、委托加工或购进的货物分配给股东或投资者。

(8) 将自产、委托加工或购进的货物无偿赠送给其他单位或个人。

(9) 单位或者个体工商户向其他单位或者个人无偿提供服务,但用于公益事业或者以社会公众为对象的除外。

(10) 单位或者个人向其他单位或者个人无偿转让无形资产或者不动产,但用于公益事业或者以社会公众为对象的除外。

(11) 国家相关法律规定的其他情形。

5. 征税范围的特殊项目

一项销售行为如果既涉及服务又涉及货物为混合销售。从事货物的生产、批发或者零售的单位和个体工商户的混合销售行为,按照销售货物缴纳增值税;其他单位和个体工商户的混合销售行为,按照销售服务缴纳增值税。

从事货物的生产、批发或者零售的单位和个体工商户,包括以从事货物的生产、批发或者零售为主,并兼营销售服务的单位、个体工商户在内。

6. 兼营

纳税人在销售货物、加工修理修配劳务的同时,还同时从事服务、无形资产或者不动产销售,而且两者之间并没有直接的联系和从属关系。

纳税人销售货物、加工修理修配劳务、服务、无形资产或者不动产适用不同税率或者征收率的,应当分别核算适用不同税率或者征收率的销售额;未分别核算销售额的,从高适用税率或者征收率。

7. 不征收增值税的项目

(1) 根据国家指令无偿提供的铁路运输服务、航空运输服务,属于视同销售服务用于公益事业的服务。

(2) 存款利息。

(3) 被保险人获得的保险赔付。

(4) 房地产主管部门或者其指定机构、公积金管理中心、开发企业以及物业管理单位代收的住宅专项维修资金。

(5) 在资产重组过程中,通过合并、分立、出售、置换等方式,将全部或者部分实物资产以及与其相关联的债权、负债和劳动力一并转让给其他单位和个人,其中涉及的不动产、土地使用权转让行为。

(三) 增值税纳税人的一般规定

根据《中华人民共和国增值税暂行条例》(以下简称《增值税暂行条例》)的规定,凡在中华人民共和国境内销售货物或者提供加工、修理修配劳务,以及进口货物的单位和个人,为增值税的纳税义务人。

我国依据纳税人的会计核算是否健全,是否能够提供准确的税务资料以及企业规模的大小,将增值税的纳税人划分为一般纳税人和小规模纳税人。小规模纳税人,是指经营规模较小、年销售额在规定标准以下,会计核算不健全,不能按规定报送有关税务资料的增值税纳税人。会计核算不健全是指不能正确核算增值税的销项税额、进项税额和应纳税额。

一般纳税人是指小规模纳税人以外的增值税纳税人。凡增值税一般纳税人均依照《增值税一般纳税人申请认定办法》等规定,向其企业所在地主管税务机关申请办理一般纳税人认定手续,以取得法定资格。

(四) 增值税的税率

1. 基本税率

增值税有17%、13%、11%和6%四档,为继续推进营改增,简化增值税税率结构,从2017年7月1日起,国家将增值税税率由四档减至17%、11%和6%三档,取消13%这一档税率,将农产品、天然气等增值税率从13%降至11%。增值税的基本税率定为17%,基本税率适用于大多数销售或进口货物的增值税一般纳税人,以及提供加工、修理修配劳务的增值税一般纳税人。

2. 低税率

增值税的低税率为11%,这一税率即是通常所说的低税率。适用于销售或进口某些货物的一般纳税人。包括:(1)粮食、食用植物油、鲜奶;(2)自来水、暖气、冷气、热水、煤气、石油液化气、天然气、沼气、居民用煤炭制品;(3)图书、报纸、杂志、音像制品、电子出版物;(4)饲料、化肥、农药、农机、农膜等;(5)一般纳税人提供交通运输、邮政、基础电信、建筑、不动产租赁服务;(6)销售不动产;(7)转让土地使用权;(8)国务院规定的其他货物。

纳税人提供增值电信服务、金融服务、不动产租赁服务和有形动产租赁以外的现代服务、生活服务、转让土地使用权、销售无形资产,适用增值税率为6%。

部分现代服务业,是指围绕制造业、文化产业、现代物流产业等提供技术性、知识性服务的业务活动。包括研发和技术服务、信息技术服务、文化创意服务、物流辅助服务、有形动产租赁服务、鉴证咨询服务。

(1) 研发和技术服务

研发和技术服务,包括研发服务、技术转让服务、技术咨询服务、合同能源管理服务、工程勘察勘探服务。

(2) 信息技术服务

信息技术服务,是指利用计算机、通信网络等技术对信息进行生产、收集、处理、加工、存储、运输、检索和利用,并提供信息服务的业务活动。包括软件服务、电路设计及测试服务、信息系统服务和业务流程管理服务。

(3) 文化创意服务

文化创意服务,包括设计服务、商标著作权转让服务、知识产权服务、广告服务和会议展览服务。

(4) 物流辅助服务

物流辅助服务,包括航空服务、港口码头服务、货运客运场站服务、打捞救助服务、货物运输代理服务、代理报关服务、仓储服务和装卸搬运服务。

(5) 有形动产租赁服务(税率为17%)

有形动产租赁,包括有形动产融资租赁和有形动产经营性租赁。

(6) 鉴证咨询服务

鉴证咨询服务,包括认证服务、鉴证服务和咨询服务。

3. 零税率

纳税人出口货物适用零税率。但国务院另有规定的除外。

4. 征收率

(1) 小规模纳税人。自2009年1月1日起小规模纳税人的增值税征收率统一为3%,小规模纳税人(除其他个人外)销售自己使用过的固定资产,减按2%征收率征收增值税。

(2) 一般纳税人。自2014年7月1日起,为进一步规范税制、公平税负,特将一般纳税人适用的增值税6%和4%的征收率统一调整为3%,不再设置工业和商业两档差别。某些行业减按2%征收。2016年5月1日营改增,增加5%的征收率。

(五) 增值税的计算方法

1. 一般纳税人的计税方法为

$$应纳税额 = 当期销项税额 - 当期进项税额$$

$$销项税额 = 销售额 \times 税率$$

销项税额是指纳税人销售货物或者提供应税劳务,按照销售额和《增值税暂行条例》规定的税率计算并向购买方收取的增值税额;进项税额是指纳税人购进货物或者接受应税劳务,所支付或者负担的增值税额。

2. 小规模纳税人计税方法为

$$应纳税额 = 销售额 \times 征收率$$

因销货或折让退还给购买方的销售额,应从销货退回或折让当期的销售额中扣减。

进口货物,按照组成计税价格和税率计算应纳税额,不得抵扣任何税额。

$$组成计税价格 = 关税完税价格 + 关税 + 消费税$$

$$应纳税额 = 组成计税价格 \times 税率$$

【例12-1】飞龙食用油厂(一般纳税人)向超市销售食用油一批,开具普通发票注明价款16000元,请计算该项业务的销项税额。

【评析】

不含税销售额=16000÷(1+11%)≈14414.41(元)

销项税额=14414.41×11%≈1585.58(元)

二、消费税

消费税是对特定的消费品和消费行为征收的一种流转税。它根据不同消费品的种类、档次、结构、功能等情况,制定不同的税率。消费税税负最终将转嫁给消费者,由消费者负担。

【知识拓展】

1. 消费税与增值税的联系

(1) 两者都对货物征收。

(2) 在对货物普遍征收增值税的基础上,选择少数消费品再征收一道消费税,也即是缴纳增值税的货物并不都缴纳消费税,而缴纳消费税的货物必然要缴纳增值税。

2. 消费税与增值税的区别

(1) 两者范围不同。增值税对货物普遍征收,消费税征收对象仅仅是其中的14类特定货物。

(2) 两者与价格的关系不同。增值税是价外税,消费税的价内税。

(3) 两者的纳税环节不同。增值税是在货物所有的流转环节征收,消费税除卷烟外只在单一环节征收,即在指定环节一次性征收,其他环节不再征收。

(4) 两者的计税方法不同。增值税是根据两类纳税人来计算,消费税的计算方法是根据应税消费品来划分。

(一) 消费税的纳税人

消费税的纳税人是指在中华人民共和国境内生产、委托加工和进口规定的消费品的单位和个人。自2009年1月1日起,增加了国务院确定的销售应税消费品的其他单位和个人。

(二) 消费税的税目税率

税目是征税对象的具体化。按照现行《中华人民共和国消费税暂行条例》的规定,我国的消费税共有15个税目,如下表12-1所示:

表12-1 2017年最新消费税税目税率表

税 目	税 率
一、烟	
1. 卷烟	
(1)甲类卷烟(调拨价70元(不含增值税)/条以上(含70元))	56%加0.003元/支(生产环节)
(2)乙类卷烟(调拨价70元(不含增值税)/条以下)	36%加0.003元/支(生产环节)
(3)商业批发	11%(批发环节)
2. 雪茄烟	36%(生产环节)

续表

税　　目	税　　率
3. 烟丝	30%（生产环节）
二、酒及酒精	
1. 白酒	20%加 0.5 元/500 克（或者 500 毫升）
2. 黄酒	240 元/吨
3. 啤酒	
（1）甲类啤酒	250 元/吨
（2）乙类啤酒	220 元/吨
4. 其他酒	10%
5. 酒精	5%
三、化妆品	30%
四、贵重首饰及珠宝玉石	
1. 金银首饰、铂金首饰和钻石及钻石饰品	5%
2. 其他贵重首饰和珠宝玉石	10%
五、鞭炮、焰火	15%
六、成品油	
1. 汽油	
（1）含铅汽油	1.52 元/升
（2）无铅汽油	1.52 元/升
2. 柴油	1.20 元/升
3. 航空煤油	1.20 元/升
4. 石脑油	1.52 元/升
5. 溶剂油	1.52 元/升
6. 润滑油	1.52 元/升
7. 燃料油	1.20 元/升
七、摩托车	
1. 气缸容量（排气量，下同）在 250 毫升（含 250 毫升）以下的	3%
2. 气缸容量在 250 毫升以上的	10%
八、小汽车	
1. 乘用车	
（1）气缸容量（排气量，下同）在 1.0 升（含 1.0 升）以下的	1%
（2）气缸容量在 1.0 升以上至 1.5 升（含 1.5 升）的	3%

第十二章 税收法律制度

续表

税　　目	税　率
(3)气缸容量在 1.5 升以上至 2.0 升(含 2.0 升)的	5%
(4)气缸容量在 2.0 升以上至 2.5 升(含 2.5 升)的	9%
(5)气缸容量在 2.5 升以上至 3.0 升(含 3.0 升)的	12%
(6)气缸容量在 3.0 升以上至 4.0 升(含 4.0 升)的	25%
(7)气缸容量在 4.0 升以上的	40%
2.中轻型商用客车	5%
九、高尔夫球及球具	10%
十、高档手表	20%
十一、游艇	10%
十二、木制一次性筷子	5%
十三、实木地板	5%
十四、铅蓄电池	4%(2016 年 1 月 1 日起实施)
无汞原电池、金属氢化物镍蓄电池、锂原电池、锂离子蓄电池、太阳能电池、燃料电池和全钒液流电池	免征
十五、涂料	4%
施工状态下挥发性有机物(Volatile Organic Compounds，VOC)含量低于 420 克/升(含)	免征

消费税税率采取比例税率和定额税率两种形式。根据不同的应税消费品分别实行从价定率、从量定额和从价定率与从量定额相结合的复合计税方法。

(三)消费税的计算

从价征收消费税的,其计算公式为:应纳税额＝销售额(不含增值税额)×税率

从量征收消费税的,其计算公式为:应纳税额＝销售数量×单位税额

适用复合计征法的,其计算公式为:应纳税额＝销售数量×单位税额＋销售额(或组成计税价格)×税率

【例 12-2】某手表厂为增值税一般纳税人,2016 年 6 月其销售高档手表一批,取得不含税销售额 100 万元,同时其负责运输,收取运费 3 万元,请计算该笔业务应纳消费税和增值税销项税额。

【解析】

应纳消费税 $=[100+3\div(1+17\%)]\times 20\%\approx 20.51$(万元)

销项税额 $=[100+3\div(1+17\%)]\times 17\%\approx 17.44$(万元)

三、关税

关税是指对进出国境的货物和物品所征收的一种税。关税分为进口关税、出口关税和过境关税。

(一) 关税的纳税人

依法负有直接向海关缴纳关税义务的单位和个人,即进口货物的收货人、出口货物的发货人、进出境物品的所有人,是关税的纳税义务人。

(二) 关税的征税对象

关税的征税对象是准许进出境的货物和物品。货物是指贸易性商品,物品是指入境旅客随身携带的行李和物品、个人邮递物品、各种运输工具上的服务人员携带进口和自用的物品、馈赠物品和其他方式进出我国关境的个人物品。

(三) 关税的税率

关税税率分为进口税率和出口税率两类。在进口税率中,设置有最惠国税率、协定税率、特惠税率、普通税率、关税配额税率、报复性税率等。对进出口的货物,在一定期限内可以实行暂定税率。

(四) 关税的计算方法

关税的计税依据是关税完税价格。进口货物以海关审定的成交价格为基础的到岸价格为完税价格。出口货物以海关审定的货物离岸价格,扣除出口关税后为完税价格。进出口货物的成交价格不能确定的,由海关与纳税义务人协商以后,再估定该货物的完税价格。

从价计征的关税应纳税额＝完税价格×税率
从量计征的关税应纳税额＝货物数量×税率

第三节 所得税法

一、企业所得税

企业所得税,是以企业取得的生产经营所得和其他所得为征税对象所征收的一种税。它是规范和处理国家与企业分配关系的重要形式。根据 2008 年 1 月 1 日起生效的《中华人民共和国企业所得税法》(以下简称《企业所得税法》)的规定,我国内资企业和外商投资企业、外国企业统一适用《企业所得税法》。其主要内容如下:

(一) 企业所得税的纳税人

企业所得税的纳税义务人是指在中华人民共和国境内的企业和其他取得收入的组

织。个人独资企业、合伙企业不适用《企业所得税法》的规定缴纳企业所得税。企业分为居民企业和非居民企业。居民企业是指依法在中国境内成立或者依照外国法律成立但实际管理机构在中国境内的企业。非居民企业是指依照外国法律成立且实际管理机构不在中国境内,但在中国境内设立机构、场所的,或者在中国境内未设立机构、场所,但有来源于中国境内所得的企业。

(二)征税对象

企业所得税的征税对象为纳税人每一年度的收入总额减去准予扣除的成本、费用和损失后的余额。企业所得税的征税对象也根据居民企业和非居民企业而有所区别。企业所得税的纳税人的收入包括以下内容:生产、经营收入,财产转让收入,利息收入,租赁收入,特许权使用费收入,股息收入,其他收入。准予扣除的项目包括:纳税人在生产经营期间,向金融机构借款的利息支出,按照实际发生数扣除;向非金融机构借款的利息支出不高于金融机构的同类、同期贷款利率计算的金额部分,准予扣除;纳税人支付给职工的工资按计税工资扣除;纳税人支出的职工工会经费、福利费、教育费,分别按计税工资总额的2%、14%、1.5%准予扣除等。

(三)税率

企业所得税的基本税率为25%,适用于居民企业和在中国境内设有机构、场所且所得与机构、场所有关联的非居民企业。

企业所得税的低税率为20%,适用于非居民企业,但实际减按10%征收。符合条件的小型微利企业减按20%的税率征收。

国家重点扶持的高新技术企业,减按15%的税率征收企业所得税。

(四)企业所得税应纳税额的计算

应纳税额=应纳税所得额×适用税率
应纳税所得额=年收入总额-不征税收入-免税收入-按税法规定的各项扣除
　　　　　　-允许弥补的以前年度亏损

二、个人所得税

个人所得税是指对个人取得的各项应税所得征收的一种税。它不分纳税人的国籍,适用于在中国境内的中、外国籍的个人(自然人)。

(一)纳税主体

个人所得税以所得人为纳税义务人,以支付所得的单位和个人为扣缴义务人。个人所得税纳税人分为居民纳税人和非居民纳税人。居民纳税人是指中国境内有住所或者无住所但在中国境内居住满1年的个人,从中国境内和境外取得的所得,均应依法缴纳个人所得税。非居民纳税人,是指在中国无住所又不居住,或居住不满1年的个人只对从中国境内取得的所得依法缴纳个人所得税。

(二)征税对象

根据《中华人民共和国个人所得税法》(以下简称《个人所得税法》)第二条规定,应缴纳个人所得税的应税所得包括：工资、薪金所得，个体工商户经营所得，劳务报酬所得，稿酬所得，特许权使用费所得，利息、股息、红利所得，财产租赁所得，财产转让所得，偶然所得，经国务院财政部门确定征税的其他所得。

（三）税率

个人所得税实行超额累进税率与比例税率相结合的税率体系。

1. 工资、薪金所得，适用超额累进税率，税率为3%～45%，见表12-2。

表12-2 个人所得税税率表（一）

级数	平均每月收入	税率(%)	速算扣除数
1	不超过1500元的	3	0
2	超过1500元至4,500元的部分	10	105
3	超过4,500元至9,000元的部分	20	555
4	超过9,000元至35,000元的部分	25	1,005
5	超过35,000元至55,000元的部分	30	2,755
6	超过55,000元至80,000元的部分	35	5,505
7	超过80,000元的部分	45	13,505

2. 年终奖所得，将年终奖金额除以12个月，以每月平均收入金额来确定税率和速算扣除数，年终奖所得税率表与工资、薪金所得的税率表相同，只是它们的计算方式不同，见表12-3。

表12-3 个人所得税税率表（二）

级数	平均每月收入	税率(%)	速算扣除数
1	不超过1500元的	3	0
2	超过1500元至4,500元的部分	10	105
3	超过4,500元至9,000元的部分	20	555
4	超过9,000元至35,000元的部分	25	1,005
5	超过35,000元至55,000元的部分	30	2,755
6	超过55,000元至80,000元的部分	35	5,505
7	超过80,000元的部分	45	13,505

3. 个体工商户的生产、经营所得和对企事业单位的承包经营、承租经营所得，适用5%～35%的超额累进税率，见表12-4。

表12-4是个体工商户的生产、经营所得和对企事业单位的承包经营、承租经营所得税税率表。

表 12-4　个人所得税税率表（三）

级数	含税级距	不含税级距	税率（%）	速算扣除数
1	不超过 15,000 元的	不超过 14,250 元的	5	0
2	超过 15,000 元到 30,000 元的部分	超过 14,250 至 27,750 元的部分	10	750
3	超过 30,000 元至 60,000 元的部分	超过 27,750 至 51,750 元的部分	20	3,750
4	超过 60,000 元至 100,000 元的部分	超过 51,750 元至 79,750 元的部分	30	9,750
5	超过 100,000 元的部分	超过 79,750 元的部分	35	14,750

4. 稿酬所得,适用 20% 的比例税率,并按应纳税额减征 30%,实际税率为 4%。稿酬所得每次收入不超过 4000 元人民币的,减除费用 800 元;4000 元以上的,减除 20% 的费用后的余额为应纳税所得额。

5. 劳务报酬所得,适用 20% 的比例税率,劳务报酬所得每次收入不超过 4000 元人民币的,减除费用 800 元;4000 元以上的,减除 20% 的费用的余额为应纳税所得额。对劳务报酬所得畸高的,可以实行加成征收,见表 12-5。

表 12-5　个人所得税税率表（四）

级数	含税级距	不含税级距	税率（%）	速算扣除数
1	不超过 20,000 元的	不超过 16,000 元的	20	0
2	超过 20,000 元到 50,000 元的部分	超过 16,000 元至 37,000 元的部分	30	2,000
3	超过 50,000 元的部分	超过 37,000 元的部分	40	7,000

6. 特许权使用费所得,利息、股息、红利所得,财产转让所得,财产租赁所得,偶然所得和其他所得。以每次收入额为应纳税所得额,适用 20% 的比例税率。

（四）免税和减税

根据《个人所得税法》第四条的规定,下列情形免征个人所得税:(1)省级人民政府、国务院部委和中国人民解放军军以上单位,以及外国组织、国际组织颁发的科学、教育、技术、文化、卫生、体育、环境保护等方面的奖金;(2)国债和国家发行的金融债券利息;(3)按照国家统一规定发放的补贴、津贴;(4)福利费、抚恤金、救济金;(5)保险赔款;(6)军人的转业费、复员费;(7)按照国家统一规定发给干部职工的安家费、退职费、退休工资、离休工资、离休生活补助费;(8)依照我国有关法律规定应予免税的各国驻华使馆、领事馆的外交代表、领事官员和其他人员的所得;(9)中国政府参加的国际公约、协议中规定免税的所得;(10)经国务院财政部门批准免税的所得。

根据《个人所得税法》第 4 条的规定,下列情形减征个人所得税:(1)残疾、孤老人员和烈属的所得;(2)因严重自然灾害造成重大损失的;(3)其他经国务院财政部门批准减税的所得。

【例 12-3】根据法律规定,下列哪些个人所得可以免征个人所得税?

A. 张某存入银行的存款而获得的利息收入 800 元
B. 李某获得的保险赔款 500 元
C. 赵某因公负伤获得的抚恤金 3600 元
D. 王某获得的教育奖金 6000 元

【解析】

根据《个人所得税法》第 4 条的规定,正确答案为 BC。

第四节 其他税法

一、财产税

(一) 房产税

房产税是以房产为征税对象,按照房产的计税价值或租金收入向产权所有人征收的一种税。它的征税对象为城市、县城、建制镇和工矿区的房产(不包括农村房产)。房产税以房产的计税价值或房产的租金收入为计税依据,房产的计税价值是房产原值一次减除 10%~30% 后的余额,我国现行房产税实行比例税率,有以下两种形式:从价计征和从租计征,分别适用不同的比例税率。按房产余值计征的,年税率为 1.2%;按房产出租的租金收入计征的,税率为 12%。从 2001 年 1 月 1 日起,对个人按市场价格出租的居民住房,用于居住的,可暂按 4% 的税率征收房产税。

1. 从价计征,税率为 1.2%:

$$应纳税额 = 房产原值 \times (1 - 扣除率) \times 1.2\%$$

2. 从租计征,税率为 12%:

$$应纳税额 = 房产全年租金收入 \times 适用税率$$

(二) 城镇土地使用税

城镇土地使用税是国家在城市、县城、建制镇和工矿区范围内,对使用土地的单位和个人,以其实际占用的土地面积为计税依据,按照规定的税额计算征收的一种税。城镇土地使用税率采用分类分级的幅度定额税率。

二、资源税

资源税是以各种社会资源及其级差为课税对象的一种税。资源税的征税范围是以开采者取得的原料产品或自然资源的初级产品,不包括经过加工的产品。具体范围:原油、天然气、煤炭、其他非金属矿原矿、固体盐。资源税的纳税人是指凡在中华人民共和国境内开采上述应税矿产品或生产盐的单位和个人。

第十二章 税收法律制度

1. 税率

表12-6 资源税税目税率表

序号	税目		征税对象	税率幅度
1	金属矿	铁矿	精矿	1%～6%
2		金矿	金锭	1%～4%
3		铜矿	精矿	2%～8%
4		铝土矿	原矿	3%～9%
5		铅锌矿	精矿	2%～6%
6		镍矿	精矿	2%～6%
7		锡矿	精矿	2%～6%
8		未列举名称的其他金属矿产品	原矿或精矿	税率不超过20%
9	非金属矿	石墨	精矿	3%～10%
10		硅藻土	精矿	1%～6%
11		高岭土	原矿	1%～6%
12		萤石	精矿	1%～6%
13		石灰石	原矿	1%～6%
14		硫铁矿	精矿	1%～6%
15		磷矿	原矿	3%～8%
16		氯化钾	精矿	3%～8%
17		硫酸钾	精矿	6%～12%
18		井矿盐	氯化钠初级产品	1%～6%
19		湖盐	氯化钠初级产品	1%～6%
20		提取地下卤水晒制的盐	氯化钠初级产品	3%～15%
21		煤层(成)气	原矿	1%～2%
22		黏土、砂石	原矿	每吨或立方米0.1元—5元
23		未列举名称的其他非金属矿产品	原矿或精矿	从量税率每吨或立方米不超过30元，从价税率不超过20%
24		海盐	氯化钠初级产品	1%～5%

> 备注：1. 铝土矿包括耐火级矾土、研磨级矾土等高铝黏土
> 2. 氯化钠初级产品是指井矿盐、湖盐原盐、提取地下卤水晒制的盐和海盐原盐，包括固体和液体形态的初级产品
> 3. 海盐是指海水晒制的盐，不包括提取地下卤水晒制的盐

2. 应纳税额的计算

$$应纳税额 = 课税数量 \times 单位税额$$

三、行为税

（一）契税

契税是指不动产（土地、房屋）产权发生转移变动时，以其价值或交换差价为征税对象，对承受该权属的单位和个人所征收的一种税。契税征收对象具体内容为：土地使用权出让，土地使用权转让，房屋赠与，房屋买卖，房屋交换。

《契税暂行条例》规定，契税税率为3％～5％，由省级人民政府在此幅度内按照本地区的实际情况确定，并报财政部和国家税务总局备案。

$$应纳税额 = 计税依据 \times 税率$$

（二）印花税

印花税是对经济活动中和经济交往中书立或领受的应税凭证而征收的一种税。印花税的纳税义务人是在我国境内书立、领受应税凭证的单位和个人。同一凭证由两个或两个以上当事人书立的，各方应就其所执的一份分别全额贴花。印花税征税范围具体包括：合同、产权转移书据、营业账簿、权利凭证、许可证照、经财政部确定征税的其他凭证。

印花税税率分为从价比例税率和按件定额税率两种。

从价定率征税：应纳税额 = 凭证所载应税金额 × 适用税率

从量定额征税：应纳税额 = 应税凭证件数 × 适用单位税额

（三）车船使用税

车船使用税是指在我国境内，依法在车辆、船舶管理部门登记并使用的车船，由车船使用地政府部门或税务主管部门根据实际情况确定车船使用税范围和税额幅度，并由地方税务机关负责征收的一种税。其纳税主体是在我国境内车辆船舶的所有人或者管理者、使用人。

第五节 税收征收管理法

税收征收管理是指税务机关对纳税人依法征收税款和进行税务监管的管理的总称。税务征收管理机关包括税务机关、地方财政局和海关。税务征收管理机关的职权包括税

务管理、税款征收、税务检查和税务处罚。

一、税务管理制度

税务管理的内容包括税务登记管理、账簿、凭证管理和纳税申报管理等四个部分。

(一) 税务登记管理

税务登记又称纳税登记,是指纳税人向税务机关办理书面登记的法定手续。税务登记包括开业登记、变更登记、停业登记、复业登记、注销登记、外出经营报验登记等。凡税法规定应当纳税的纳税义务人,都须在领取营业执照之日起或依法成为纳税人之日起30日内,持有关证件向当地税务机关申请办理税务登记,税务机关应当自收到申报资料起30日内审核并发放税务登记证。纳税人税务登记的内容发生变化的,应当自工商行政管理部门办理变更登记之日起30日内,到原税务机关申报办理变更税务登记。

(二) 账簿、凭证管理

从事生产、经营的纳税人必须按国家财务会计法规和税务机关的要求,建立健全财务会计制度,办理纳税事项,按照规定完整地保存账簿、记账凭证、完税凭证等纳税资料。纳税人、扣缴义务人应当自领取营业执照之日起15日内设置账簿。发票须由国务院税务主管部门以及省、自治区、直辖市人民政府税务机关指定的企业印制。单位、个人在购销商品、提供或接受经营服务以及从事其他经营活动中,应当按照规定开具、使用、取得发票。

(三) 纳税申报

纳税申报是指纳税人或者扣缴义务人必须在法定期限内向税务机关报送纳税申报表、财务会计报表、代扣代缴、代收代缴税务报告表以及税务机关根据实际需要要求纳税人和扣缴义务人报送其他有关资料的法律行为。

二、税款征收制度

税款征收是税务机关按照法律规定,将纳税人依法应纳的税款以及扣缴义务人代扣代缴的税款通过不同的方式组织征收入库的活动。

(一) 税款征收的方式

根据《税收征收管理法》及其实施细则的规定,税款征收有以下五种方式:

1. 查账征收。适用于掌握税收法律法规,账簿、凭证、财务会计制度比较健全,能够如实反映生产经营成果,正确计算应纳税额的纳税人。

2. 查定征收。适用于生产规模较小、账册不健全、财务管理和会计核算水平较低、产品零星、税源分散的纳税人。

3. 查验征收。适用于某些零星、分散的高税率工业产品。

4. 定期定额征收。适用于生产经营规模较小,又确无建账能力,经主管税务机关审核。县级以上(含县级)税务机关批准可以不设置账簿或暂缓建账的小型纳税人。

5. 其他征收方式。

（二）税款征收措施

税收征收措施是指为保证税款即时征收入库，税收征收管理机关所采取的特殊措施。税收征收措施主要包括加收滞纳金、核定应纳税额、税收保全措施、税收强制执行措施、出境清税、税款追征等。

二、违反税法的法律责任

（一）违反税法的行为

违反税法的行为包括违反税收征收管理法的行为和危害税收征管罪两大类，前者为违法行为，后者为犯罪行为。

1. 违反税收征收管理法的行为包括纳税人未按规定期限办理税务登记，未按规定设置、保管账簿或者记账凭证和有关资料，未按规定的财务、会计制度或财务、会计处理办法报送税务机关备查，未按规定安装、使用税控装置等。

2. 违反税收征管罪的种类：偷税罪，抗税罪，骗取出口退税罪，虚开增值税专用发票、用于骗取出口退税、抵扣税款发票罪，伪造、出售伪造的增值税专用发票罪，非法出售发票罪等。

（二）法律责任

1. 行政责任。方式有：责令限期改正、罚款、吊销营业执照、加收滞纳金等。

2. 刑事责任。对违反税法情节严重，触犯刑律构成犯罪的，需要追究刑事责任的单位和人员，由司法机关依法给予刑事处罚。

综合实训

一、单项选择题

1. 根据消费税法律制度的规定，下列各项中，需要计算缴纳消费税的是（　　）。
   A. 汽车专卖店销售小汽车　　　　B. 珠宝店进口钻石饰品
   C. 烟草专卖店零售卷烟　　　　　D. 酒厂委托加工白酒

2. 根据消费税法律制度的规定，下列各项中，委托加工收回的应税消费品的已纳税款可以扣除的是（　　）。
   A. 以委托加工收回的已纳税小汽车为原料生产的小汽车
   B. 以委托加工收回的已纳税化妆品为原料生产的化妆品
   C. 以委托加工收回的已纳税珠宝、玉石为原料生产的金银首饰
   D. 以委托加工收回的已纳税白酒为原料生产的白酒

3. 根据企业所得税法律制度的规定，下列关于销售货物确认收入实现时间的表述中，正确的是（　　）。

A. 销售商品采用托收承付方式的,在签订合同时确认
B. 销售商品采用支付手续费方式委托代销的,在销售时确认
C. 销售商品采用预收款方式的,在发出商品时确认
D. 销售商品需要安装的,在商品发出时确认

4. 根据企业所得税法律制度的规定,下列支出中,在计算企业所得税应纳税所得额时,允许按照税法规定的标准扣除的是( )。

A. 税收滞纳金
B. 企业拨出的工会经费
C. 非广告性质的赞助支出
D. 企业所得税税款

5. 甲汽车专卖店购入小汽车12辆,根据车辆购置税法律制度的规定,下列行为中,应当由甲汽车专卖店作为纳税人缴纳车辆购置税的是( )。

A. 将其中6辆车销售给客户
B. 将其中2辆车作为董事长、总经理的专用轿车
C. 将其中1辆车赠送给乙企业
D. 库存3辆车尚未售出

6. 某货运公司2013年年初拥有载货汽车10辆、挂车5辆,整备质量均为20吨;拥有乘用车5辆。该公司所在省规定载货汽车年基准税额每吨40元,乘用车年基准税额为每辆360元。根据车船税法律制度的规定,该公司2013年应缴纳车船税( )元。

A. 9400   B. 10200   C. 11800   D. 1800

7. 甲烟草公司从农业生产者处收购一批烟叶,不含价外补贴的收购价款为226万元。已知,价外补贴为烟叶收购价款的10%,烟叶税税率为20%,增值税税率为13%。根据烟叶税法律制度的规定,甲烟草公司应缴纳烟叶税税额为( )。

A. $226÷(1+13\%)×(1+10\%)×20\%=44(万元)$
B. $226×(1+10\%)×20\%=49.72(万元)$
C. $226×(1+13\%)×20\%=51.08(万元)$
D. $226÷(1+13\%)×20\%=40(万元)$

8. 根据土地增值税法律制度的规定,下列各项中,属于土地增值税征税范围的是( )。

A. 政府向企业出让国有土地使用权
B. 企业将闲置房产出租
C. 企业之间交换房产
D. 对房地产进行重新评估而产生的评估增值

9. 北京市某企业2014年7月转让一块未经开发的土地使用权,取得收入2000万元,支付相关税费110万元。2014年3月该企业取得该土地使用权时支付地价款1000万元,取得土地使用权时发生相关税费60万元。根据土地增值税法律制度的规定,该企业计算缴纳土地增值税时的"土地增值额"为( )万元。

A. $2000-1000=1000$
B. $2000-110-1000=890$
C. $2000-110-1000-60=830$
D. $2000-1000-60=940$

10. 根据税收征收管理法律制度的规定,税务机关采取税收保全措施的期限一般不

得超过（ ）。

  A. 3个月　　　　　B. 6个月　　　　　C. 1年　　　　　D. 3年

11. 根据税收征收管理法律制度的规定，纳税人向税务机关递交申领增值税发票申请单，（ ）内可以领到增值税发票领购簿。

  A. 5天　　　　　　B. 7天　　　　　　C. 10天　　　　　D. 15天

12. 下列各项中以每次收入额为应纳税所得额的是（ ）。

  A. 特许权使用费所得　　　　　　　B. 劳务报酬所得

  C. 利息、股息、红利所得　　　　　D. 财产转让所得

二、多项选择题

1. 根据车船税法律制度的规定，下列使用的车船中，应纳车船税的有（ ）。

  A. 私人拥有的汽车　　　　　　B. 中外合资企业拥有的汽车

  C. 国有运输企业拥有的货船　　D. 旅游公司拥有的客船

2. 下列各项中，属于耕地占用税中耕地的范围的有（ ）。

  A. 菜地　　　　B. 茶园　　　　C. 果园　　　　D. 苗圃

3. 我国进口关税计税方法包括（ ）。

  A. 从量定额计税　　　　　　B. 从价定率计税

  C. 核定税额计税　　　　　　D. 从量定额和从价定率同时采用的复合计税

4. 根据印花税法律制度的规定，下列各项中，不属于印花税纳税人的是（ ）。

  A. 合同的双方当事人　　　　B. 合同的担保人

  C. 合同的证人　　　　　　　D. 合同的鉴定人

5. 根据《中华人民共和国房产税暂行条例》的规定，下列关于房产税纳税人的表述中，正确的是（ ）。

  A. 房产产权出典的，出典人为房产税的纳税人

  B. 房产产权属于个人所有的，个人为房产税的纳税人

  C. 房产产权属于集体所有的，集体单位为房产税的纳税人

  D. 房产产权属于国家所有的，其经营管理单位为房产税的纳税人

6. 下列各项中，属于契税征收范围的是（ ）。

  A. 国有土地使用权出租　　　　B. 将自有房屋抵押

  C. 房屋赠与　　　　　　　　　D. 土地使用权转让

7. 下列房产免征房产税的有（ ）。

  A. 经批准停止使用的危房　　　　B. 大修停用三个月以上的房产

  C. 公园中的冷饮屋　　　　　　　D. 非营利性医疗机构自用的房产

8. 某房地产公司出售一幢已办理竣工结算的商用写字楼，获得2000万元。根据税收法律制度的有关规定，下列各税中，属于该公司此项售楼业务的应缴纳的税种有（ ）。

  A. 契税　　　　B. 营业税　　　　C. 印花税　　　　D. 土地增值税

9. 在计算土地增值税时，允许作为扣除项目的是（ ）。

  A. 取得土地所支付的地价款

B. 取得土地使用权按照规定向政府缴纳的有关费用和税金
C. 土地征用及拆迁费
D. 与转让房地产有关的税金

10. 下列各项中,主管税务机关可要求纳税人进行土地增值税清算的是(　　)。
A. 取得销售(预售)许可证满 3 年仍未销售完毕的
B. 纳税人申请注销税务登记但未办理土地增值税清算手续的
C. 已竣工验收的房地产开发项目,已转让的房地产建筑面积占整个项目可售建筑面积的比例在 85％ 以上,或该比例虽未超过 85％,但剩余的可售建筑面积已经出租或自用的
D. 直接转让土地使用权的

三、判断题

1. 煤矿生产的天然气属于资源税矿产品中的天然气税目,应被征收资源税。(　　)
2. 采用按期汇总缴纳方法的,未按照地方税务机关规定的期限限报汇总缴纳印花税情况报告,地方税务机关可以核定纳税人印花税的计税依据。(　　)
3. 纳税单位无偿使用免税单位的土地,免征城镇土地使用税;免税单位无偿使用纳税单位的土地,照章被征收城镇土地使用税。(　　)
4. 拖船和非机动驳船,减按 30％ 征收车船税。(　　)
5. 已缴纳车船税的车船在同一纳税年度内办理转让过户的,不另外纳税,也不退税。(　　)
6. 房屋赠与,由征收机关参照房屋买卖的市场价格核定契税的计税依据。(　　)
7. 对于以房屋作为载体,不可以随意移动的附属设备和配套设施,无论在会计核算中是否单独记账与核算,都是无须缴纳房产税的。(　　)
8. 纳税单位和个人无租使用免税单位的房产,由使用人代为缴纳房产税。(　　)
9. 根据船舶吨税的规定,我国国籍的应税船舶,船籍国(地区)与我国签订含有互相给予船舶税费最惠国待遇条款的条约或者协定的应税船舶,适用优惠税率;其他应税船舶,适用普通税率。(　　)
10. 免税、减税车辆因转让、改变用途等原因不再属于免税、减税范围的,应当在办理车辆过户手续前或者办理变更车辆登记注册手续前缴纳车辆购置税。(　　)
11. 烟叶税在烟叶收购环节征收。纳税人收购烟叶就发生纳税义务。(　　)
12. 企业和个人按照省级人民政府规定的比例提取缴付的基本养老金、失业保险金,不计入个人当期的工资、薪金收入,免予征收个人所得税。但个人领取时,则应征收个人所得税。(　　)

四、计算题

1. 胡某为一私营企业技术总监,2015 年 1 至 12 月收入情况如下:
(1) 每月取得工薪 25000 元;
(2) 利用休假时间为国内某单位进行工程设计取得收入 80000 元;
(3) 为某制造企业提供一项专利技术的使用权,一次取得收入 150000 元;

(4) 将自己在郊区的一套别墅转让,取得转让收入50万元,该别墅购入原价35万元。(不考虑相关税费)

要求:根据以上资料,回答下列问题:

(1) 胡某2015年工薪所得应纳的个人所得税;

(2) 胡某2015年工程设计应纳个人所得税;

(3) 胡某2015年提供专利技术应缴纳的个人所得税;

(4) 胡某2015年房屋转让应纳的个人所得税。

2. 某电冰箱厂为一般纳税人,当月发生以下业务:销售电冰箱9000元(价税合计),款项收到;购进电子元器件价款216600(价税合计),取得专用发票,款已付货入库;购进复印机一台,取得专用发票,其上注明的税金为2324.56元;将2台电冰箱用于职工活动室。

请根据以上资料计算电冰箱厂当期应缴纳的增值税。

第十三章 保险法律制度

【引例导学】

在两伊战争期间的一天,伊拉克边境小镇帕拉迪什一个名叫艾哈德的首富的邻居家突发大火。邻居家着火的屋顶被大风吹到了艾哈德先生的车库门前,结果造成了一场悲剧:艾哈德家的房子着火,汽车爆炸,艾哈德先生也受了伤。由于艾哈德先生已将他的财产投了保,他认为可以从保险公司那里得到赔付。然而,当保险公司勘查了现场之后,却决定对艾哈德先生的损失不予赔偿。保险公司不仅查勘了艾哈德先生房子着火的情况,还查勘了邻居房子着火的原因,结果发现,邻居家着火是因为屋后的柴草堆着了火,柴草堆着火不是由于天干物燥引起的,而是因为伊朗境内发射的一枚导弹造成的,所以,艾哈德先生的损失归根结底是战争造成的,而根据保险合同的约定,战争、军事行为属于免责条款的一部分。于是,艾哈德先生没有获得任何赔偿。

【点评】

人类社会的存在,时刻都面临着自然灾害和危险事故。自然灾害和危险事故的发生有时给人类带来重大的损失,甚至直接威胁到人类的生存和发展。为了使遭受这类危险的人渡过难关,人们便设计了保险制度;国家也相应地制定了保险法,以规范保险活动,保护保险当事人的合法权益。

第一节 保险法概述

一、保险的概念和种类

(一) 保险的概念

《中华人民共和国保险法》(以下简称《保险法》)第2条规定:所谓保险,是指投保人根据合同约定,向保险人支付保险费,保险人对于合同约定的可能发生的事故因其发生所造成的财产损失承担赔偿保险金责任,或者当被保险人死亡、伤残、疾病或者达到合同约定的年龄、期限时承担给付保险金责任的商业保险行为。

(二) 保险的种类

1. 财产保险和人身保险

以《保险法》中保险标的的性质不同为标准,可将保险分为财产保险和人身保险。财产保险是以财产及其有关利益为保险标的的保险,包括财产损失保险、责任保险、信用保险等。人身保险是以人的寿命和身体为保险标的的保险,包括人寿保险、健康保险和意外伤害保险等。

2. 自愿保险和强制保险

以保险实施方式的不同为标准,可将保险分为自愿保险和强制保险。自愿保险是投保人和保险人在自愿、平等、互利的基础上,经协商一致订立保险合同来建立保险关系的保险。强制保险,又称法定保险,是指投保人与保险人依据国家的法律、法规规定必须投保的保险。

3. 原保险、再保险、重复保险和共同保险

以保险业务承保方式的不同为标准,可将保险分为原保险、再保险、重复保险和共同保险。原保险,是由保险人直接承保业务并与投保人签订保险合同,对于被保险人因保险事故所造成的损失,承担直接的原始赔偿或给付责任的保险。再保险,是指对原保险的保险责任再予以承保的保险。保险人将自己承保业务中的一部分危险责任转移给其他保险人承担,以减轻自身所承担的经济赔偿或补偿责任,在保险危险责任转移的时候,原保险人必须将已收取的保险费的一部分转让给再保险人。重复保险是投保人对同一保险标的、同一保险利益、同一保险事故同时分别与两个以上保险人订立保险合同的保险。共同保险,是由两个以上的保险人同时联合直接承保同一保险标的、同一保险利益、同一保险事故的保险。

4. 个人保险和团体保险

以投保人是自然人还是法人或其他组织为标准,可将保险分为个人保险和团体保险。个人保险是公民个人作为投保人为自己或其他人投保的保险。团体保险是单位为其职工投保的保险。

二、保险法的概念及其原则

(一) 保险法的概念

保险法是以保险关系为调整对象的一种法律。保险法这一概念有广义和狭义之分。广义的保险法是指调整保险关系的一切法律规范的总称,它既包括属于公法范畴的保险事业法(亦称保险业法或保险业监督法)和社会保障法,也包括属于私法范畴的保险合同法和保险特别法。狭义的保险法,一般专指属于私法范畴中的保险合同法和保险特别法。我国现行保险法规定了保险合同制度,也规定了保险业法的内容,故我国所称的保险法应作广义的理解。

(二) 保险法的基本原则

保险法的基本原则,是指贯穿于保险法始终的基本精神和根本指导思想,主要有最大诚信原则、保险利益原则、损失补偿原则和近因原则。

1. 最大诚信原则

《保险法》第5条专门规定,保险活动当事人行使权利、履行义务应当遵循诚实信用原则。由于保险活动具有不确定的保险风险和赔付风险,所以要求当事人诚信,恪守诺言,以诚相待,不欺不诈,严格履行自己的义务。对投保人而言,诚信原则主要表现为应承担的两项义务:一是订立保险合同时的如实告知义务,即应当将有关保险标的重要情况如实向保险人作出陈述;二是履行保险合同时的信守保险义务,即严守允诺,完成保险合同中约定的作为或不作为义务。对保险人而言,诚信原则也表现其应当承担的两项义务:一是订立保险合同时将保险条款告知投保人的义务,特别是保险人的免责条款;二是及时全面支付保险金的义务。

2. 保险利益原则

保险利益,亦称可保利益,是指投保人或被保险人对保险标的具有的法律上承认的利益,即在保险事故发生时可能遭受的损失或失去的利益。此处的保险标的,则是指作为保险对象的财产及其有关利益或者人的寿命和身体。《保险法》第12条第1、2款规定"人身保险的投保人在保险合同订立时,对被保险人应当具有保险利益。财产保险的被保险人在保险事故发生时,对保险标的应当具有保险利益"。人身保险是以人的寿命和身体为保险标的的保险。针对人身保险合同,《保险法》第31条第3款规定"订立合同时,投保人对被保险人不具有保险利益的合同无效"。财产保险是以财产及有关利益为保险标的的保险,针对财产保险,《保险法》第48条规定"保险事故发生时,被保险人对保险标的不具有保险利益的,不得向保险人请求赔偿保险金"。保险利益原则的根本目的在于防止道德风险的发生,从而更好地实现保险"分散危险和消化损失"的功能,禁止将保险作为赌博的工具以及防止故意诱发保险事故而牟利的企图。如果不要求投保人或被保险人具有保险利益,那么保险事故发生后,投保人或被保险人不但毫无损失,反而可获得赔款或保险金,这就会诱使投保人或被保险人有意促成保险事故的发生或故意制造事故或者消极放任保险事故的发生而不采取必要的预防、补救措施。这种道德风险的诱发显然有损公共利益。

3. 损失补偿原则

损失补偿原则是由保险的经济补偿功能所决定的,即对于保险合同约定的保险事故所造成的损害,保险人应当及时、准确地履行赔偿或给付保险金责任用以弥补被保险财产或被保险人所遭受的经济损失。保险损失补偿的范围主要包括以下两项:(1)保险事故发生时,保险标的的实际损失。在财产保险中,最高赔偿额以保险标的的保险金额为限;在人身保险中,则以约定保险金额为最高限额。(2)合理费用。合理费用主要包括施救费用、诉讼支出、以及为确定保险责任范围内的损失所支付的受损标的的检验、估价、出售等费用。

4. 近因原则

近因原则是指在保险活动中,保险人只对保险责任范围内的危险事故直接造成的损失承担赔偿或给付保险金的责任;非保险责任范围内的危险事故以及非危险事故直接造成的损失,保险人不承担保险责任。该原则有两层含义:一是损失必须是由保险责任范围内的危险事故引起的;二是损失必须是危险事故直接造成的,即危险事故是损失的近因。

所谓近因,并非指时间上、空间上最接近的原因,而是指引起保险标的损失的直接的、主要的、积极的和有效的原因。

【例 13-1】下列叙述正确的是(　　)。
　　A. 再保险是对原保险的保险责任再予以承保的保险
　　B. 人身保险的投保人在保险合同订立时,对被保险人应当具有保险利益
　　C. 财产保险的被保险人在保险事故发生时对保险标的应当具有保险利益
　　D. 保险具有分散危险和消化损失的功能

【解析】
ABCD 都正确。

第二节　保险合同总论

一、保险合同的概念与特征

(一) 保险合同的概念
保险合同是投保人与保险人约定保险权利、义务关系的协议。

(二) 保险合同的特征

1. 保险合同是射幸合同

射幸合同,亦称机会性合同,是指合同的全体当事人或一方权利的取得,取决于约定事件的发生,而该事件的发生具有机会性。对于保险人来说,如果保险事故没有发生,则可获得投保人交付的保险费而无须赔偿或者给付保险金;如果发生保险事故,则必须向投保人赔偿或支付保险金。除人寿保险合同以外,其他保险合同都是射幸合同。

2. 保险合同是最大诚信合同

诚实信用是任何一种合同必须遵守的基本原则,但保险合同的诚信程度比一般的合同要求更高,这主要是在合同签订和履行中,合同当事人的"告知"、"通知"、"说明"、"保证"义务比其他合同更为重要,海上保险中尤为如此。因为海上保险的保险标的通常是处于运动状态中的船舶或货物,危险性极大。保险人在承保前不可能进行实地勘查的,保险人是否决定承保以及怎么确定保险费率,全凭投保人的告知。这就要求投保人具有超过一般合同关系的最大诚意。

3. 保险合同是双务、有偿合同

双务合同,是指合同当事人双方互为权利、义务主体。保险合同作为双务合同,表现为投保人的义务是支付保险费,而保险人的义务是发生约定事故或事项时履行赔偿或支付保险金的责任。

有偿合同,是指合同当事人约定为对价关系给付的双务合同。保险合同作为有偿合

同是指投保人因给付保险费而换取保险人承诺负担危险责任的对价。如果没有这个对价,保险合同就不发生效力。

4. 保险合同是诺成合同

根据合同的成立是否需要交付标的物,可将合同分为诺成合同和实践合同。诺成合同是指当事人意思表示一致即可成立的合同。实践合同是指除当事人意思表示一致外,还须实际交付标的物才能成立的合同。保险合同是诺成合同。《保险法》第13条第1款规定"投保人提出保险要求,经保险人同意承保,保险合同成立";第14条规定"保险合同成立后,投保人按照约定交付保险费,保险人按照约定的时间开始承担保险责任"。

5. 保险合同是不要式合同

不要式合同,是相对于要式合同而言的,是指不需要特定方式即可成立的合同。如不需要做成书面形式,不需要鉴证、公证、第三人证明或有关机关核准登记的合同。《保险法》第13条规定:投保人提出保险要求,经保险人同意承保,保险合同成立。保险人应当及时向投保人签发保险单或者其他保险凭证。保险单或者其他保险凭证应当载明当事人双方约定的合同内容。当事人也可以约定采用其他书面形式载明合同的内容。从该条规定来看,保险合同在保险单或者其他保险凭证签发以前就已经成立,出具保险单或者其他保险凭证并不是法律规定的保险合同成立的特定方式(该条规定并未排除口头保险合同),而是法律规定的保险人的义务。

6. 保险合同是附合合同

附合合同,亦称标准合同和格式合同,是指合同的一方只限于接受或拒绝另一方提出的条件,合同的内容不是经过双方充分商协而订立的合同。保险合同的主要内容即主要条款由保险人事先拟定,投保人在申请保险时,一般只能决定是否接受保险人出具的保险条款,而没有拟定或者充分磋商保险条款的自由。

二、保险合同当事人和关系人

保险合同的当事人是保险人和投保人。保险人也称承保人,是指与投保人订立保险合同,并承担赔偿或者给付保险金责任的保险公司。投保人,亦称要保人,是指与保险人订立保险合同,并按照保险合同约定支付保险费的人。

保险合同的关系人是指在保险事故或者保险合同约定的条件满足时,对保险人享有保险金给付请求权的人,包括被保险人和受益人。被保险人,是指其财产或者人身受保险合同保障,享有保险金请求权的人。受益人,亦称保险金受领人,是指人身保险合同中由被保险人或者投保人指定的享有保险金请求权的人。

三、保险合同的条款

《保险法》第18条规定,保险合同包括:保险人名称和住所;投保人、被保险人的姓名或者名称、住所,以及人身保险的受益人的姓名或者名称、住所;保险标的;保险责任和责任免除;保险期间和保险责任开始时间;保险金额;保险费以及支付办法;保险金赔偿或者给付办法;违约责任和争议处理;订立合同的年、月、日。

四、保险合同的订立

(一) 保险合同的成立

保险合同的订立与一般合同的订立一样,须经过要约和承诺两个阶段。投保是指投保人向保险人提出的确定的、明确的订立保险合同的意思表示,即提出保险要求。投保是投保人单方面的意思表示,其本质为保险要约。承保是指保险人完全同意投保人提出的保险要约的行为。承保是保险人的单方法律行为,其本质为保险承诺。在实务中,保险人收到投保人填写的投保单后,经核准审查认为符合承保条件,在投保单上签字、盖章并通知投保人的,即构成承保,产生合同承诺的约束力。保险人在承诺保险要约时,附加新的条件或对要约进行变更的,则不发生承诺的效力而构成反要约。保险合同自保险人在投保单上签章即承保时,或投保人承诺反要约时起成立。

(二) 保险合同的形式

保险合同为书面形式,主要包括投保单、保险单、暂保单和保险凭证。

1. 投保单,又称要保书或投保书,是指保险人预先备制供投保人提出保险要求时使用的格式文件,投保人依其所列项目逐一据实填写后交付保险人。投保单本身不是正式合同文本,但一经保险人接受后,即成为保险合同的一部分。

2. 保险单,又称保单,是指保险人制作、签章交付给投保人证明其与保险人订立保险合同的正式书面凭证,并载明保险合同的内容。发生保险事故时,保险单是被保险人向保险人索赔的主要凭证,也是保险人向被保险人赔偿的主要依据。保险单是保险合同的重要组成部分,但签发保险单并非保险合同成立的要件。

3. 暂保单,又称临时保险书或临时单,是指保险人同意承保但不能立刻出具保险单或者其他保险凭证时,向投保人签发的临时单证。暂保单的内容比较简单,只载明被保险人的姓名、承保危险种类、保险标的等重要事项,有关保险责任、责任免除及双方当事人的权利、义务等,都以保险单的规定为准。暂保单不同于保险单,在有效期内于保险单制成交付之前,具有与保险单相同的效力,保险单签发后,暂保单自动失效。

4. 保险凭证,亦称小保单,是指保险人开具给投保人以证明保险合同已有效成立的书面凭证。它是一种简化的保险单,与保险单具有相同的效力。保险凭证有未列明的内容的,以正式保险单为准。如果保险凭证上所记载的内容与保险单的内容相冲突,则以保险凭证上的内容为准。

(三) 订立保险合同的说明义务和告知义务

保险合同是最大诚信合同,当事人在订立保险合同中,须履行相应的说明义务和告知义务。这实际上是保险合同当事人的一种先合同义务。

1. 保险人的说明义务。保险人方面,订立保险合同时,保险人应当向投保人说明保险合同的条款内容。保险合同是一种格式合同,其条款的内容事先已由保险人制定,投保人和被保险人没有更改保险合同条款的权利,只有同意与否的权利。并且,保险合同条款的专业性很强,一般的投保人都很难对其有详细、透彻的了解。在此种情况下,法律规定保险人对保险合同条款特别是投保人义务条款和保险人免责条款的内容负有解释、说明的义务。

2. 投保人的告知义务。投保人或被保险人在保险合同订立时,应当将保险标的的有关事项向保险方说明,并且告知义务仅限于保险人询问的内容和范围,它是一项法定的强制性义务。

【例 13-2】甲公司代理人谢某代投保人何某签字,签订了保险合同,何某也依约交纳了保险费。当在保险期间发生了保险事故,何某要求甲公司承担保险责任。下列哪一表述是正确的?( )

A. 谢某代签字,应由谢某承担保险责任
B. 甲公司承保错误,无须承担保险责任
C. 何某已经交纳了保险费,应由甲公司承担保险责任
D. 何某默认谢某代签字有过错,应由何某和甲公司按过错比例承担责任

【解答】
答案为 C。

五、保险合同的生效

保险合同的成立,是指投保人与保险人就保险合同条款达成协议。而保险合同的生效,则是指保险合同对当事人双方发生约束力,即合同条款产生法律效力。一般而言,保险合同一经依法成立即发生法律效力。

六、保险合同的无效

保险合同可因法律规定或者当事人约定的原因而发生全部或者部分无效,其原因有:

1. 基于民法上的原因。如保险合同的内容违反法律和行政法规,有欺诈和胁迫、无权代理、双方代理、恶意串通以及违反国家利益和社会公共利益等。

2. 基于保险法上的原因。(1)超额保险;(2)投保人对保险标的无保险利益;(3)未经被保险人书面同意的以死亡为给付保险金条件的保险(法律另有规定的除外);(4)保险人未对投保人作出说明的免责条款。

保险合同无效,就不发生法律效力,在发生保险合同约定的保险事故时,保险人不承担保险责任。

七、保险合同的变更、解除、终止、中止与复效

(一)保险合同的变更

保险合同的变更,广义上指保险合同成立后发生的各种变动,包括主体变更、内容变

更和效力变更。狭义上指合同内容变更,即在有效期限内,由于订立所依据的主客观情况发生变化,双方当事人按照法定或合同规定的程序,对原保险合同的某些条款进行修改或补充的行为。《保险法》第 20 条规定,在合同有效期内,投保人和保险人协商同意可以变更合同的有关内容。变更保险合同的,应当由保险人在保险单或者其他保险凭证上批注或者附贴批单,或者由投保人和保险人订立变更的书面协议。

(二) 保险合同的解除

保险合同的解除是在保险合同期限尚未届满前,合同一方当事人依照法律或约定行使解除权,提前终止合同效力的法律行为。对解除权的行使,《保险法》第 15 条规定"除本法另有规定或保险合同另有约定外,合同成立后,投保人可以解除合同,保险人不得解除合同"。

1. 投保人的解除权。一般情况下,除《保险法》另有规定或保险合同另有约定外,合同成立后,投保人可以随时解除合同,但保险人不得解除合同。如对于货物运输保险合同以及运输工具航程保险合同,在保险责任开始后,无论是保险人或投保人(被保险人)均不得解除合同。

2. 保险人的解除权。除《保险法》另有规定或合同另有约定以外,保险人不得解除合同,但根据《保险法》的规定,下列情况下,保险人可以解除保险合同:(1)投保人故意或者因重大过失未履行如实告知义务,足以影响投保人决定会否同意承保,或者提高保险费率的。《保险法》第 16 条第三款规定,保险人享有的上述解除权自保险人知道有解除事由之日起,超过 30 日不行使而消灭。同时,自保险合同成立之日起超过两年的则保险人不得再解除保险合同,如发生保险事故,保险人应承担赔偿或给付保险金的责任。如果保险人在合同订立时已经知道投保人未如实告知的情况的,则保险人不得解除保险合同,若这种情况下发生保险事故,保险人应承担赔偿或给付保险金的责任。(2)被保险人或者受益人在未发生保险事故的情况下,谎称发生了保险事故,向保险人提出赔偿或给付保险金要求的,保险人有权解除合同,并不退还保险费。(3)投保人、被保险人故意制造保险事故的,保险人有权解除合同,且不承担给付或赔偿保险金的责任,不退还保险费(但若投保人已经交足两年以上保险费的,保险人应当按照合同约定向其他权利人退还保险单的现金价值)。(4)投保人、被保险人未按照约定履行其对保险标的安全应尽责任的。(5)在合同有效期内,保险标的的危险程度增加,被保险人未及时通知保险人的。(6)投保人申报的被保险人年龄不真实并且真实年龄不符合合同约定的年龄限制的,保险人可以解除合同,保险人按照合同约定退还保险单的现金价值。此种情况下的解除权适用于《保险法》第 16 条关于除斥期间的规定,即自保险人知道解除事由之日起超过 30 日不行使而消灭,自合同成立之日起超过两年的则不得再解除合同。

(三) 保险合同的终止

保险合同的终止,是指保险合同的效力的永久性的停止从而使保险合同规定的当事人之间的权力、义务归于消灭。终止的原因主要有:保险合同期限届满;保险事故发生后,保险人已全部履行保险金的赔付义务;保险合同因解除而终止;保险标的发生部分损失的,保险人赔偿后 30 日内,投保人可以终止合同;除合同约定不得终止以外,保险人也可以终止合同;在以生存作为给付条件的人身保险合同中,被保险人或者受益人死亡,保险合同终止。

(四) 保险合同的中止

保险合同的中止是指保险合同生效后,基于某种原因而发生效力中止。长期人身保险具有投资和储蓄功能,投保人可以分期交付保险费。在投保人交付第一期保险费后,如未能按期交付后续保费,且逾期达到一定时间,即可导致保险合同效力的中止。《保险法》第36条规定,合同约定分期支付保险费,投保人支付首期保险费后,除合同另有约定外,投保人自保险人催告之日起超过30日未支付当期保险费,或者超过规定的期限60日未支付当期保险费的,合同效力中止,或者由保险人按照约定的条件减少保险金额。由此规定可见,保险合同的中止应满足以下条件:(1)投保人逾期未交付保险费,即投保人在支付首期保险费后,未能在合同约定的缴纳保险费的日期或交费宽限期向保险人缴纳保险费;(2)投保人逾期未交保险费的期间已超过60日,即投保人在保险合同约定的缴费日后经过60日仍未缴纳保险费,或者自保险人发出催交保险费的催告通知后超过30日仍未缴纳当期保险费;(3)保险合同没有约定其他补救办法,如解除合同、减少保险金额、保险费自动垫交等。保险合同的中止,仅暂时中止保险合同的效力,虽然仍可通过一定方式使保险合同复效,但在保险合同效力中止期间,保险人不负保险责任。同时,在前述30日或者60日的宽限期或催告期之内发生保险事故的保险人仍应当按照约定给付保险金,但可以扣减欠交的保险费。

(五) 保险合同的复效

保险合同的复效是指保险合同效力中止以后重新开始生效。《保险法》第37条规定,依照前条规定合同效力中止的,经投保人与保险人协商并达成协议,在投保人补交保险费后,合同效力恢复。但是,自合同效力中止之日起2年内双方未达成协议的,保险人有权解除合同。复效的具体条件是:(1)投保人有申请复效的意思表示。保险合同效力终止后,不存在自行复效的问题。投保人愿意恢复合同效力的,必须向保险人提出复效申请,投保人的复效申请一般通过填写复效申请书来完成。(2)被保险人的身体健康状况符合投保条件。(3)投保人补交合同中止所欠的保险费及利息。引起保险合同效力中止的主要原因就是投保人不缴纳保险费,要使中止的合同复效,就应当消除导致合同中止的因素,即补交保费。(4)投保人提出复效申请,必须经过保险人同意。根据《保险法》的规定,保险人对投保人提出的复效申请表示同意,是合同复效的必要条件之一。只有同时具备以上条件,中止的保险合同才能复效。如果双方当事人未达成复效协议,保险合同中止期间未满两年,保险人行使解除权的条件尚未成就,或者虽然成就但保险人未行使解除权的,合同效力仍处于中止状态;如果保险合同中止期间已满两年,且保险人解除合同,则合同效力中止。在此情况下解除合同的,保险人应当按照约定退还保险单的现金价值。

八、保险合同的履行

(一) 投保人的义务

1. 缴纳保险费的义务

保险费简称保费,是投保人根据保险合同的规定,为被保险人取得因约定危险事故发生所造成的经济损失补偿(或给付)权利,支付给保险人的代价,是保险这种商品的价格,可一次付清,也可分期付清。

《保险法》第 14 条规定,保险合同成立后,投保人按照约定缴付保险费,保险人按照约定的时间开始承担保险责任。但是,保险费的交付不构成保险合同发生效力的先决条件。在保险合同期限内,因保险标的的危险增加,保险人要求增加保险费的,投保人应当交纳增加的保险费;危险降低的,投保人可以减交保险费;投保人、被保险人没有履行对保险标的的安全防损责任,保险人增加保险费的,投保人应当增加交纳保险费;因投保人申请被保险人年龄不实而致使其缴纳的保险费少于应付的保险费的,投保人应当补交保险费。投保人不依照保险合同的约定缴纳保险费,保险人可以催告投保人缴纳保险费和利息,除非法律规定保险人不得解除或者终止保险合同,或者保险法对保险合同的效力另有规定,投保人不依照保险合同的约定缴纳保险费,保险人可以解除或者终止保险合同。

保险费通常应当由投保人支付。但是,在人身保险的场合,被保险人或者受益人可以代替投保人交付保险费,保险人对此不得拒绝。此外,《保险法》第 38 条明确规定,保险人对人寿保险的保险费,不得用诉讼的方式要求投保人支付。

2. 保险事故的通知义务

《保险法》第 21 条规定,投保人、被保险人或者受益人知道保险事故发生后,应当及时通知保险人。故意或者因重大过失未及时通知,致使保险事故的性质、原因、损失程度等难以确定的,保险人对无法确定的部分,不承担赔偿或者给付保险金的义务,但保险人通过其他途径已经及时知道或者应当及时知道保险事故发生的除外。

3. 维护保险标的安全的义务

《保险法》第 51 条规定,被保险人应当遵守国家有关消防、安全、生产操作、劳动保护等方面的规定,维护保险标的的安全。根据合同的约定,保险人可以对保险标的安全状况进行检查,及时向投保人、被保险人提出消除不安全因素和隐患的书面建议。投保人、被保险人未按照约定履行其对保险标的安全应尽责任的,保险人有权要求增加保险费或者解除合同。保险人为维护保险标的的安全,经被保险人同意,可以采取安全防御措施。

4. 危险程度增加的通知义务

《保险法》第 52 条规定,在保险合同有效期内,保险标的的危险程度显著增加的,被保险人应当按照合同约定及时通知保险人,保险人可以按照合同约定增加保险费或者解除保险合同。被保险人未履行通知义务的,因保险标的的危险程度显著增加而发生的保险事故,保险人不承担赔偿保险金的责任。

5. 采取必要措施防止或者减少损失的义务

保险事故发生时,被保险人有责任尽力采取必要措施,防止或者减少损失。保险事

第十三章 保险法律制度

发生后,被保险人为防止或减少保险标的的损失所支付的必要的、合理的费用,由保险人承担;保险人所承担的数额在保险标的损失赔偿金额以外另行计算,最高不超过保险金额的数额。

6. 保险标的转让时的通知义务

根据《保险法》的规定,被保险人转让保险标的的,保险合同继续有效,保险标的的受让人承继被保险人的权利和义务,但被保险人或者受让人应当及时通知保险人。如果被保险人、受让人未履行上述通知义务,因转让导致保险标的危险程度显著增加而发生的保险事故,保险人不承担责任。

【例13-3】关于保险法基本内容的叙述,下列正确的是( )。
A. 一般情况下,保险合同已经依法成立,即产生法律效力
B. 自保险合同效力中止之日起满两年,双方未达成协议的,保险人可以解除合同
C. 保险费的交付是保险合同生效的先决条件
D. 保险人对人寿保险的保险费,可以用诉讼的方式要求投保人支付

【解析】
答案为AB。

(二) 保险人的义务

付给保险金是保险人应当履行的基本的保险义务。在保险事故发生或者保险合同约定的条件满足时,保险人应当给付保险金。

1. 给付保险金的条件

根据法律的规定,保险人承担保险责任或者给付义务的条件是:(1)必须是保险标的受到损害(在财产保险合同中)。(2)必须是在承保范围内的财产,对于未承保的财产及间接损失,保险人不负赔偿责任。就人身保险而言,必须是保险人承保并在保险合同中列明的被保险人,否则,保险人没有支付保险金的义务。(3)必须是由保险事故引起的。在各类保险合同中,只有发生保险事故造成损失时,保险人才负赔偿或给付责任。(4)保险金的给付,必须在保险合同规定的限额内。(5)保险标的的损失必须是在保险期限内发生的。

2. 保险金的给付期限

《保险法》第23条规定,保险人收到被保险人或者受益人的赔偿或者给付保险金的请求后,应当及时作出核定;情形复杂的,应当在30日内作出核定,并将核定结果通知被保险人或者受益人;对属于保险责任的,在与被保险人或者受益人达成有关赔偿或者给付保险金的协议后10日内,履行赔偿或者给付保险金义务。保险合同对保险金额及赔偿或者给付期限另有约定的,保险人应当依照保险合同的约定,履行赔偿或者给付赔偿金义务。

3. 保险人的先于支付义务

《保险法》第25条规定,保险人自收到赔偿或者给付保险金的请求和有关资料之日起60日内,对赔偿或者给付保险金的数额不能确定的,应当根据已有证明和资料可以确定的数额预先支付;保险人最终确定赔偿或者给付保险金的数额后,应当支付相应的差额。

4. 保险金给付请求权的诉讼时效

人寿保险的被保险人或者受益人向保险人请求给付保险金的诉讼时效期间为五年,

自其知道或者应当知道保险事故发生之日起计算。人寿保险以外的其他保险的被保险人或者受益人，向保险人请求赔偿或者给付保险金的诉讼时效期间为二年，自其知道或应当知道保险事故发生之日起计算。

5. 拒赔时的通知义务

保险人作出核定后，对不属于保险责任的，应当自作出核定之日起3日内向被保险人或者受益人发出拒绝赔偿或者拒绝给付保险金通知书，并说明理由。

6. 保险人的违约责任

保险人没有及时依法或者依照保险合同履行给付保险金义务的，除继续履行支付保险金的义务外，应当赔偿被保险人或受益人因此所受的损失。

7. 保险人的除外责任

除外责任是保险人依法不承担保险责任的情形。这些情形可归纳为：在保险合同成立前，被保险人已知保险标的已经发生保险事故的，保险人不承担保险责任；投保人或者被保险人故意造成保险标的的损害的，保险人不承担保险责任。保险事故发生后，投保人、被保险人或者受益人以伪造、变造的有关证明、资料或者其他证据，编造虚假的事故原因或者夸大损失程度的，保险人对其虚假的部分不承担赔偿或者给付保险金的责任；因被保险人不履行防灾减损义务而造成保险标的的扩大损失的，保险人对扩大的损失不承担保险责任；在合同有效期内，保险标的的危险程度显著增加而发生的保险事故，保险人不承担保险责任；对于保险标的因其性质或者瑕疵或者因其自然损耗而发生的损失，保险人不承担保险责任。

（三）索赔和理赔

1. 索赔

索赔是被保险人在保险标的出险后，按照保险合同的有关规定，向保险人要求支付赔偿金的行为。索赔按下列程序进行：

（1）提出出险通知。保险事故发生后，投保人、被保险人或受益人应将发生保险事故的时间和地点、原因及其他有关情况尽快通知保险人并提出索赔要求。

（2）提出索赔证明。投保人、被保险人或者受益人应当向保险人提供其所能提供的与确认保险事故的性质、原因、损失程度等有关的证明和资料，如保险单、保险标的的原始单据。

（3）提出索赔请求。被保险人必须在法定的时间内行使索赔权。

（4）领取保险金。

2. 理赔

理赔是指保险人依据规定的工作程序处理被保险人所提出的索赔要求的行为。理赔按下列程序进行：

（1）立案检验。保险人接到出险通知后，应立即核对保险单，立案并派人到现场查勘，了解损失情况及原因。

（2）审核责任。保险人需审核被保险人提供的单证是否齐全、真实，审核损失是否发生在保险有效期内，所受损失是否属于保险财产，是否在责任范围之内。

（3）核算损失，给付赔偿金。根据《保险法》第23条的规定，保险人收到被保险人或者受益人的赔偿或者给付保险金的请求后,应当及时作出核定,并将核定结果通知被保险人或者受益人;对属于保险责任的,在与被保险人或者受益人达成有关赔偿或者给付保险金额的协议后10日内,履行赔偿或者给付保险金义务。保险合同对保险金额及赔偿或者给付期限有约定的,保险人应当依照保险合同的约定履行赔偿或者给付保险金的义务。保险人未及时履行前款规定义务的,除支付保险金外,应当赔偿被保险人或者受益人因此受到的损失。

(4)损余处理。出险的保险标的有时还有一定的价值,保险公司在全部赔偿后,取得损余财产的所有权。

九、保险法中的代位求偿权

(一)代位求偿权的概念

代位求偿权也称代位追偿权,是指财产保险中保险人赔偿被保险人的损失后,可以取得在其赔付保险金的限度内,要求被保险人转让其对造成损失的第三人享有的追偿的权利。

(二)代为请求权的条件

《保险法》第60条第1款规定,因第三者对保险标的损害而造成保险事故的,保险人自向被保险人赔偿保险日之日起,在赔偿金额范围内代位行使被保险人对第三者请求赔偿的权利。依此规定,保险人行使代位求偿权的要件为:(1)保险事故是由第三人的行为引起的。(2)保险人已向被保险人支付保险赔偿。(3)保险人行使代位求偿权的数额以给付的保险金额为限,对于超过保险人已支付的保险金额以外的部分,保险人无权要求第三人赔偿,求偿权仍由被保险人所享有。

(三)代位求偿权的适用范围

代位求偿权的行使范围限于财产保险合同。在人身保险合同中,保险人不得享有代位求偿权。代位求偿权行使对象对第三者的范围也有一定限制。第三者通常不包括被保险人一定范围的亲属或雇员。除非是由他们的故意行为引起保险事故。《保险法》第62条规定:除被保险人的家庭成员或者其组成成员故意造成本法规定的保险事故以外,保险人不得对被保险人的家庭成员或者其组成人员行使代位请求赔偿的权利。这里的家庭成员应包括与被保险人共同生活的配偶和较近的血亲或者姻亲,这里的组成人员指为被保险的利益或者受被保险人的委托与被保险人存在某种特殊法律关系而进行活动的人,包括代理人、合伙人。

(四)对代位求偿权的保护规则

1. 保险事故发生后,在保险人未赔偿保险金之前,被保险人放弃对第三者的赔偿请求权的,保险人因此不再承担赔偿保险金的责任。

2. 保险人向被保险人承担了赔偿保险金的责任后,被保险人未经保险人同意而放弃对第三者的赔偿请求权的,该放弃行为无效,对保险人无约束力,保险人仍然可以向第三者行使代位求偿权。

3. 根据《保险法》第 61 条第 3 款的规定,如果被保险人故意或者因重大过失而致使保险人不能行使代位求偿权的,若保险人尚未支付保险赔偿金,保险人可以相应地扣减部分保险金,保险人可以要求被保险人返还相应的保险金。

4. 保险事故发生后,被保险人已经从第三者取得损害赔偿的,保险人赔偿保险金时,可以相应扣减被保险人从第三者已取得的赔偿金额。

第三节 保险合同分论

一、财产保险合同

(一) 财产保险合同的概念和特征

财产保险合同,是指以财产及其有关利益为保险标的的保险合同。相对于人身保险合同,财产保险合同具有自身的一些特征。

1. 财产保险合同标的为财产及其有关利益。

2. 保险金额的确定以保险标的的保险价值为依据。财产保险合同的保险金额根据保险标的的保险价值和被保险人对保险标的所具有的利益而定。保险价值是判断不足额保险、足额保险和重复保险的标准。财产保险合同的保险金额不得超过保险价值,超过保险价值的部分无效。保险金额低于保险价值的,除合同另有约定外,保险人按照保险金额与保险价值的比例,承担赔偿责任。

3. 财产保险合同是一种补偿性合同。财产保险合同的保险人支付赔款是对被保险人经济损失的补偿,以赔偿金额不超过实际损失为原则。

4. 财产保险合同适用代位原则。在财产保险合同中,保险人依约履行了保险给付后,有权向对于被保险人发生的保险责任范围内的损失或者责任负有损害赔偿责任的第三人行使代位求偿权。

(二) 财产损失保险合同

财产损失保险合同,是以补偿有形财产的损失为目的的保险合同,其标的是除农作物、牲畜以外的一切动产和不动产。在所有财产保险合同中,财产损失保险合同是最典型、最具代表性的。在我国,按保险标的的不同,财产损失保险合同又可分为:企业财产保险合同、家庭财产保险合同、运输工具保险合同、运输货物保险合同、农业保险合同。

(三) 责任保险合同

责任保险合同,就是指以被保险人对第三人应承担的民事赔偿责任为保险标的的保险合同。其标的既可以是侵权责任,也可以是契约责任,还可以是绝对责任(即无过失责任)。《保险法》第 50 条第 1 款规定:保险人对责任保险的被保险人给第三者造成的损害,可以依照法律的规定或者合同的约定,直接向该第三者赔偿保险金。

二、人身保险合同

(一) 人身保险合同的概念

人身保险合同,是以人的寿命和身体为保险标的的保险合同。

(二) 人身保险合同的特征

与财产保险合同相比较,人身保险合同具有以下一些主要特征:

1. 保险标的人格化。人身保险合同的保险标的是人的寿命和身体。以被保险人的寿命或身体为存在形式的保险利益,属于被保险人的人格利益或人身利益,不同于财产利益,不能用金钱价值予以准确衡量,不存在保险价值。

2. 保险金定额支付。人身保险合同的保险金额无法以保险标的的价值为依据,而是由保险人事先综合各种因素进行科学计算所规定的固定金额,由投保人选择适用,或者由保险人与投保人协商确定一个数额。保险人依此固定数额履行保险责任。

3. 人身保险的保险事故涉及人的生死和健康。

4. 人身保险合同的保险人无代位求偿权。《保险法》第68条规定:人身保险的被保险人因第三者的行为而发生死亡、伤残或者疾病等保险事故的,保险人向被保险人或者受益人给付保险金后,不得享有向第三者追偿的权利。但被保险人或者受益人仍有权向第三者请求赔偿。

5. 人身保险合同的保险费不得强制请求。人身保险的投保人不支付保险费,保险人可以发出催告。经催告,投保人仍不支付的,保险人可以中止保险合同或者解除保险合同或者按照合同约定的条件减少保险金额。但保险人不得以诉讼方式请求投保人支付保险费。

(三) 人身保险合同的分类

人身保险合同通常按其保险范围的不同,分为人寿保险、健康保险和意外伤害保险合同。

1. 人寿保险合同

人寿保险合同,是指投保人和保险人约定,被保险人在合同规定的年限内死亡,或者在合同规定的年限届至时仍然生存的,由保险人按照约定向被保险人或者受益人给付保险金的保险合同。以所承保的保险事故为标准划分为:死亡保险合同、生存保险合同、生死两全保险合同。

2. 健康保险合同

健康保险合同,又称疾病保险合同,是指保险人对于被保险人在保险期限内生病、分娩及其因疾病、分娩致残、死亡时,承担给付保险金责任的保险合同。健康保险合同的承保范围是疾病、分娩及其引起的残废或死亡。单独订立健康保险合同的情况较少,通常情况下,投保人把健康保险合同附加于人寿保险合同或伤害保险合同内,以扩大保险人的责任范围。

3. 意外伤害保险合同

意外伤害保险合同,简称伤害保险合同,是指保险人在被保险人于保险期限内遭受意外伤害或因意外伤害而导致残废或死亡时,按约定承担给付保险金责任的保险合同。意外伤害,为外来的、突然的、非本意的、非疾病的使被保险人身体遭受伤害的客观事件,通常按照保险危险的不同分为普通意外伤害保险合同和特种意外伤害保险合同。

【例 13-4】关于人身保险合同的表述,下列哪一选项是错误的?(　　)

A. 被保险人同意投保人为其订立合同的,视为投保人对被保险人具有保险利益
B. 投保人指定受益人时须经被保险人同意
C. 受益人与被保险人在同一事件中死亡,且不能确定死亡的先后顺序,推定被保险人死亡在先
D. 受益人故意造成被保险人死亡,该受益人丧失受益权

【解答】

C 项错误。

第四节　保险业法律制度

一、保险公司

(一)保险公司的概念

保险公司是指以营利为目的,依照法律规定设立的,专门经营商业保险业务的公司法人。它通过收取保险费,建立保险基金,向社会提供经济保障。

(二)保险公司的设立条件

保险公司的设立条件主要有:第一,主要股东有持续营利能力,信誉良好,最近三年内无重大违法违规记录,净资产不低于人民币两亿元;第二,章程符合《保险法》和《公司法》的规定;第三,注册资本最低限额为人民币两亿元,注册资本应为实缴货币资本;第四,高管应符合中国保监会规定的任职资格条件;第五,具有健全的组织机构和管理制度;第六,有符合要求的营业场所和与经营业务有关的其他设施。

二、保险中介人

保险中介人是指在保险市场上联系保险供给方和保险需求方,与保险合同的订立或履行有一定辅助关系的人,主要包括保险代理人和保险经纪人。

(一)保险代理人

保险代理人,也称保险代理商,是指根据保险人的委托,向保险人收取代理手续费,并

第十三章 保险法律制度

在保险人授权范围代为办理保险业务的单位或个人。它的特征有:保险代理人必须以保险人的名义进行保险活动,保险代理人必须在代理权限内进行保险活动,保险代理行为的后果由保险人承担。

(二)保险经纪人

保险经纪人,是指基于投保人的利益,为投保人与保险人订立保险合同提供中介服务,并依法收取佣金的机构。它是投保人的代理人。

保险经纪人的业务范围有:为投保人拟订投保方案,办理投保手续;为委托人提供防灾、防损或风险评估、风险管理咨询服务;为被保险人或受益人代办检验、索赔;再保险经纪业务;中国保监会批准的其他业务。

设立保险经纪公司须经中国保监会批准,并同时具备下列条件:注册资本不得低于人民币 1000 万元的实收货币;具有符合法律规定的公司章程;具有符合法律规定的股东和发起人;具有符合法律规定的公司名称、组织机构和住所;公司员工人数不得少于 30 人,其中持有《保险经纪从业人员资格证书》的经纪人员不得低于公司员工人数的一半;具有符合中国保监会任职资格规定的高级管理人员;法律、行政法规要求具备的其他条件。

综合实训

一、判断题

1. 财产保险是以财产及其有关利益为保险标的的保险。　　　　　　　(   )
2. 人身保险是以人的寿命和身体为保险标的的保险,包括人寿保险、健康保险和意外伤害保险等。　　　　　　　　　　　　　　　　　　　　　　　(   )
3. 再保险,是指对原保险的保险责任再予以承保的保险。　　　　　　(   )
4. 保险利益,亦称可保利益,是指投保人或被保险人对保险标的具有的法律上承认的利益,即在保险事故发生时可能遭受的损失或失去的利益。　　　　　(   )
5. 投保人提出保险要求,经保险人同意承保,保险合同成立。　　　　(   )

二、不定项选择题

1. 杨某为其妻王某购买了某款人身保险,该保险除可获得分红外,还约定若王某意外死亡,则保险公司应当支付保险金 20 万。关于该保险合同,下列哪一说法是正确的?
(   )
   A. 若合同成立两年后王某自杀,则保险公司不支付保险金
   B. 王某可让杨某代其在被保险人同意处签字
   C. 经王某口头同意,杨某即可将保险单质押
   D. 若王某现为无民事行为能力人,即无须经其同意该保险合同即有效
2. 甲公司投保了财产损失险的厂房被烧毁。甲公司伪造证明,夸大此次火灾的损失,向保险公司索赔 100 万元,保险公司为查清此事,花费 5 万元。关于保险公司的权责,

下列哪些选项是正确的？（　　）

A. 应当向甲公司给付约定的保险金
B. 有权向甲公司主张5万元花费损失
C. 有权拒绝向甲公司给付保险金
D. 有权解除与甲公司的保险合同

3. 甲公司将其财产向乙保险公司投保。因甲公司要向银行申请贷款，乙公司依甲公司指示将保险单直接交给银行。下列哪一表述是正确的？（　　）

A. 因保险单未送达甲公司，保险合同不成立
B. 如保险单与投保单内容不一致，则应以投保单为准
C. 乙公司同意承保时，保险合同成立
D. 如甲公司未缴纳保险费，则保险合同不成立

4. 潘某请好友刘某观赏自己收藏的一件古玩，不料刘某一时大意致其落地摔坏。后得知，潘某已在甲保险公司就该古玩投了不足额财产险。关于本案，下列哪些表述是正确的？（　　）

A. 潘某可请求甲公司赔偿全部损失
B. 若刘某已对潘某进行全部赔偿，则甲公司可拒绝向潘某支付保险赔偿金
C. 甲公司对潘某赔偿保险金后，再向刘某行使保险代位求偿权时，既可以自己的名义，也可以潘某的名义行使
D. 若甲公司支付的保险金不足以弥补潘某的全部损失，则就未取得赔偿的部分，潘某对刘某仍有赔偿请求权

5. 甲向某保险公司投保人寿保险，指定其秘书乙为受益人。保险期间内，甲、乙因交通事故意外身亡，且不能确定死亡时间的先后。该交通事故由事故责任人丙承担全部责任。现甲的继承人和乙的继承人均要求保险公司支付保险金。下列哪一选项是正确的？（　　）

A. 保险金应全部交给甲的继承人
B. 保险金应全部交给乙的继承人
C. 保险金应由甲和乙的继承人平均分配
D. 某保险公司承担保险责任后有权向丙追偿

三、案例分析题

17世纪的某一天，英国伦敦有一个叫X的投机商人，早上起来读报时，看到一条新闻：某名人Y突患重病，在家休养，暂时谢绝一切社交活动。X先生如获至宝地收好报纸，急匆匆地拦了一辆马车，直奔最近的一家保险公司。在那里，他顺利地为这位不幸的Y名人投了一份死亡保险，保险金额是5000英镑，受益人是X先生自己。X先生还奇怪地发现，在他之前已有好几个人为患病的Y名人投了死亡险，而在他身后，准备做同一件事的人排起了长队。X先生小心翼翼地揣好保险单，兴冲冲地回到家中，开始暗自祈求Y名人早日去世。

问：上述情形的存在将对保险市场及整个社会带来什么样的影响？

第十四章 劳动法律制度

【引例导学】

红星建筑工程队低价招用 20 名学徒工,合同中规定他们每天必须高空作业或从事繁重的搬运工作,否则不能结算当月工资。用工当月,工程队因违反安全施工规定造成事故,致使学徒工当场伤亡。有关部门经调查发现这些学徒工均是不满 15 周岁的来源于边远地区的农民子弟。对于这类问题,劳动行政部门应该怎样处理?

【点评】

改革开放 30 多年来,我国的用工制度已逐渐过渡到劳动合同用工。为了保护劳动者的合法权益,调整劳动关系,建立和维护适应社会主义市场经济的劳动制度,促进经济发展和社会进步,我国先后制定了《劳动法》、《劳动合同法》和《劳动争议仲裁法》。同学们参加工作以后,将会直接用到这些法律。因为这些法律关系到同学们的切身利益,所以同学们要好好学习本章内容。

第一节 劳动法概述

一、劳动法的概念和调整对象

劳动法的概念有狭义和广义之分。狭义上的劳动法,是指 1994 年 7 月 5 日第八届全国人大常委会第八次会议通过的《中华人民共和国劳动法》(以下简称《劳动法》),该法于 1995 年 1 月 1 日起开始实施。广义上的劳动法,是指调整劳动关系以及与劳动关系有密切联系的其他社会关系的法律规范的总称。劳动法的概念已经明确了劳动法的调整对象是劳动关系及与劳动关系有密切联系的其他社会关系。

劳动关系,是指在运用劳动能力、实现劳动过程中形成的劳动者与用人单位之间的社会关系。

与劳动关系有密切联系的社会关系主要有:劳动行政管理方面的社会关系、人力资源配置方面的社会关系、社会保险方面的某些社会关系、工会组织与企业在执行劳动法、工会法过程中发生的社会关系、处理劳动争议过程中发生的一些关系以及其他管理机构在监督劳动执法过程中发生的一些关系。

二、劳动法律关系

劳动法律关系,是指当事人依据劳动法律规范,在实现劳动过程中形成的权利、义务关系。劳动法律关系是劳动关系在法律上的表现,是受国家劳动法律调整、规范和保护的劳动关系,是国家干预劳动关系的后果。

(一) 劳动法律关系的主体

劳动法律关系的主体,就是依劳动法享有权利与承担义务的劳动法律关系的参与者。劳动法律关系的主体一方是自然人,包括我国公民、外国公民、无国籍人;另一方主体是用人单位,具体而言,在我国是指有法人资格的企业、事业单位、国家机关、社会团体、个体经济组织等。

劳动者是指具有劳动能力,以从事劳动获取合法劳动报酬的自然人。自然人要成为劳动者必须具有劳动权利能力和劳动行为能力。所谓劳动权利能力是指自然人能够依法享有劳动权利和承担劳动义务的资格和能力。所谓劳动行为能力是指自然人能够以自己的行为依法行使劳动权利和承担劳动义务的能力规定。我国法律规定,年满16周岁具有劳动能力的公民具有劳动权利能力和劳动行为能力,有资格成为劳动者。

(二) 劳动法律关系的客体

劳动法律关系的客体,是指劳动法律关系主体双方的权利与义务共同指向的劳动行为,即劳动者和用人单位在实际的劳动过程中所实施的行为,具体包括劳动者完成工作任务的行为和用人单位实施的劳动管理行为。

(三) 劳动法律关系的内容

劳动法律关系的内容,就是依据劳动法的规定,劳动法律关系主体双方享有的权利和承担的义务。

1. 劳动者的权利与义务

劳动者的权利主要包括:(1)平等就业和选择职业的权利;(2)取得劳动报酬的权利;(3)休息、休假的权利;(4)获得劳动安全卫生保护的权利;(5)接受职业技能培训的权利;(6)享受社会保险和福利的权利;(7)依法参加工会和职工民主管理的权利;(8)提请劳动争议处理的权利;(9)法律规定的其他劳动权利。

劳动者的义务主要为:完成劳动任务,提高职业技能,执行劳动安全卫生规程,遵守劳动纪律和职业道德,并履行法律规定的其他义务。

2. 用人单位的权利与义务

用人单位的权利主要包括:(1)根据本单位需要招用职工的权利;(2)依照法律、合同使用和管理劳动者的权利;(3)依据法律和本单位的劳动纪律对职工进行奖惩的权利;(4)在法律和合同规定范围内决定报酬分配的权利。

用人单位的义务主要表现为,按照《劳动法》的规定和劳动合同的约定帮助劳动者实现其劳动权利。

第二节 劳动合同法

一、劳动合同的概念和种类

(一) 劳动合同的概念

劳动合同亦称劳动契约、劳动协议,是指劳动者与用人单位之间为确定劳动关系,依法协商就双方权利、义务达成的协议。

(二) 劳动合同的种类

《劳动合同法》第 12 条规定,劳动合同分为固定期限、无固定期限和以完成一定工作任务为期限三种。

1. 固定期限劳动合同

固定期限劳动合同是指用人单位与劳动者约定合同终止时间的劳动合同。

劳动合同期满,双方无续订劳动合同的意思表示,劳动合同即告终止。如果双方有续订劳动合同的意思表示的,可以续订。但《劳动合同法》规定,连续两次订立固定期限劳动合同后续订的,劳动者提出要求订立无固定期限劳动合同的,用人单位应当按照法律规定签订无固定期限劳动合同。固定期限劳动合同在具备法定终止情形时,如劳动者丧失劳动能力,用人单位破产、解散,该固定期限劳动合同亦终止。

2. 无固定期限劳动合同

无固定期限劳动合同是指用人单位与劳动者约定无确定终止时间的劳动合同。用人单位与劳动者协商一致,可以订立无固定期限劳动合同。根据《劳动合同法》规定,有下列情形之一的,劳动者提出或者同意续订、订立劳动合同的,除劳动者提出订立固定期限劳动合同外,用人单位应当与劳动者订立无固定期限劳动合同:

(1) 劳动者在该用人单位连续工作满十年的。

(2) 用人单位初次实行劳动合同制度或者国有企业改制重新订立劳动合同时,劳动者在该用人单位连续工作满十年且距法定退休年龄不足十年的。

(3) 连续订立两次固定期限劳动合同,且劳动者没有《劳动合同法》第 39 条和第 40 条第 1 项、第 2 项规定的情形,续订劳动合同的。为了使劳动合同制度平稳过渡,《劳动合同法》规定连续订立固定期限劳动合同的次数,自《劳动合同法》施行后续订时开始计算固定期限劳动合同时开始计算。

(4) 用人单位自用工之日起满一年不与劳动者订立书面劳动合同的,视为用人单位与劳动者已订立无固定期限劳动合同。

为了保证劳动者签订无固定期限劳动合同选择权的实现,《劳动合同法》第 82 条规定了用人单位不履行该义务时应当加倍支付工资,即用人单位违反《劳动合同法》规定不与劳动者订立无固定期限劳动合同的,自应当订立无固定期限劳动合同之日起向劳动者每月支付 2 倍的工资。

【例 14-1】孙杰是一位应届毕业的研究生,被招聘到一家民办研究单位,工作了 3 个多月,用人单位尚未与其订立书面劳动合同。孙杰应该怎样维护自己的权益?

【解答】

根据《劳动合同法》第 82 条的规定,孙杰可以要求用人单位从用工的第二个月起每月支付两倍的工资。

3. 以完成一定工作任务为期限的劳动合同

以完成一定工作任务为期限的劳动合同是用人单位与劳动者约定以某项工作任务的完成时间为合同期限的劳动合同。当该项工作完成后,劳动合同即告终止。

《劳动合同法》对以完成一定工作任务为期限的劳动合同在签订上没有特殊或强制性的要求,用人单位与劳动者协商一致,可以订立以完成一定工作任务为期限的劳动合同。它适用于建筑业或临时性、季节性的工作,或者由于工作性质可以采取此种合同期限的工作。

二、劳动合同的订立

(一)劳动合同采用书面形式订立

《劳动合同法》第 10 条规定:"建立劳动关系,应当订立书面劳动合同。"同时,要求劳动合同文本应当由用人单位和劳动者各执一份。

签订书面劳动合同是《劳动合同法》规定的用人单位应履行的强制性义务。如果不签订书面劳动合同,用人单位将承担相应的法律责任。用人单位自用工之日起即与劳动者建立劳动关系。《劳动合同法》规定,用人单位自用工之日起超过 1 个月不满 1 年未与劳动者订立书面劳动合同的,应当向劳动者每月支付 2 倍的工资。用人单位未在用工的同时订立书面劳动合同,与劳动者约定的劳动报酬不明确的,新招用的劳动者的劳动报酬应当按照企业的或者行业的集体合同规定的标准执行;没有集体合同的,用人单位应当对劳动者实行同工同酬。

劳动合同的书面形式除劳动合同书外,还包括专项劳动协议(指作为劳动合同书补充内容的书面文件,如岗位协议书、专项劳动协议)、用人单位依法制定的劳动规章制度等劳动合同书的附件。

(二)劳动合同订立的原则

根据《劳动合同法》的规定,订立和变更劳动合同必须遵循下列原则:

1. 合法原则

合法原则,即劳动合同必须依法订立,不得违反法律、行政法规的规定,不得违反国家强制性、禁止性的规定。首先,要求订立劳动合同的主体合法,即劳动合同的当事人必须具备合法资格,劳动者应是年满16周岁、身体健康、具有劳动能力的我国公民,外国公民也可在我国就业,但其就业年龄必须年满18周岁;用人单位应是依法成立或核准登记的企业、个体经济组织、民办非企业单位、国家机关、事业组织、社会团体等根据法律规定有使用和管理劳动者的权利的单位。其次,劳动合同的内容要合法。劳动合同的内容必须符合法律、行政法规的规定,包括国家的劳动法律、法规。如违反劳动法约定周六加班不付加班费,这种约定无效。最后,劳动合同订立的程序和形式合法。劳动合同订立的程序必须符合法律规定,未经双方协商一致、强迫订立的劳动合同无效。劳动合同必须以书面形式订立。

2. 公平原则

公平原则,即订立、履行、变更、解除或者终止劳动合同时,应公平合理,利益均衡,不得使某一方的利益过于失衡。

3. 平等自愿、协商一致原则

平等,是指在订立劳动合同过程中,双方当事人的法律地位平等,有双向选择权,不存在管理与服从的关系。自愿,是指劳动合同的订立及其合同内容的达成,完全出于当事人自己的意志,是其真实意思的表示,任何一方不得将自己的意志强加于对方,也不允许第三者非法干预。协商一致,是指经过双方当事人充分协商,达成一致意见。

4. 诚实信用原则

诚实信用原则,是指劳动合同的双方当事人在订立、履行、变更、解除或者终止劳动合同过程中,应当讲究信用,诚实不欺,在追求自身合法权益的同时,以善意的方式履行义务,尊重对方当事人的利益和他人的利益,不得损人利己。

(三) 劳动合同的条款

劳动合同的条款,一般分为必备条款和可备条款。劳动合同的必备条款是法律规定的劳动合同必须具备的条款,它是生效劳动合同所必须具备的条款。必备条款的不完善,会导致合同的不成立。

1. 必备条款包括:(1)用人单位的名称、住所和法定代表人或者主要负责人;(2)劳动者的姓名、住址和居民身份证或者其他有效身份证件号码;(3)劳动合同期限;(4)工作内容和工作地点;(5)工作时间和休息休假;(6)劳动报酬;(7)社会保险;(8)劳动保护、劳动条件和职业危害防护;(9)法律、法规规定应当纳入劳动合同的其他事项。

2. 可备条款。可备条款是劳动合同当事人可以协商约定,也可不约定的条款。约定条款缺少不影响劳动合同的成立。虽然约定哪些条款由双方当事人决定,但国家对约定条款的内容有强制性、禁止性规定的,仍应当遵守,约定条款不得违反法律、法规的规定。

劳动合同的约定条款一般包括:试用期条款、培训条款、保守商业秘密条款、补充保险和福利待遇等其他事项的条款。

(1) 试用期条款。劳动合同的试用期是劳动者和用人单位为相互了解、选择而约定的考察期。试用期满,被试用者即成为正式职工。对劳动合同的试用期,《劳动合同法》作了如下的规范:①不能任意决定试用期的长短。《劳动合同法》对试用期的长短作出限制性规定,根据劳动合同的期限规定了不同时间长短的试用期。劳动合同期限3个月以上不满1年的,被试用不得超过1个月;劳动合同期限1年以上3年以下的,试用期不得超过 2 个月;3 年以上固定期限和无固定期限的劳动合同,试用期不得超过 6 个月。②限制试用期的约定次数。同一用人单位与同一劳动者只能约定一次试用期。劳动者在同一用人单位调整或变更工作岗位,用人单位不得再次约定试用期。③规定不得约定试用期的情形。以完成一定工作任务为期限的劳动合同或者劳动合同期限不满 3 个月的,不得约定试用期。非全日制用工不得约定试用期。④规定试用期不成立的情形。试用期包含在劳动合同期限内,仅约定试用期的,试用期不成立,该期限为劳动合同期限。⑤保障试用期内劳动者的劳动报酬权。《劳动合同法》第 20 条规定,劳动者在试用期的工资不得低于本单位相同岗位最低档工资或者劳动合同约定工资的 80%,并不得低于所在地的最低工资标准。⑥劳动者的各项劳动权利受法律保护。试用期内用人单位为试用者提供的劳动条件不得低于劳动法律、法规规定的标准,用人单位应为试用者缴纳社会保险费。⑦对试用期内的劳动者,用人单位不得滥用解雇权。除有证据证明劳动者不符合录用条件、劳动者有违规、违纪、违法行为,不能胜任工作等情形外,用人单位不得解除劳动合同。用人单位在试用期解除劳动合同的,应当向劳动者说明理由。⑧违反试用期规定应承担行政责任和赔偿责任。用人单位违反《劳动合同法》规定与劳动者约定试用期无效,由劳动行政部门责令改正;违法约定的试用期已经履行的,由用人单位以劳动者试用期满月工资为标准,按已经履行的超过法定试用期的期限向劳动者支付赔偿金。

【例 14-2】张琳大学毕业后被招聘到蓝天服装贸易公司,与公司签订的劳动合同的期限是 2013 年 7 月 1 号至 2015 年 12 月 1 号,试用期 3 个月。该合同规定的内容是否有违法的地方?

【解答】

该合同的规定有违法的内容,违反了《劳动合同法》第 19 条第 1 款关于劳动合同期限一年以上不满三年的,试用期不得超过两个月的规定。

(2) 保守商业秘密和与知识产权相关的保密事项条款。商业秘密是指不为公众所知悉,能为权利人带来经济利益,具有实用性并经权利人采取保密措施的技术信息和经营信息。用人单位与劳动者可以在劳动合同中约定保守用人单位的商业秘密和与知识产权相关的保密事项。约定保守商业秘密条款的目的在于保护用人单位的知识产权。

(3) 竞业限制条款。双方当事人在劳动合同中约定的劳动者在劳动关系存续期间或在解除、终止劳动关系后的一定期限内不得自营或者为他人经营与原用人单位有竞争关系的业务。约定竞业限制条款的目的主要在于防止不正当竞争。在劳动合同中,双方当事人可以约定劳动者承担竞业限制的义务、违约责任及赔偿责任。我国法律规定竞业限制的期限最长不得超过 2 年,且在竞业限制期限内,用人单位应按月给予劳动者一定的经济补偿。劳动者违反竞业限制约定的,应当按照约定向用人单位支付违约金。法律规定竞业限制的人员限于用人单位的高级管理人员、高级技术人员和其他负有保密义务的人员。竞业限制的范围、地域、期限由用人单位与劳动者约定。

(4) 服务期限协议。服务期,是指法律规定的因用人单位为劳动者提供专业技术培训,双方约定的劳动者为用人单位必须服务的期间。劳动关系实践中,用人单位经常通过服务期限协议,进行人力资源的合理调配。法律规定用人单位为劳动者提供专业技术培训费用,对其进行专业技术培训的,可以与该劳动者订立协议约定服务期,并约定劳动者违反服务期约定的应当按照约定向用人单位支付违约金。同时,要保障劳动者的劳动报酬权,用人单位与劳动者约定服务期的,不影响按照正常的工资调整机制提高劳动者在服务期的劳动报酬。

(5) 违约金条款。违约金是用人单位与劳动者在劳动合同中约定的不履行或不完全履行劳动合同约定义务时,由违约方支付给对方的一定金额的货币。《劳动合同法》对违约金条款进行限制,规定只有在用人单位与劳动者约定服务期限、保守用人单位的商业秘密和与知识产权相关的保密事项、竞业限制条款时,才能与劳动者约定违约金,且对因劳动者违反服务期限协议而约定的违约金的数额不得超过用人单位提供的培训费用。用人单位要求劳动者支付的违约金不得超过服务期尚未履行部分所应分摊的培训费用。

三、劳动合同的效力

劳动合同依法成立,即具有法律效力,对双方当事人都有约束力。双方必须履行劳动合同中规定的义务。劳动合同由用人单位与劳动者协商一致,并经用人单位与劳动者在劳动合同文本上签字或者盖章生效。一般情况下,劳动合同依法成立,即双方当事人意思表示一致,签订劳动合同之日,就产生法律效力;双方当事人约定须鉴证或公正方可生效的劳动合同,其生效时间始于签证或公正之日。由于劳动合同的鉴证或公正采取自愿原则,所以鉴证或公正不是法律规定的劳动合同生效的必要程序。

劳动合同的无效,是指当事人违反法律、法规订立的不具有法律效力的劳动合同。劳动合同的无效有下列情形:(1)以欺诈、胁迫的手段或者乘人之危,使对方在违背真实意思的情况下订立或者变更劳动合同的;(2)用人单位免除自己的法律责任、排除劳动者权利的;(3)违反法律、行政法规的强制性规定的。对劳动合同的无效或者部分无效有争议的,由劳动争议仲裁机构或者人民法院确认。

无效劳动合同的法律后果有:(1)停止履行。无效劳动合同从订立时起就没有法律效力。对无效的劳动合同国家不予承认和保护,不能发生当事人预期的法律后果,因此被确认为无效的劳动合同,尚未履行的不得履行,正在履行的停止履行。(2)支付劳动报酬、经济补偿、赔偿金。劳动合同被确认为无效,劳动者已付出劳动的,用人单位应当向劳动者支付劳动报酬。劳动报酬的数额,参照本单位相同或者相近岗位劳动者的劳动报酬确定。不具备合法经营资格的用人单位(没有营业执照或登记证书)被依法追究法律责任的,该单位的劳动者已经付出劳动的,由该单位或者出资人向劳动者支付劳动报酬、经济补偿或赔偿金。(3)修正劳动合同,适用于被确认部分无效的劳动合同及程序不合法而无效的劳动合同。劳动合同被确认为部分无效,不影响其余部分的效力,其余部分仍然有效。对于部分无效的劳动合同,有效部分可以继续履行。同时,对部分无效的条款应予修改,使其合法,能继续履行。(4)赔偿损失。《劳动合同法》第86条规定,劳动合同被确认无效,给对方造成损害的,有过错的一方应承担赔偿责任。

四、劳动合同的履行、变更

(一) 劳动合同的履行

劳动合同的履行是指劳动合同的双方当事人按照合同规定，履行各自应承担义务的行为。劳动合同依法订立即具有法律约束力，用人单位与劳动者应当按照劳动合同的约定，全面履行各自的义务。履行劳动合同应保障劳动者劳动报酬权的实现，用人单位应当按照劳动合同约定和国家规定，向劳动者及时足额支付劳动报酬；用人单位拖欠或者未足额支付劳动报酬的，劳动者可以依法向当地人民法院申请支付令，人民法院应当依法发出支付令；用人单位安排加班的，应当按照国家有关规定向劳动者支付加班费。劳动合同应依法履行，用人单位应当严格执行劳动定额标准，不得强迫或者变相强迫劳动者加班；劳动者拒绝用人单位管理人违章指挥、强令冒险作业的，不视为违反劳动合同。劳动者对危害生命安全和身体健康的劳动条件，有权对用人单位提出批评、检举和控告。用人单位变更名称、法定代表人、主要负责人或者投资人等事项，不影响劳动合同的履行；发生合并或者分立等情况，原劳动合同继续有效，劳动合同由承继其权利和义务的用人单位继续履行。

(二) 劳动合同的变更

劳动合同的变更，是指当事人双方对依法成立、尚未履行或尚未完全履行的劳动合同，依照法律规定的条件和程序，对原劳动合同进行修改或增删的法律行为。变更应遵守平等自愿、协商一致的原则，不得违反法律、行政法规的规定。变更劳动合同，应当采用书面形式。变更后的劳动合同文本由用人单位与劳动者各执一份。变更的条件应为订立劳动合同的主客观情况发生变化。变更程序应与订立劳动的程序相同，如原劳动合同经过公正和鉴证的，变更后的劳动合同也应当经过公正和鉴证，方为有效变更。

五、劳动合同的解除和终止

(一) 劳动合同的解除

劳动合同的解除，指的是双方当事人在劳动合同期满之前依法提前终止劳动合同关系的法律行为。劳动合同的解除可分为协商解除、用人单位单方解除、劳动者单方面解除等。

1. 双方协商解除劳动合同。用人单位与劳动者协商一致，可以解除劳动合同。但如果是由用人单位提出解除劳动协议的，用人单位应向劳动者支付解除劳动合同的经济补偿金。

2. 用人单位单方解除劳动合同。在具备法律规定的条件时，用人单位享有单方解除权。用人单位单方解除劳动合同，应当事先将理由通知工会。用人单位违反法律、行政法规规定或者劳动合同约定的，工会有权要求用人单位纠正。用人单位应当研究工会的意见，并将处理结果书面通知工会。用人单位单方解除劳动合同有三种情况：

(1) 过错性解除。即在劳动者有过错性情形时，用人单位有权单方解除劳动合同。《劳动合同法》对过错性解除的程序无严格的限制，且用人单位无须支付劳动者的经济补偿金。但在解除的条件上有限制性规定,一般适用于试用期内因劳动者不符合录用条件或者劳动者有严重违反规章制度、违法的情形。劳动者有下列情形之一的,用人单位可以解除劳动合同:①在试用期间被证明不符合录用条件的;②严重违反用人单位的规章制度;③严重失职、营私舞弊,给用人单位造成重大损害的;④劳动者同时与其他用人单位建立劳动关系,对完成本单位的工作任务造成严重影响的,或者经用人单位提出,拒不改正的;⑤因以欺诈、胁迫的手段或者乘人之危,使对方在违背真实意思的情况下订立或者变更劳动合同的;⑥被依法追究刑事责任的。

(2) 非过错性解除。即劳动者本人无过错,但由于主客观原因致使劳动合同无法履行,在符合法律规定的情形,履行法律规定的程序后用人单位有权单方解除劳动合同。劳动者有下列情形之一的,用人单位可以解除劳动合同:①劳动者患病或者非因工负伤,医疗期满后,不能从事原工作也不能从事由用人单位另行安排的工作的。医疗期,是指劳动者根据其工龄等条件,依法可以享受的停工医疗并发给病假工资的期间,也是禁止解除劳动合同的期间。根据我国劳动法规定,医疗期根据劳动者工作年限的长短确定为3~24个月。②劳动者不能胜任工作,经过培训或者调整工作岗位,仍不能胜任工作的;③劳动合同订立时所依据的客观情况发生重大变化,致使原劳动合同无法履行,经用人单位与劳动者协商,未能就变更劳动合同内容达成协议的。对非过错性解除劳动合同,用人单位应履行提前30日以书面形式通知劳动者本人的义务或者以额外支付劳动者一个月工资代替提前通知义务后,可以解除劳动合同。

(3) 裁员,是指用人单位为降低劳动成本,改善经营管理,因经济或技术等原因一次裁减20人以上或者裁减不足20人但占企业职工总数10%以上的劳动者。

为保护劳动者的合法权益,防止滥用解除权,法律除规定解除条件和程序、单方解除劳动合同需征求工会意见外,还规定了禁止解除劳动合同的条件,规定劳动者有下列情形之一的,用人单位不得依据《劳动合同法》第40条、第41条规定非过错性解除劳动合同或裁员:①从事接触职业病危害作业的劳动者未进行离岗前职业健康检查,或者疑似职业病病人在诊断或者医学观察期间的;②在本单位患职业病或者因工负伤并被确认丧失或者部分丧失劳动能力的;③患病或者非因工负伤,在规定的医疗期内的;④女职工在孕期、产期、哺乳期的;⑤在本单位连续工作15年,且距法定退休年龄不足5年的;⑥法律、行政法规规定的其他情形。

3. 劳动者单方解除合同。在具备法律规定的条件时,劳动者享有单方解除权。劳动者单方解除合同有三种情况:

(1) 预告解除。预告解除,即劳动者履行预告程序后单方解除合同,有两种预告解除:①劳动者提前30日以书面形式通知用人单位,可以解除劳动合同;②劳动者在试用期内提前3日通知用人单位,可以解除劳动合同。

【例14-3】王林于2008年2月15日与同声电器公司签订了劳动合同,王林成为公司的技术员,试用期1个月,合同期限2年。但王林在公司工作了20天后,感觉该公司不是自己的理想单位,不利于发挥自己的专业优势,随于3月6号通知公司,表示自己要于3月10号解除合同并离开公司。公司于3月9号研究决定不与王林解除合同并于当日通知了王林,但王林照样于3月10日离开了公司。王林的做法是否合法?

【解答】

王林的做法是合法的,符合劳动合同法第37条关于预告解除的规定。

(2) 用人单位有违法、违约情形,劳动者有权单方解除劳动合同。用人单位有下列情形之一的,劳动者可以解除劳动合同:①未按劳动合同约定提供劳动保护或者劳动条件的;②未及时足额支付劳动报酬的;③未依法为劳动者缴纳社会保险费的;④用人单位的规章制度违反法律、法规的规定,损害劳动者权益的;⑤因用人单位以欺诈、胁迫的手段或者乘人之危,使劳动者在违背真实意思的情况下订立或者变更劳动合同而致使无效的;⑥法律、行政法规规定劳动者可以解除劳动合同的其他情形。

(3) 立即解除劳动合同。在用人单位有危及劳动者人身自由和人身安全的情形时,劳动者有权立即解除劳动合同。用人单位以暴力、威胁或者非法限制人身自由的手段强迫劳动者劳动的,或者用人单位违章指挥、强令冒险作业危及劳动者人身安全的,劳动者可以立即解除劳动合同,不需事先告知用人单位。

(二) 劳动合同的终止

劳动合同终止,是指符合法律规定的情形时,双方当事人的权利、义务不复存在,劳动合同的效力即行消灭。有下列情形之一的,劳动合同终止:①劳动合同期限届满的;②劳动者死亡,或者被人民法院宣告死亡或者宣告失踪的;③用人单位被依法宣告破产的;④用人单位被吊销营业执照、责令关闭、撤销或者用人单位决定提前解散的;⑤法律、行政法规规定的其他情形。

《劳动合同法》对某些劳动者特殊保护,规定在劳动者有下列情形之一的,劳动合同到期也不得终止,应当延续至相应的情形消失时终止:①从事接触职业病危害作业的劳动者未进行离岗前职业健康检查,或者疑似职业病病人在诊断或者医学观察期间的;②在本单位患职业病或者因工负伤并被确认丧失或者部分丧失劳动能力的;③患病或者非因工负伤,在规定的医疗期内的;④女职工在孕期、产期、哺乳期的;⑤在本单位连续工作15年,且距法定退休年龄不足5年的;⑥法律、行政法规规定的其他情形。在本单位患职业病或者因工负伤并被确认丧失或者部分丧失劳动能力的劳动者的劳动合同的终止,按照国家有关工伤保险的规定执行。

【例14-4】张宏森在40岁时与蓝星食品公司签订了劳动合同,此合同的期限为18年,2008年3月1日到期。合同到期后,张宏森要求与公司续签劳动合同,可公司无论如何也不与张宏森续签劳动合同,张宏森随后向当地劳动仲裁委员会申请了劳动仲裁。本案中,蓝星食品公司的做法是否违法?

【解答】

蓝星公司的做法违法,违反了《劳动合同法》第14条第2款第1项之规定。

(三) 经济补偿金

经济补偿金,是解除或终止劳动合同时,给予劳动者的一次性货币补偿。

经济补偿金的目的在于从经济方面制约用人单位的解除行为,对失去工作的劳动者给予一定的补偿,并解决劳动合同短期化问题。

第十四章 劳动法律制度

1. 补偿标准

经济补偿按劳动者在本单位工作的年限,每满1年支付1个月工资的标准向劳动者支付。月工资是指劳动者在劳动合同解除或终止前12个月的平均工资。6个月以上不满1年的,按1年计算;不满6个月的,向劳动者支付半个月工资的经济补偿金。经济补偿金最高数额的限制:劳动者月工资高于用人单位所在直辖市、设区的市级人民政府公布的本地区上年度职工月平均工资3倍的,向其支付经济补偿的标准按职工月平均工资3倍的数额支付,向其支付经济补偿的年限最高不超过12年。

2. 用人单位应当支付经济补偿金的法定情形

根据《劳动合同法》第46条的规定,用人单位应当在下列情形下,向劳动者支付经济补偿金:(1)因用人单位违法、违约迫使劳动者依照《劳动合同法》第38条解除劳动合同的。(2)用人单位依照《劳动合同法》第36条规定向劳动者提出解除劳动合同并与劳动者协商一致解除劳动合同的。(3)用人单位依照《劳动合同法》第40条规定解除劳动合同的。(4)用人单位依照《劳动合同法》第41条第1款规定解除劳动合同的,即以裁员的方式解除与劳动者的劳动合同的,用人单位应向劳动者支付经济补偿。(5)除用人单位维持或者提高劳动合同约定条件续订劳动合同,劳动者不同意续订的情形外,依照《劳动合同法》第44条第1款规定终止固定期限劳动合同的,即在劳动合同期满时,用人单位以低于原劳动合同约定的条件要求与劳动者续订劳动合同,而劳动者不同意续订的,用人单位须向劳动者支付经济补偿金。反之,用人单位则不必向劳动者支付经济补偿金。(6)依照《劳动合同法》第44条第4项、第5项规定终止劳动合同的,即在用人单位因被依法宣告破产的,被吊销营业执照、责令关闭、撤销或者用人单位决定提前解散而终止劳动合同的,用人单位应当向劳动者支付经济补偿金。(7)法律、行政法规规定的其他情形。

经济补偿金应在劳动者离职办结工作交接时支付给劳动者。为解决法律衔接问题,《劳动合同法》规定,施行之日存续的劳动合同在《劳动合同法》施行后解除或者终止,依法应当支付经济补偿金的,经济补偿年限自《劳动合同法》施行之日起计算;《劳动合同法》施行前按照当时有关规定,用人单位应当向劳动者支付经济补偿金的,按照当时有关规定执行。

六、集体合同

(一)集体合同的概念

集体合同,是企业职工一方与用人单位通过平等协商,就劳动报酬、工作时间、休息休假、劳动安全卫生、保险福利等事项订立的书面协议。劳动合同与集体合同的关系体现在:

1. 劳动合同规定的劳动者的个人劳动条件和劳动标准不得低于集体合同的规定,否则无效。《劳动合同法》第55条规定:集体合同中劳动报酬和劳动条件等标准不得低于当地人民政府规定的最低标准;用人单位与劳动者订立的劳动合同中劳动报酬和劳动条件等标准不得低于集体合同规定的标准。

2. 劳动合同约定不明时,适用集体合同的规定。《劳动合同法》第18条规定:劳动合同对劳动报酬和劳动条件等标准约定不明确,引发争议的,用人单位与劳动者可以重新协商;协商不成的,适用集体合同规定;没有集体合同或者集体合同未规定劳动报酬的,实行同工同酬;没有集体合同或者集体合同未规定劳动条件等标准的,适用国家有关规定。

3. 未订立书面劳动合同的,有集体合同适用集体合同的规定。《劳动合同法》第11条规定:用人单位未在用工的同时订立书面劳动合同,与劳动者约定的劳动报酬不明确的,新招用的劳动者的劳动报酬按照集体合同规定的标准执行;没有集体合同或者集体合同未规定的,实行同工同酬。

(二) 集体合同的订立

集体合同的订立,是指工会或职工代表与企业单位之间,为规定用人单位和全体职工的权利、义务而依法就集体合同条款经过协商一致,确立集体合同关系的法律行为。

在我国,集体合同主要是由代表劳动者的工会或职工代表与企业签订。尚未建立工会的用人单位,由上级工会指导劳动者推举的代表与用人单位订立。在县级以下区域内,建筑业、采矿业、餐饮服务业等行业可以由工会与企业方面代表订立行业性集体合同,或者订立区域性集体合同。企业职工一方与用人单位可以订立劳动安全卫生、女职工权益保护、工资调整机制等专项集体合同。

集体合同按如下程序订立:(1)讨论集体合同草案或专项集体合同草案。经双方代表协商一致的集体合同草案或专项集体合同草案提交职工代表大会或者全体职工讨论。(2)通过草案。全体职工代表半数以上或者全体职工半数以上同意,集体合同草案或专项集体合同草案方获通过。(3)集体协商的双方首席代表代表签字。

集体合同的生效与劳动合同的生效不同,法律对集体合同的生效规定了特殊程序:集体合同订立后,应当报送劳动行政部门;劳动行政部门自收到集体合同文本之日起15日内未提出异议的,集体合同即行生效。依法订立的集体合同对用人单位和劳动者具有约束力。

(三) 集体合同争议处理

用人单位违反集体合同,侵犯职工劳动权益的,工会可以依法要求用人单位承担责任;因履行集体合同发生争议,经协商解决不成的,工会可以依法申请仲裁,提起诉讼。

1. 因集体协商发生争议的处理

集体协商过程中发生争议,双方当事人协商解决,协商不成可由劳动保障行政部门协调处理。当事人一方或双方可向劳动保障行政部门的劳动争议协调处理机构提出协调处理的书面申请;未提出申请的,劳动保障行政部门认为必要时可视情况协调处理。劳动保障行政部门应当组织同级工会和企业组织等三方面的人员,共同协调处理集体协商争议。劳动保障行政部门处理因集体协商发生的争议,应当自决定受理申请之日起30日内结束。期满未结束的,可以适当延长协调期限,但延长期限不得超过15日。

2. 因履行集体合同而发生争议的处理

因履行集体合同发生的争议可以通过协商、仲裁和诉讼解决。《中华人民共和国劳动法》(以下简称《劳动法》)第84条第2款规定:因履行集体合同发生争议,当事人协商解决不成的,可以向劳动争议仲裁委员会申请仲裁;对仲裁裁决不服的,可以自收到仲裁裁决书之日起15日内向人民法院提起诉讼。

七、劳务派遣

劳务派遣,是指劳务派遣单位与劳动者订立劳动合同后,由派遣单位与实际用工单位通过签订劳务派遣协议,将劳动者派遣到要派单位工作,要派单位实际使用劳动者,要派单位向劳务派遣单位支付管理费而形成的关系。劳务派遣单位与劳动者建立劳动关系,但劳动者不为劳务派遣单位提供劳动,劳动者为要派单位提供劳动,但却没有劳动关系,造成了劳动力的雇佣和劳动力的使用分离。

(一)劳务派遣岗位

相对于企业基本用工形式的劳动合同而言,劳务派遣用工是一种补充形式,只能在临时性、辅助性或替代性的工作岗位上实施。临时性是指存续时间不超过 6 个月的岗位;辅助性是指为主营业务岗位提供服务的非主营业务岗位。替代性工作岗位是指用工单位的劳动者因脱产学习、休假等原因无法工作的一定期间内,可以由其他劳动者替代工作的岗位。

(二)劳务派遣单位

劳务派遣单位是将劳动者派遣到实际用工单位的企业法人。劳务派遣单位应当依照公司法的有关规定设立,注册资本不得少于 200 万元,有与开展业务相适应的固定的经营场所和设施,有符合法律、行政法规规定的劳务派遣管理制度等条件。同时,劳动派遣单位还应向劳动行政部门申请行政许可。

《劳动合同法》明确规定劳务派遣单位就是用人单位,其与被派遣的劳动者订立的书面劳动合同应符合如下要求:①劳务派遣单位应当与被派遣劳动者订立 2 年以上的固定期限劳动合同,保障劳务派遣者的工作权;②在劳动合同中除应当载明劳动合同的必备条款外,还应当载明被派遣劳动者的用工单位以及派遣期限、工作岗位等情况;③为保障被派遣劳动者的劳动报酬权,《劳动合同法》规定应按月支付劳动者劳动报酬;④被派遣劳动者在无工作期间,劳务派遣单位应当按照所在地人民政府规定的最低工资标准,向其按月支付报酬;⑤劳务派遣单位不得克扣用工单位按照劳务派遣协议支付给被派遣劳动者的劳动报酬;⑥劳务派遣单位跨地区派遣劳动者的,被派遣劳动者享有的劳动报酬和劳动条件,按照用工单位所在地的标准执行。劳务派遣单位和用工单位不得向被派遣劳动者收取费用。同时劳务派遣单位有权依照《劳动合同法》有关规定,可以与劳动者解除劳动合同。

(三)劳务派遣协议

劳务派遣协议是劳务派遣单位与实际用工单位就劳务派遣事项签订的书面协议。《劳动合同法》规定:劳务派遣单位派遣劳动者应当与接受以劳务派遣形式用工的单位订立劳务派遣协议,劳务派遣协议应当约定派遣岗位和人员数量、派遣期限、劳动报酬和社会保险费的数额与支付方式以及违反协议的责任;劳务派遣一般在临时性、辅助性或者替代性的工作岗位上实施;用工单位应当根据工作岗位的实际需要与劳务派遣单位确定派遣期限,不得将连续用工期限分割订立数个短期劳务派遣协议。劳务派遣单位应当将劳务派遣协议的内容告知被派遣劳动者,被派遣劳动者有知情权。

（四）用工单位的义务

《劳动合同法》虽未规定在劳务派遣关系中实际用工单位是《劳动法》意义上的用人单位，但从以下几个方面强化劳务派遣中实际用工单位的义务：执行国家劳动标准，提供相应的劳动条件和劳动保护；告知被派遣劳动者的工作要求和劳动报酬；支付加班费、绩效奖金，提供与工作岗位相关的福利待遇；对在岗被派遣劳动者进行工作岗位所必需的培训；连续用工的实行正常的工资调整机制；不得将被派遣劳动者再派遣到其他用人单位；不得设立劳务派遣单位向本单位或者所属单位派遣劳动者，即不得自己出资或者其所属单位出资或者合伙设立劳务派遣单位向本单位或者所属单位派遣劳动者；用工单位应当严格控制劳务派遣用工数量，不得超过其用工总量的一定比例。

（五）被派遣劳动者的权利

《劳动合同法》赋予被派遣劳动者如下权利：

赋予被派遣劳动者参加和组织工会的权利，被派遣劳动者有权在劳务派遣单位或者用人单位依法参加和组织工会，维护自身的合法权益；赋予被派遣劳动者解除劳动合同的权利，被派遣劳动者可以依照《劳动合同法》与用人单位协商一致解除劳动合同，在用人单位有违法、违约情形时，被派遣劳动者有权与劳务派遣单位单方解除劳动合同；享有与用工单位的劳动者同工同酬的权利。

八、非全日制用工

非全日制用工，是指以小时计酬为主，劳动者在同一用人单位一般平均每日工作时间不超过4小时，每周工作时间累计不超过24小时的用工形式。非全日制用工是灵活用工的一种形式，非全日制用工可以不订立书面劳动合同，双方当事人可以订立口头协议；法律允许非全日制用工建立双重或多重劳动关系，从事非全日制用工的劳动者可以与一个或者一个以上用人单位订立劳动合同，但是，后订立的劳动合同不得影响先订立的劳动合同的履行；非全日制用工双方当事人任何一方都可以随时通知对方终止用工。终止用工，用人单位不向劳动者支付经济补偿。

为保障非全日制用工劳动者的劳动权利，《劳动合同法》规定，非全日制用工双方当事人不得约定试用期；非全日制用工小时计酬标准不得低于用人单位所在地人民政府规定的最低小时工资标准；非全日制用工劳动报酬结算支付周期最长不得超过15日。

【例14-5】关于非全日制用工，下列哪一项不符合法律规定？（　　）

  A. 从事非全日制用工的劳动者与多个用人单位订立劳动合同的，后订立的合同不得影响先订立的合同履行

  B. 非全日制用工合同不得约定试用期

  C. 非全日制用工终止时，用人单位应当向劳动者支付经济补偿

  D. 非全日制用工劳动报酬结算支付周期最长不得超过十五日

【解答】

C项不符合法律规定。《劳动合同法》第71条规定：非全日制用工双方当事人任何一

第十四章 劳动法律制度

方都可以随时通知对方终止用工。终止用工,用人单位不向劳动者支付经济补偿。

第三节 劳动基准法

劳动法对劳动关系的协调,是以劳动标准为基础的,劳动基准就是劳动条件的最低标准。劳动基准法就是在劳动法中规定和确认一系列劳动标准,要求用人单位必须遵守,要求用人单位向劳动者提供的劳动条件只能等于或优于劳动基准,劳动合同和集体合同中约定的劳动条件不得低于劳动基准,以保证劳动者权益的实现。

劳动基准法主要由规定劳动标准的各项法律制度所构成,包括工时标准、最低工资标准、职业安全卫生等。

一、工作时间和休息休假

(一)工作时间的概念和种类

工作时间是指劳动者根据国家的法律规定,在一个昼夜或一周之内从事本职工作的时间。它包括每日工作的小时数,每周工作的天数和小时数。法律规定的一昼夜内从事工作的小时数总和称为工作日,一周内从事工作的工作日的总和称为工作周。

工作时间的种类有:

1. 标准工作时间

标准工作时间,是指法律规定正常情况下的工作时间,分为标准工作日和标准工作周。标准工作日是指根据法律规定在正常情况下一个工作日的工作时间,标准工作周是指根据法律规定在正常情况下一周内的工作时间。

法律通常规定标准工作时间的最高限度。我国的标准工时为劳动者每日工作时间不超过 8 小时,平均每周工作时间不超过 40 小时。一周内工作 5 天,星期六和星期日为休息日。实行计件工作的劳动者,用人单位应当根据每日工作 8 小时、每周工作 40 小时的工时制度,合理确定其劳动定额和计件报酬标准。

2. 缩短工作时间

缩短工作时间,是指法定特殊条件或特殊情况下少于标准工作时间长度的工时制度,即每日工作少于 8 小时。缩短工作时间主要适用于:从事矿山、井下、高山、有毒有害、特别繁重或过度紧张等作业的劳动者,从事夜班工作的劳动者,哺乳期内的女职工。

3. 延长工作时间

延长工作时间,是指超过标准工作时间以外继续进行工作的时间,即日工作时间超过 8 小时,每周工作时间超过 40 小时。延长工作时间必须符合法律、法规的规定。

4. 不定时工作时间

不定时工作时间,又称不定时工作制,是根据法律规定在特殊条件下实行的每周无固定工作时间限制的工时制度。不定时工作时间适用于工作性质和职责范围不受固定工作时间限制的劳动者,如企业中的高级管理人员、外勤人员、推销人员、部分值班人员,从事交通运输的工作人员,铁路、港口、仓库的部分装卸人员以及工作性质特殊、需机动作业的职工,企业的消防和急救值班人员、值班驾驶员,以及其他因生产特点、工作特殊需要或职责范围的关系,适合实行不定时制度的职工等。

对于实行不定时工作时间的劳动者,不受《劳动法》关于日延长工作时间标准和月延长工作时间标准的限制,但是用人单位应根据情况,采用集中工作、集中休息、轮休调休、弹性工作时间等适当方式,确保职工的休息休假权利和生产、工作任务的完成。

5. 综合计算工作时间

综合计算工作时间,是指以周、月、季、年等为周期综合计算工作时间,但其平均日工作时间和平均周工作时间与法定标准工作时间基本相同的一种工时制度。也就是说,在综合计算周期内,某一具体日(或周)的实际工作时间可以超过 8 小时(40 小时),但综合计算周期内的总实际工作时间不应超过法定标准工作时间,超过部分应视为延长工作时间并按《劳动法》的规定支付报酬。其中法定休假日安排劳动者工作的,按《劳动法》的规定支付报酬。而且,延长工作时间的小时数平均每月不得超过 36 小时。如果在整个综合计算周期内的实际工作总数不超过该周期的法定标准工作时间总数,只是该综合计算周期内的某一具体日(或周、或月、或季)超过法定标准工作时间总数,其超过部分不应视为延长工作时间。

(二) 休息休假时间的概念和种类

休息休假时间,是指劳动者按照国家的法律规定,不从事工作而自己自由支配的时间。它是劳动者在工作时间之外的所有时间的总和,包括工作日内的休息时间、工作日之间的休息时间、工作周之间的休息时间、法定的节假日休息时间、探亲假休息时间和年休假休息时间等。

1. 休息时间的种类

工作日内的间歇时间,是指在工作日内给予劳动者休息和就餐的时间。一般为 1 至 2 小时,最少不得少于半小时。

工作日间的休息时间,是指两个邻近工作日之间的休息时间,一般不少于 16 小时。

公休假日,又称周休息日,是指劳动者在 1 周(7 日)内享有的休息日。一般不少于 2 日,安排在周六和周日。

2. 休假的种类

(1) 法定节假日,是指法律规定用以开展纪念、庆祝活动的休息时间。包括:元旦,1 月 1 日,放假 1 天;春节,农历除夕、正月初一、初二,放假 3 天;清明节,放假 1 天;端午节,放假 1 天;劳动节,5 月 1 日,放假 1 天;中秋节,放假 1 天;国庆节,10 月 1 日、2 日、3 日,放假 3 天。

此外,还有部分公民放假的节日及纪念日:妇女节(3 月 8 日),妇女放假半天;青年节(5 月 4 日),14 周岁以上的青年放假半天;儿童节(6 月 1 日),13 周岁以下的少年儿童放假 1 天;中国人民解放军建军纪念日(8 月 1 日),现役军人放假半天。

(2) 探亲假,是指劳动者享有保留工作岗位和工资而同分居两地的父母或配偶团聚的假期。探亲假适用于在国家机关、人民团体、全民所有制企业、事业单位工作满一年的固定职工。

（3）年休假，是指职工工作满一定年限，每年可享有的带薪连续休息的时间。根据劳动法的规定，机关、团体、企业、事业单位、民办非企业单位、有雇工的个体工商户等单位的职工连续工作1年以上的，享受带年薪休假。单位应当保证职工享受年休假。职工在年休假期间享受与正常工作时间相同的工资收入。职工累计工作已满1年不满10年的，年休假5天；已满10年不满20年的，年休假10天；已满20年的，年休假15天。国家法定休假日、休息日不计入年休假的假期。

（三）加班加点的法律规定

职工在法定节日或公休日从事生产或工作的称为加班，在正常工作时间以外又延长时间进行生产或工作的称为加点。我国法律、法规严格限制加班加点，规定任何单位和个人不得擅自延长职工工作时间。

1. 一般情况下加班加点的规定。《劳动法》第41条规定：用人单位由于生产经营的需要，经与工会和劳动者协商后可以延长工作时间，一般每日不得超过1小时；因特殊原因需要延长工作时间的，在保障劳动者身体健康的条件下延长工作时间每日不得超过3小时，但每月不得超过36小时。

2. 特殊情况下和紧急任务时可以加班加点，不受劳动法的限制。特殊情况和紧急任务时候是指下列情况：(1)发生自然灾害、事故或者因其他原因使人民的安全健康和国家资产遭到严重威胁，需要紧急处理的；(2)在法定节日或公休日内工作不能间断，必须连续生产、运输或营业的；(3)生产设备、交通运输线路、公共设施发生故障，影响生产和公众利益，必须及时抢修的；(4)必须利用法定节日或公休日的停产期间进行设备检修保养的；(5)为完成国家紧急任务，或者完成上级在国家计划外安排的其他紧急生产任务，以及商业、供销企业在旺季完成收购、运输、加工农副产品紧急任务的；(6)法律、法规规定的其他情形。

3. 加班加点的工资标准。《劳动法》规定：(1)在法定工作日的标准时间以外延长工作时间的，支付不低于本人工资标准的150%的工资报酬；(2)在休息日安排工作而又不能安排补休的，支付不低于本人工资标准的200%的工资报酬；(3)法定休假节日安排工作的，支付不低于本人工资标准的300%的工资报酬。

二、工资法律制度

（一）工资的概念和工资形式

工资，是指用人单位按照法律、法规的规定和集体合同与劳动合同的约定，依据劳动者提供的劳动数量和质量，直接支付给本单位劳动者的货币报酬。工资形式是指计量劳动和支付劳动报酬的方式。我国的工资形式主要有：计时工资、计件工资、奖金、津贴、补贴和特殊情况下的工资。

（二）最低工资保障

最低工资是指劳动者在法定工作时间内提供了正常劳动的前提下，其所在企业应支付的最低劳动报酬。劳动者因探亲、结婚、直系亲属死亡按照规定休假期间,以及依法参加国家和社会活动,视为提供了正常劳动,用人单位支付给劳动者的工资不得低于其适用的最低工资标准。劳动者与用人单位形成或建立劳动关系后,试用、熟练、见习期间,在法定工作时间内提供了正常的劳动,其所在的用人单位应当支付不低于最低工资标准的工资。

最低工资的标准由省、自治区、直辖市人民政府规定,报国务院备案。最低工资的标准应当高于当地社会救济金和失业保险金标准,低于平均工资。我国最低工资保障制度适用的范围为中华人民共和国境内各种经济类型的企业以及在其中领取报酬的劳动者。

三、职业安全卫生法

(一)职业安全卫生法的概念

职业安全卫生法,是指以保护劳动者在职业劳动过程中的生命安全和身体健康为宗旨,以劳动安全卫生规则等为内容的法律规范的总称。其立法目的是为了减少和避免因工伤亡事故以及职业危害、职业中毒和职业病。

(二)女职工的特殊劳动保护

为保护女职工的身体健康,法律规定禁止安排女职工从事矿山井下作业、国家规定的第四级体力劳动强度的劳动和其他禁忌从事的劳动;不得安排女职工在经期从事高处、高温、低温、冷水作业和国家规定的第三级体力劳动强度的劳动;不得安排女职工在怀孕期间从事国家规定的第三级体力劳动强度的劳动和孕期禁忌从事的劳动;对怀孕7个月以上的女职工,不得安排其延长工作时间和夜班劳动;女职工生育享受不少于90天的产假;不得安排女职工在哺乳未满1周岁的婴儿期间从事国家规定的第三级体力劳动强度的劳动和哺乳期禁忌从事的其他劳动,不得安排其延长工作时间和夜班劳动。

(三)未成年工的特殊劳动保护

未成年工指年满16周岁未满18周岁的劳动者。对未成年工特殊保护的措施主要有:(1)上岗前培训。未成年工上岗,用人单位应对其进行有关的职业安全卫生教育、培训。(2)禁止安排未成年工从事有害健康的工作。用人单位不得安排未成年工从事矿山井下、有毒有害、国家规定的第四级体力劳动强度和其他禁忌从事的劳动。(3)提供适合未成年工身体发育的生产工具。(4)对未成年工定期进行健康检查。

【例14-6】东星公司新建的化工生产线在投入生产的过程中,下列哪一行为违反《劳动法》的规定?(   )

A. 安排女技术员参加公司技术攻关小组并到位于地下的设备室进行检测
B. 在防止有毒气体泄漏的预警装置调试完成之前,不得开始生产线的试运行
C. 试运行期间,从事特种作业的操作员已经接受了专门培训,但未取得相应资格证书
D. 试运行开始前,未对生产线上的员工进行健康检查

第十四章 劳动法律制度

【点评】

C 项违反劳动法的规定。《劳动法》第 55 条规定:"从事特种作业的劳动者必须经过专门培训并取得特种作业资格。"

第四节 劳动争议处理法律制度

一、劳动争议的概念

劳动争议又称劳动纠纷,在国外也称劳资纠纷或劳资争议,是指劳动关系双方当事人之间因执行劳动法律、法规或履行劳动合同发生的纠纷。

二、劳动争议的解决方式和处理程序

《劳动法》规定:发生劳动争议,当事人可以依法申请调解、仲裁、提起诉讼,也可以协商解决。发生劳动争议,当事人不愿协商、协商不成或者达成和解协议后不履行的,可以向调解组织申请调解;不愿调解、调解不成或者达成调解协议后不履行的,可以向劳动争议仲裁委员会申请仲裁;对仲裁不服的,除法律另有规定外,可以向人民法院起诉。

(一)协商

劳动争议发生后,当事人应当协商解决,也可以请工会或者第三方共同与用人单位协商。协商一致以后,双方可达成和解协议,但和解协议无必须履行的法律效力,而是由双方当事人自觉履行。协商不是处理劳动争议的必经程序。

(二)调解

劳动争议发生后,当事人双方不愿意协商、协商不成或者达成和解协议后不履行的,可以向调解组织申请调解。双方愿意调解,可以书面或者口头形式向调解委员会申请调解。调解委员会应当自当事人申请调解之日起 15 日内结束调解。到期调解不成,当事人可以向当地劳动争议仲裁委员会申请仲裁。经调解达成协议的,制作调解协议书。调解协议书由双方当事人签名或者盖章,经调解员签名并加盖调解组织印章后生效,对双方当事人具有约束力,当事人自觉履行。达成调解协议后,一方当事人在协议约定期限内不履行调解协议的,另一方当事人可以依法申请仲裁。调解不是处理劳动争议的必经程序。

劳动者可以申请支付令:因拖欠劳动报酬、工伤医疗费、经济补偿或者赔偿金事项达成调解协议,用人单位在协议约定期限内不履行的,劳动者可以持调解协议书向人民法院申请支付令,人民法院应当依法发出支付令。

(三)仲裁

发生劳动争议后,当事人不愿调解、调解不成或者达成调解协议后不履行的,任何一

方都可以向劳动争议仲裁委员会申请仲裁。另外,工会与用人单位因履行集体合同发生争议,不适用调解,应直接申请仲裁。仲裁是解决劳动争议的法定必经程序。

申请仲裁一方应当自劳动争议发生之日起1年内向劳动争议仲裁委员会提出书面申请。仲裁委员会应当自接到申请后5日内作出是否受理的决定。受理的,应当在收到仲裁申请的45日内作出仲裁裁决。案情复杂需要延期的,经仲裁委员会主任批准,可以延期并书面通知当事人,但延长期限不得超过15日。逾期未作出仲裁裁决的,当事人可以向人民法院提起诉讼。

仲裁委员会主持调解的效力。可依法进行调解,经调解达成协议的,制作调解书。调解书具有法律效力,自送达之日起具有法律约束力,当事人须自觉履行,一方当事人不履行的,另一方当事人可向人民法院申请强制执行。

仲裁委员会对部分案件有先予执行的裁决权。仲裁庭对追索劳动报酬、工伤医疗费、经济补偿或者赔偿金的案件,根据当事人的申请,可以裁决先予执行,移送人民法院执行。

为使劳动者的权益得到快捷的保护,加快劳动争议案件的处理时间,劳动争议仲裁委员会对下列案件实行一裁终局:追索劳动报酬、工伤医疗费、经济补偿或者赔偿金,不超过当地月最低工资标准12个月金额的争议;因执行国家的劳动标准在工作时间、休息休假、社会保险等方面发生的争议。上述案件的仲裁裁决为终局裁决,裁决书自作出之日起发生法律效力。劳动者对一裁终局的裁决不服的,可以自收到仲裁裁决书之日起15日内向人民法院起诉。而用人单位对一裁终局的仲裁裁决,不能再向法院起诉,也不能申请再次仲裁,但在具备法定仲裁裁决书之日起15日内向人民法院起诉情形时,用人单位可以向人民法院申请撤销。

除一裁终局的仲裁裁决以外的其他劳动争议案件的仲裁裁决,当事人不服的,可以自收到仲裁裁决书之日起15日内向人民法院起诉;期满不起诉的,裁决书发生法律效力。一方当事人逾期不履行,另一方当事人可以向人民法院申请强制执行。受理申请的人民法院应当依法执行。

(四)诉讼

当事人对可诉的仲裁裁决不服的,可自收到仲裁裁决书之日起15日内向人民法院起诉。对经过仲裁裁决,当事人向法院起诉的案件,法院应当受理。

1. 人民法院对当事人因劳动争议仲裁委员会不予受理而起诉到法院案件的处理。劳动争议仲裁委员会以当事人申请仲裁的事项不属于劳动争议为由,作出不予受理的书面裁决、决定或者通知,当事人不服,依法向人民法院起诉的,人民法院应当分别情况予以处理:属于劳动争议案件的,应当受理;虽不属于劳动争议案件,但属于人民法院主管的其他案件,应当依法受理。

劳动争议仲裁委员会以当事人的仲裁申请超过期限为由,作出不予受理的书面裁决、决定或者通知,当事人不服,依法向人民法院起诉的,人民法院应当受理;对已超过仲裁申请期限,又无不可抗力或者其他正当理由的,依法驳回其诉讼请求。

劳动争议仲裁委员会以申请仲裁的主体不合格为由,作出不予受理的书面裁决、决定或者通知,当事人不服,依法向人民法院起诉的,经调查,确属主体不合格的裁定不予受理或者驳回起诉。

2. 对重新作出仲裁裁决的处理。劳动争议仲裁委员会为纠正原仲裁裁决错误重新作出仲裁,当事人不服,依法向人民法院起诉的,人民法院应当受理。

3. 仲裁事项不属于法院受案范围的处理。劳动争议仲裁委员会仲裁的事项不属于法院的受案范围,当事人不服,依法向人民法院起诉的,裁定不予受理或者驳回起诉。

4. 劳动争议案件的管辖。劳动争议案件由用人单位所在地或者劳动合同履行地的基层人民法院管辖。劳动合同履行地不明确的,由用人单位所在地的基层管辖。

5. 劳动争议案件的证明责任。部分劳动争议案件的举证责任由法律明确规定。因用人单位作出的开除、除名、辞退、解除劳动合同、减少劳动报酬、计算劳动者工作年限等决定而发生的劳动争议,用人单位负举证责任。

6. 人民法院对一裁终局的部分劳动争议仲裁裁决有撤销权。用人单位对一裁终局的仲裁裁决书自收到之日起30日内可以向劳动争议仲裁委员会所在地的中级人民法院申请撤销该裁决,但须有证据证明该仲裁裁决适用法律、法规确有错误的,劳动争议仲裁委员会无管辖权的,违反法定程序的,裁决所根据的证据是伪造的;对方当事人隐瞒了足以影响公正裁决的证据的,仲裁员在仲裁该案时有索贿受贿、徇私舞弊、枉法裁决行为的。人民法院经组成合议庭审查核实裁决有上述情形之一的,应当裁定撤销。仲裁裁决被人民法院裁定撤销的,当事人可以自收到裁定书之日起15日内就该劳动争议事项向人民法院起诉。

7. 人民法院审理劳动争议案件实行两审终审制。人民法院一审审理终结后,对一审判决不服的当事人可在15日内向上一级人民法院提起上诉;经二审审理所作出的裁决是终审裁决,自送达之日起发生法律效力,当事人必须履行。

【例14-7】对用人单位来说,下列属于一裁终局的裁决的是那些?(   )
A. 执行国家劳动标准在工作时间方面发生的争议
B. 执行国家劳动标准在休息休假方面发生的争议
C. 执行国家劳动标准在社会保险方面发生的争议
D. 执行国家劳动标准在竞业禁止方面发生的争议

【解答】
ABC属于一裁终局。《中华人民共和国劳动争议调解仲裁法》第47条第(二)项规定,因执行国家的劳动标准在工作时间、休息休假、社会保险方面发生的争议,仲裁对其裁决为终局裁决。

综合实训

一、判断题

1. 工作时间,是指法律规定的劳动者在一昼夜和一周内从事劳动的时间。(   )
2. 延长工作时间,是指超过标准工作日的工作时间。(   )
3. 工作日内给予劳动者用餐的时间不算休息时间。(   )

4. 休息日安排劳动者工作又不能安排补休的,需支付不低于工资200%的工资报酬。
(   )
5. 法定休假日安排劳动者工作的,需支付不低于工资300%的工资报酬。(   )

二、选择题

1. 可以实行不定时工作制的人员有(   )。
   A. 医师　　　B. 厨师　　　C. 教师　　　D. 推销人员
2. 用人单位自用工之日起满(   )不与劳动者订立书面劳动合同的,视为用人单位与劳动者已订立无固定期限劳动合同。
   A. 1个月　　B. 6个月　　C. 9个月　　D. 12个月
3. 关于集体合同,下列哪些表述是正确的?(   )
   A. 未建立工会的企业,集体合同应由职工推举的代表与企业签订
   B. 劳动合同中的劳动条件和劳动报酬标准可以高于集体合同的规定
   C. 并非所有的企业都必须签订集体合同
   D. 集体合同必须经劳动行政部门审查批准
4. 关于非全日制用工的说法,下列哪些选项是正确的?(   )
   A. 非全日制用工合同不得约定试用期
   B. 非全日制用工终止时,用人单位应当向劳动者支付经济补偿
   C. 非全日制用工劳动报酬结算支付周期最长不得超过15日
   D. 从事非全日制用工的劳动者与多个单位订立劳动合同的,后订立的合同不影响先订立合同的履行
5. 下列哪些说法违反劳动法的规定?(   )
   A. 我国公民未满16周岁的,用人单位一律不得使用
   B. 双方当事人不可以约定周六加班
   C. 双方当事人可就全部合同条款作出违约金约定
   D. 劳动合同期限约定两年的,试用期应在半年以上

三、案例分析

2010年3月,鑫鑫食品有限公司接到一个国外大订单,要求生产一种新产品。公司招聘了一批新员工,并与这批员工分别签订了劳动合同。合同约定:该劳动合同的有效期限为3年,其中试用期为1年,并且交押金1000元,在试用期内员工不得单方解除合同;试用期满解除合同,必须提前90日通知公司。为使这批新员工能够快速适应岗位,该公司对他们进行了为期1个月的岗位培训。到2010年5月该批工人中一个叫李明的员工提出解除合同,该公司以劳动合同有规定为由,不同意李明离职。李明若要辞职,需支付培训费500元、没收押金、扣发半年工资。李明不同意其要求,双方发生争议。

(1) 该公司与这批员工签订的劳动合同有哪些违法之处?
(2) 李明是否有权解除合同?若有权解除,应该怎样解除?
(3) 李明解除合同,公司是否有权要求李明支付培训费、没收押金和扣发半月工资?
(4) 用人单位和劳动者发生争议,可以通过什么途径解决?